弘扬行知精神
谱写教育篇章

广西陶行知研究会
2024年文集

主编 ◎ 陈洛 黎君

中国文联出版社

图书在版编目（ＣＩＰ）数据

弘扬行知精神　谱写教育篇章：广西陶行知研究会2024年文集 / 陈洛，黎君主编. -- 北京：中国文联出版社，2024.8. -- ISBN 978-7-5190-5549-3

Ⅰ．G40-092.6

中国国家版本馆CIP数据核字第2024H6546K号

主　　编　陈　洛　　黎　君
责任编辑　苏　晶
责任校对　秀点校对
装帧设计　杰瑞设计

出版发行　中国文联出版社有限公司
社　　址　北京市朝阳区农展馆南里10号　　邮编　100125
电　　话　010-85923025（发行部）　010-85923091（总编室）
经　　销　全国新华书店等
印　　刷　三河市龙大印装有限公司

开　　本　710毫米×1000毫米　　1/16
印　　张　26.75
字　　数　485千字
版　　次　2024年8月第1版第1次印刷
定　　价　62.00元

版权所有·侵权必究
如有印装质量问题，请与本社发行部联系调换

2023年12月12日，广西陶行知研究会学术会议代表合影

2023年12月12日，广西陶行知研究会学术年会暨"赓续行知文化精神，创新建设特色学校"主题论坛开幕会现场

2023年12月12日，广西陶行知研究会为新批准的4所实验学校授牌

2023年8月3日，中国陶行知研究会第八期行知式校长、第二十期陶研骨干培训班广西全体学员合影

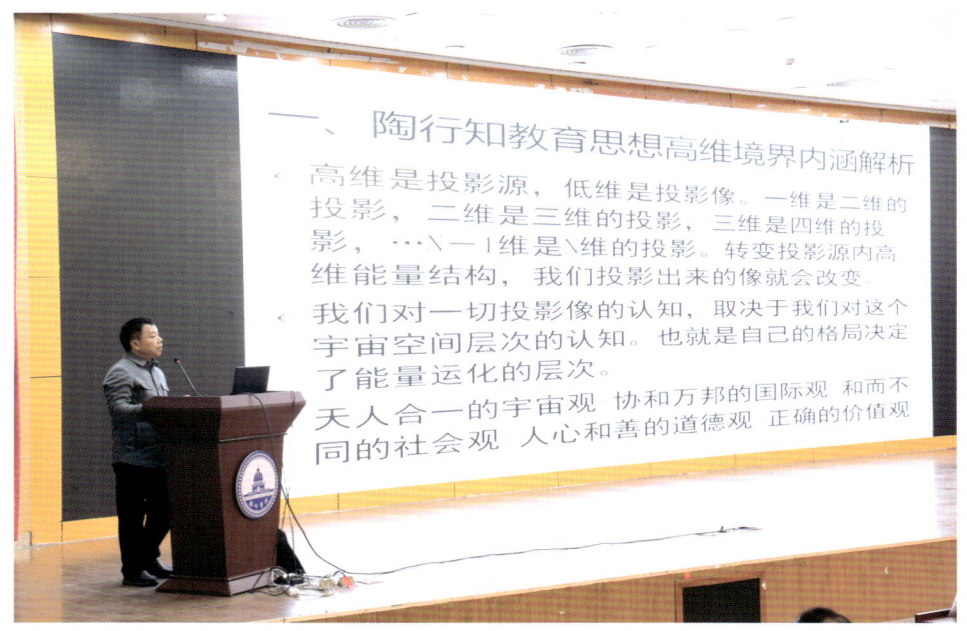

2023年12月12日，徐书业副会长在广西陶行知研究会学术会议的专家论坛做主旨报告

2022年6月27日，陈洛会长（右二）、徐书业副会长（左二）在桂平市第一中学调研

2022年11月16日，陈洛会长到玉林高级中学附属初中讲学

2021年10月23日，凌绍崇教授（右三）主持大会的现场交流

2021年6月9日,黎君副会长(前排左三)在藤县第五中学做"制学心理健康教育"专题公益讲座

2021年10月23日,广西政协副主席刘慕仁(右二)、广西教育厅副厅长李清先(右一)、广西教育学院党委副书记赵啸海(左一)出席大会。陈洛会长(左二)做大会报告

2020年10月17日,出席广西陶行知研究会2020年工作推进会的领导、专家合影

2020年10月17日,广西陶行知研究会为新批准的实验学校颁发牌匾

2020年10月18日,在校长论坛上,南宁市第十七中学的张焰校长发言

2020年10月18日,在校长论坛上南宁市埌东小学的李中校长发言

2023年8月3日，中国陶行知研究会第八期行知式校长、第二十期陶研骨干培训班广西全体学员合影

2019年10月18日,广西陶行知研究会第七届理事会会长、副会长合影

2019年10月18日,广西陶行知研究会第七届理事会秘书长、副秘书长合影

行知，因为有您

——广西陶行知研究会会歌

杨 湘 粤 词
陈 洛 郑秋枫 曲

1=♭B 或 A 4/4
赞颂、较慢

（1 3 5 6 7 5 1 2̇）| 3. 2̇ 1 7 3 5 | 6 3 2̇ 1 3 - | 3. 2̇ 1 7 5 3 |
（合唱，为前奏）啊，　陶行知　因为有您，　啊　陶行知，

6 3 2̇ 6 1̇ - | 5 5 0 3 4 5. 3̇5̇6̇ | 1̇ 7 0 3 5 - | 5 5 0 3 4 5. 3̇5̇6̇ |
因为有您。（正曲）坚信 每一天 都可以 写进 史册， 坚信 每一步 都能够

1̇ 7 0 6 5 6 - | 3̇ 3̇ 2̇ 1̇ 2̇ 3̇.. | 3̇ 3̇ 2̇ 1̇ 4̇ 3̇.. | 3̇ 3̇ 2̇ 1̇ 2̇ 6̇ | 5 3̇ 3̇ 2̇ 1̇ 6 5. |
通向 坦 途， 因为有您解惑， 因为有您引路， 因为有您解惑， 因 为有您引路。

5 5 0 3 4 5. 3̇5̇6̇ | 1̇ 7 0 3 5 - | 5 5 0 3 4 5. 5̇6̇1̇ | 4̇ 3̇ 2̇ 1̇ 2̇ - |
坚信 每一天 都值得 珍藏 回顾， 坚信 每一步 都会是 新的高 度，

3̇ 3̇ 2̇ 1̇ 2̇ 3̇.. | 3̇ 3̇ 2̇ 1̇ 4̇ 3̇.. | 3̇ 3̇ 2̇ 1̇ 2̇ 6̇ | 5 3̇ 3̇ 2̇ 6̇ 2̇ 1̇.. |
因为有您 鞭策， 因为有您 鼓舞， 因为有您 鞭策， 因 为有您 鼓舞。

5. 3 4 5 5 6 5 | 5 1̇ 1̇ 7 6 3 4 5. | 6. 4 5 6 6 7 6 | 2̇ 2̇ 1̇ 7 5 2 3. |
啊， 陶行 知， 我们的良师益 友， 啊， 陶行 知， 我们的精神支柱。

5 3. 2̇ 3. | 2̇ 2̇ 1̇ 7 5 5 1̇ 2̇ 3̇ 0 | 5 2̇. 1̇ 2̇. | 2̇ 2̇ 1̇ 7 5 5 7 1̇ 2̇ 0 |
爱满天下　坚定了我们的初　心，　生活 教育　夯实了我们的倾　注。

3. 2̇ 1 7 3 5 | 6 3 2̇ 1 3 - | 3̇ 3̇ 2̇ 1̇ 7 5 3 | 6 3 2̇ 1 2̇ - |
春催桃李， 无私奉 献， 我们始终沿 着 您的脚步。

3. 2̇ 1 7 3 5 | 6 3 2̇ 1 3 - | 3̇ 3̇ 2̇ 1̇ 7 5 3 | 6 3 2̇ 6 1̇ - |
春催桃李， 无私奉 献， 我们始终沿 着 您的脚步。

突慢
3̇ 3̇ 2̇ 1̇ 7 5 3 | 6. 3̇ 2̇ 6 | 1̇ - - - | 1̇ 0 0 ‖
我们始终沿 着 您的脚 步。

编 委 会

编委会主任：陈 洛
副 主 任：徐书业 王兴辉 杨 奔 李 克 凌绍崇
　　　　　黎 君 黎海英
主　　编：陈 洛 黎 君
编　　委：陈 强 蒲 雯 李文红 杨小艳 姚 波
　　　　　穆家庆 谭冠斌 张 焰 黎相艳 李 中
　　　　　李淑贤 韦 珺 张琼政 蒋向东 梁俊玉
　　　　　莫炎坚 韦伟松 何深宇 陆凤美 严郁富
　　　　　林允昊 杨军伟 谢圣芳 韦兆辉 魏鲁敏
　　　　　梁燕丽 梁 冬 李兆丰 黄平化 陈冬寒
　　　　　梁伟治 林亚红 叶西林 覃荣权 何耀平
　　　　　叶 晓 梁若冰 林广武 莫晓漫 杨春宇
　　　　　何 映

前　言

陶行知先生（1891—1946）是我国伟大的人民教育家，是在世界上享有盛誉的教育改革推动者。作为20世纪最突出的中国本土现代教育家，陶行知先生的人格、风范和精神堪称"万世师表"。他的思想、学说和实践始终与国家命运紧密相连，和社会脉搏同步跳动，至今仍闪耀着时代的光芒，启迪着世人的智慧。对陶行知教育思想的研究、实践，是我们坚定不移的目标。

弘扬行知精神，是一种维系民族情怀，激发教育热情、提升个人内涵的深厚滋养。谱写教育篇章，是我们本着对陶行知教育思想淳朴的感知在研究中挖掘、在实践中运用，让行知精神在有效利用中成为学校的特色标识和教育记忆，让行知思想和现代生活融为一体，实现永续传承。

广西陶行知研究会始终坚持在挖掘陶行知教育思想当代价值中不断凝聚行知教育力量，完美诠释行知初心使命。同时，充分认识到，准确解读行知精神不仅是用好教育资源的题中之义，也是建设教育强国的内在要求。我们坚持把行知文化所蕴含的精神内核、价值观念，通过不断创新的表达方式，做到时新常新，以彰显行知精神的时代魅力。

广西陶行知教育思想实验学校的教师在开展"学陶、研陶、师陶、践陶"中，突出了学以致用的内涵，他们把陶行知教育思想运用于教育教学实践中，并以自己研究与实践的切身体会撰写出具有价值的文章。《弘扬行知精神 谱写教育篇章——广西陶行知研究会2024年文集》精选了2021年以来广西陶行知研究会开展一系列活动对陶行知教育思想研究与实践的部分成果，包括一批以陶行知教育思想为启迪，探讨中国教育现代化和广西教育"本土化"的文章。其中，既有在理论认知中的深入思考，也有针对性很强的工作体会。文集的编辑出版，体现了广西陶行知研究会坚持对陶行知教育思想的创造性转化和创新性发展，也表明广西陶行知研究会以理想召唤陶子，以勇气触碰变革，以健全的教育理性和饱满的教育情感，勤奋踏实、果敢工作，以行动书写出属于广西陶研人的光荣与梦想。同时，我们也期待以此书出版为契机，能够带动更多实验学校的教师研究和实践陶行知教育思想，尤其是促进广大教师把陶行知"生活即教育，社会即学校，教学做合一"的原理运用于教育实践，使学校、社会和家庭融为一体，教育更加充满人性化的生活情趣。

此前，广西陶行知研究会已经正式出版了《弘扬行知思想 构建和谐校园》(广西科学技术出版社2007年版)、《陶行知教育思想研究与实践文集》(广西教育出版社2009年版)、《陶行知教育思想研究与实践运用》(广西人民出版社2011年版)、《行知路上的理论传承与实践创新——广西陶行知研究会成立25周年纪念文集》(广西人民出版社2012年版)、《行知思想的研究聚焦与实践透视》(广西教育出版社2017年版)等陶行知教育思想研究与实践专集。

然而，我们也清醒地看到，由于各种因素所致，入选《弘扬行知精神 谱写教育篇章——广西陶行知研究会2024年文集》的部分文章还不够优秀，尚存遗憾。如思考不够全面，观点不够鲜明，内容不够丰满，文风不够新颖，等等。若有不当，敬请各位领导、专家和教育同人不吝赐教，我们不胜感激。谢谢！

编者

2024年3月

目　录

陶行知在广西推行"岩洞教育"的精神价值　　　　　　　　　　陈　洛 / 001

心理辅导帮助辍学初中女生回归校园的个案研究　　　　　　　黎　君 / 009

陶行知教育思想实验学校建设探究　　　　　　　　　　　　　杨小艳 / 017

陶行知"教学做合一"理念在新时代师范教育中的践行　　　　陈　强 / 025

陶行知教育理念在高中语文课堂的实践　　　　　　　　　　　张开乐 / 031

运用"教学做合一"理论　打造高中英语高效课堂　　　　　　覃　巧 / 036

以陶行知教育思想指导中学生核心素养培养　　　　　　　　　徐　杰 / 041

陶行知生活教育理论对高中音乐教学的启发和运用　　　　　　贤晓丹 / 046

新时代视野下陶行知乡村教育思想的应用研究　　　　　　　　严郁富 / 050

发展学校特色美育的实践探索　　　　　　　　　　　　　　　李　艳 / 057

"教学做合一"在初中历史教育教学中的运用　　　　　　　　李振权 / 062

中学美术课堂中如何培养学生发散性思维能力　　　　　　　　莫春玲 / 068

陶行知生活教育思想对中学校本创新课程开发实践的启示　　　苏　伟 / 072

中职学校贯穿"教学做合一"实践探索　　　　　　　　　　　季正雄 / 077

多维度践行陶行知教育思想的探索与创新　　　　　　　　　　梁俊玉 / 082

党支部品牌建设与"爱满天下"教育思想有机融合的研究与实践　姚本斌 / 087

基于陶行知"爱满天下"教育思想的中职学校
　　团建工作创新模式探讨　　　　　　　　　　　　　　　　杜　珍 / 093

陶行知教育思想在中职基础护理教学课堂中的应用　　　　　　韦艳飞 / 098

承行知创造教育思想，建职校特色校园文化	韦月姝	/ 103
陶行知生活教育理论对职业教育的影响	卢玉钦	/ 108
践行陶行知教育思想，提升中职学校人才培养质量	覃艳肖	/ 115
以陶行知教育思想解读现代职业教育发展	韦春甜	/ 121
教育为本，服务社会		
——陶行知教育思想的实践	黄元涛	/ 127
赓续行知文化精神　创新中职学校"三教"改革	梁永艳	/ 134
走行知之路，润红色之品	丁俞尹	/ 141
陶行知"生活教育"理论融入"大思政课"建设研究	覃彩霞	/ 147
陶行知"教学做合一"在会计专业教学中渗透分析　覃海燕	朱柏桥	/ 153
"陶行知教育思想"对后进生激励的有效运用	孙琰程	/ 159
陶行知职业教育思想融入"服装美术基础"的教学实践	陈　媚	/ 164
"教学做合一"在中职旅游专业班级文化建设中的应用	欧至娜	/ 170
"教学做合一"在中职"网店运营"教学的有效应用	欧世金	/ 176
探究中职生"知行合一"的有效途径	廖胜飞	/ 182
陶行知生活教育理论在学校德育实践中的运用	钟锡锋	/ 188
"教学做合一"理论在小学语文信息化教学的实践	莫燕敏	/ 194
陶行知生活教育理论在小学语文课程教学中的应用	杨晓君	/ 198
践行"教学做合一"思想　打造高效课堂模式	卢连芳	/ 203
陶行知教育思想在小学语文教学中的运用	覃坤燕	/ 208
赓续陶行知教育理念　创设本土特色的乡村小学	周彩妮	/ 212
陶行知教育思想在小学语文教学中的应用	胡务夏	/ 217
陶行知教育思想对小学教育的启示	余春静	/ 222
陶行知"六大解放"在小学数学教学的实践	谢杏英	/ 227
陶行知教育理念指导下的小学劳动教育实践	莫雪丽	/ 233
践行陶行知思想　促进数学教学与劳动教育相融合	覃　凯	/ 237
陶行知教育思想在小学信息技术课堂的应用	陆琼南	/ 242
陶行知生命教育思想下普通小学融合教育实践探索	林泰余	/ 247

小学语文思维发现与提升学科核心素养的培养	吕柳霆 / 252
陶行知生命教育思想下小学语文教学中 　　融合教育课程开发的探索	韦梦雪 / 256
提升特殊儿童自我服务能力的行动策略	韦育巧 / 261
陶行知教育思想在校园文化建设中的运用	韦兆辉 / 266
承行知精神之脉　建特色校园文化	梁　冬 / 271
以陶行知教育思想指导初中英语有效课堂教学	曾　玲 / 275
浅谈"教学做合一"在小学数学教学中的运用	黄玉兰 / 280
"生活教育"思想与小学数学教学生活化的实践探索	杨　梅 / 285
生活教育理论指引下的小学美术蜡染课程的探究	闫　芳 / 291
陶行知教育思想在小学语文教学中的应用与实践	李妙珍 / 297
陶行知教育思想在学生综合素质评价中的应用研究	陈良丽 / 301
爱心与责任在小学语文教学中的实践	苏　胜 / 305
"教学做合一"的小学语文阅读教学策略	韦　玲 / 310
素养导向的小学"知行课程"实践研究	洪美惠 / 315
"爱满天下"理念下的小学科学教学探析	张翠珠 / 320
陶行知教育理念在小学英语教学中的运用研究	严玉倩 / 326
"爱满天下"理念在小学语文阅读教学中的融入研究	李思枚 / 330
美育润泽童年，手工助力成长	林亚红 / 334
"做中学"在小学数学教学实践中的策略	黄　琼 / 340
基于生活教育理论下的少先队活动社会化策略	赵锦兰 / 345
陶行知生活教育思想在德育工作中的实践运用	周　丽 / 350
陶行知教育思想在建立良好师生关系中的实践	吴美仙 / 355
陶行知生活教育思想在幼儿园教育活动中的应用研究	钟海洁 / 360
陶行知教育思想在幼儿一日活动中的有效运用	许永祥 / 365
陶行知"生活教育"理论在幼儿德育中的应用	江　欣 / 370
陶行知生活教育理论在小班环境创设中的运用	莫晓漫 / 374
生活教育视域下幼儿角色游戏开展的策略研究	白秋珍　陈莉芸 / 380

以陶行知教育思想为指导　共促家园协同发展　　　　　　　黄晓瑜 / 384
"爱满天下"思想在学前教育的实践运用　　　　　　　　　　李智月 / 389
陶行知教育思想对当代幼儿园教师专业发展的启示　　　　　金玲玲 / 394
陶行知教育思想视角下幼儿园劳动教育研究　　　　　　　　何　静 / 399
生活教育理论在幼儿园教学活动中的应用　　　　　　　　　陈渊凤 / 404
生活教育理论在幼儿园大班户外自主游戏中的应用　　　　　刘石凤 / 410
生活教育理论下推进幼儿家庭劳动教育的策略　　　　　　　廖海芩 / 415

陶行知在广西推行"岩洞教育"的精神价值

广西教育厅　陈　洛

"岩洞教育"是陶行知先生生活教育理论在现实中的折射。他的生活教育理论包含着丰富的生活色彩，生动的教育形态，具有中华优秀文化传承的特性和教育社会化、终身化、大众化、实践性的特征，反映出陶行知对人生目的、人生意义的根本看法和正确态度。提倡并实践"岩洞教育"，也是他完美的幸福观、苦乐观的真实写照。通过学习陶行知，从"岩洞教育"中感悟出能够指导我们的生活方向，影响我们良好的道德品质形成和道德行为趋向。无疑，这对于我们的工作和生活都大有裨益。

一、缘起和主要活动

1938 年年末，广西桂林几乎每天都受到日军飞机的轰炸，残垣断壁四处可见，而城市的上空，却回荡着豪壮的歌声：

> 老百姓整天忙匆匆，
> 没有钱，没有空，
> 平时想把书来读，
> 又见铁鸟上天空；
> 敌人送来好机会，
> 岩洞里，细商量，
> 二期抗战已开始，
> 怎样才能打胜仗？
> 认几个字儿听听讲，
> 不花钱，进学堂，
> 知识好比大炸弹，
> 帮助我们杀东洋！

这就是当时在广西桂林街头流行、值得人们交口称誉的《岩洞教育歌》。

1938年10月，伟大的人民教育家陶行知先生受邀前往广西。他刚到桂林，就遇到了日本军机的轰炸。警报响起时，陶行知也与桂林的市民一样，躲进了离自己最近的岩洞里。在进入岩洞的一刹那，他看到岩洞里已经躲进来不少市民，而且洞外还有不少人蜂拥而入，很快，整个岩洞就密密麻麻地挤满了人。大家在等待着警报解除的过程中，有人在骂日本侵略者、有人在闲聊、有人在吵闹、有人无所事事地徘徊、有人呆若木鸡地坐着、有人干脆摆开棋谱下棋……大家都在熬时间，他们对这样的时光流逝似乎已经习以为常了，而这种场景对于陶行知来说，是他经历的第一次。这么多人聚集在一起，这么多的时间就在无聊中消逝，太浪费了、太可惜了。此时的陶行知开始思考，一种大胆的想法油然而生，这不正是开展教育最好的时候吗？

当陶行知了解到桂林独特的地形地貌——喀斯特地区大大小小的岩洞数不胜数时，更加坚定了他要利用这天然屏障开展教育的信念。于是，陶行知连夜奋笔疾书，于1938年12月8日在《广西日报》上发表了一篇以《岩洞教育的建议》为题的文章。文章一发表，就得到了广西各界人士的赞同，大家认为陶行知的观点新颖，而且这个提议特别符合当时的实际需求。

那时的桂林，普通百姓的文化水平比较低，有些人连自己的名字都不会写。而当时的广西战事连连，主政的李宗仁曾希望通过教育来振兴广西的想法也一直未能实现。

当李宗仁在报纸上看到这篇文章时，当即将陶行知请到了他的官邸。他先是向陶行知讨教关于生活教育的理念及岩洞教育的基本构思，然后就战争年代如何推动教育，尤其是实施"岩洞教育"的问题与陶行知展开了坦诚的讨论，在思想碰撞中达成了共识。陶行知提出了一个思路和具体方案，得到李宗仁高度认可。

于是，李宗仁紧急召开一个由政府相关部门参加的"岩洞教育"专题讨论会。会议整整开了一天，在热烈的讨论中，大家都表示要大力支持"岩洞教育"。为此，政府专门设立了特别指导委员会，委员会设总干事，下设指导员，同时规定每一个山洞分别由各群众团体、学校、文化机关派出热心救亡工作的知识青年与少年儿童负责维持秩序。

从此，前所未有的"岩洞教育"就在桂林轰轰烈烈地开展了，各个岩洞都设立了专门的教育宣传小分队。

在多个教育宣传小分队中，尤其值得一提的是工作表现突出、发挥作用积极、具有广泛影响的新安旅行团。

新安旅行团是在陶行知先生创建的江苏淮安市新安小学成立的，陶行知在新安小学写下了脍炙人口的名句"捧着一颗心来，不带半根草去"。1935年10月，按照陶行知的旨意，在时任校长汪达之的带领下，以"唤起民众，共赴国难"和"担负起天下的兴亡"为出行宗旨，修学旅行全国，宣传抗日救亡，走与工农民众相结合的道路。他们东起黄海之滨，南至港澳地区，西达兰州以远，北抵内蒙古百灵庙。在中国共产党的关怀和领导下，历时17年，行程5万余里，途经全国22个省份，唤起千百万民众共赴国难，谱写了少年儿童革命史上的壮丽篇章。他们将自己的命运融入祖国的命运之中，充分"发挥少年儿童的特点和长处"，以"救国、革命、创造三种精神"，将所到之处的少年儿童团结在抗战的大旗下，践行了陶行知"为生活教育努力，为民族生存奋斗"的思想。在武汉、桂林等国民党统治的心腹地区，他们以文艺为武器，团结人民，教育人民，打击敌人，消灭敌人，为抗日救国的神圣事业奔走呼号，先后帮助建立了150多个抗日少年儿童团体，被人们誉为"中华民族的小号手"。

当时在桂林，新安旅行团勇敢承担起抗日救亡儿童宣传团队的义务。他们在各个岩洞口和岩壁上，写上"敌人在轰炸，我们在上课""警报就是我们的上课钟""岩洞就是我们的学校""小朋友，快快来，参加岩洞儿童歌唱团"等标语。于是，醒目的、富有号召性的标语极大地鼓励了人心，当人们躲进岩洞时，想的不再是逃难，而是团结起来共同学习。因而，在岩洞里的人们学习劲头足，学习效果好。"岩洞教育"这一具有现实感的形式，使民众在岩洞里能够接受教育，能够学到一些基础性的、常用的文化知识，同时也激发了大家的抗战斗志。

1939年2月，苏联莫斯科《消息报》的记者卡尔曼在桂林，被桂林热火朝天的"岩洞教育"震撼、感动。他把桂林"岩洞教育"的真实情景录了下来，回国后编辑成新闻纪录片，并把片子传递到国际反侵略组织的阵营中，成为国际反法西斯宣传的力作。

二、生活教育与"岩洞教育"

生活教育理论是陶行知教育思想的精髓。他指出："生活教育是生活所原有，生活所自营，生活所必需的教育。教育的根本意义是生活之变化。生活无时不变，即生活无时不含有教育的意义。"既然生活教育是人类社会原来就有的，那么生活便是教育，就是"过什么生活便是受什么教育；过好的生活，便是受好的教育，过坏的生活，便是受坏的教育"。生活教育强调的是教育要以生活为中心，反对传统教育以书本为中心，认为不以生活为中心的教育是死的教育。生活教育是在批判传统教育脱离生活实际的基础上产生的，是施行单纯的知识教育的对立面。生活教育可以找到与现实需要的结合点，是学生需要的教育。

所以，生活教育就是随时随地的教育，在学校、在家里、在社会……教育无处不在。那么，处于战争年代，人们为躲避敌机轰炸而进入岩洞，在岩洞里接受的教育，陶行知把这种教育形式称为"岩洞教育"。

"岩洞教育"是生活的真实写照，是生活教育的鲜活例子。陶行知不仅在《广西日报》和《战时教育》上发表《岩洞教育的建议》，文章谈到他看到在敌机的空袭中，万千市民进入岩洞躲避，在岩洞里无事可做的情景。同时，他也了解到，桂林本地及外省来的知识分子多达1万多人，在这么多的知识分子中，他预测至少可以动员1000人来从事普及教育，为老百姓服务。因此，他建议，每个岩洞作为一个战时民众学校，组织桂林战时普及教育团，依据山洞数，每一大山洞应有一普及教育团负责，每一小山洞由该团的力量组织分团负责，并对场地布置、教育组织、教学内容、教育方法、教育经费、可能成效等提出可能实施的意见。广西当局很快采用了陶行知的建议，在广西战时民众教育指导委员会成立之时随即宣布开始施行"岩洞教育"。

紧接着，陶行知又写了《桂林战时民众教育工作人员须知》，文章以简明扼要的语言回答了什么是教育、什么是民众教育、什么是战时教育、什么是"岩洞教育"，对为什么要从"岩洞教育"着眼开展全面教育运动，以及"岩洞教育"的内容、教育者应有的态度、教学方法、团体生活、教师进修等，都做了具体明确的主张。他对为什么要从"岩洞教育"入手写道："广西山洞甲天下，经过几次空袭之后，老百姓无论有警报无警报，都扶老携幼跑到山洞里去躲起来。山洞是天然的校舍，躲避空袭的百姓有现成的时间求学，知识分子是现成的先生，三美具备，山洞教育是一种迫切的需要，也是最容易办起来的。"他还特别强调，"平均10万人每天每人白费5小时避空袭，浪费掉的光阴是每天50万小时，这是多么可惜的一件事啊！'岩洞教育'是把白费的50万小时夺回来，教老百姓了解抗战的前途，增加抗战的力量"。

关于生活教育与"岩洞教育"的联系，在开展"岩洞教育"之初，陶行知开导和鼓励新安旅行团的团员们说："战时教育，就是战争时期的生活教育，战时教育不仅在内容上，而且在形式上也要适应战争的环境和民众的需要。""你们利用桂林独有的岩洞，让民众在躲飞机的时候受到抗战教育，是你们的新创造，就叫它'岩洞教育'吧！希望你们赶快把它试验起来。"其后，这种"岩洞教育"逐步发展成为战时民众教育（成人教育），也促成了广西当局确定1939年为广西的成人教育年。

在开展"岩洞教育"中，陶行知十分重视发挥中小学生的作用，他在提倡生活教育的同时，又提倡"小先生制"。他说："桂林岩洞那么多，空袭时可以岩洞为课堂，实行'小先生制'，就是组织中小学生，由教师领导，在岩洞里对群众进行抗战宣传和识字教育。"他写了首《小先生歌》："我是小先生……学会赶快去教人，教了又来做学生。"表达了教学可以相长，开展小先生活动对学生本身的学习是一种很好的促进的意思。

陶行知对"岩洞教育"的倡导，实际上是对他终身提倡的生活教育理论的实践。在他的倡导下，岩洞成了学校，警报成了上课钟，抗战时期桂林的教学资源得到了充分的利用。桂林岩洞教育的成功开展不仅受到了社会各界高度关注和交口称誉，也成为人们践行生活教育的新模式。

三、岩洞教育的精神价值

什么是精神价值？精神价值是指人类实践和创造过程中所形成的各种文化、道德和思想价值，是人们对于生活意义、价值体系和理想目标的认知和追求。从另一个角度说，精神价值是人类个体和社会的重要组成部分，反映出人们对于真、善、美的理解，对人性、权利、责任的态度，关系到人们精神生活和社会关系的方方面面。

按照著名的德国哲学家、价值伦理学创立者马克斯·舍勒关于价值存在的五个相互关联层次理论，实践智慧和精神理性是处于核心地位的。他认为，实践智慧不依靠先前尝试而在新情况中能自发且合适的行为设计。这种行为预设了对环境及环境因素之相关性的洞见，并由此而有创造性的（非单纯复制的）思想之洞见，能够预想以前从未曾体验的事态。陶行知"岩洞教育"的创意，不正是"不依靠先前尝试而在新情况中能自发且合适的行为设计"的真实写照吗？

精神价值主要包括文化价值、道德价值和思想价值。

文化价值是人类在漫长的历史长河里实践和创造中形成的各种物质和非物质文化财富。语言文字、文艺作品、科学技术、习俗礼仪等都包含其中。文化价值是人类文明的重要基石，反映出人类历史和文化的多样性和独特性。从另一角度说，文化价值是一种社会产品，文化价值不能仅仅被理解为满足个人文化需求的财产属性。人不仅是文化价值的需求者，也是文化价值观的承担者。文化价值观始终为人们服务。

道德价值是基于人类自身和社会发展需要而产生的具有普遍意义和指导作用的行为规范和价值观念。道德价值的基础在于人类的本质和生存需要，反映了人类生活的稳定性、秩序性与和谐性。由于道德价值具有系统性，因而就形成了个体的各种道德价值观念的、有层次、有系统的体系，包含关于道德价值问题的原则、标准、信念、理想等。这种社会道德价值体系和个人道德价值体系，在社会发展的不同阶段，表现出的形态是不同的。逐步成熟的道德价值体系自然成为个体衡量或评价事物的标准，可以成为唤起或调整自己的人生态度、意向与行为的依据，还可以成为自我实现的动力。

思想价值是指人类在思辨和创新中所产生的各种观念、理论和思想，包括哲学、宗教、科学、艺术等方面的知识和观点。思想价值是人类文化和知识的重要组成部分，反映了人类对于宇宙和人类本质的认知和探索。

据此分析，我们可以领悟出陶行知"岩洞教育"的精神价值。

价值一，文化价值。"岩洞教育"是陶行知生活教育理论在现实中的折射。陶行知的生活教育理论包含了丰富的生活色彩，概括了教育的社会化、终身化、大众化、实践性等特征以及全方位地培养创造性人才的目标。陶行知在教育思想的形成中，他深信"生活是教育的中心"，主张"向上长"的教育，追求"教人求真""学做真人"，"岩洞教育"体现出他所从事的平民识字教育观，使"岩洞教育"成为他生活教育理论的有力支撑性。

"岩洞教育"不仅是一种教育形态，更是文化创造。文化是人类独有的创造物，文化创造的过程也就是一个教育过程。文化一旦产生，就成为外在于人的客观存在，教育对于文化保存与发展的作用，构成了教育的文化价值。"岩洞教育"，其文化价值表现在教育的文化传递与保存功能。不失时机地开展文化教育，是保存文化的有效手段。教育的文化传递、保存功能有两种方式，其一是纵向的文化传承，表现为文化在时间上的延续；其二是横向的文化传播，表现为文化在空间上的流动。"岩洞教育"的形态，表现为教育活化和文化选择。文化选择是文化变迁和文化发展的起始环节，更重要的是提高受教育者的文化选择能力，促进人的发展。"岩洞教育"的形态，使教育的文化更新与创造功能得到进一步的体现。只有这种文化的更新和创造，才能促进文化的真正发展。同时，文化价值所表现出来的社会产品属性，不仅仅被理解为满足个人文化需求的财产属性，人既是文化价值的需求者，也是文化价值观的承担者，"岩洞教育"所表现出来的文化价值正是为人们大众服务的。

价值二，道德价值。道德价值的内涵界定是指道德客体对道德主体的本质需要的满足与否及其满足程度。作为人类价值系统的核心，一直受到人们的重视，研究也越来越深入。而对于道德价值概念的争论，不管是"需要""衡量""应该""情感"，还是"意义"和"关系"等种种观点论述，虽角度不同、问题设定不同，但都是趋附于现实的。道德价值突出的是一种人的基本精神和对人与事的道德判断。

具体来说，"岩洞教育"的道德价值表现在：

一是传播积极信念。"岩洞教育"表现出临危不惧、坚强不屈、教育永恒和乐观主义等积极信念，就像《岩洞教育歌》中唱到的："怎样才能打胜仗？认几个字儿听听讲，不花钱，进学堂，知识好比大炸弹，帮助我们杀东洋！"与《义勇军进行曲》里"我们万众一心，冒着敌人的炮火，前进！前进！前进进！"如出一辙，表达了中华儿女坚忍不拔、团结一致的必胜信念。"岩洞教育"展现了中华民族所具备的自强不息的信念。无论过去、现在,还是未来,这种信念都将启迪并教导人们形成正确的历史观、价值观。

二是彰显民族精神。中华民族精神有伟大的创造精神、伟大的奋斗精神、伟大的团结精神……"岩洞教育"正彰显了这种创造、团结、奋斗的精髓。在八路军桂林办事处纪念馆内悬挂着一幅引人注目的油画,描绘的就是新安旅行团"岩洞教育"的场景。洞外的标语、洞口的报纸、石壁上的画片展览、小小岩洞图书馆、儿童合唱歌团在唱歌、免费代写书信的孩子、新安旅行团的小先生们和利用躲避日机轰炸时间学习的群众共同组成了从容不迫的画面。正如作者在注解中所叙述的:"在惨烈的轰炸下,我们进行着抗战的教育。人们从单纯的恐怖里锤炼着愤怒和胜利的情绪。"这是一种伟大的价值,即在战乱的年代,教育无法按日常的轨道运行,但由于陶行知倡导的"岩洞教育",桂林的教育在特殊的时期得到了特殊的发展,并展现出特殊的风采。

价值三,思想价值。世界著名的德国思想家、作家歌德说过:"你若要重视自己的价值,就得给世界创造价值。"伟大的人民教育家陶行知正是给世界创造价值的人。

陶行知的生活教育理论包括"生活即教育",这是陶行知生活教育理论的中心;"社会即学校",是"生活即教育"思想在学校与社会关系问题上的具体化;"教学做合一",是"生活即教育"在教学方法问题上的具体化。生活教育理论是一种不断进取、不断创造,旨在探索具有中国民族特色的教育道路的理论,它体现了立足于中国实际,"去谋适合,谋创造"的追求。"岩洞教育"就是陶行知审时度势谋适合、谋创造的思想追求和行为实践。因此,我们可以从陶行知的教育理论中看到,在生活里,对事说是做,对己之长进说是学,对人之影响说是教。"岩洞教育"无一不体现出这些。

陶行知被毛泽东主席称为"伟大的人民教育家"。他的教育理论,尤其是生活教育理论学说的思想价值,无论在任何时代、任何地区,对它的创造本意,只要不故加曲解,始终具有不可诋毁和不朽价值。

文化是民族的灵魂,教育是文化的生机。"岩洞教育"的形态虽然已过去了80多年,但它的精神是无价的,有着赓续和传承的非凡意义,这也是衡量我们对文化、对教育态度的最高标准,精神无价就是精神价值之所在。

让我们把战争年代的"岩洞教育"铭记在心,把陶行知先生深邃的思想和高尚的行为代代相传。

心理辅导帮助辍学初中女生回归校园的个案研究

南宁师范大学 黎 君

陶行知先生说："真教育是心心相印的活动，唯独从心里发出来，才能打动心灵的深处。"学校心理健康教育是一项系统工程。不仅仅是学校的大事，更是社会发展的一件大事。根据国家教育部《全面加强和改进新时代学生心理健康工作专项行动计划（2023—2025年）》文件精神，学校要开展内容丰富、形式多样的心理健康教育活动，营造积极向上的和谐氛围，提高心理健康教育工作的针对性和实效性。要提升学生心理健康素养，促进学生身心健康、全面发展，就需要教师和学生的共情同理互动。在学校心理健康教育工作中，不但要做全体学生的心理健康教育工作，也要关注个别学生的特殊成长过程，做到"一个也不能少"。如果本学校的心理健康教育力量不足时，要学会借力，以保证心理健康教育的质量。

一、辍学初中女生心理辅导的简要回顾

个案生成的缘由，是因为初二女生已经两个多月不去学校了，说是心烦，天天在外婆家玩手机。父母觉得无法与女生沟通，班主任与女生也无法沟通。听说，父母动员女生去了几次学校的心理健康辅导室，都没有找到教师，失望而归。据了解，教师去上课了。父母曾带孩子去过心理医院做检查。经过学校分管德育的主任推荐，决定借力于校外的心理咨询师，帮助孩子走出困境。

个案的基本情况

1. 女生，14岁。某中学初二学生。初中一年级的时候，曾因为和同学的关系不和，开始了第一次辍学，时长40天。2023年春季学期，因认为班主任不公平，与同学的关系不好，3月开始，不去学校了。9月开学时，去了几天。又不去了。都自己在家，或者去外婆家。但觉得无聊，整天打游戏、刷抖音。与父母对抗。想回学校，又不敢回学校。父母带女生去过精神病院检查，诊断为重度抑郁，没有器质性的问题。

2. 父亲，41岁。出生在一个贫困的农村，硕士研究生毕业。做过公务员，副处级。后来，辞职开了个贸易公司。效益很好，自我感觉也很好。看不惯妻子的强势和自我膨胀，对女儿的行为也无可奈何。几次想离婚，重新开始新的生活。

3. 母亲，39岁。出身在城市，家庭条件很好，名牌大学毕业。公务员，副处级干部。自我感觉很好，有点看不起丈夫的家庭，对孩子的行为很无奈。自己也因此参加了心理健康方面的课程培训，但自我感觉不会运用，与女儿沟通困难。

二、心理咨询过程的简要回顾

1. 第一次咨询：女生的父亲单独约见。先谈自己的感觉。对妻子、女儿深深的失望，自己对未来有一些思考。因为妻子的强势，很难沟通。对女儿的教育引导不一致。感觉自己没有什么家庭地位，总是不能好好沟通。面对强势的妻子和辍学的女儿，曾几次想过放弃现在的生活，重新开始人生的选择。

咨询师倾听表述后，表示理解他的感受，并做了交流。

咨询师建议来访者思考：

对自己不满：全面看，我的优点和优势是什么？相对看，我的缺点有无可取之处？发展看，我的劣势如何改变？平衡看，自己的想法是否极端？

对他人不满：全面看，他有无优点及对我的恩惠？相对看，他的缺点有无可爱之处？发展看，他以后是否可能改变？平衡看，对他的想法是否极端？

来访者先看了问题，然后做了对应的回答。情绪比较稳定了。表示，一定回去好好反思，并做出相应的行为。

咨询师的感悟：来访者是性情中人，对事业有自己的独特见解和能力。对家庭有一定的责任感。但因为问题的反复出现，显得有点急躁。配合咨询师的工作，按照程序做相应的回应。

2. 第二次咨询：女生的母亲单独约见。来访者首先表示了对女儿的操心，历数女儿的种种不良习惯。表达对女儿班主任的不满，对女儿不公平。对自己的丈夫也非常不满意，丈夫是农村出身的，自己与丈夫结婚后，从来没有回过公婆家，公婆也不敢到儿子家。认为自己是家在省级首府、名牌大学毕业、公务员、副处级职位，自己是"下嫁"了，很委屈。

听了来访者的陈述，进行交流。咨询师建议女生的母亲，进行一下问题的思考：

对别人（丈夫、女儿）不满：全面看，对方有无优点及对自己有过什么帮助？相对看，对方的缺点，有无可取之处？发展看，对方以后是否可能有改变？平衡看，对他人的想法是否有些极端？

经过几分钟的沉思，来访者对女儿、对女儿班主任、对自己的丈夫的评价做了个表述。明显地看到了理性的思考和情绪的稳定。

咨询师的感悟：母亲是个急性子的人，自我感觉太好，对丈夫不满，对女儿不满。自己滔滔不绝地说，思维有点涣散，情绪有点偏激，反思能力有待提高。后来，通过对问题的思考，表示不能操之过急，学会了解和理解他人，特别是要了解和理解自己的女儿。

3. 第三次咨询：母亲与女儿同行。应母亲的要求，女儿的同意，做个沙盘游戏。经过30分钟的时间，母女俩创作出自发沙盘作品"海边生活"。协商后，妈妈先拿沙具，女儿再拿沙具。经过12个来回。

妈妈先拿3棵树放在沙盘左边居中的的地方。女儿接着拿一个珊瑚放在左边下方。

妈妈依次拿的是：3棵树、3个海星、3个人、4块石头、1条鱼、1幢大房子、3棵树、3个人、1个装饰物、1个彩虹、1幢房子、1只海马、1条美人鱼、

3个爱的标识物。

女儿依次拿的是：1个珊瑚、3条鱼、1个灯塔、3棵树、1桌4椅、1只熊猫、3棵树、1个路灯、1鱼1龟、1条船、1个男孩，最后一轮放弃。

创作的过程，用了20分钟。创作结束后，母女回顾活动的过程，进行交流、体验。

通过母女商定，作品的名字叫"海边生活"。

通过对沙盘作品"海边生活"的创作回顾，做了系统的交流，母女关系缓和，表示理解对方的选择和行为。关注"灯塔"和"路灯"的选择。

咨询师感悟：经过交流，确实感觉到母亲的强势和自我优越感，给女儿很大的压力。女儿面容从开始的紧张谨慎到自我放松，表达比较有条理，讲述沙盘的故事时，情绪变化自然，偶尔还露出笑容。沙盘作品反映，整体性有所欠缺，中间有很大的空间。有动力、有期待，母女俩有互动，但多是母亲迎合女儿的需求。沙盘作品里，没有"父亲"的角色。母亲与女儿不在一起，女儿有沟通的意愿，母亲太强势，经常打断女儿的说话。经过交流，氛围缓和。女儿表示，下一次要自己来。

4. 第四次咨询。女生单独来咨询。女生说出自己的困惑和行为的选择原因。为什么妈妈这么强势？为什么经常说爸爸是农村人，嫌弃爷爷奶奶，过年过节都不和爸爸回农村老家，而经常去外婆家？女儿说，父母经常吵架，让她很没有安全感。但是，初一的时候，因为和同学闹矛盾，班主任处理不公，她一个星期不去学校。发现，这个星期，爸爸妈妈因为她不去上学而操心，竟然不吵架了。所以，一旦父母闹矛盾，她就不上学了。多次重复，也习惯了。其实，她想上学，害怕不去学校，跟不上节奏，影响学习成绩。女儿希望，父母和睦相处，也希望在学校得到班主任的公平对待。

咨询师让她思考：对父母、对班主任、对同学的评价做一个梳理：全面看，对方有无优点及对自己有过什么帮助？相对看，对方的缺点，有无可取之处？发展看，对方以后是否可能有改变？平衡看，对他人的想法是否有些极端？

女儿沉默了几分钟，对这几个问题，做出了对应的回答。条理性、逻辑性很好，表达很流利。情绪也好了，最后，还展出了笑容。表示，下次与父母还要来。表示，对父母的理解，还是希望父母能够和睦相处。约定，下周一，回学校，勇敢地面对同学和班主任。

咨询师感悟：女儿的感受性很好，理解能力很强。对自己有一定的期望，希望以后能考上北方的大学，学金融管理，像爸爸一样，做个成功的创业者。听母亲说过，在医院做心理测量，结果为"重度抑郁"。当咨询师问她在心理医院检测的情况时，她笑着说，她乱填的。这让我们思考应如何理性对待心理测验的结果。

5. 第五次咨询。家庭成员三人同行。咨询师首先让每个家庭成员谈谈近期的变化，特别关注正向的叙说。

母亲说，上星期，孩子已经上学了。毕竟已经辍学几个星期了，有点别扭，不好意思。但是，班主任和同学们很关心，对落下的几个星期的课，好好交流，逐渐适应了学校的节奏。这次，一家人来，主要是想做一个家庭成员的面对面的交流。

父亲说：感谢咨询师的帮助，让他们家庭成员思考了很多问题，做出了反思，走出了困惑，有了期望的家庭氛围。妻子的态度有所变化，女儿返校了，情绪比较稳定，回到家，开始和家人分享学校的事情，这是以前没有的。之前，因为多次求助于医院和个别心理机构，有点失望，甚至于产生出放弃的念头。通过咨询，知道了自己的认知偏差，造成了家庭的矛盾升级。学习了阴阳辩证的思考，改善了家庭的人际关系，工作更有干劲了。

母亲说：女儿的辍学，成了自己心中的痛。之前，因为遇到了问题，在网上看了些视频、读了些书，还参加了几个培训。但是，通过这几次的咨询，让自己反思，反思与丈夫的关系、反思与女儿的关系、反思与女儿班主任的交谈。觉得自己看问题有些极端、偏颇，所以造成了不良的后果。通过咨询，认识到自己对丈夫、对女儿、对问题处理的思维方式出了问题，需要好好反思自己，改变自己。

女儿说：近期看到父母关系好了，很高兴，自己也充满了安全感。上周回了学校，因为辍学时间久了，落下了不少的课。但是，因为老师和同学的帮助，希望能逐渐跟上，自我感觉学习状态也好了，很开心。表示，以后要学会辩证看问题，不再走极端，多与父母交流，做正面的交流，做正向的行为，不再逃学，以伤害自己来换取父母和老师同学的关注，记住"灯塔"的指引（沙盘作品中的沙具）。

咨询师让他们三人，分别对其他两位家庭成员说出自己的感觉和期望，正向叙说。

咨询师推荐了北京师范大学心理学教授提出的"阴阳辩证疗法"的六句箴言：不好中有好，这方面不好那方面好，现在不好将来好，凡事有度才算好，争取不到的就说它不好，摆脱不掉的就说它好。并祝福他们家庭和睦、学生学习进步、家长事业有成！

一个月后，咨询师对女生进行回访，也对女生的父母、班主任、几个要好的同学进行了访谈。达到了预期的目标，家庭关系和谐了，女生返校学习了，和同学的关系变好了，班主任对女生的评价提高了。

三、关于对辍学初中女生心理辅导的反思

反思了案例的过程，我们清楚地觉察到认知的偏差，直接影响情绪，影响学生行为的偏颇、影响家庭关系的和谐、影响学校教育的发展、影响社会的发展。通过引导学生和家长辩证看问题，多交流、多鼓励、多支持，学习营造家庭和谐的氛围，让家庭成员都通过这个事情得到成长。学生重新回归学校，不仅仅是个案的问题，更是学校教书育人的实际效果的问题。

（一）学校要把心理健康教育工作落到实处

2002年，国家教育部就发布了《中小学心理健康教育指导纲要》，2012年进行了修订。各级各类学校都要重视学校的心理健康教育工作，心理健康教育课要进课堂，要做好团体心理辅导工作，要关注个别学生的特殊问题。学校的教师都要学习心理学的知识，掌握学生心理辅导的基本方法。陶行知先生说："要学生做的事，教职员躬亲共做；要学生学的知识，教职员躬亲共学；要学生守的规则，教职员躬亲共守。""大众是长进得很快，教师必须不断地长进，才能教大众。一个不长进的人是不配教人，不能教人，也不高兴教人……"学校教师要把心理健康的理念渗透学校教育的每一个环节，努力营造一个健康、和谐的学习环境，建立心理辅导室，做好学生心理健康档案，关注学生的发展变化，及时给予帮助。广西的一所中学于2024年4月做了学生心理委员、宿舍长岗位的培训。学生心理委员、宿舍长是学校县里健康教育的宣传员，是连接心理教师和学生的重要桥梁，是学校心理健康教育工作中的一支重要力量。培训的内容有，对岗位的认知、提升自身的知识和能力，有效帮助身边的同学。

（二）家校协同，才能让学生更好成长

教育部、最高人民检察院、中央宣传部、中央网信办等十七部门联合印发《全面加强和改进新时代学生心理健康工作专项行动计划（2023—2025年）》

（以下简称《行动计划》），其中明确：2025年，配备专（兼）职心理健康教育教师的学校比例达到95%，开展心理健康教育的家庭教育指导服务站点比例达到60%等。现在，中小学校有专职心理健康教师的不足50%，更多的是兼职教师，语文教师兼职、数学教师兼职、体育教师兼职、学校医生兼职……所以，遇到专业性强的问题，感到束手无策，直接推回家庭。有的学生，由于父母文化不高，或者是隔代相伴、父母认知偏颇，错失了教育纠正的机会，耽误了学业，形成畸形的个性，与社会格格不入。广西贵港市荷城初级中学的经验值得借鉴，教师活动主要以培训和比赛为主。2023年春季学期举办"教师礼仪ABC和压力情绪管理"讲座，全校600多名教职工参与。秋季学期举行两场"五育并举促进心理健康"教师公益性心理讲座，参与人数600多人。2023年11月15日，举办贵港市2023年秋季期心理健康教育"同课异构"主题活动决赛暨教研活动，参与教师300多名。该校姜憶莉、吴灿丽、冯国欣老师本年参加市级比赛3次，吴灿丽老师参加省级比赛一次。专兼职心理健康教师和班主任外出参加心理健康教育培训100多人次。送教下乡4次，分别在庆丰镇第一初级中学、中里民中、奇石初中做"护苗2023预防未成年人性侵害暨青春自护、健康成长"心理讲座，在根竹镇中心小学做心理健康辅导活动，累计受益人次2235人。对于家校联动，2023年秋季共开展3场"增进心理健康福祉，守护孩子美好未来"家长专题讲座，累计受益家长1500多人，此外还对一些有需要的家长开父母研修班，累计参与家长1200多人次。做到家校协同，教师继续学习成长，提高教育的能力。

（三）善于借力，更好地帮助学生走出困境

根据国家教育部2012年颁布的《中小学心理健康教育指导纲要（修订版）》的要求，至2022年，中小学要建设心理健康辅导室，配备专职、兼职的心理健康教师。现在，大部分学校都有心理健康辅导室。但是，还有不少学校没有专职的心理健康教师。不少的学校，心理健康教师是刚毕业的大学生，有专业的知识，但实践经验少，专业技能欠缺，这就需要借力。本个案的学校，有心理辅导室，也有安排正常接待学生的时间表，但是，学生过去时，都是关门的。听说是教师去上课了，让学生很失望。好不容易找到教师了，但教师面对个案和个案的父母，束手无策。学校领导决定推荐校外的心理咨询师介入。心理咨询师根据个案情况，做了班主任的访谈、宿舍同学的访谈、心理老师的访谈、心理负责人的访谈，了解个案的成长过程，制订个案的咨询方案。心理咨询师还给学校的专职兼职心理健康教师做督导，不断提高他们专业的知识和技能，提高工作效能。

（四）咨询师要根据个案选择合适的方法

学校的心理健康工作需要专业的知识和技能支撑。不管是专业的心理教育教师或兼职的心理教育教师，在面对个案时，要根据个案的情况，选择合适的咨询方法。本个案就选择采用了多种方法，认知调节、情绪的管理、行为的训练、沙盘游戏技术、阴阳辩证疗法。特别值得一提的是运用阴阳辩证疗法，要注意实施程序与要领：1.悉心倾听；2.理论讲解；3.举例说明；4.故事启发；5.讨论交流；6.学习名言；7.熟记口诀；8.搜集资料；9.分析解读；10.阴阳四问；11.正向叙说；12.及时强化；13.反复练习；14.辅导他人；15.总结收获。郑日昌教授说："阴阳辩证疏导以阴阳理论为纲，整合了西方的行为疗法、人本疗法和认知疗法以及后现代建构主义的焦点解决和叙事治疗技术，融合了中国传统文化和东方哲学思想。"陶行知先生说："处处是创造之地，天天是创造之时，人人是创造之人。""要想学生好学，必须先生好学。惟有学而不厌的先生才能教出学而不厌的学生。"教师的学习是永远的，只有不断地学习，才有进步和成长，才能把工作做得更好，才能在学生的成长中体验到幸福感。

（五）要做好个案后续的回访和指导

培养学生健全人格是学校教育根本。陶行知先生说，所谓健全人格须包括：一是私德为立身之本，公德为服务社会国家之本；二是人生所必需之知识技能；三是强健活泼之体格；四是优美和乐之感。学校教育的核心是"教书育人"，任重而道远。心理健康教育要面向全体学生，对个别学生的心理问题一定要及时干预。对个案的心理辅导，特别是借力校外心理咨询师的个案，学校的心理健康教师一定要继续给予关注，必要时，要对之前做过访问的相关人员给予回访。但是，一定要注意回访的时间和方法的准确性，控制保密的等级。对学生，要多鼓励、多引导，以正念的思维来面对学校、学习和家庭关系的问题，以积极的行动来实践积极的信念，让学生得到更好的发展。

陶行知教育思想实验学校建设探究

南宁师范大学　杨小艳

　　陶行知先生是我国伟大的人民教育家，是中国现代乡村教育、平民教育的奠基人，他是最早提倡教育实验的教育家。从20世纪20年代开始，陶行知先后发表了《试验主义之教育方法》《教育研究法》《以科学之方新教育之事》等一系列颇有见地的文章，充分表达出陶行知对教育实验的推崇。陶行知教育思想以生活教育理论为主要理论体系，提倡"生活即教育""社会即学校""教学做合一"三大教育原理，其内容丰富且具有前瞻性。20世纪80年代中期，在中国陶行知研究会和各省陶行知研究会的指导下，陶行知教育思想实验学校如雨后春笋在全国各地建立。实验学校的建设宗旨，是通过对陶行知教育思想的挖掘、整理、研究、运用，彰显学校特色，创新办学模式。在众多的学校里，在长期的实践中，积累了不少宝贵的经验，推动着学校的发展。

一、广西陶行知教育思想实验学校的建设现状

广西陶行知研究会成立于 1987 年 9 月。为更好坚持党的教育方针，推进教育公平，有力开展陶行知教育理论的研究与实践，以实验学校作为陶行知教育思想的研究地和实践地。从 2005 年开始，广西陶行知研究会在全广西 14 个市开始设立陶行知教育思想实验学校，把建设陶行知教育思想实验学校作为学陶、研陶、师陶、践陶工作的重中之重。

（一）广西陶行知教育思想实验学校的分布情况

为更好地开展研陶事业，推进学校的教育与改革，通过学校申请、当地教育主管部门同意推荐的程序，研究会对照条件并根据实际需要设立实验学校。至 2024 年 3 月，已建设了 279 所 "广西陶行知教育思想实验学校"。目前，广西各市陶行知教育思想实验学校的分布情况分别是：南宁市 49 所，柳州市 11 所，桂林市 15 所，梧州市 16 所，北海市 12 所，防城港市 5 所，钦州市 20 所，贵港市 48 所，玉林市 37 所，百色市 33 所，贺州市 2 所，河池市 18 所，来宾市 4 所，崇左市 9 所。各阶段学校的情况数据是：九年义务教育学校 19 所，小学 141 所，中学 70 所，幼儿园 22 所，中职 24 所，培训机构 3 所。

（二）广西陶行知教育思想实验学校的建设情况

广西陶行知研究会在批复成为实验学校时，就给学校明确了目标要求，即要求实验学校大力弘扬和努力实践伟大的人民教育家陶行知先生的教育思想，积极推进素质教育，着力于提高教育教学质量，提高教师职业素养，提高学生学习和生活能力，营造和谐校园氛围，为广西的教育事业做出积极贡献。广西陶行知教育思想实验学校在建设的过程中，大部分学校能充分结合本地、本校的实际情况，以陶行知教育思想为内涵，以陶行知"爱满天下""乐育英才""教人求真""学做真人""知行合一"等名言来制定学校的校训、校风、学风和班风等，打造特色学校，在当地起到带头和榜样作用。

1. 幼儿园以陶行知教育思想为指导，全面提升幼儿良好的素养。如，广西幼儿师范高等专科学校实验幼儿园是广西陶行知教育思想实验学校，也是自治区示范幼儿园，学校以"办一所幼儿喜欢的幼儿园"为办园追求，营造浓郁的"乐园"文化，提倡陶行知先生所提出的"教学做合一"的教育思想，培养幼儿良好的学习习惯，学习有序地安排一日生活活动，提高动手能力，促进思维

发展，全面提升了幼儿的良好素养，为孩子进入小学学习做好早期学习素养的铺垫。柳州市柳南区第五幼儿园，在全园推行陶行知的"教学做合一"理论，将陶行知先生的教育思想贯穿于整个教育教学工作中，并最终形成适宜本园的课程体系，为培养孩子健全的人格打下坚实的基础，凸显亮点，打造特色。

2. 小学以陶行知教育思想为指导，丰富学校校本课程建设。比如，南宁市青秀区埌东小学，以陶行知主张"生活即教育""社会即学校""教学做合一"的教育思想作为学校校本课程研究的主线，强调教育要以生活为中心，反对教育以书本为中心，认为不以生活为中心的教育是死教育。学校将"生活教育"理念全面贯彻于学校文化、课程实施、教师与学生素养提升与成长的全过程。学校在开发及实施地方和学校课程方面，以开设"生活课"为主体，每周每班一节生活课，开设"品绣苑"，目的是展示师生壮族十字花绣的优秀作品。同时，学校还设立了"东盟主题园"、"十二生肖锦"、"二十四节气锦"、"百福锦"、绣球铜鼓雕塑、民族小广场、广西十二民族锦、社会主义核心价值观旗帜、生活教育长廊、国学文化走廊、五十六民族长廊等景点，均以广西壮族特色、中国传统文化特色等图案为元素设计。学校充分把握"生活即教育""社会即学校""教学做合一"等生活教育理论的精髓，以打造"生活教育"特色学校建设为工作方向，在全体师生的共同努力下，学校管理日趋成熟科学，校园环境逐年改善，教学设施不断更新，学校教育教学工作逐年进步，家长的满意度越来越高。桂平市逸夫实验小学，践行陶行知"生活即教育""社会即学校"的教育思想，完善了"崇文尚武"的学校文化新样态的顶层设计，构建了提升学生全面素养的校本课程：校本自选课课程"六艺"课程、"五读"课程、"五自"德育课程、体育特色课程、艺术特色课程，培养了阳光大气的文武少年，形成了一套具有学校特色的校本教材、教案，获得了一批批优秀的录像课例展示，使教师在学陶、师陶、研陶中快乐成长。

3. 初中以陶行知教育思想为指导，培养孩子良好的行为习惯。比如，南宁市第十七中学，借鉴陶行知生活教育理论，努力吸纳"生活化"、"活动化"、体验教育等多种教育方法的成功之处，紧密联系社会生活，以生活为行为规范教育的来源和主体，引导学生在生活中发现和感悟生命成长的道德需要，形成最基本的道德生活态度、培养参与和营造道德生活的能力及良好的道德行为习惯，让学生在活动实践中展示自己美好的一面，让他们有着成功的喜悦。百色高级中学，运用陶行知思想理论进行差生转化工作，培养学生行为规范，加强对学生良好行为的引导和训练，并在实践中强化学生良好的行为习惯的养成。

4. 高中以陶行知教育思想为指导，创建科技创新教育学校。比如，河池市第二高级中学，践行陶行知创造教育思想，开发师生潜能，培养创新型人才。学校以陶行知提倡的"教学做合一"的教育理念，以打造硬件软件设施建设为抓手，在学校创设青年科学活动室、3D 打印机室、技术实践教室、木工教室、电子控制教室等，解放学生的手和脑，让学生自主创造。梧州高级中学践行陶行知先生提倡的"生活即教育，社会即学校"的教育理念，以数字化校园建设构建现代教育新型大课堂，帮助和支持学生的自主学习、主动探究、问题解决、交流协作等学习活动，促进了教师的专业发展，提高了学生的信息素养，同时也彰显了学校品牌形象。

5. 职业学校以陶行知教育思想为指导，提升中职学校的人才培养质量。比如，北海市中等职业技术学校，将陶行知的教育思想与中职教育进行深度融合和发展，并用陶行知的教育思想指导中职教育教学实践，对学校的文化建设、内涵建设和特色建设产生了重大的现实意义。首先，学校深入研究陶行知的《生利主义之职业教育》，在校园文化中融入"生利主义"这一思想，让学生从踏进校园开始便能明白何为职业教育，今后将往哪个方面发展；其次，学校通过墙体文化、实训文化、宿舍文化等地方融入陶行知提倡的"教学做合一"思想，让学生明白职业教育中"教""学""做"三者缺一不可，引发学生对职业技能学习方法的深入思考；最后，学校通过校园文化体现陶行知所倡导的"千教万教教人求真，千学万学学做真人"的思想理念，能够让学生明白教人求真的道理，明白职业道德规范的重要性，从而树立正确的人生观、价值观等。通过开展行知特色的校园文化建设、教师队伍培养、学生能力培养的各类活动，达到了提升中职学校的人才培养质量的效果。

6. 培训学校以陶行知教育思想为指导，促进教师、学生更好地发展。比如，北流市第二课堂文化艺术培训中心，全面贯彻陶行知生活教育理论"生活即教育""社会即学校""教学做合一"三大教育原理，注重提高学生的学习兴趣，培养团队精神和分析解决问题的能力，引导学生开展体验式学习的一种教育教学方式。结合学校举办的研学之旅，举办军事夏令营，创建亲子家园，全面推广 365 个好习惯养成教育，逐步形成卓越的教育品质，同时促进教师、学生更好地发展。

二、广西陶行知教育思想实验学校建设面临的问题

创建广西陶行知教育思想实验学校的基本程序，是首先通过学校认知，即书记校长和学校相关领导对建立陶行知教育思想实验学校具有较强意愿，通过了解《广西陶行知教育思想实验学校申报条件》《广西陶行知研究会实验学校章程》《广西陶行知研究会章程》后，由学校自愿填写《广西陶行知教育思想实验学校申报表》并制订实验学校建设的工作计划提出申请，当地教育主管部门同意并推荐，经广西陶行知研究会审核通过后创建的。在众多的学校里，在长期的实践中，积累了不少宝贵的经验，推动了学校的发展。然而，在广西陶行知教育思想实验学校的建设和发展中，也面临着各种新问题，需要我们去审视与思考。

（一）实验学校对陶行知教育思想运用的创新性不够

陶行知的教育思想，是陶行知从中国国情出发，不断地开展教育研究和在不断的实践中形成的。同理，陶行知教育思想实验学校的建设，也是需要在传承陶行知教育思想的基础上，需要不断地挖掘、探索、创造和创新，才能将陶行知教育思想融入新一轮的教育教学改革，从而不断丰富学校特色内涵，推进学校向前发展。我们在工作中发现，部分实验学校创建后，由于只是简单地把学校冠个名，并没有结合学校的实际情况开展活动。比如，有些学校只是简单地将陶行知的名言名句在校园文化墙上做展示，或者象征性地打造一个行知园，在平时的教育教学实践中，并没有向师生宣传、践行和研究陶行知教育思想，没有深入挖掘陶行知教育思想的当代价值，以致学校的特色仅停留在一般的状态，并未达到实验学校的建设效果。

（二）教育行政部门对实验学校建设的支持力度不够

为做好推广和宣传陶行知教育思想以及各实验学校教育教学改革先进经验，广西陶行知研究会不断优化工作交流环境，实现经验互流、资源共享的效果，每年都会由陶研会主办至少2次的现场交流会或研讨会的陶行知教育思想培训活动，但有些市县（区）的教育行政部门不重视实验学校教师参加陶行知教育思想的活动，使实验学校教师对陶行知教育思想认知不够。教育行政部门不重视陶研活动的主要原因：一是对陶行知之伟大并不了解；二是认为社团活动可有可无，陶研活动与学校发展关系不大；等等。然而，陶行知教育思想博

大精深，只要我们往纵深了解和研究，就能体会到行知精神的伟大和所具有的当代价值；赓续行知精神，就能为教育教学改革注入活力，就能极大地推动教育教学发展。

又如以研促教活动。众所周知，教研结合是新时代对广大教师的要求，学术研究是促进教师业务素养提升的有效途径。近20年来，广西陶研会几乎每年都组织各实验学校的教师开展科学研究工作，以构建广西学陶、师陶、研陶、践陶工作的良好氛围。2023年，广西陶研会组织实验学校申报"十四五"规划2023年度课题，279所实验学校，提交并通过立项的课题仅有16项；向实验学校征集的陶行知教育思想实验学校科学研究论文，收到的论文也仅有253篇。从数据上分析，明显表现出各实验学校教师对陶研会组织的学术研究活动参与度不高。通过调研我们了解到，实验学校教师参与度不高的原因是有些地方教育行政部门对他们在陶研会获得的研究成果不认可，或者说这些成果不能作为评职称的材料支撑。这一方面反映教育行政部门对陶行知教育思想研究的认识度不够，另一方面也反映出老师们对开展学术研究的重视程度不高。

（三）陶行知教育思想实验学校建设的连续性不够

陶行知说："校长是一个学校的灵魂，要想评论一个学校，先要评论它的校长。"所以，在陶行知教育思想实验学校建设的过程中，如果实验学校的校长退休或调离该校，而新任的校长又对陶行知教育思想的认识不到位，就会不再继续带领全校师生对陶行知教育思想进行弘扬与学习，不再开展相关活动，从而影响陶行知教育思想实验学校的建设进程。

三、加强陶行知教育思想实验学校建设力度的设想

陶行知先生提倡教育实验，他曾经提出："试验者，发明之利器也。"陶行知敢于改革旧教育，从我国实际出发，提出"教育的目的，在于解决问题，所以不能解决问题的，不是真教育"。他还说："新教育的目的，就是要养成'自主''自立'和'自动'的共和国民。"陶行知强调"教学做合一"，提出"六大解放"，他的培养目标是：具有健康的体魄、劳动的身手、科学的头脑、艺术的兴趣和改造社会的精神。陶行知教育思想理论体系可谓丰富而具有前瞻性。因此，加强陶行知教育思想实验学校的建设就是把陶行知"生活即教育""社会即学校""教学做合一"原理运用于教育实践，发扬和弘扬陶行知先

生的崇高精神，从而推动素质教育的发展。以下将针对上文的问题提出加强陶行知教育思想实验学校建设力度的设想。

（一）传承并创新陶行知教育思想，助力教育高质量发展

陶行知先生说："文化进步是没有止境的，世界环境和物质变化也是没有一定的，活的教育，就是要与时俱进。"传承陶行知教育思想，就是要在传承的基础上不断创新，与时俱进，这样才能助力于教育的高质量发展。

首先，陶行知提倡的生活教育基本理论，可以指导教师在课堂建设方面实施素质教育，将课堂构建开放化，用陶行知提出的"六大解放"培养学生在课堂上用眼睛、用嘴巴、用双手完成对知识的认知，劳心又劳力，将课堂生活化、实践化，最终把学生培养为具有创新意识、实践能力和综合运用能力强的建设者和接班人。

其次，把陶行知教育思想运用于学校校园文化建设，即结合本土文化，立足实验学校实际情况，通过编写校歌、校园环境改造、组织举办面向全校师生的文化活动，比如开展歌咏比赛、讲故事比赛、艺术节、科技节、读书节等，打造特色校园，创新学校发展模式。

最后，陶行知怀有"爱满天下"的大爱精神，有"捧着一颗心来，不带半根草去"的奉献精神，有"敢探未发明的新理，敢入未开化的边疆"的创造精神，更有着"千教万教教人求真，千学万学学做真人"的求真精神，至今对我们整个教育界仍有着极大的影响力。因此，在新时代背景下，传承创新行知精神，有助于加强师德师风教育，特别是国家现在强调的弘扬教育家精神、培育"四有好老师"要求，无不与陶行知的大爱精神、奉献精神、创造精神、求真精神有着极大的切合，实验学校可以组织老师们阅读陶行知原著或相关陶行知教育思想的研究作品，通过读书会的形式运用陶行知的魅力影响、感染教师，将这些精神融入师德师风教育中，为建设教育强国奠定基础。

（二）加强与教育行政部门沟通，促进实验学校建设力度

陶行知教育思想实验学校，以公办学校为主，受当地教育行政部门的直接管理。因此，陶行知教育思想实验学校建设是否有成效，跟当地教育主管行政部门的支持有极大的关系。因此，陶研会的工作要加强与各地的教育行政管理部门沟通，让他们对陶行知教育思想有充分的认知。比如，在陶研会到各地实验学校调研前，先提前与当地教育行政部门联系沟通，或者以发邮件的方式，

把广西陶行知研究会的简介、到学校调研的目的、意义的函件发送到当地教育局办公室，或者让学校转交给当地教育局，并邀请当地教育行政管理部门的领导共同前往。在指导实验学校建设的过程中，让教育行政部门的同志能体会到实验学校在以陶行知教育思想为指导的建设过程中所取得的成绩，从而加大对实验学校的支持力度。

（三）加强宣传陶行知教育思想，推进实验学校建设步伐

在信息技术时代背景下，宣传工作得到快速发展，因此，陶研会可以通过网站、微信公众号、QQ工作群、微信群、公益性讲座、年度现场交流会、研讨会等多种方式加强宣传陶行知教育思想，既对陶行知教育思想的生活教育理论体系做宣传，又要对在"学陶、师陶、研陶、践陶"等方面做出突出成效的学校经验做法做宣传，扩大各实验学校之间相互学习、相互交流的平台，以推进陶行知教育思想实验学校的建设。

（四）深入实验学校调研，确保实验学校建设的连续性

当前，广西的陶行知教育思想实验学校都处于基础建设或建设提质中，若要安排专家深入每所学校做调研和指导，是不现实的。因此，为满足每年都能及时了解各实验学校的建设需要，我们可以采取区域性集中调研和选择性到有需要的学校深入调研相互结合的形式展开调研。特别是针对刚刚有书记校长变动的学校，就得及时与新任的书记校长进行沟通，让他们更多地了解陶行知教育思想以及陶行知教育思想与学校教育教学改革的密切关系，使他们能自觉地继续带领全校师生学陶、研陶、师陶、践陶，做好实验学校的建设工作，从而推动学校工作再上台阶。

陶行知"教学做合一"理念在新时代师范教育中的践行

南宁师范大学 陈 强

"教学做合一"是陶行知先生教育理念的核心内容,是现代师范教育仍然必须坚持和发扬的基本方式。本文针对当下师范教育面临的形势和问题,深入分析"教学做合一"理念的时代价值,提出在新时代师范教育中深入践行"教学做合一"理念的一些思路,包括要强化实践教育,注重创新教育,数智赋能课堂等,供相关决策和同人们推进工作时参考。

一、新时代师范教育履行使命直面挑战需要德行合一学做相长

教育强则国强,师资强则教育强。中国式现代化离不开高质教育提供的支撑。在世界面临百年未有之大变局,中国进入实现第二个百年奋斗目标新阶段,教育需求和供给出现翻天覆地新变化的新时代,师范教育责任更大,要求更高,挑战更多,更加需要全面深入贯彻习

近平新时代中国特色社会主义思想和总书记关于教育的一系列重要论述，按照党中央的要求，坚持立德树人方针，突出强己育人的使命，真正以教育家精神引领师范生卓越成长，引导师范生更加务实高效地学知识、学教育、做教师。

（一）新时代需要师范教育更加注重实践，注重师德

教育是国之大计，是最大的民生，师资是教育成败的核心要素，因为教师的教育理念直接决定学生的成长方向，师范生必须具有正确的教育观、学生观和教师观，为了让学生全面发展而首先自己全面发展。党和国家对教育事业的空前重视，社会各界对优质教育的迫切需求，都决定了新时代师范教育必须牢记使命，奋发有为，为了立德树人而首先树人立德。师范教育的核心是培养未来教师的教学能力，包括教学设计、教学实施、教学评价等能力，关键是要熟练掌握如何根据学生的实际情况，选择合适的教学内容和方法，有效地传授知识，培养学生的能力。师范教育不是坐而论道的教育，而是实实在在的技能教育、实践教育，必须格外重视实践环节，让师范生在实践中成长，通过实习、实训、教学观摩等方式，为走上教师岗位做好不可缺一的技能准备。师德师风是教师职业的灵魂，培养师范生的职业道德和职业素养，使他们具备高尚的师德、严谨的治学态度和良好的行为习惯，能言传身教为学生树立榜样，是新时代师范教育先立师德的第一要务。现实的师范教育中，客观上仍然存在课程设置不合理、教学方法陈旧、实践教学不足的问题，导致师范生的专业知识和教学技能得不到充分培养和提升，难以适应新时代的教育需求。一些学校的师范教育实习时间短，内容单一，难以真正体现教师岗位的特点和要求，实习的评价体系缺失，实习效果难以衡量，使师范生实践能力得不到有效提升。

（二）新时代师范教育面临生源、科技、社会等一系列挑战

教育不同于一般的事业，师范教育不同于一般的教育，面对千差万别的生源、面对日新月异的社会、面对迅速发展的科技，师范教育必须直面自己所面临的挑战。名师出高徒，良师出优生。新时代教育对教师寄予了更大的期待，但师范教育的生源却仍然面临着优质生源难吸引的问题，来自不同地区、抱着不同目的、采取不同态度的学生，让师范教育的生源质量始终处于参差不齐的状态。特别是随着学生人口的减少，基础教育师资的吸引力难以提高，优质生源选师范的比例更低，生源问题是新时代师范教育必须承认的客观难题，也因此更加需要师范教育的因材施教，良生优教。内在的生源问题难解决，外在

的技术层面、社会层面的挑战也越发严峻。就技术挑战而言，互联网、智能手机、人工智能正在彻底改变学生、改变教育，更加需要未来的老师们迎头而上，先人一步掌握数智化时代的新技术。尤其是以 ChatGPT 为代表的生成式技术的发展，对教育模式的变革带来无限挑战，不掌握未来技术的老师必将在未来被淘汰。就社会面而言，不仅党和国家从实现民族伟大复兴、推进中国式现代化建设的长远大局出发对师范教育提出了一系列新要求、新使命，实施了一系列教育改革，而且社会的多元化、少子化、现代化，都越来越期盼素质教育取代应试教育，期盼教师能真正教会学生做人做事做学问。特别是面对既要应试教育选出少部分学生挤象牙塔，又要素质教育让大部分孩子能成人成才的社会需求，师范教育面临的社会挑战空前巨大，也必须空前应对。

二、陶行知"教学做合一"教育理念对新时代师范教育的指引

陶行知先生被毛主席誉为"伟大的人民教育家"，他为促进我国教育发展做出了杰出贡献，他的教育思想和实践在中国乃至世界都有重要的影响，"生活即教育""社会即学校""教学做合一"三大主张是其中最为重要的内容，作为教育真理历久弥新，是我们必须一以贯之深入践行的教育思想。落实到师范教育中，最需要矢志遵循的是"教学做合一"的理念，因为这一理念强调教的方法要依据学的方法，学的方法要依据做的方法；强调事情怎么做，就怎么学；想怎么学，就怎么教，对新时代师范教育如何立德树人，培养适应新时代的社会有用之人，具有更加重要的现实意义。

（一）"教学做合一"回答了新时代师范教育培养什么人的问题

科教兴国、教育为本，振兴教育、师资先行。教育的核心是立德树人，引导学生德才兼备健康成长。党和国家之所以一贯地坚持教育发展战略是重视师范教育，把师范教育置于优先发展的重要位置，因为高质量的基础教育需要高质量的教师队伍，高素质的教师队伍要靠高水平的师范教育来培养和培训；推进中国式现代化建设，迫切需要进一步提高全民族的素质，需要师范教育培养和造就千百万优秀的人民教师；应对国际竞争，建设科教强国，也更加需要高素质老师队伍支撑庞大的基础教育，优质均衡发展需要。新时代师范教育要培养擅于立德树人的教师，首先要通过"教学做合一"方式的培养来造就擅长"教学做合一"的教育人才。陶行知先生身体力行，极度重视并全力推进师

范教育，立志"筹募一百万元基金，征集一百万位同志，提倡一百万所学校，改造一百万个乡村"，他特别强调"先生的责任不在教，而在教学生学，教的法子必须根于学的法子，应该一面教一面学，事怎样做就怎样学，怎样学就怎样教"。他全力倡导的"教学做合一"不仅是教学理念，更是对师范生未来能力的概括要求，因为师范教育培养的是未来的教师，己之所欲先施于人，培养"知行合一"的学生需要老师首先"知行合一"。

（二）"教学做合一"指明了新时代师范教育怎样培养人的问题

培养符合新时代需要的人民教师，是一项复杂的系统工程，与普通的文理工科教育均有相通之处，又均有显著区别，最关键是要通过"教学做合一"培养出真正能"教"的人，真正会学、爱做的人。"教学做合一"针对的教学做分离，甚至只教不"学"、只"学"不做、教"学"不教"做"，强调的是通过实践和体验来学习。美国教育家约翰·杜威认为教育应该与生活紧密相连，学生应该通过亲身体验和实践活动来学习，通过亲自动手操作、动脑思考来发现，在亲身参与和实验的过程中发展探究与解决问题的能力。陶行知先生批判继承杜威的"学中做"理念，提出"教学做合一"，强调教法、学法和做法在生活中是不可分割的，强调事情是怎样做的，学生就应该怎样学；学生是怎样学的，教师就应该怎样教。这一理念进一步突显了教育与实践的紧密结合的重要性，强调教育的实践性和应用性，它不仅指明了教学应该怎么做，而且为师范教育怎样培养"教学做合一"能力找出了办法，还是"教学做合一"。因为只有教、学、做合为一体，才能在劳力上劳心，以教人者教己，实现手脑并用、教学相长，切实提高师范生的实践意识和创新精神，提高将为人师者的动手能力、独立思考能力和创新能力。

三、统筹师范教育课堂学习与实践学习的思路探索

在新时代师范教育中深入践行陶行知先生"教学做合一"的理念，关键是要统筹对师范生的课堂教育与实践教育，立足新科技、新模式、新需求、新条件，大力推进师范教育的课堂实践化、实践课堂化，在课堂教育与实践教育融合发展的机制下提高师范生的实际教学能力和现代教学素养，让学校和师范生都真正围绕现在师范生、未来师范生的学生所要做的事情来学习，围绕学生的为做而学提升教师为学而教的能力。

（一）实践教学是重中之重，校方和生方都要肯花代价和精力强化训练

教育是操作型、实践型的工作，培养教育者的师范教育即使学理论也是为了更好地操作。"教学做合一"核心是做，为了做而学，为了做而教，能"做"会"做"来源于实践。要更加注重实践教学环节的设计与实施，通过大量组织教育实习、教学观摩、社会实践等活动，让师范生在实践中深入了解教育的规律，提升自己的未来教学技能。要更加积极构建学校与社会的合作机制，根据师范生未来教学需要，精准开展社会实践合作，让师范生接触到更多更有用更真实的教育场景，将理论知识转化为实际教学能力。

（二）教会创新是师者责任，唯有不断创新培养创新精神的方式才能培养出善于合一的师者

"教学做合一"不是简单地让师生因做而学，因学而教，而是更加侧重因为做好而要学好，因为学好而要教好。针对师范生的培养，如何让他们在"教学做合一"的教育中学会并掌握"教学做合一"的技能，创新精神至关重要。科技时代、网络社会，一日不学都是落后，今天做的明天就是旧的，要让学生为最新的做而学最新的，让老师教最新的，关键是为人师者要有高度的创新责任感，要着力培养师范生的创新思维，鼓励他们勇于探索、敢于创新，用创新的成果更好地践行"教学做合一"的理念，为未来从事教育事业教引学生创新而储备创新教育的能力和活力。

（三）强化课堂是当务之急，数智化赋能师范教育课堂大有可为必须奋发作为

课堂是师范教育的基础，师范生需要通过课堂系统地学习掌握教育学、心理学、教学法等专业知识，了解教育的基本理论和原则；通过教师的讲解、案例分析、小组讨论等深入理解教育的科学性和规律性；通过课堂形成正确教育理念。在人工智能快速发展的今天，师范教育的课堂也不再是黑板或PPT的天下，会越来越多地引入数智化的教学内容，甚至更多运用元宇宙的一些东西来争取比现场实践更好的效果。因此，践行"教学做合一"理念，要积极探索"做"的数智化，进而让学、教也相应地数智化，用数智化课堂更好地保障教和学的效果。要高度重视课堂与实践的结合，促进课堂—实践—课堂的良性循

环，推动课堂与实践的相互映证、相互补充。

  总之，教师是教育之本，有高质量的师范教育，才会有高质量的人民教师，才会有人民满意的高质量教育。陶行知先生的"教学做合一"理念历久弥新，对新时代师范教育如何培养高质量师范生仍然具有强大的指导意义，合一的重点在实践，关键在创新，基础在课堂，唯有与时俱进抓实抓紧，才能持续不断培养符合党和国家需要，符合家校社会期待的新时代高质量新教育人才。

陶行知教育理念在高中语文课堂的实践

桂平市第一中学　张开乐

一、高中语文的学习特点

（一）内容更加广泛、丰富

高中语文涵盖各时期作品，从《诗经》到明清的诗歌、散文、戏剧、小说等各种文学形式，而其中的作家作品、文学文化常识、实词、虚词、句式、修辞、文章内容理解归纳、文学鉴赏，以及语言的运用等，都在学习范围之内，而外国文学则重点学习历史上著名作家、政治家的有较大影响的小说、散文等作品。

（二）语文学习时间相对减少

客观上，高中学习的科目增多，数理化的学习负担加重，这样，学生在课外用于语文学习的时间就相对减少了。主观上，部分学生觉得语文学习时间长短与成绩无关，还有对文言文、阅读、作文板块的畏难情绪，这些都导致出现了学生在语文学习上时间不足的问题。

（三）知识性强，系统性强

高中语文学习的要求已上升到能够对有关内容进行知识性、系统性的理解和领悟，将感性认识上升为理性认识，将文本中的问题通过知识体系解决。如古诗词鉴赏：初中课内理解，高中课外分析鉴赏感悟。

（四）学习的自主性更强

学生在教师指导下主动猎取知识、获得能力的过程。教师不只是"奉送真理"，而是教给学生"发现真理"的方法、途径和规律。

了解了高中语文的学习特点、新课标下课程内容的变化（建构学习任务群、新增三类课程学习要求、增加中华优秀传统文化的内容）和课程内容的主要特点（体现综合性、彰显人文性、展现时代性、凸显实践性），我尝试运用陶行知先生的教育理念融入语文教学中去，并取得一定成效。

二、陶行知"8字"教育理念的内涵及实践

"实"字。1924年，时任校长的陶行知，把南京安徽公学的校训定为"实"，倡导教育从生活实际出发，做实事求是的教育。倡导一切实际生活都是课程，一切课程也都是实际生活。在备课环节要踏实，教师认真备学生、备教材，从学生的实际出发，在备课过程中联系学生的生活体验进行融合，不让课堂脱离实际，不追求艰深晦涩的教学方向。在备《春江花月夜》一课时，我去繁就简，根据学情确定了精简的教学过程。教学过程中主要围绕意象意境类、写景手法、抒情手法、情感等考点进行合作探究。由于此前学生已经掌握了这些考点的理论，因此这节课相当于一次实操，在合作探究的过程中不仅学习了新课，也巩固了知识。

"活"字。主张活读书，读活书，读书活。陶行知亲自设计的晓庄师范校旗中，中心大大地写上一个"活"字。什么是教育，就是生命孵化生命，人格熏陶人格，品行影响品格，情感点燃情感。让人随着自己生命的生长规律，随着时代的发展，生活的变化、丰富和充实，而不断进取、前进、生长。在高中语文课堂中，传统的教学模式照本宣科较为严重，教师上课虽然轻松了，但也

失去了课堂的互动性和生成性。要让课堂"活"起来，就必须调动学生的积极性。学生是课堂的主体，教师要引导学生说出自己的感受，而不是让学生被动接受"死"观点。在学习《苏武传》一课时，我向学生提出了一个问题："你如何看待李陵的投降？他和苏武谁更伟大？"同学们各抒己见，有人义愤填膺，也有人冷静分析，通过探讨，同学们认识到评价一个人要结合当时的历史背景，而且，人不是非黑即白的，只用一个标准论不出丰满立体的人物，我们对人物的态度其实就体现出我们的价值取向。

"真"字。陶行知明确指出"千教万教教人求真，千学万学学做真人"。物理数学有答题公式，语文也有自己的答题套路。在平时的教学中，为了提高班级成绩，教师往往将多年来从教过程中总结的答题套路告知学生，并在上课、做题过程中反复提及。这样的做法固然见效很快，但也限制了学生的思维，培养不出思想鲜活的"真"人。就以作文教学为例，学生在作文写作方面向来存在畏难情绪，学生一开始普遍存在审题能力不足、缺乏素材、逻辑不顺等问题，写作字数不足就会严重影响作文的得分率，而套路化、模板化的作文教学可以让学生写完作文。教师在阅卷过程中可以发现，作文中很少看到学生的真情流露，会出现立意偏差，甚至脱题的情况。在一次联考中，作文材料体现的是对传统文化的思考，部分学生在前面部分谈及传统文化后引申到爱国主义，传承红色基因，此后就脱离材料。无独有偶，在多次改卷中，不管作文材料是什么，总有部分同学大谈特谈红色基因，极有可能是在平时学习过程中摘抄了大量红色素材却没有真正理解题意，也就不会正确运用素材。这其实也体现出学生并没有根据材料表达出自己的真实想法和观点，情感不真，自然无法动人。这就启示教师，在作文教学时，要慢慢引导学生读懂材料，鼓励学生勇敢表达内心想法，说出口并写下来，教师加以点评和点拨。真情加技巧，相信同学们在以后的写作之路上定会越来越顺。

"创"字。创造教育是陶行知教育思想的核心。提出"天天是创造之时，处处是创造之地，人人是创造之人"的创造教育思想。要培养学生的创新性，教师就必须创新教法，不大包大揽，给学生足够的空间发挥他们的创造力。在学习《雷雨》一课时，由于体裁的特殊性和篇幅较长，传统的教学模式无法使学生深刻体会文中人物的内心世界，因此，我采取了"课本剧"的形式，让部分学生出演，其余同学点评演技。同学们一致觉得周朴园虚伪、阴险狠毒、奸诈的性格极难演绎，但演技上的瑕疵不会让此次课堂黯然失色，反而更能让同学们对文中的人物形象有了更深刻的了解。这种新颖的教学模式也提高了同学们学习语文的积极性。在学习古诗词诵读板块时，我会在学生学完整个单元之后挑选合适的音乐伴奏，让学生根据文章的情感基调进行诵读。在课堂导入环节，多是用名家朗诵的方式，学生只听不读便不能跟文章有真正的共鸣，《无衣》的大义凛然、《将进酒》的洒脱不羁、《江城子》的深沉悲怆，都需要用诵读来表达作者的情感。创新的教学方式让学生有了表达和创造的空间，做到了"人人是创造之人"。

"爱"字。陶行知办晓庄师范时曾说："晓庄是从爱里产出来的。没有爱，便没有教育，因为爱全人类，所以爱全人类中最多数不幸的中国农人。"陶先生爱生胜子，爱满天下，乐育英才。教师应该把爱带入高中语文课堂，让课堂充满人文气息，同时在文本学习中带领学生发现爱、理解爱，引导学生在日常学习生活中实践爱。在《无衣》《江城子》联读中，我确定主题为"大爱动千古，小情感肺腑"，通过多媒体观看视频、研讨文本、诵读等形式让学生感受到家国大义和绵绵情思。此种例子不胜枚举，语文课堂是最不缺爱的课程，教师要加以引导，以学生为主体，在每一次教学中都能让学生感受到丰富的情感。

"新"字。陶行知提出"自新、常新、全新"的教育理念。自新：根据中国国情，创建中国特色符合人民大众的、新的、活的教育理论和实践；常新：不断变化，发展前进，要与时俱进，保证川流不息的教育现代化；全新：教育思想、教育理念、教育方法、教育手段、教材内容、教育制度等均要全新。高中语文新课标提出要"注重时代性，构建开放、多样、有序的语文课堂"，包括"引导教师开发语文课程资源，有选择地、创造地实施课程""积极利用新技术、新手段，建设开放、多样、有序的语文课程体系，使学生语文素养的发展与提升适应社会进步新形势的需要"。近几年，整本书阅读、单元课文联读等教学模式对教师的教学能力提出了更高的要求。教师要与时俱进，接受新的教育理念，想出新的教学方法。在《乡土中国》备课过程中，我利用导读案设计出一个具有驱动力、整合力和发展力的整本书阅读学习任务，以确保学生在完成任务的过程中，提高阅读能力，发展阅读趣味，掌握阅读策略，积累阅读经验，生发独立见解，成为积极自主的阅读者和学习者。

"行"字。陶行知说："行动是老子，知识是儿子，创造是孙子。"1911年，陶先生在南京金陵大学求学时，因为信仰王阳明"知行合一"的学说，改名为陶知行。书写："知是行之始，行是知之成。"他在实践中感悟，杜威老师的理论在中国不通，即缺少思想的母亲，即行动。1934年，陶知行正式改名为陶行知。书写:"行是知之始,知是行之成",先行后知,"教学做合一",手脑并用,在劳力上劳心,理论和实践辨证统一。裴斯泰洛奇齐曾说过:"知识和实践就像手艺一样,两者必须结合。"纸上得来终觉浅,作为一名教师,要注重实践的作用。在《种树郭橐驼传》中学生了解到必须了解种树方法和有着丰富的种树实践经验才能成为"种树能手";在《庖丁解牛》中庖丁之所以能"目无全牛",也是因为多次实践,"依乎天理",才能达到"十九年而刀刃若新发于硎"的程度。我会布置学生在寒暑假进行社会实践,比如关注传统文化的保护现状、家乡的乡土文化。

"德"字。陶行知说,道德是做人的根本,根本一坏,即使你有学问和本领,也是没有用的。本领越大,学问越高,为非作歹越大,他要求学生从小建立人格长城,建立人格防线,建立公德和私德。德育高居"五育"之首,德育的渗透并非通过增开课时来完成,"德"不是一种技能,而是一个人的"现实总和",体现为一个人的人格气质和行为修养,决定着一个人的发展方向和未来前景。高中语文课堂,承担着最重的德育任务。因此,我在教授新课的同时进行德育的渗透,引导学生树立正确的人生观、价值观。学生在学习《百合花》后,深刻懂得和平来之不易的道理;阅读《哦,香雪》,感受到改革开放的伟大;学习《师说》,知道了尊师重道的必要;在《屈原》《苏武传》中,感受到浓烈的爱国情怀……

三、结语

陶行知先生的思想引领着一代又一代教师,为当下的教育教学改革指明了方向。我将继续深入学习陶行知先生的教育理念,探索创新的教学模式,提高高中语文课堂教学效率,增强课堂的人文气息,在新课标背景下提高学生的答题技巧和核心素养,培养"真"人。

运用"教学做合一"理论打造高中英语高效课堂

象州县中学 覃 巧

高效课堂就是一切以学生为中心、以快乐为根本，用尽可能少的时间获取最大教学效益的教学活动。学生在课堂的主体地位就要求学生要做到"主动"，是打造高效课堂的关键。本文借鉴陶行知"教学做合一"理论，从情境创设、指导阅读、引导讨论、反思归纳等方面探讨，引导学生主动探究学习，从而提高英语课堂的高效性。

一、"教学做合一"理论在高中英语课堂运用的必要性

根据《普通高中英语课程标准（2017年版2020年修订）》，高中英语课堂教学主要目标在于转变学生的学习方式，倡导学生主动学习，充分发挥学生的主体性、积极性与参与性，培养学生和发展学生在接受高中英语

教育后应具备的语言能力、文化意识、思维品质、学习能力等学科核心素养。但老师的教学观念及教学方式和学生的学习习惯等因素在很大程度上制约了学生的全面、自主发展，影响了教学的实效性。因此，当前以新课程理念为指导，尽快构建起英语高效课堂，就显得尤为迫切。

所谓"高效课堂"就是一切以学生为中心、以快乐为根本，用尽可能少的时间获取最大教学效益的教学活动。由此可见，新课改背景下的高中英语高效课堂模式要求教师实现从"施教者"到"指导者"、"独奏者"到"协奏者"的角色转变，要善于创设开放、合作的课堂氛围，突显学生的学习主体地位，激发学生主动探究的热情，让学生体验探究和成功的喜悦，培养学生的合作能力和探究能力，以实现教学效果的最大化。

陶行知在《中国师范教育建设论》一文中说："'教学做合一'就是教的法子要根据学的法子，学的法子要根据做的法子。事怎样做就怎样学，怎样学就怎样教，教与学都以'做'为中心。在做上教的是先生，做上学的是学生。""教学做合一"，这是生活教育理论的教学论。"教学做合一"用陶行知的话说，是生活现象之说明，即教育现象之说明，在生活里，对事说是做，对己之长进说是学，对人之影响说是教，教学做只是生活之三方面，不是三个各不相谋的过程。"教学做是一件事，不是三件事。我们要在做上教，在做上学。"他用种田为例，指出种田这件事，要在田里做的，便须在田里学，在田里教。在陶行知看来，"教学做合一"是生活法，也是教育法，它的含义是教的方法根据学的方法，学的方法要根据做的方法，"事怎样做便怎样学，怎样学便怎样教，教而不做，不能算是教，学而不做，不能算是学。教与学都以'做'为中心"。由此，他特别强调要亲自在"做"的活动中获得知识。

作为跨文化语言交际重要课程，英语课的教学可以为了解外国先进的文化、科学、技术，进行国际交流创造条件，英语课程的开设同提高整个民族的素质联系起来，对促进对外交流和增强国力具有重要意义。英语课堂更应注重创设情境，让学生通过观察、体验、探究等积极主动的学习方法，充分发挥自己的学习潜能，形成有效的学习策略，进而提高自主学习的能力。那么，在课堂中如何运用"教学做合一"理论以达到提高高中英语课堂的高效性呢？本文试从课堂教学的情境创设、指导阅读、学生合作探究、反思归纳等几方面探讨运用"教学做合一"理论，提高课堂效率，从而打造高中英语高效课堂。

二、运用"教学做合一"理论，打造高中英语高效课堂

（一）联系学生生活实际，情境创设，诱发学习欲望

陶行知先生认为"我们所过的生活及生活所必需的一切东西，便是我们生活教育的内容"。《义务教育数学课程标准（2011年版）》指出，"教学应从学生实际出发，创设有助于学生自主学习的问题情境"。创设问题情境的实质在于引起学生内心的冲突，打破学生已有认知结构的平衡状态，使学生处于心欲求而不得，口欲言而不能的"愤悱"状态，引起认知冲突，产生认知失调，从而激起学生强烈的学习欲望。在导入阶段，教师的主要任务是促使学生乐于学习教学的材料，通过挖掘教材的趣味性，创设贴近生活、贴近学生的问题情境，启动学生的内驱力，唤起学生主动参与教学的热情。

例如在学习"Happy Learning, Healthy Eating"这一课时。本课时以教材主题"健康的生活方式"为依托，围绕健康饮食开展探究式学习。健康饮食主要包括美食饮料、饮食营养、饮食烹饪、饮食文化等内容。教材中提供了一些关于饮食名称以及烹饪方式的词汇，但零碎分散，不够系统完整；文本内容只是简单地反映了一些中国人的饮食习惯。因此，学生需要通过参与与实际生活密切相关的项目学习活动，整合与饮食营养、烹饪和饮食文化相关的信息；自主探究健康菜谱并独立烹饪，学会健康饮食及搭配；拍摄与饮食相关的微电影，加深对课文理解，传播健康的饮食观念和积极的生活方式；举办食品节，体验中西饮食文化的差异，分享快乐等。通过设计一系列情境贯穿整堂课，这一案例贴近学生实际就能激发他们的学习兴趣，从而使难以理解的文章内容也得到较好的解决。

（二）指导阅读，引导学生构建语篇意识，提升语篇研读能力

"教学做合一"也是一种强调学生自主学习能力的教学方法，而阅读教材是学生自主学习的最好方法，所以要切实落实"教学做合一"，就要充分引导学生进行教材的有效阅读，提高语篇的研读能力。教师在对学生进行引导时，要注意先明确教学中的培养学生的英语学科核心素养，使学生的语言能力、文化意识、思维品质和学习能力的形成和提升贯穿教学活动的始终，使指向学科核心素养的综合发展体现在各类课型的教学实践中。《普通高中英语课程标准（2017年版2020年修订）》指出：深入研读语篇，把握主题意义、挖掘文化价

值、分析文本特征和语言特点及其与主题意义的关联，对教师做好教学设计具有重要的意义，是教师落实英语学科核心素养目标、创设合理学习活动的重要前提。

以"John Snow Defeats 'King Cholera'"语篇阅读为例，涉及的理解任务可以有几个环节：

1. 运用 face the challenge、multiply、suspect、foresee、supporting evidence、certainty 等词语描述 John Snow 战胜霍乱的过程。

2. 通过回答问题："What was to blame for Cholera?"。

3. 回答问题："What qualities do you find on John Snow?"。

4. 回答问题："Can you talk about a Chinese scientist with similar qualities?"。

5. 参考 John Snow 战胜霍乱的研究经历，结合现代科技发展，以小组为单位完成一个研究项目的设计，写出设计方案："Find a problem in your daily life and work out a series of steps to investigate into the problem."。

环节 1、2 涉及基本信息理解，属于表层理解，需要基本的语言能力和一定的思维能力。环节 3 具有了综合性要求，需要学生分析、综合、推理、判断等能力，并且需要文化意识、价值观的参与，涉及语言能力、文化意识、思维品质三大要素的发展。环节 4 则进一步提高了对学生上述素养的要求，需要学生把所学知识、技能以及思维能力迁移到新的任务情境中，属于个性化的评价性理解和表达。

（三）引导讨论，问题解决

开展课堂讨论的目的是让学生在教师的指导下，充分利用书本语篇确保学生能够深度理解语篇的丰富内涵，围绕主题意义整合语言知识学习、语言技能发展、文化意识形成、思维品质提升和学习策略运用，培养学生的英语学科核心素养。根据"教学做合一"的理念，可以在课堂上将学生进行分组，让学生在小组内讨论，讨论的方式可根据问题的特点及教师的意向分为辩论式小组讨论或诊断式小组讨论，前者通过成员相互交流、相互质疑、比较修正，谋求主导意见，归纳出不同意见。后者是通过相互检查，分析错误产生的原因，订正错误。

教师通过巡视、观察是否有学生不参加讨论并了解原因，检查学生是否围绕内容讨论，及时解除讨论中遇到的障碍，掌握讨论中存在的普遍性问题。为使课堂教学变成互动式教学，促使学生由被动听课转为主动参与、主动学习，教师应尊重和赏识学生的独到见解，特别是对学生的一些"异想天开""奇谈怪论"不要轻易否定，而是认真倾听，正确引导，最大限度地调动每个学生的讨论积极性。

（四）反思归纳，增强信心

在实行"教学做合一"教学方法时，一个重要环节就是学生自身技能的形成，所以对所学知识进行反思归纳就成了学生学会知识并形成技能的重要环节。课堂小结是对一堂课的教学内容进行总结、概括，使学生将所学知识及技能更好地纳入原有的认知结构，形成新的认知结构，在此基础上培养学生英语学科核心素养的能力。

课堂小结应改变教师"包办代替"的形式，尝试让学生走上讲台。教师可根据学生素质差异，按从易到难，由部分到全程的渐进原则引导学生进行总结。这样可以满足学生自我表现的心理需求，培养学生的表达能力、综合能力，克服学生课堂心理障碍，提高学生课堂参与的积极性。对于学生小结中的不足，教师要及时加以完善。

总之，基于育人本质的高中英语课程，在培养具有中国情怀、国际视野和跨文化沟通能力的人的过程中发挥独特的作用，在培养学生综合语言运用能力的过程中，渗透着情感态度与价值观的教育。因此，在教育教学中，要运用陶行知"教学做合一"的教育思想，联系生活实际，创设情境，让学生在情境中去体验，从而做到迁移运用，逐渐培养学生跨文化交流的意识，真正做到联系生活，学用结合，让课堂教学真正实现"教学做合一"，进而落实立德树人根本任务。

以陶行知教育思想指导中学生核心素养培养

象州县中学　徐　杰

陶行知是我国著名的教育家,他提出的"生活即教育""教学做合一"等思想理论,可以为当前课程教学活动的设计与组织提供指导。当前,在素质教育及"三新"改革背景下要求教师要在符合时代形势的教学理念的带领下,善于应用多种方法对学生进行施教,注重对学生学习兴趣、思考能力、数学思想方法、思维品质、实践应用能力的培养,围绕数学学科落实核心素养。故此,笔者结合自身的教学实践经验,在学习理解陶行知思想的基础上,对如何培养高中生数学核心素养提出以下几点教学建议。

一、渗透数学文化,激发学生数学学习兴趣

数学故事可充分吸引高中生的注意力,使得高中生产生浓厚的学习兴趣。因此,教师要加强对陶行知思想

的理解，在陶行知思想的指导下，以数学知识点为依据，借助互联网、手机、书籍等多种途径搜集与之有关的数学故事，将其中的数学文化渗透给学生，在拓展学生数学学习视野的同时，还可激发学生的学习兴趣，引导学生以积极主动的态度探索数学知识。

以"指数函数"一节为例，教师在引入指数函数的概念时，可以先讲解国王与象棋的故事，激发学生学习兴趣，进一步让学生了解指数函数和国王与象棋的故事的相互联系，这样可以更好地激活学生思维，促使学生对数学问题进行主动探究。

二、巧用数学问题，培养学生独立思考能力

（一）创设问题情境

情境教学是教育教学领域内较为常用的一种手段，对学生学习兴趣激发及课堂教学效果强化具有良好作用。通常来说，数学问题的形成多来自情境。因此，教师要立足于陶行知思想视角下，坚持以学生为主体，结合所讲解的课程教学内容，创设问题性教学情境，以情境为载体与学生已有的认知产生冲突，促使学生以积极主动的态度去发现情境中所蕴含的数学知识点，分析其中潜藏的数学问题，从而提出问题和解决问题，有利于培养学生独立思考的能力。

以"弧度制"数学知识点为例，教师可为学生创设数学问题情境激发学生的问题意识："同学们，度量长度可以用米、厘米等不同的单位制，度量质量可以用千克、磅等不同的单位制。不同的单位制能给解决问题带来方便。角的度量是否也能用不同的单位制呢？能否像度量长度那样，用十进制的实数来度量角的大小呢？"通过这一数学问题情境的创设，必定会与学生的思想认识产生共鸣。随后，学生根据所提出的问题进行积极讨论，有利于激活学生思维，这对学生独立思考能力的培养具有良好作用。

（二）关键时刻示弱

教师要扮演引导者的角色，以形式有效的渗透式方式帮助学生发现问题、提出问题、思考问题和解决问题，并且教师要在恰当时机以巧妙的方式介入学生解决问题活动当中，在确保教师与学生建立和谐关系同时，还可达到培养学生独立思考能力的效果，实现陶行知思想、数学课堂教学、学生核心素养培育三者的融会贯通。

以"椭圆"一节为例，在课前教师为学生制作微课视频，让学生在课前预习时进行观看，结合教材中的例题等更好地理解数学知识点，在课本上标注出自己不理解的问题。在课堂上教师向学生进行询问，归纳总结学生提出的问题：（1）椭圆的定义是什么？（2）椭圆的标准方程如何推导？随后，教师与学生、学生与学生就这些问题进行交流讨论。

三、开展数学活动，引导感悟数学思想方法

（一）组织数学活动

在高中数学课堂教学过程中，教师要以陶行知思想为指导，践行"教学做合一"理念，开展内容丰富、形式多样的实践活动，提高学生参与数学实践活动的积极性和主动性，促使学生在参与中体会数学知识的实际应用价值，强化学生的情感体验。值得说明的是，数学实践活动的开展要贴合学生身心发展的客观诉求，紧密联系高中数学课程教学内容，确保学生在参与中体会学习数学的乐趣，于无形之中培养学生的数学核心素养。

以"解三角"一节为例，教师可开展"寻找校园中有关解三角形的实际运用"实践活动，将班级内的学生划分为几个合作小组，各小组确定主题，如旗杆的高度、教学楼的高度等，学生要根据所学的知识进行相关测量，通过解三角形的相关知识得出相应建筑物的高度。通过这样的方式可加深学生对数学知识点的理解，对学生数学应用能力的培养具有极为重要的现实意义。

（二）积累活动经验

在高中数学课堂教学过程中，教师要重视对学生核心素养培育，吃透高中数学教材，正确处理教材中各章节、各册书间的内在联系，践行陶行知生活教育思想，善于从学生生活实际中选择素材确定探究主题，引导学生发现问题、提出问题、分析问题和解决问题，在培养学生问题解决能力的同时，引导学生感悟其中蕴含的数学思想，帮助学生积累活动经验。

例如，在"指数函数与对数函数"知识点讲解后，教师可设计开展"建立函数模型解决实际问题"主题探究活动，鼓励学生结合生活实际说一下现实生活中哪些实际问题可以通过建立数学模型解决，于其中逐步渗透数学思想。

四、加强知识训练，提高学生全面思维能力

（一）加强逻辑关系训练

教师要及时更新自身的教学观念，加强对陶行知思想的理解，在为学生讲解高中数学教材中数学概念的基础上，还需要通过对比方式帮助学生建立数学概念模型，围绕概念中的重点字词加以分析，促使学生做好透过现象看本质，探寻数学概念的内在规律。而对于一些容易混淆的数学概念，教师则可通过多媒体表格对比的方式强调各概念间的区别。

例如，在"平面向量数量积的运算律"相关知识点的讲解时，教师可利用多媒体大屏幕为学生展示"平面向量数量积的运算律"与"代数运算律"的异同点，借助对比的方式提高学生数学知识迁移能力，加深学生理解，打破学生解题时的思维定式。

（二）加强数学直觉思维训练

教师可在陶行知思想的指导下，将多媒体教学场景渗透在课堂教学的各个环节中，在展示教学内容的同时，引导学生积极思考、自助探究、分析解决，促进学生各项能力的全面发展，进而顺利完成高中数学课程教学目标。

例如，在"直线的倾斜角"的概念知识点讲解后，教师可借助多媒体为学生呈现反馈练习题：电子白板中呈现多个图形，让学生判断哪些是直线的倾斜角，这对学生思维能力、观察能力的培养具有良好作用。

五、注重实践应用，逐步强化学生数学素养

（一）注重数学多方面联系

在高中数学课堂教学过程中，教师要始终践行陶行知思想，开展内容丰富、形式多样的实践活动，提高学生参与数学实践活动的积极性和主动性，促使学生在参与中体会数学知识的实际应用价值，强化学生的情感体验。值得说明的是，数学实践活动的开展要贴合学生身心发展的客观诉求，紧密联系高中数学课程教学内容，确保学生在参与中体会学习数学的乐趣。

以"统计"一课为例，教师可开展"寻找生活中的数据"社会实践活动，将班级内的学生划分为几个合作小组，各小组确定社会实践的主题，如喜欢的

电影明星、高三年级戴眼镜的男生人数等，学生要根据所调查的数据资料进行归纳整理，制作成统计图。通过这样的方式可加深学生对数学知识点的理解，对学生数学应用能力的培养具有极为重要的现实意义。

（二）组建数学兴趣小组

在课堂教学中，教师要以新课改精神为引领，在陶行知思想的指导下，尊重学生在数学课堂中的主体地位。教师则需要成为学生数学知识点理解应用的引导者，鼓励学生根据所掌握的数学知识点在现实生活、社会实践中自主选择项目，组建数学兴趣小组，在提高学生数学探究能力的基础上，完善学生数学知识点，启发学生体会数学知识的实用价值。

例如，在"成对数据的统计相关性"相关知识点讲解后，教师可将班级内学生划分为几个课题小组，每个小组随意选择确定社会实践主题，如"子女身高与父亲身高之间的关系""商品销售收入与广告支出之间的关系"等，要求各小组成员在确定主题后进行实践探索，整理数据信息，并得出相应的规律。

高中生正处于认知、素养、能力、品质培育的关键性阶段，而陶行知教育思想符合素质教育及新课改的要求，与素质教育精神、新课改理念的内在要求保持一致。"三新"改革背景下，对于数学教师而言，可以陶行知教育思想为指导，以学生核心素养培育为导向，优化教学过程，应用多种教学方法，有效培育学生核心素养，打造高中数学优质课堂。

陶行知生活教育理论对高中音乐教学的启发和运用

岑溪市第一中学　贤晓丹

在高中阶段音乐教学得不到足够重视，无法实现对学生的素质培养，实现学生全面发展。因此，需要学校提高重视程度，重视课堂创新，将陶行知生活教育理论融入其中，弥补传统教育的不足，增加课堂的趣味性和实践性，引导学生加强学习和实践锻炼，促进学生核心素养的提升，为未来发展奠定良好基础。

一、陶行知生活教育理论对高中音乐教学的指导作用

（一）实现教学的创新

陶行知生活教育理论十分注重生活的重要性，他认为生活中有很多重要的素材可以应用于教育中，实现自然而然的教育培养。教师要加强该理论的学习，实现教

学思想的创新，在教学中注重与生活有效联系，实现"教学做合一"。在陶行知教育理论的指导下，注重理论和实践的结合，实现课堂的创新，引导学生学习理论知识开展实践活动，落实"教学做合一"模式，改变以往单一传统的灌溉教学模式的现状，积累更多的经验，不断完善高中音乐课堂的建设，实现有效创新。

（二）突出学生主体地位

陶行知生活教育理论十分注重学生的发展情况，也提出了要以学生为中心，以生活为中心，选择合适的素材来开展教学活动。因此，在高中音乐课堂中，有效落实陶行知生活教育理论，可以突出学生在课堂的主体地位，引导学生转变传统的认知，发挥自身的主观能动性，并与教师主动互动，吸收更多的知识，提高学习效率。

二、陶行知生活教育理论在高中音乐教学中的应用

（一）"生活即教育"的应用

"生活即教育"的观点指的是生活决定教育，教育又促进人们生活向前进步。生活是变化的，因此教育的内容也应该随生活的变化而变化，选择丰富多彩的教材内容，借助学生已有的生活经验，引导其分析实践，吸收理论知识，实现有效内化，从而提高学习效率。在该理论指导下，开展高中音乐课堂的教学。教师需要充分挖掘教材内容，了解学生的发展情况，选择合适的生活素材加入课堂中与教材内容相结合，通过生活实际，激发学生们的兴趣，理解乐理知识，把握音乐作品中的情感内涵，开展良好的情感体验，从而提高学生的理论水平和鉴赏能力。

例如在学习"醇厚的中原韵"这一单元内容时，主要讲述的是民歌的音乐特点，在课堂中，首先，教师可以询问学生：大家都知道哪些民间小调呢？引导学生纷纷展示，活跃课堂的氛围。学生从自己的生活经历或积累中寻找，将课堂所学知识与生活建立联系，能够激发学生的兴趣，发挥他们的主观能动性。其次，教师为大家播放《沂蒙山小调》《孟姜女哭长城》等民歌，利用多媒体为大家创设情境。在播放音乐的过程中，要求大家仔细聆听，用适当的语言描述自己听到音乐时的感受。通过情境的创设，可以引导学生开展情感体

验，联系自己的生活经历，把握整体情感，从而深入分析作品的内涵。随后教师带领学生从作品的调式、曲式结构、唱词等进行欣赏，并联系民歌的发展与意义。引导学生将过去和未来的生活联系在一起，明确民歌在人类社会发展中的意义，深化学生体验，提高课堂的教学效率。

（二）"社会即学校"的应用

"社会即学校"与"生活即教育"是紧密联系的，指的是将社会上、生活上的内容与学校联系在一起。可以拓展学校的空间，学生不再拘泥于课堂，而是更加关注社会环境，在社会中学习拓展思维，发挥各种能力，实现创新学习和深化学习。学校和社会血脉相通，使学校发挥更大的教育作用，促进学生的全面发展。因此，在高中音乐课堂中，教师在"社会即学校"这一教育理论的指引下，转变传统的教学观念，更加注重社会资源的有效利用，开发社会课堂，拓展课堂空间，实现有效创新。

例如，在学习京剧时，教师可以开展一些实践活动，将社会作为教学课堂，拓展空间丰富资源。可以组织学生到当地的剧院观看一场京剧表演，在观看前做好充足的准备工作。首先，以小组为单位搜集关于京剧的相关资料，了解一些基础知识。其次，在观看的过程中，教师要求学生仔细观看，做好记录。然后回归课堂开展兴趣小组的讨论活动，各小组将自己的见解和感受表达出来，与其他小组进行沟通交流，在这一过程中，教师适当地渗透一些专业理论知识，从而实现京剧知识的有效内化，也能使学生更加了解京剧这一国粹，建立对传统文化的兴趣。为了充分发挥社会这一课堂的优势，教师充分挖掘各类资源，可以与剧团取得联系，由学生开展一日体验活动，为剧团提供工作服务，在这个过程中与剧团的人员进行沟通交流，也能使学生更加深入了解京剧的这一行业，开展社会体验更有助于知识的内化。

（三）"教学做合一"的应用

"教学做合一"理念指的是教学、学习和做事三个方面的有效联系，强调三者合一，在做上教，在做上学。要以实际生活为中心，以学生发展为指引，强调教与学和生活实践的结合，达到学以致用，勇于实践。在该理念的指导下，高中音乐教师更加注重创新，考虑到实际生活的重要性，将其与传统课堂有效结合，为学生布置更多实践性的任务，由学生开展探究活动，在做中学，在学中做，逐步提高学生的综合素质。教师充分发挥"教学做合一"的价值和作用，引导学生通过实践探究吸收更多的理论知识，开展深化的情感体验，把握音乐内涵，提高鉴赏素养，促进学生的全面发展。

例如，在课堂上为学生播放贝多芬的作品《第九交响曲》，这一章节主要带领学生学习奏鸣曲式和交响曲，同时认识的贝多芬是划时代的音乐大师，连接了古典主义和浪漫主义，进入了浪漫主义时代。首先，在课前要求学生搜集资料，充分了解西方音乐的发展历程，尤其贝多芬在其中的重要意义。其次，在课堂中为学生播放贝多芬的作品，引导学生对其鉴赏，由学生鉴赏和讨论分析音乐节奏，以及与其他作品的不同之处。由学生自己总结出奏鸣曲式和交响曲的特征，随后教师选择其他音乐家的作品为学生播放进行对比鉴赏，可以有效深化知识点，提高学生的理解。加强对学生鉴赏的时间锻炼，可以提升他们的鉴赏水平，学会区分不同曲式特点。最后，在课堂中可以开展竞赛活动，通过这一形式检验学生们的知识掌握情况，活跃课堂氛围，加深学生对知识的记忆力。

三、结束语

综上所述，在高中音乐课堂中陶行知生活教育理念的应用可以转变教师传统观念，实现教学理念的创新，也能突出学生的主体地位，促进学生的全面发展。因此，高中音乐教师要以实际生活为中心，构建高效音乐课堂，实现"生活即教育""社会即学校""教学做合一"的有效落实，保障高中音乐的有效性，促进学生核心素养的提升。

新时代视野下陶行知乡村教育思想的应用研究

贵港市荷城初级中学　严郁富

城镇化狂澜正在席卷960万平方公里的中华大地，时至今日，陶行知在乡村教育实践中所担心的问题，又在新时代经济社会转型期出现了。城乡二元结构差异，导致教育严重失衡，这是不争的事实，它正在接连不断地打脸喊得震天响的"均衡教育"口号，引起了有识之士的百世之忧。本文秉承先行者陶行知先生平民教育理念，欲为乡村教育寻找出路。

一、陶行知乡村教育的思想理念与实践

（一）陶行知论乡村教育的地位

农村是中国迈向现代化的重要基石，乡村教育的稳定发展则是影响农村发展、社会稳定、民族复兴的关键因素和驱动动力。陶行知很早就关注到农村教育问题，

将农村教育视作立国之根本。因为农村教育关系到的是亿万农民的福祉，教育的好坏决定了农民生活是天堂抑或是地狱。教育问题与农村发展，两者相互依存，相互促进，农村发展填补教育的空洞，而教育则是农村发展的指引之灯。"中国的乡村教育关系全世界 1/5 的人民"的提法，正与人类命运共同体的理念相吻合，具有先见之明的陶行知先生，呼吁人们：关心世界问题，从重视中国的乡村教育开始。

（二）陶行知教育思想的人民性

作为伟大的人民教育家，具有极强的人民性是陶行知教育思想的突出特点。他真知灼见，喊出了"生活教育要解放全人类"的别具一格的口号。毫无疑问，人民就是教育的主人，先进的教育是为人类进步和发展服务而存在的。中华民族是全人类中最坚忍的民族，而中国农民在中华大地上承受着最大的灾荒与劫难，需要人们献出大爱，敬天爱人，大爱中华，为最多数最不幸的农人提供最好的服务。

（三）陶行知谈教育现代化

关于中国教育现代化问题，陶行知早在 1935 年，就提出要普及教育，主张整个教育与整个民族、整个生活三位一体，全面走向现代化。乡村教育既要为"三农"服务，还要从全局性、前瞻性、进步性出发，为工业和城市服务，落后的乡村教育任重道远，更需要走向现代化。

二、陶行知所担心的农村教育问题与我国乡村教育现状基本一致

陶行知先生目光如炬，他所提到的教育问题竟与我国乡村教育现状颇为相似。

（一）新时期社会发展背景

1. 社会主要矛盾和国家战略

中国社会的主要矛盾，即使进入了新时代，仍然是人民日益增长的美好生活需要和不平衡不充分的发展之间的矛盾。当前中国城市化率已经达到 60%，户籍城市化率达 45%，而"三农"问题也随之日益凸显。国家提出了"四个全面"的布局，确定了乡村振兴分步走的战略，今年已取得重要进展，制度框架

和政策体系已基本形成；再过 15 年，将取得决定性进展，乡村振兴基本实现；至 21 世纪中叶，农业强、农村美、农民富的愿景将全面实现。

2. 全面小康与乡村教育

在全面建设小康社会的进程中，发展乡村教育的重要性不言而喻。《中国农村教育发展报告 2019》调查显示，农村教育面广且数量多，农村幼儿园学龄前儿童数量占总数的 62.90%，义务教育学生占总数的 65.40%，普通高中学生占总数的 52.35%。① 这些数据表明，乡村教育具有基础性、全局性的重要作用，但是，由于城市化的快速推进，城乡差距继续扩大，乡村教育问题变得复杂多样，不振兴乡村教育，全面小康的"全面"从何谈起？

（二）问题与挑战

1. 城乡二元结构

中国经济的腾飞，得益于打工族廉价劳动力转向城市的经济模式，而青壮年向城市转移，引发了村落空巢、耕地抛荒、文化凋敝、人情淡漠等趋势。政府提出了鼓励农民返乡就业创业，逐步推进机械化、信息化产业等策略。然而，农村长期存在的落后的基础设施、艰苦的生活条件、较低的人口综合素质，这些现象不可能一下子被消除，如果没有外界政策的支持和帮助，阶层分化下的乡村教育不断衰落将会是不可避免的命运。

2. 乡村学校萎缩荒废

随着城镇化的发展，自然村屯空心化，合村并居形成趋势，导致乡村学校渐渐萎缩，校舍和民房一样，呈现出"兔从狗窦入，雉从梁上飞"的破败景象。某区某镇某校，曾是当地校园面积最大的中学，现在已成僵尸学校；某县某乡某校，原来是有一定规模的高完中学校，后来撤掉了高中部，初中部又勉强维持了几年，现在改为纯小学的了，而且在校生也不是很多。

3. 乡村学校生源流失

适龄儿童随进城务工父母候鸟式迁徙，或者农民在城区买房迁出户口，造成乡村学校生源严重不足。另外，辍学现象仍然真实存在，未完成义务教育的辍学儿童是有一定数量的。当然，地方官员也为控辍保学做出了努力。

---

① 东北师范大学中国农村教育发展研究院：《中国农村教育发展报告 2019》，2019 年 1 月 13 日，https://www.sohu.com/a/288624457_243614。

4. 教师群体问题

一是岗位吸引力不足。生活条件、工作环境、晋升机会等方面的落后，导致乡村教师岗位缺乏吸引力。由于财政拮据，即使农村学校有引进教师的需求，地方政府也无法引进新教师。2020年，某省需补充4万余名教师，公招计划发布后，却有大量职位无人报考。人们不禁要问：中国乡村为何这么缺教师？

二是乡村教师总体素质不高。我国农村教师的学位普遍较低，"民办"和"民转公"教师又占一定比例，总体素质不高，而且他们的知识结构也存在不足，通常在信息技术知识和现代教学理论方面有所欠缺，教学效果达不到时代发展的要求。据统计，寒门难出贵子，来自农村的清华北大生源越来越少，就连能考上当地重点高中的农村学生也越来越少。乡村学校的教学质量，体现了乡村教师的总体素质问题。

三是结构性失衡。主要表现为教师年龄结构失衡及学科失衡。学校的萎缩、学生人数的减少导致按师生比例分配更高，而聘用新教师的合理性不足，结果是出现了教师老龄化的现象。在教师相对匮乏的农村小型学校中，教师只能勉强完成主修专业课的教学任务，没有时间关注次学科的教学，而且小课程（例如美术、音乐、体育等）的专业化程度要求较高，非专业教师很难胜任，让大科目教师去教小科目，只会使其处于低水平状态。[1]

三、新时代运用陶行知理念振兴乡村教育的对策

陶行知认为，"中国的乡村教育走错了路"，这样的教育"前面是万丈悬崖，同志们务须把马勒住，另外找生路"。这话放在当前，仍然值得深思。

（一）国家的政策举措

教育问题主要是师资问题，首先要加强教师队伍的建设。

1.国务院颁布《乡村教师支持计划（2015—2020年）》。该计划详细列出了9项重要举措，可以总结为三点：一是加强对教师群体的德育教育，培养乡村教师的荣誉感及归属感；二是从各方面拓宽乡村教师的人群基础及优化晋升渠道机制，切实解决师资乏、前景难的"老大难"问题；三是从物质、精神基

---

[1] 赵忠平、秦玉友：《农村小规模学校的师资建设困境与治理思路》，《教师教育研究》2015年第6期。

础上为乡村教师的生活及教学保驾护航。该项计划取得了一定的效果，根据调查，超过80%的农村教师对该计划表示满意，农村教师愿意留在农村学校的比例也超过了80%。

2."国培计划"是最具典型意义的国家行动。自2010年启动实施以来，中央财政累计投入经费172亿元，培训教师、校长超过1680万人次。

3.特殊岗位计划的实施。中央政府设立专项资金，至2020年，总投资已达710亿元，"特殊岗位计划"的招募规模也已增加到10.5万人。

4.政府各部门联合出台保障措施。为了解决教师编制和待遇问题，教育部与公共部门、人力资源、社会保障、财政部联合研究出台了相关政策。许多地方采用了硬性招聘的方式解决编制问题，并实现了义务教育教师的工资收入不低于当地公务员的收入水平的目标，医疗、住房、办公、教学等硬件条件得到了很大改善。

（二）笔者的相关建议

1.对政府部门的绩效考评，建议以教育发展为重点考评内容。GTP的提高，房地产的热度，与人民的幸福指数不一定成正比，解决好事关民生的教育问题，才是提高幸福指数的关键。我们要正确理解"以经济建设为中心"的政治指导思想，充分认识到优先发展教育的战略意义，各地政府落实优先发展教育战略才是最有远见的英明决策。

2.给地方政府办学画红线：乡镇中学不能撤并！中国地大物博，但也是人口大国，城镇化也不能放弃农村的广阔天地。村屯小学教学点消失也就罢了，乡镇中学不能跟着被毁灭，地方政府一定要意识到"守土"有责，坚决守住这最后的"据点"，谁弄丢了乡镇中学，要实行问责！

3.加大实施薄改计划的力度。以前不少地方有过学生自带课桌椅入学的情况，而令人惊讶的是，脱贫攻坚战走到最后一公里了，竟然还有此类现象发生。2020年9月3日，贵州关岭自治县花江镇第二中学学生上学自带床板，结果校长被停职一事曾引发关注。这说明，薄弱地区教育经费严重不足！人民教育政府办，办好教育为人民，健全以政府投入为主、多渠道筹集经费的投入机制，加强教育经费保障，建设"强富美"乡村和标准化乡村学校，是可以留住农村生源和吸引进城人口回流的。

4.坚持社会主义办学方向，合理抑制私立学校和培训机构。与贵族子弟高调选择贵族学校不同，住在贫民窟棚户区的农民工、农民散工子弟成不了公立学校的"户籍生",被迫选择高收费而低质量的私立学校,但求"走一遭"式地完成义务教育。私立学校高收费,肯定严重影响教育的普及,政府兴建足够的公办学校,切实解决贫民子女入学难问题,事关教育公平、社会和谐和国家的长治久安。

5. 发展集团化教育,建立动态的教师体系。① 各地应发展集团化教育,在县域范围内对教师资源进行分配与流动,教师的编制、待遇等进行区域一体化管理,实现培养目标一体化、教学规划一体化、课程体系一体化、资源配置一体化,从而为农村教育提供一批高素质的教师,促进教育的均衡发展。

6. 互联网+教育。通过线上教学,可以弥补农村教育资源的不足,使农村教育能摆脱时空限制,紧紧跟上新时代的步伐。值得注意的是,教育现代化的标志并不是技术现代化,不能过于热衷高大上的信息化,因为技术走得太快,有可能导致灵魂跟不上。

7. 改革义务教育阶段的学制,压缩小学和初中的学习年限。现在的大专院校已普遍升格,以前的中专升为专科,专科升为本科,因而本科毕业生普遍具有考研读研的愿望。这样导致学生在校学习的时间延长,影响早已成年的大中专毕业生尽早就业。建议恢复五年制小学,初中或高中改为二年制,腾出两年时间给孩子们读研读博。这样做还有个好处,就是创造机会给农村的孩子,让他们提前一两年离开乡村学校,也到城里享受一下优质教育资源,同时也能减轻政府兴办乡村学校的压力。

8. 警惕"就近入学"的潜在危害性。"划片招生""就近入学"在教育资源基本均衡的情况下,是很完美的做法。但在硬件设施、师资质量、师生比例等方面城乡间存在巨大差距的现实中,"划片招生""就近入学"实质上退化成了社会资源"世袭制",落后地区的孩子一出生就被命运安排了整个人生轨迹。在平等观念深入人心的当代社会,"世袭"是不为人所接受的,是与讲究"和谐""平等"的社会主义核心价值观背道而驰的,所以我们一定要努力实施教育均衡化,以推进教育公平,促进社会和谐。

9. 重视乡土文化建设。农村教师队伍的建设,要以乡村文化为载体,以乡村教师为中心。② 其实,乡村生活是最富有诗情画意的,乡村是历代迁客骚人

---

① 杨丽莎、杨优:《贵州省实施乡村振兴战略与精准脱贫攻坚战有机衔接问题探究》,《经济研究导刊》2019 年第 19 期。

② 刘佳:《"乡村教师支持计划"实施方案研究——基于 31 个省(区、市)"乡村教师支持计划"实施办法的内容分析》,《教师教育研究》2017 年第 3 期。

的精神家园，乡村是现代社会中唯一还有乡愁留存的地方，让教师乐意留守乡村并非空谈。乡村教师队伍建设的根本在于提高乡村教师职业认同感，在于创造条件让乡村教师实现自己的人生价值，各地政府在重视"本土化"培养的基础上，可以进一步倾向于对"本地人"进行教师招聘考试。

陶行知的乡村教育思想和实践，在当时中国社会产生了深远的影响。走进新时代，我们要坚实践行陶行知教育思想，在新时代农村教育改革中寻找新出路，还乡村教育一个艳阳天！

发展学校特色美育的实践探索

贵港市荷城初级中学 李 艳

2014年10月15日,习近平总书记在文艺工作座谈会上做了重要讲话,为新形势下加强和改进学校艺术教育工作指明了前进方向、提供了基本遵循。据2018年新华社北京8月30日电,习近平总书记给中央美术学院老教授回信中强调:"美术教育是美育的重要组成部分,对塑造美好心灵具有重要作用。你们提出加强美育工作,很有必要。做好美育工作,要坚持立德树人,扎根时代生活,遵循美育特点,弘扬中华美育精神,让祖国青年一代身心都健康成长。"[①]陶行知先生就十分重视美育,他强调学校要创造艺术之环境。我们学校自建校之初,就努力学习实践陶行知艺术教学思想,以创造特色美育作为学校发展目标,构建"以美育为突破口,全面提高学生素质"的教育模式。这一改革举措也得到了

[①] 《习近平给中央美术学院老教授的回信》,新华社,2018年8月30日,http://www.xinhuanet.com/politics/leaders/2018-08/30/c_1123355797.htm。

各级领导和社会各界的广泛关注。那么，我们如何运用陶行知思想发展学校特色美育呢？

一、探索发展学校特色美育之路

（一）以点带面，点面结合，全面普及提高

学校的特色美育建设是从建立艺术社团开始的，为了发展学生个性，开发学生的艺术潜能，学校开设了绘画、舞蹈、手工制作、书法、合唱、摄影等社团，还与民间手工艺人联手，建立了手工刺绣、钩针手工钩织等兴趣小组。这些兴趣小组的学生多次代表学校参赛获奖或公开汇报演出，今年参加贵港市中小学生艺术展演获得一、二、三等奖。实践证明，建立艺术社团对促进学生个性发展起到积极作用。参加艺术社团的学生成绩进步了，道德品质优秀，在课堂上自信大方，思维活跃。他们的综合素质也获得了上一级学校的一致好评。建校以来，我们都能按国家规定的课程标准把音乐、美术课开足，努力提高课堂教学效率。在艺术社团的特色教育取得成功的基础上，2016年我们提出了美育向全校学生普及的口号，初一到初三的学生人手一支竖笛，实现"乐器进课堂"，以此强化美育。通过多年的实践，学校已形成了社团与全校美育结合，以点带面，出现了在普及中提高的大好局面。80%以上学生能够演奏简单乐器，全校学生都受到了艺术的熏陶，审美意识和情操都有了提高，10%的学生接受艺术社团的特长训练，涌现了一批具有良好修养的艺术爱好者，也为高级中学输送了许多艺术特长生。

（二）开展全校性的艺术活动，营造浓郁的美育学习氛围

这也体现陶行知先生创造"艺术之气氛"的理念。学校在艺术教育的软件、硬件两方面都大量投入，重装了舞台，舞蹈、音乐综合功能室，千方百计改善美育环境，为了营造浓厚的艺术学习氛围，学校经常开展全校性的艺术活动，形式丰富多彩。例如午唱，利用中午学生饭点和午休起床，优选国内外知名的轻音乐，营造轻松惬意、古典高雅的艺术氛围，同时有利于消除学生的身心疲劳，也让学生在潜移默化中受到艺术的熏陶。再如艺术节，学校一年一度的校园文化艺术节至今已经举办了十届，艺术节的活动内容有合唱、文娱晚会等班级比赛，也有器乐、绘画、书法、手抄报等个人才能的展示，还有向家长和社会各界公开演出的教师文娱晚会等。

（三）加强美育科研，提高艺术教师的素质

学校把引导教师参与教育科研作为培养青年教师的一条重要的途径，以此推动特色美育的发展。（1）以课堂教学为中心。比如引导教师围绕总课题建立艺术课堂教学改革子课题。教师们通过"初中美术教学中学生创新能力的有效培养研究""中学艺术课堂中的审美教育实践研究"等课题的研讨活动，把科研与教师的课堂教学有机地结合起来，边实践边思考，他们的素质也在实践反思中得到提高。（2）以多种形式的活动为载体。"走出去，请进来。"我们曾到全国各个优秀的兄弟学校取经，与他们一起探讨艺术课堂教学改革，以借他山之石，此外还聘请当地民间工艺大师走进课堂为学生授课等。

（四）以生为本，以发展为目的，改进考试和评价方法

学校把美育评价改革作为促进学生特长发展的一种手段和方法。根据现代化美育的自身特点，将学生艺术素质评价分为知识与技能、情感、态度与价值观，过程与方法三部分目标，评价的方法做到"三结合"，即平时阶段性表现和期末总结性相结合，自评与他评相结合，打破以往"一考定终身"的评价方法，全部采用等级评价制。这种以生为本，以发展为目的的考试方法极大地调动了学生积极参加学习、考试的主动性和创造性。

（五）艺术来源于生活，高于生活

陶行知先生重视给学生创造"生活之园地"，让美育走出课堂，走出学校；回归生活，回归社会。真正的艺术理应深入群众中来，并最终为人民群众服务。学校经常组织学生参加各项社会艺术活动，如到贵港市博物馆参加名家画展及中小学生艺术展演活动，参加市级以上主题会演等有关公益活动。每年的固定节日学校还组织各班进行黑板报主题创作比赛，如"6·5世界环境日"和"4·22地球日"，创作环保及热爱地球宣传画。学生通过这些艺术实践活动，不仅锻炼了自己各方面的能力，艺术修养也得到了进一步的提高。

二、发展学校特色美育之感想

（一）美育应面向全体学生、发展每一个学生的艺术素养

陶行知先生视美育为生活教育不可缺少的部分。他的生活教育理论蕴含美

育的思想。他在办学实践中注意培养学生认识美、欣赏美、创造美的能力。只有不断提高自己感受和认识美的能力，才能成为有着审美素养和高尚情操的人。因此，学校明确提出：美育面向全体学生，促进学生全面发展，使每一位学生都提高认识美、欣赏美、创造美的能力，并通过知识内化，逐步形成当代学生所应有的综合艺术素养。发展学生的审美个性，这是学校发展特色美育中强调并追求的又一具体目标。陶先生著名的过五种生活中就有"过艺术的生活"，旨在培养学生"艺术的兴趣特长"。时代发展呼唤艺术教育，我们认为艺术教育的任何内容（艺术知识、艺术欣赏、艺术创作等），目的都是对受教育者进行审美教育，在此基础上促使学生构建起自己独具的审美个性，使审美的人与道德的人相统一。因此，美育绝不能停留在"知"的传授和训练上，而是要把"知""情""意""行"结合起来培养训练，达到陶冶学生的情操、健全学生的人格、发展学生个性的目的。

（二）特色美育应让校园的每一个空间都赋有环境陶冶的功能

这也是陶行知先生提出"创造艺术之环境"的主张。他十分重视环境陶冶性情的作用，注重用美育陶冶学生性情。学校十分重视通过美化校园环境对学生进行审美教育，整个校园整洁美观，一草一木，都精心设计，每一个空间、每一个角落都给人以赏心悦目的美感。如校园中的雕塑、独具特色的生活小花园、错落有致的石凳，使学生跨进校门所看到的、所接触到的一切都是美的，从而得到美的陶冶，获得美的享受。这种由全校师生共同营造的艺术氛围，使校园的每一个空间都赋有一种环境陶冶的功能。

（三）美育是实施素质教育的最佳途径

陶行知先生认为美育与德育相通，又互为包含，两者之间互相促进，给学生创造"真善美之人格"。也就是说，美育在培养学生德智体美劳全面发展方面，不仅具有规范的功能，而且有启智的功能，能够激发学生的创造精神，有效地开发学生的潜能。例如，荷城初中10%的艺术特长生成为三好学生或班队干部，在班级中起着核心带头作用，甚至参加市级各项文艺会演都能为学校取得荣誉。因此，陶行知先生"创造真善美的活人"的思想对我们今天加强学生美育具有重要的启示意义。在美育中渗透德育教育，或在德育教育中渗透美育，会收到意想不到的效果。在培养学生艺术特长的同时，重视学生良好行为规范教育，以美育为载体，"以艺术怡情""以艺术养性""以艺术促行"为手段，通过一系列艺术活动，让其受到健康情绪和高雅艺术的感染，达到陶冶情操、促进学生良好行为规范的养成。由此，加强学生美育与德育彼此促进，相互影响，形成一种良性互动推动着学校特色美育形成。

习近平同志在 2022 年全国教育大会上的讲话中也强调，要全面加强和改进学校美育，坚持以美育人、以文化人，提高学生审美和人文素养。在习近平同志讲话精神指引下，结合"学陶践陶"活动，学校美育工作正在全面加强推进。从培养德智体美劳全面发展的社会主义建设者和接班人的高度，弘扬中华美育精神，加强和改进美育工作，无疑是一个具有现实意义的重要命题。它要求我们直面当下社会现状与新机遇新挑战，遵循美育特点，厘清美育观念，创新方式方法，在实践领域开拓特色美育新天地。我们要借重要讲话的东风，开启我校特色美育的新征程，为党和人民事业培养合格建设者和可靠接班人。

"教学做合一"在初中历史教育教学中的运用

博白县博龙中学　李振权

一、引言

陶行知是中国现代著名教育家和思想家,他的"教学做合一"思想是一种具有深远影响的教育理念。"教学做合一"思想强调实践、探究和创新,它主张在做中教、做中学、做中求进步。这种思想对于初中历史教育教学具有重要的指导意义,能够帮助学生在学习历史知识的过程中培养实践能力、创新精神和综合素质。

二、"教学做合一"在初中历史教育教学中的应用价值

(一)有助于培养学生的实践能力

初中历史课程是一门实践性很强的学科,它需要学

生通过探究和实践来深入了解历史事件和人物。陶行知教育思想中的"教学做合一"思想强调在做中教、做中学，这正符合历史课程的特点。通过引导学生参与实践活动，如历史事件的重演、历史人物的扮演等，可以培养学生的实践能力，加深对历史知识的理解。

（二）有助于激发学生的学习兴趣

兴趣是最好的老师。陶行知教育思想的"教学做合一"思想强调学生的主动性和积极性，通过让学生参与到历史事件的探究中，可以激发学生的学习兴趣。通过组织历史兴趣小组、历史知识竞赛等活动，让学生在轻松愉快的氛围中学习历史知识，提高学习效率。

（三）有助于培养学生的创新精神

创新是推动社会进步的重要因素。陶行知教育思想的"教学做合一"思想强调创新精神的培养，他主张让学生在做中求进步。在历史教育教学中，教师可以通过引导学生进行独立思考、提出自己的见解等方式来培养学生的创新精神。

三、"教学做合一"在初中历史教育教学中的实施策略

（一）转变教师角色，突出学生的主体地位

在传统的历史教育教学中，教师往往扮演着传授知识的角色，而学生则处于被动接受知识的状态。这种教学方式不利于学生的全面发展。陶行知教育思想的"教学做合一"思想强调学生的主体地位和主动性。因此，在初中历史教育教学中，教师应该转变角色，成为学生学习的引导者和组织者，突出学生的主体地位。通过引导学生进行自主探究和实践，激发学生的学习兴趣和主动性。

（二）创设实践情境，让学生在做中学习历史知识

陶行知教育思想的"教学做合一"思想强调实践的重要性。在历史教育教学中，教师应该根据教学内容和学生的实际情况创设实践情境，让学生在做中学习历史知识。例如，可以组织学生参观博物馆、历史遗址等，通过亲身感受来加深对历史事件和人物的理解，可以组织学生进行历史事件的模拟表演、历史人

物的扮演等活动，让学生在表演和扮演中深入了解历史，还可以引导学生通过互联网等渠道收集和整理历史资料，培养学生的信息素养和自主学习能力。

（三）创新教学方式，让学生在做中求进步

教学方式是影响教学质量的重要因素之一。在初中历史教育教学中，教师应该根据教学内容和学生的实际情况创新教学方式，让学生在做中求进步。例如，可以采用小组合作探究的方式进行教学，让学生通过小组合作完成任务、解决问题，可以采用项目式教学法进行教学，让学生通过完成一个实际项目来学习历史知识，还可以采用游戏化教学法进行教学，让学生在游戏中学习知识、提高能力。

（四）培养学生的综合素质

陶行知教育思想的"教学做合一"思想不仅强调实践、探究和创新，还注重培养学生的综合素质。在历史教育教学中，教师应该通过引导学生进行自主探究和实践，培养学生的思维能力、观察能力、分析能力、表达能力等综合素质。例如，可以组织学生进行历史事件的辩论、历史人物的评述等活动，让学生在表达自己的观点和看法的过程中锻炼自己的思维能力和表达能力。

（五）多元化评价，全面了解学生的学习情况

陶行知教育思想的"教学做合一"思想强调多元化的评价方式，全面了解学生的学习情况。在历史教育教学中，教师应该采用多种评价方式，如观察学生的表现、批改作业、进行测试等，以便更好地了解学生的学习情况。同时，教师还应该注重评价的反馈和指导作用，及时发现学生在学习中存在的问题和不足，并给予相应的指导和帮助。

四、在实施"教学做合一"中，教师需要注意的问题

（一）要根据学生的实际情况和需求来设计教学活动和内容

要避免过度追求形式而忽略实质；针对不同层次和类型的学生，需要设计不同难度和深度的活动和内容，以便更好地满足他们的需求；在设计教学活动和内容时，应该注重启发学生的思维，培养他们的创新能力和解决问题的能力；教学活动和内容的设计要有针对性和实效性，要能够帮助学生解决实际问

题，提高他们的学习效果；教学活动和内容的设计要有趣味性和吸引力，能够引起学生的兴趣和积极性，让他们更加主动地参与到学习中来；在设计教学活动和内容时，还需要考虑学生的个性差异和特长，以便更好地发挥他们的优势和潜力。

（二）要注重培养学生的思维能力和创新能力

不仅让学生掌握历史知识，更要让他们学会如何思考和发现问题。同时，我们还要鼓励学生发挥自己的想象力和创造力，让他们在历史学习中不仅能够获得知识，更能够激发他们的创新思维和解决问题的能力。

在历史教学中，我们应该注重培养学生的批判性思维和创造性思维，让他们具备独立思考和解决问题的能力，这样才能够更好地适应未来的社会发展。此外，我们还应该让学生了解历史的重要性和意义，让他们知道历史是我们认识和理解世界的重要途径，是我们把握现在和预测未来的重要依据。通过学习历史，我们可以更好地理解世界各地的文化、政治、经济和社会制度的发展演变，这对于我们未来的生活和工作都具有重要的指导意义。在历史教育教学中，我们要注重培养学生的思维能力和创新能力，让他们具备独立思考和解决问题的能力。同时，还要让他们了解历史的重要性和意义，这样才能够更好地激发他们的学习热情和动力，让他们在历史学习中获得更多的收获和成长。

（三）要注重教学过程中的互动和交流。要鼓励学生提出问题和意见，让他们参与到教学活动中来；在教学过程中，教师应该注重与学生的互动和交流，尊重学生的主体地位，发挥学生的主动性，以促进学生的全面发展

首先，教师应该鼓励学生提出问题，表达自己的观点和意见。这不仅可以激发学生的学习兴趣，提高他们的思维能力和创造力，还可以帮助教师更好地了解学生的学习情况和需求，及时调整教学策略。其次，教师应该注重学生的参与和合作。可以通过组织小组讨论、合作探究等方式，让学生在互动中互相学习、互相帮助，培养学生的合作精神和团队意识。与此同时，教师应该给予学生及时的反馈和指导。针对学生在学习过程中出现的问题和困难，教师应该及时给予指导和帮助，引导学生正确理解和掌握知识，提高学生的学习效果。教学过程中的互动和交流是提高教学质量的重要途径。教师应该注重学生的主体地位，发挥学生的主动性，让学生在互动中学习、成长和发展。

（四）要注重教学评价的客观性和公正性，不仅关注学生的学习成果，更要关注他们的学习过程和态度，我们还要注重教学评价的多样性和灵活性

除了传统的考试成绩，我们还可以通过观察学生的日常表现、作业完成情况、小组讨论的参与度等多种方式来评价学生的学习效果。通过这些评价方式，我们可以更全面地了解学生的学习情况，发现他们的优点和不足，从而更好地指导他们的学习。在评价学生的学习成果时，我们要注重横向比较和纵向比较的结合。横向比较是指将学生的学习成果与其他同学进行比较，纵向比较是指将学生的学习成果与他们自己的过去进行比较。通过这两种比较方式，我们可以更准确地了解学生的学习进步情况，更好地激励他们不断进步。我们要注重教学评价的及时性和有效性。要及时对学生的学习成果进行评价，并给予及时的反馈和指导。同时，我们还要保证评价的有效性，确保评价结果能够真实地反映出学生的学习情况，从而更好地指导他们的学习。

（五）要注重培养学生的合作精神和团队意识

让学生在小组合作中互相学习和帮助，共同进步。在当今社会，合作精神和团队意识是人们不可或缺的重要素质。无论是在工作、学习还是生活中，我们都需要与他人合作，共同完成任务和解决问题。因此，教育应该注重培养学生的合作精神和团队意识，让他们学会在小组合作中互相学习和帮助，共同进步。为了实现这个目标，教师可以采取一系列措施。首先，可以组织一些小组合作活动，让学生们一起完成任务或解决问题。这些活动可以包括课堂讨论、小组项目、角色扮演、模拟实验等。在活动中，学生们可以相互交流、讨论和分享自己的想法和经验，从而促进彼此的成长和发展。其次，教师可以鼓励学生们在小组合作中发挥自己的优势和特长。每个人都有自己的优点和特长，如果能够充分发挥出来，就可以为整个团队带来更多的价值。因此，教师可以引导学生们了解自己的优点和特长，并在小组合作中发挥出来，为团队做出更多的贡献。此外，教师还可以通过评价和反馈来培养学生的合作精神和团队意识。在小组合作中，学生们需要学会尊重他人的观点和想法，并与他人合作完成任务。教师可以根据学生的表现和贡献进行评价和反馈，鼓励他们在小组合作中发挥自己的优势和特长，同时也要注意与他人合作的重要性。培养学生的合作精神和团队意识是教育的重要任务之一。通过组织小组合作活动、发挥学

生的优势和特长以及评价和反馈等方式，我们可以帮助学生学会在小组合作中互相学习和帮助，共同进步，为他们的未来发展打下坚实的基础。

五、结论

陶行知教育思想的"教学做合一"思想是一种具有深远影响的教育理念，将其应用到初中历史教育教学中具有重要的指导意义。通过转变教师角色、创设实践情境、创新教学方式、培养学生的综合素质以及多元化评价等方式，可以使有效地实施"教学做合一"思想在历史教育教学中的应用价值得以体现。同时，教师还应该不断探索和研究，不断完善和创新教学方式和方法，以更好地适应时代发展的需要和学生学习的需求。通过不断学习和实践，教师可以不断提高自己的专业素养和教育能力，为学生的成长和发展做出更大的贡献。

中学美术课堂中如何培养学生发散性思维能力

玉林实验中学　莫春玲

新课程改革要求在中学美术课堂培养学生的美术学科五大核心素养"图像识读、美术表现、审美判断、创意实践、文化理解"，五大核心素养要求培养学生思维能力，尤其培养具有创造性的发散思维能力。发散思维又称辐射思维、放射思维、扩散思维或求异思维，是指大脑在思维时呈现的一种扩散状态的思维模式。如"一题多解""一事多写""一物多用"等方式。在培养创造能力方面，著名教育家陶行知先生创造教育思想：创造教育是生活教育的主张，改王阳明的"知行合一"为"行是知之始、知是行之成"；"创造即行动，行动必须贯彻教育的始终"；"行以求知知更行"；"手脑联合是开始之行，是行以求知；以手脑双全为目的，手脑双全是知而再行，最后一起点之行"。总而言之，陶行知创造教育思想核心是实践，要求"教学做合一"，注重培育"真善美的活人"。

以陶行知创造教育思想指导思想，在中学美术课堂中培养学生发散思维的出发点：流畅性是迅速生成多个观点或解决方式的能力，需要夯实的知识基础和广阔的视野；灵活性同时设想多种解决问题的途径的能力；独创性想出大多数人想不到的观点的能力。因此，在课堂教学中培养发散思维能力的途径有以下：

一、在教学设计中落实新课改理念，树立培养学生创造性发散思维目标

陶行知的"教学做合一"是"生活即教育"在教学方法问题上的具体化。首先，"教学做合一"要求"在劳力上劳心"；其次，"教学做合一"是因为"行是知之始"；再次，"教学做合一"要求"有教先学"和"有学有教"；最后，"教学做合一"还是对注入式教学法的否定。结合这个思想指导教学设计，还需要注意以下几点。

1. 激发兴趣，拓展思维。兴趣能够调动学生的思维，选择学生感兴趣的教学方法，激发学生对美术学科产生浓厚的兴趣，使他们乐意学。

2. 激发求知欲，训练思维的积极性。在教学中，教师要激起学生强烈的学习兴趣和对知识的渴求，使他们能带着一种高涨的情绪从事学习和思考，这样的训练有效地激发了学生寻求新方法的积极情绪。

3. 转换角度思考，训练思维的求异性。发展思维活动的开展，其重要的一点是要能改变已习惯了的思维定向，从而从多方位的思维角度去思考问题，以求得解决问题，这样也就是思维的求异性。教师要十分注意在题目的设置上进行正逆向的变式训练。

4. 一题多解，训练思维的广阔性。反复进行一题多解、一题多变的训练，实际帮助学生克服思维狭窄性的有效办法。可通过讨论，启迪学生的思维，开拓解题思路。要通过多次的渐进式的拓展训练，使学生进入广阔思维的佳境。

5. 转化思想，训练思维的联想性。联想思维是一种表现想象力的思维，联想思维的过程是由此及彼，由表及里。通过广阔思维的训练，学生的思维可达到一定广度，而通过联想思维的训练，学生的思维可达到一定深度。

6. 直观操作，帮助思维。直观、形象思维占据绝对优势，在教学设计中，要通过一些实际操作来充分带动学生的思维，让学生运用各种感官，总结概括，寻求问题的答案。

二、在课堂教学组织中实施新课改理念，让践行创造性发散思维实践

陶行知在《创造的儿童教育》中提出了解放儿童创造力的著名的"六大解放"的主张：解放儿童的头脑、解放儿童的双手、解放儿童的嘴、解放儿童的空间、解放儿童的时间、解放儿童的眼睛。具体到课堂教学中的办法：构建开放式课堂，解放学生的嘴，让他们敢说；巧用"布白"，解放学生的时间与空间，让学生学会探究；解放学生的双手与眼睛，让学生在实践中获得真知等。

在课堂教学组织活动中，要注意以下几方面：

1. 淡化标准答案，鼓励多向思维，让学生参与和体验。比如：头脑风暴，集思广益，组织学生对一个既定的话题或主题展开讨论，让大家从不同角度去讨论。

2. 鼓励想象力，组织一些创意活动，鼓励大家发挥想象力。

3. 打破常规、弱化思维定式，做一些非常规的智力测验，或者实验，打破思维定式。

4. 鼓励质疑精神，不要在学校里树立学术权威，鼓励学生去质疑，去求证。

5. 练习反向思维。

三、在课后作业和辅导中，突出个性教学中创造性发散思维能力培养

解放学生的眼睛与双手，把学生从文化鸟笼里解放出来，飞进自然，飞进社会去寻觅丰富的食粮让他们看事实，揭真相，明至理，在实践中体验和感悟生活这本无字的书，充分发挥学生的潜能，在实践中不断获得真知。

1. 定期组织学生到校外写生基地写生，如把"写生"与"写意""主体精神"和"传神"结合起来，用"写意"主导"传神"，"妙在似与不似之间"，不走极端，既抽象又具象。

2. 鼓励学生参加省市和学校的艺术展演，参与各类画展。运用感知、记忆、经验、知识，对美术作品进行感受、体验、分析、判断而获得审美享受和美术知识的过程，也是一种通过艺术作品中的形象去间接认识客观世界的思维活动。

3. 组织学生到电视台、报刊社、艺术设计公司、大中小学、艺术科研等

单位实习，使其了解社会各行各业对美术专业人才的需求。直面需求，尊重个性，发挥特长。

四、在教学评价和教学反思中，关注学生创造性发散思维能力的成长

"天天是创造之时，处处是创造之地，人人是创造之人"，陶行知的经典创造名言，理论和实践相结合，学以致用，知识源于实践，又最终回归实践。从创造思维、创造思想、创造智慧、创造实践、创造能力、创造成果几方面评价学生创造性发散思维能力的成长，反思课堂教学的效果和改进之道。美术教育的根本引导点在于培养学生的正确审美观，提高学生感受美、欣赏美、创造美的能力。新的教学大纲中有"充分发挥美术教学陶冶情感的功能，努力培养学生健康的审美情趣，提高学生的审美能力"。

通过激发学生的学习兴趣、培养学生的观察力与想象力、培养学生的批判性思维、尊重学生的差异、拓展学生的知识结构、促进学生积极参加实践活动等手段和途径，践行陶行知的创造教育理念，落实新课改美术学科五大核心素养要求，培养学生发散性思维的能力。

陶行知生活教育思想对中学校本创新课程开发实践的启示

玉林实验中学　苏　伟

一、陶行知先生教育思想的核心

生活教育理论是陶行知教育思想的核心，包括三个基本观点："生活即教育""社会即学校""教学做合一"。

1．"生活即教育"是陶行知先生生活教育理论的核心观点，他认为："生活教育是生活所原有，生活所自营，生活所必需的教育。""教育不通过生活是没有用的，需要生活的教育，用生活来教育，为生活而教育。为生活需要而办教育，教育与生活是分不开的。""生活教育与生俱来，与生同去。"教育不仅指学校教育，而且是包括学校教育在内的整个社会生活的广义教育。

2．"社会即学校"是陶行知生活教育理论的另一个重要命题，伴随"生活即教育"而来。学校要与社会统一，把社会办成一个大学校，形成家庭教育、社会教育在内的大教育体系。"社会即学校"就大大地增加了教育的素材、教育的方法、教育的工具、教育的环境和场所，学生可以获得更多有用的知识。陶行知提出"社会即学校"的目的是扩大教育的范围和内容，使广大劳动群众的子女能够接受适合他们生活的教育。

3."教学做合一"是陶行知生活教育理论的教学论。用陶行知的话来说，"教学做合一"是生活现象之说明，即教育现象之说明，强调了实践是获取知识的途径，有助于培养年青一代的动手操作能力。

二、陶行知教育思想的核心理论对中学校本创新课程开发实践的启示

（一）理论与实践相结合，提高教师综合素质，开发实践校本创新课程

《国家中长期教育改革和发展规划纲要（2010—2020年）》明确指出：学校应要开发出符合学校、学生和教师实际的课程资源，突出校本课程的特色，让教师教起来好用，学生学起来有趣；让校本课程成为教材知识的生活化拓展，创新教学方法和模式，使教师和学生获得更好的教学体验，发挥校本课程对教育教学创新改革的推动作用。校本课程开发是指为了满足学生发展的需要，也是指一个持续和动态的课程改造过程；是对国家课程和地方课程的重要补充，是地方和国家课程计划中不可缺少的重要组成部分。

陶行知生活教育理论与我们正在进行的中学新课程改革的基本理念十分吻合，对于我们今天的新课程改革具有很重要的借鉴意义。在新的一轮高考改革背景下，广西乃至全国许多中学正着力于校本课程开发研究，并把校本课程的创新作为创建特色学校的基础。但是，在具体的教育教学中有许多问题值得我们高度关注，比如校本创新课程开发研究的广度和深度，是否能在推进特色学校创建的过程中发挥重要作用，非常有必要在新一轮课程改革背景下重新审视校本课程开发，为学生的终身发展奠定基础。

1.提高教师素质是进行校本创新课程开发的关键，必须坚持"教学做合一"。

"教学做合一"是陶行知生活教育的教学方法论，是培养改造社会生活的觉悟与创造能力的基本途径。陶行知说，"教学做合一"有两种含义："一是方法；二是生活的说明。"在实际生活中，时时处处都有"教学做合一"，"教"

与"学"都以"做"为中心,"教法、学法、做法应合一",为了学用一致,必须反对"教学"与"做"的分离,反对只以教材为中心,教师专在"教书"上下功夫,学生专门在"听书""读书"上下功夫的传统教育。

2. 教师角色转变是进行校本创新课程开发实践的基础。

当今的中学新课程改革是多方面的,其中提高教师素质,转变教师角色,建立一支新型的教师队伍对本次新课程改革更是至关重要。新课程改革所塑造的教师形象与以往不同,它是对"把创新课程看成教师有目的、有计划、有组织地向学生传授知识、训练技能、发展智力、培养能力、陶冶品德的过程"。这一观点的重大突破,强调了教师和学生在课堂教学中都是平等的参与者。教师不只是教书匠,还是教育家,更是"创造的教育家","开辟的教育家",是现代学生发展的促进者。

3. 教学方式的转变是进行校本创新课程开发实践的根本。

在传统的教学中,教师负责教,学生负责学,所谓的教学就是教师将自己拥有的知识传授给学生。"教学成为了一个授受的'单边行动',教代替了学,学生是被教会而不是自己学会,更不用说学会了。"在新的课程改革中,我们教师必须转变传统的单向教学方式,要大胆创新实践课程,尤其要创新校本课程,在"做"中教,在"做"的过程中传授知识,训练技能,培养能力。

(二)陶行知生活教育思想对中学校本创新课程开发实践的价值

在陶行知生活教育思想指导下开展校本创新课程的开发实践,将有利于优化教学内容和教师的教学方式,促进教师的专业化发展,更有利于推进课程改革,重构课堂,重建教学,不断提高课堂教学效率,做到高质量、轻负担;能在最大程度上开发学生的潜能,使学生得到全面和谐的发展。不仅可以深化目前的教育教学成果,给学科教学带来深刻影响和深度变革,更可以寻求到未来教育的发展路径,为构建现代化、信息化的新教学模式提供更有价值的指导意见。

(三)大胆实践,勇于创新,因地制宜开发实践校本创新课程

陶行知先生说:"没有生活做中心的教育是死教育。没有生活做中心的学校是死学校。没有生活做中心的书本是死书本。"玉林实验中学一直以来努力挖掘校本潜力,积极探索实践着眼于学生发展、学科发展和社会发展的课程体系,创设学生自我发展的空间、教师自我发展的舞台,提高学生的整体素质的

育人目标。我们以陶行知生活教育思想为指导，创新校本课程，就是要为每一位学生提供一个展示的平台，让他们在校本课程的建设中发挥自己的才能；努力践行陶行知生活教育思想和创新教育思想。

玉林实验中学一贯实施"课程生活化、生活课程化"的生活教育模式，努力创造条件建设特色高中，大胆创新，勇于创新。近几年来，玉林实验中学精心组织各学科老师每学期在高一、高二年级中开发符合玉林实验中学实际的校本创新课程，并列入必修课中，每年级每周开设一节，比如："生活中的物理""化学与环保""化学与化妆品""全力打造你想要的生活""生活中的地理""如何观天气""校园植物的认识""戏曲人物服饰、道具"等课程。我们整合语文、历史、思想道德三门课程，开设了校本课程——中国文化经典阅读。为了改变目前社会中普遍存在的只重视智育，不重视身体素质的现状，我们科学利用好学校体育、美术、音乐学科等资源优势和整合社会资源，开设了乒乓球、美术欣赏、舞蹈等特色校本课程。另外，我们通过争取上级部门的支持和学校自筹，每年组织学生到南宁、长沙、西安等地进行研学。学校团委积极组织学生成立了文学社、记者团、书法社、英语社、街舞社等二十几个学生社团，经常开展社团活动，受到了广大学生的欢迎，也为我国传统文化的发展以及培养学生的文化自信发挥了相当大的作用。

三、硕果累累，不忘初心，牢记使命

由于学校一直认真践行陶行知先生的生活教育理论，教学效果很好，成绩斐然，得到了上级部门和社会的高度认可。每年皆有一大批学生走进全国名牌大学，学校已成为享誉区内外、富于特色的品牌学校和优质高中，是玉林市教育改革的一个新窗口。艺体特色办学是玉林实验中学的最大亮点，已发展成为广西艺体专业实力最强的学校。历年来高考本科上线率每年稳定在80%左右，美术、音乐、体育高考更是名列广西前茅；玉林实验中学曾荣获"全国艺术教育先进单位""全国传统文艺传承学校""全国五四红旗团委""中国美术学院生源基地实验学校""中意特色实验班教学示范基地""广西普通高中课程改革样本学校""自治区星级艺体特色高中立项建设学校""自治区级体育传统项目学校"等称号。

这些成绩为玉林实验中学特色高中的创建，把高中教育更有效融入生活教育，提升学生的综合素质以及促进师生共同成长都产生了非常大的现实意义和促进作用。现在，我们从课程理念、目标、内容、实施效果等方面对本校"生活教育"校本课程进行了个案研究和提升，并对当前学校教学如何更有效融入生活教育的元素提出了相关建议，为校本创新课程开发提供了有益的理论启示和经验借鉴，为学校创办广西优质高中打下了坚实的基础。

中职学校贯穿"教学做合一"实践探索

百色市民族卫生学校　季正雄

一、陶行知职业教育思想的哲学蕴意及启示

（一）陶行知职业教育思想的哲学蕴意

陶行知先生是中国现代教育改革的先驱者之一，他的职业教育思想深深植根于他所提倡的生活教育理论，创立了"教学做合一"的教育理念。"教学做合一"不仅是陶行知办学原则的核心，也是其哲学思想的具体展现，对后世的教育实践产生了深远的影响。

陶行知职业教育思想中的哲学蕴意主要有以下几点：

第一，陶行知的哲学蕴意体现在实践中的主体性。陶行知认为，教育的主体是学生自身，教育过程必须尊重学生的主观能动性，让学生在实际的实践活动中，通过体验和操作，达到主动探索和解决问题的过程。这样的教育模式，不仅能加深学生对知识的理解，还能培养

学生的创新能力和实践能力。

第二，陶行知的哲学深刻反映了对知识与技能结合的重视。他提出，在职业教育中，知识的传授不应脱离实际操作和生产实践，知识与技能应该紧密结合，通过实践环节不断反馈并优化理论教学。这一点对中职卫生学校而言尤为重要，学生在掌握医学理论的同时，必须能够在实验室和临床环境中应用这些知识，以解决实际问题。

第三，陶行知职业教育思想中的哲学蕴意突显"全人教育"的理念。陶行知认为，教育的目标不仅仅是传授知识技能，更重要的是培养学生的道德情操、审美情趣和身体素质。职业教育不应该是单一的技术培训，而是要教育学生成为社会的有用之才，这需要教育者关注学生的身心健康，以及如何将其融入社会文化。

第四，在反思传统教育与实践的断裂中，陶行知的职业教育思想提出了批判与革新的观点。他质疑传统教育中过分强调书本知识而忽略实践技能的倾向，主张通过将教学与实际生产劳动相结合来体现教育的实用性和生命力。在陶行知看来，学校教育应该模拟社会生活，学生在这一教育环境下得到全面发展并为进入社会做好准备。

（二）陶行知职业教育思想的启示

陶行知是中国现代教育的先驱者之一，他的职业教育思想至今仍对教育改革与实践具有重要的启示意义。陶先生倡导的"教学做合一"理念，不仅是生活教育理论的核心内容，也是实现教育目标的重要手段。他认为教育的真正目的在于培养人的实践能力，也就是通过教为事务服务与学习相结合，使学生能够在实践中学习，在学习中实践。

在当前中职卫生学校教育中，陶行知的职业教育思想为我们提供了改革的路径。

第一，它强调了实践的重要性，这提示我们在中职卫生学校的教学中应该更多地把课堂教学与实际工作相结合。通过模拟或真实的工作场景，让学生在完成专业技能训练的同时，理解和掌握所学知识的应用，这样不仅能够增强学生的职业能力，还能提升他们解决实际问题的技巧。

第二，陶行知教育思想中的"教学做合一"部分，强调了学和做的统一。这对中职卫生学校来说，意味着需要在教育过程中打破传统的理论教学和技能训练的界限，让学生在学习知识的同时加以实际操作和实践。这不但能够提高学生的理论和实践能力，同时也能促进他们综合素质的全面发展。

第三，陶行知的"教"字方面强调的是引导学生如何去学，如何通过做来学。在中职卫生学校，教师不应仅仅传授知识，更应当成为学生学习的引导者、协助者和支持者。教育者应该设计更多富有启发性和交互性的教学活动，通过问题导向的教学法引导学生参与探究，增强他们的自学能力和解决问题能力。

二、中职卫生学校"教学做合一"教学模式的实施思路

（一）开发"教学做合一"教学模式课程

在深刻理解陶行知"教学做合一"理论的基础上，中职卫生学校有必要创新教学方法，开发与"教学做合一"教学模式相契合的课程体系。这一过程不仅需要紧扣行业需求设计课程内容，还要在教学方法和教育理念上做到教与学、做与学的无缝对接，真正实现教学活动与学生实践能力的提升同步进行。

1. 课程的设计应基于行为主导，即先明确学生在实际工作中应当掌握的技能和知识，再逆向工程化地构建课程框架。这意味着，教学内容不应仅仅停留在理论知识的传授上，而需要贴合实际工作场景，教授学生如何解决实际问题。课程应包含丰富的案例分析，让学生在模拟或真实的职业环境中学习，比如通过模拟医院的临床操作课程、药品配置实验课程等，学生可以在实际操作中学习和掌握知识。

2. 为了让学生更好地将所学理论与实践相结合，"教学做合一"的课程设计应该同时注重过程与结果，注重学生能力的培养与评价。这包括但不限于在课程中设计实时监控学习进展的反馈机制，以及通过项目式学习鼓励学生在完成具体实践任务过程中自我探索和团队合作。

3. 创新性的教学方法也是"教学做合一"教学模式成功实施的关键。教师需联合企业专家共同开发课程，融合在线上与线下教学、理论与实践操作、个人学习与团队协作等多种教学方式，使得学习更加贴近产业实际需求，更具互动性和参与性。例如，可以通过学习通平台，让学生提前学习线上课程内容，课堂时间更多利用于讨论和实践操作。

4. "教学做合一"教学模式下的课程还应该强调持续的职业技能训练，这不仅包括课堂上的技能教学，还包括课外的实习、实训、实操环节，确保学生能够在一定程度上模拟实际工作中的情形，从而提升在真实环境下解决问题

的能力。在此过程中，学生应被鼓励采取主动学习的姿态，积极探索，勇于创新。

要实现上述目标，中职卫生学校需要深化与医疗相关行业的合作，开展校企合作，共同确定专业技能标准，开发适合行业发展需求的课程。行业企业可参与课程开发、教材编写、师资培训以及实习基地的构建等，这样一来，学生所学习的知识和技能将能更好地满足行业实际需求。

（二）重视实习过程，建设双师队伍

在探讨中职卫生学校贯穿陶行知"教学做合一"理念的教育实践中，实习过程的重视与双师队伍的建设是教学模式转型的关键。鉴于卫生类职业学校的专业特点，实习环节不仅是学生将理论知识转化为实际操作能力的关键时期，同时也是其职业意识、技能习得和职业精神培育的重要阶段。因此，理论与实践相结合的教学过程不可或缺，构建专业化和技能化并重的双师型师资队伍成为教学改革的先决条件。

1. 重视实习过程意味着学校与企业之间的紧密协作与交流。通过企业与学校共同策划实习计划，确保学生在实习阶段能够接受到与课堂教学同等重要的专业技能训练。学生在临床或其他实习基地的实际操作中，不仅能够加深对理论的理解，而且能在专业老师与实际工作环境中纠正操作中的错误，学习成为一名合格职业人的各项素质。

2. 实施"教学做合一"的教学模式，要求师资队伍必须具备双重身份，即具有扎实理论知识的同时，亦要具备丰富的实践经验。所谓双师型教师，不仅指教师要有高水平的理论知识，还要求他们有相应的技术技能证书和一定年限的实践经历。因此，教师的职业发展路径应当在专业知识提升与实践技能培养之间取得平衡，学校应当为教师提供持续的在职培训和实践机会，包括定期进行实习基地的工作与学习，不断更新和升级自身的教学内容与方法。

除了加强教师队伍自身建设，学校还应当积极吸引行业内的优秀实践人才参与教学，或者定期聘请职业技能大赛的优胜者、行业技术专家作为客座教授，为学生授课，既丰富了教学资源，又拓展了学生的视野。

在整个实习过程的规划与双师队伍的建设中，理论联系实际的教学理念始终贯穿其中。通过课堂教学与职场实训的有机结合，能够有效激发学生的学习兴趣，提高其职业技能。在这一过程中，双师型教师发挥着不可替代的作用，成为贯彻"教学做合一"的关键因素。总之，中职卫生学校通过重视实习过

程，建设双师队伍，将能够以更符合行业特点和学生发展需求的方式，贯彻落实陶行知"教学做合一"的职业教育理念，为社会培育出合格的、技能熟练的医疗卫生人才。

（三）引导实践训练，培养岗位兴趣

在中职卫生学校实施"行知合一"的教育教学中，引导实践训练并通过培养学生对专业岗位的兴趣，是教育实践中不可忽视的重要环节。

1. 实践训练是学生能够将理论知识转化为操作技能的桥梁。根据陶行知的生活教育理论，实践是教学的延伸。中职卫生学校的实训安排，不仅涉及模拟实验室内的操作练习，还包括医院、社区中心等实际工作环境的实习机会。透过这种方式，学生亲身体验并参与到真实的工作场景中，从而达到学以致用、用以促学的目的。

2. 打造具有现实工作环境特征的实训基地或工作站，为学生提供了学习和实践的场所。在这些环境下，学生可以在专业教师的指导下，进行各种卫生技术操作的实践活动。通过对真实操作的训练，学生能够更加深刻地理解理论知识的实际应用，并在操作中发现问题、解决问题，从而提高自身的职业技能。

3. 培养学生的职业兴趣是实践训练的一个重要目标。研究表明，个人兴趣是驱动其持续学习和工作的重要内在动力。在实践训练中，教师应有意识地发掘和强化学生的专业兴趣点。例如，当学生在实践操作中表现出较强的热情或特殊才能时，教师应加以鼓励和指导，帮助学生认识到自己的潜力和价值。同时，教师也应为学生提供多角度的职业发展信息，拓宽其职业视野，促进其在卫生领域的长远发展。

中职卫生学校在实践训练中采取与地区医疗机构、行业企业合作的方式，促进校企合作，提供学生实习实践的机会，不仅增强了教学资源，也为学生提供了实际操作的平台。实习期间，学生能够在真实的工作环境中感受到职业的氛围，理解和尝试多样化的工作内容与流程，通过社会实践的方式进一步明确自己的职业方向和兴趣。

总而言之，通过结合理论教学与实践训练，中职卫生学校在培养学生专业技能的同时，还需重视学生职业兴趣的培养与发展。教育工作者应深刻领悟陶行知"教学做合一"的精神，确保卫生职业教育的实施能够贴近产业实际，形成符合社会需求的技术技能型人才培养机制。

多维度践行陶行知教育思想的探索与创新

百色市民族卫生学校　梁俊玉

陶行知教育思想博大精深，对构建现代职业教育体系、建设教育强国具有重要的现实意义。近几年来，百色市民族卫生学校认真学陶师陶研陶，深入践行陶行知的办学方针、管理理念、育人思想、改革精神等，全面推进学校顶层设计，构建思政网络，完善管理体系，提高治理能力，围绕服务经济社会发展，助力产业转型升级，推动学校高质量发展等任务目标，创新工作载体，挖掘丰富内涵，多维度推进陶行知教育思想在学校落地生根，探索出具有自身特色的践行模式，为提高教育教学水平，推动学校高质量发展注入强劲动力。

一、提升高度，"红烛党建"引领陶行知教育思想全面贯彻

百色市民族卫生学校大力实施"红烛先锋"工程，

积极创建百色市首批中小学党建工作示范校。以党建引领,将践行陶行知教育思想和党建工作有机融合,重点推进"一支部一主题""一支部一特色"建设。校党委创建"红烛党建"品牌,下辖5个基层党支部分别结合实际,对应创建"红烛示范""红烛铸魂""红烛奉献""红烛照亮""红烛耀辉"5个支部品牌,每个品牌的建设内涵,都与陶行知教育思想有着紧密的内在逻辑联系。比如:教学第一党支部"红烛示范"建设,重点推进党员教师发挥示范作用,与陶行知"万世师表"的榜样作用一以贯之;教学第二党支部"红烛铸魂"建设,重点推进广大教师涵养高尚师德,是陶行知矢志不渝、呕心沥血、为人所同钦、世所共仰伟大精神的传承;行政党支部的"红烛奉献"建设,重点推进广大党员甘为人梯、促进发展,是陶行知"甘当骆驼""捧着一颗心来,不带半根草去"奉献精神的接续;学工后勤党支部"红烛照亮"建设,重点推进以生为本,关注学生成长成才,是陶行知"千教万教教人求真,千学万学学做真人"的诠释;老年党支部的"红烛耀辉"建设,重点推进银发党员发挥作用,继续为推动学校发展贡献力量,是陶行知将毕生精力奉献给教育事业伟大精神在新时代的写照。

学校以"红烛党建"为引领,将学陶、师陶、研陶工作触角延伸至教育教学各个环节,提高践行陶行知教育思想的政治站位,为推动学校高质量发展提供了坚实保障。

二、拓展广度,"三全育人"推动陶行知教育思想全面践行

拓展践行陶行知教育思想的工作广度,将学陶、师陶、研陶工作与"三全育人"典型学校创建有机融合,引导广大教职员工积极参与,主动奉献,构建"三全育人"工作新格局。

坚持推行、注重推广细微处思政教学成果。通过网络,分层次推送实习生微课堂、每日一语、新生小驿站三个思政微课堂,分别针对三个年级学生实际情况,用正能量话语,进行侧重点不同的引导。校党委、各党支部和职能科室、班主任、学生四级联动,合力育人,每天共有130多位教师参与这一专项工作,7000多名学生得到源源不断的精神滋养。

推进主题升旗仪式改革,打造校园文化新名片。每个学期均面向全校公开征集承办主题升旗仪式意见,党支部、科室、教研组和班级通过腾讯共享文档,上演"抢夺大战",争先认领任务,变被动为主动。通过"事前申报、事

中监管、事后评价"精细化管理模式，形成师生人人主动参与、形式新颖活泼、主题鲜明突出、内容丰富多样的主题升旗仪式生动局面，百色电视台曾做报道。

推行党员联系班级制度，党委委员联系多个班级，每名党员固定联系一个班级，具体指导班级建设。联系工作统一内容、统一标准、统一考核，坚持健全"全方位德育"平台，推进教书育人、管理育人、环境育人，使学校的一人一事、一草一木都能提升学生品质，熏陶学生情操。各学科教学充分挖掘文化内涵、德育因素、人文精神，真正做到教书育人；充分利用家长、社区的资源，特别是与家长沟通、配合，形成"家校共育"的教育合力。

学校将陶行知教育思想发扬光大，构建了较为完善的"三全育人"工作机制，"三全育人"氛围浓厚，荣获全区"三全育人"典型学校。

三、保持温度，"细微思政"实现陶行知教育思想精准滴灌

针对大部分学生家庭教育存在缺失这一实际情况，学校坚持将践行陶行知教育思想与师德师风建设有机融合，引导广大教职员工发扬"爱满天下"职业精神，践行习近平总书记在学校思想政治理论课教师座谈会上的重要指示精神，用温情开展思政和教学工作，给予正处在人生"拔节育穗期"的青少年精心引导，帮助他们扣好人生的第一粒扣子。

坚持日日用功、久久为功，在教学、管理、后勤保障做系统谋划、系统设计。制作推送实习生微课堂，每天通过网络，以海报形式呈现给每一位实习生，海报上有正能量话语、校园风景、学校LOGO和党委LOGO、日历信息，让在外实习的学生每天都能感受学校的气息、师长的叮咛。二年级在校生和一年级新生也以同样方式，每天享用学校精心烹制的"精神食粮"。学生们从入校第一天起，到毕业离校那一天，都能得到精准滴灌，真切感受到学校的用心用情。

建设陶行知文化园，陶行知塑像和教育箴言，学陶、师陶、研陶成果展示等内容组成的文化园，成为校内教职工培训和新生入学教育的现场教学点，广大师生在这里感受和学习陶行知思想，教师节宣誓、书香晨读、讲教育故事等，这些新颖的活动经常在园里举行。铿锵有力的宣誓，充满温情的教育故事，带动和影响广大教师涵养高尚师德，坚定理想信念，陶冶道德情操，掌握扎实学识，勤修仁爱之心，争当"四有"好老师。

四、挖掘深度，"创新载体"促进陶行知教育思想焕发时代光彩

学校践行陶行知先生所倡导的"生活教育"思想，注重活动育人，开展了宽领域、全方位、多渠道的丰富多彩的活动；组建青年志愿服务队，拓展志愿服务内容。学生自发组织，到百色起义纪念公园义务劳动，到特殊教育学校教小朋友们做手工，到敬老院给老人们表演节目，到街道帮助清洁工清扫街道，到公园开展便民义诊，到蔗田帮助村民砍甘蔗，到附近村庄帮助村民整理村容村貌，等等。

坚持以社会主义核心价值观统领教育工作，促进学生全面发展。注重传统教育，定期举行主题纪念活动；注重培养学生党团意识，定期举行业余党校、团校学习；注重培养学生爱国爱校意识，组建了小教官连队；注重社团活动，建设29个学生社团，开展丰富的技能展示活动；注重弘扬正气，每个学期评选优秀集体和个人，举行表彰活动。

大力弘扬中华优秀传统文化。把红色文化、革命文化等优秀传统文化贯穿教学活动全过程。设置班级红色文化宣传专栏，重点宣传百色起义精神、革命英雄人物等，引领青少年学生传承红色基因，赓续红色血脉，弘扬民族精神，争做时代新人。建设微党史馆，全面展示百年大党波澜壮阔的历史成就，引导青少年学生增强爱党爱国意识，永远听党话、感党恩、跟党走。建设红色小舞台，完善党史学习教育常态化长效化机制，坚持举行展示活动，为广大学生唱响主旋律、弘扬正能量搭建展示平台，提供展示机会。创新打造文化保洁柜，结合实际需要，设计实用型保洁柜，将柜体打造成"二十四节气""非物质文化遗产""中国传统节日"三个主题文化阵地，实用性与教育性完美结合，良好卫生习惯养成教育与优秀传统文化传承融为一体。

大力弘扬社会主义核心价值观文化。建设主题文化阵地。"文明启航厅"引领青少年学生践行中等职业学校学生文明公约，遵守《中职生日常行为规范》，养成良好行为习惯，争当新时代优秀中职生；"榜样力量厅"以社会主义核心价值观24个字、"两个一百年"奋斗目标、中国榜样人物、身边榜样人物为主要内容，直观引导学生学习榜样人物，为实现中华民族伟大复兴梦不懈努力；"习语金句厅"以习近平总书记对青少年和教育工作、教师职业的重要指示批示为主要内容，引导广大师生谨记领袖教诲和嘱托，刻苦学习，努力工作，为建设社会主义现代化强国添砖加瓦。

大力弘扬工匠精神和伟大劳动精神。建设"工匠精神厅"，以中华十大名

医、南丁格尔誓言、工匠故事、最美乡村医生、优秀校友事迹为主要内容，打造特色校园文化。开展技能比赛，每个学科均设置相应的技能比赛项目，常态化有序开展比赛，帮助学生在比赛中提高专业技能，涵养职业精神。建设劳动教育基地，组织学生平整土地，种菜护菜，提高劳动技能，培育劳动精神。

好教育应当给学生一种技能，使他们可以贡献社会。换言之，好教育是养成学生技能的教育，使学生可以独立生活。"伟大的人民教育家"和"万世师表"陶行知道出了职业教育目的，就是为使受教育者获得某种职业技能或职业知识、形成良好的职业道德，从而满足从事一定社会生产劳动的需要而开展的一种教育活动。在职业教育高质量发展的大背景下，多维度推进陶行知教育思想在中职学校落地生根，具有鲜明的时代特征和现实意义，必将对建设教育强国起到积极促进作用。

党支部品牌建设与"爱满天下"教育思想有机融合的研究与实践

百色市民族卫生学校　姚本斌

打造党支部品牌建设,是新时代基层党建工作探索的新尝试,而党支部品牌建设水平的一项重要指标就是育人功能。注重党建与教育教学工作的深度融合,在党建品牌的引领下,积极开创"三全育人"工作新局面,推动学校高质量发展。

一、党建品牌育人现状透视和具体实践探索

党支部在整个党组织中承担着基础性和领导性的双重作用,是党的基层组织的核心。党支部品牌建设是指基于党员和群众共同价值观念的基础,深化党员和群众的教育和引导,使党组织具有特有风格和形象,更好地发挥其特有作用的一项工作。通过党支部品牌建设,可以引领全员工作,协调团队合作,使团队成员在有限的

时间和空间内保持高效运转。此外，这还可以推动工作计划的制订，将团队的共同目标转化为实际可行的、可实现的计划。因此，品牌建设是近年来党建工作的重要组成部分。

建立党建品牌育人是现代教育发展的必然趋势，它的目标是通过建立品牌形象、提高教育质量、增强学校社会影响力，来推动教育发展和提高学生综合素质。而品牌育人作为衡量党建品牌建设水平的一项重要指标，不仅丰富了党建育人功能渠道，更完善了党建育人常态化的工作机制。以百色市民族卫生学校为例，学校以实施"红烛先锋"工程为基础，打造"红烛育人"党建品牌，推动立德树人取得实效。教学第一党支部以专业建设为抓手，围绕"红烛示范"主题，彰显"先锋引领"特色，专业建设取得实质性进步。教学第二党支部以队伍建设为抓手，围绕"红烛铸魂"主题，彰显"以师为魂"特色，促进高尚师德和良好教风形成。学工后勤党支部以学生成长为抓手，围绕"红烛照亮"主题，彰显"以生为本"特色，助力学生成长成才。行政党支部以管理育人为抓手，围绕"红烛奉献"主题，彰显"高效管理"特色，提高管理育人实效。老年党支部以彰显老年党员影响力为抓手，围绕"红烛耀辉"主题，彰显"银发党建"特色，助力育人工作更好开展。

在党建品牌育人的实践中，需要注意以下几点：一是突出优势特色。学校要在保证学科人才培养质量的前提下，发挥自身优势，突出学校办学特色，提高学校的知名度和影响力。二是强化文化建设。学校需要树立自身文化特色，形成学校特有的教育文化，发挥自身特色，提高学生综合素质。三是加强师资队伍建设。学校要注重培养一支高素质的教学团队，加强师者的专业技能和教育能力，提高教育质量。四是增加交流与合作。学校要加强与国内外名校的合作交流，增加学校的知名度和影响力，为学生的学习和发展提供更加广阔的平台和机会。五是创新教育模式。学校要善于创新教育模式，尝试新方法、新理念、新技术，以适应不同学生的需求，提高教育教学质量，为学生成长提供更好的支持。六是建立健全的品牌宣传机制。学校要积极宣传自身品牌形象和特色，建立健全的品牌宣传机制，吸引更多的学生和家长选择该学校，提高学校的招生质量。建立品牌育人是学校教育发展的必然趋势，通过以上的探索和实践，能够有效提高学校的教育质量和社会影响力，提高学生的综合素质和发展潜力。

二、党支部品牌建设的意义

通过品牌建设，党支部能够树立良好的形象和声誉，增强党员和人民群众对党支部的认同和信任。品牌建设可以加强党支部内部的凝聚力和向心力，让党员更有归属感和荣誉感，增强党组织的凝聚力和向心力。一个有品牌的党支部能够吸引更多有志于加入党组织的人，提升党支部的影响力和号召力。品牌建设能够帮助党支部确定和展示其特色和个性，让党员和社会对党支部有更清晰的认识和印象。品牌建设能够提高党支部的竞争力，吸引更多有才华和能力的党员加入，同时吸引更多资源和支持，推动党支部发展。品牌建设能够提升党支部在社会中的认同度和关注度，有助于党支部更好地履行社会责任，促进地方社会的进步和发展。党支部品牌建设的意义在于为党组织赋予更加鲜明的个性和特色，在推动党的事业发展的同时，也能够提升党支部的形象和竞争力。品牌建设能够凝聚人心，扩大影响力，提高组织的凝聚力和向心力，进而推动党组织向更高水平发展。同时，通过品牌建设，党支部能够更好地与社会各界进行对接和互动，实现共同发展和进步。

三、陶行知先生"爱满天下"理论的传承与创新实践

陶行知先生是一位著名的教育家，他提倡"爱满天下"理念——从师爱生、爱学、爱国、爱人、爱己。"爱满天下"理论是一种人文主义的教育理念，强调教育应以爱和关注为主导，并重视培养学生的社会责任和公益意识。这一理论在中国的教育界引起了广泛的关注和认同，并成为了一种具有深远意义的教育思想。其中，如何爱学生是他思考最深的一点。他强调，教师应该要全身心地热爱学生，无条件地接受学生，不去计较成绩高低，而是要看清学生的长处，鼓励他们尝试新的事物，平衡他们的成长。教师还应该有无尽的慈怀之心，不断明确自己对学生的爱，对学生的批评和指导不应该带有过多的责难。陶行知将爱学生的理念逐渐演化为"爱生如子，教导如父"，不仅在学校教育系统中得到了广泛的传承，也在社会上产生了广泛的影响。基于此思想，可以引导党支部建立并彰显自己的品牌形象。

在传承陶行知"爱满天下"理论的同时，我们也需要进行创新实践，以适应当代教育的需求和形势。在具体实践中，我们可以从以下几个方面进行：一是关注学生个体差异，实现个性化教育。陶行知倡导"因材施教"的教学方

法，强调教师需要对每个学生的兴趣、优点、缺点等做出正确的评估，适应学生的个体差异，帮助他们实现个性化发展。二是注重情感教育，培养学生情感素质。陶行知认为，爱是一种情感和价值的共同体现，因此，我们需要在教育过程中注重情感教育，培养学生的情感素质。这可以通过多样化的课外活动、社会实践等方式来实现。三是强化社会责任教育，培养公民意识。陶行知强调教育需要培养学生的社会责任感和公益精神，让他们能够积极参与社会事务，为社会做出贡献。可以通过开展志愿者活动、社会调研等方式来实现。四是推进教育技术化，以提高教育质量。现代教育技术的进步可以有效地改善教育质量和效率，而这也是当今世界的发展趋势。教师可以利用各种教育技术手段，如互联网、多媒体、在线教育等，来提高教学质量和效果。

"爱满天下"理论的传承与创新实践是一项长期而艰巨的工作，需要我们不断努力和实践。我们需要不断创新教育教学方式，注重学生的个性发展，关注学生的情感与情绪，激发他们的社会责任感和公益精神，提高教育的质量和效率，为培养未来精英人才提供更好的教育环境和培养机会。

四、推进党支部品牌建设与"爱满天下"教育思想的对策

一是要加强党支部内部的品牌建设意识和培养。支部书记为品牌建设负责人，负责党支部品牌建设的组织与推进。组织党员开展品牌建设培训，提高党员对品牌建设的认识和重视程度。建立品牌建设工作制度，明确各个环节的责任和任务，确保品牌建设工作的顺利进行。持续监测和评估品牌形象的传播效果，及时调整和改进品牌策略。二是要深化"爱满天下"教育思想的理论宣传和教育。制作宣传资料，介绍"爱满天下"教育思想的内涵和意义，加深党员对其的理解和认同。开展专题讲座和学习交流活动，邀请专家学者解读"爱满天下"教育思想，引导党员深入思考和应用。利用媒体平台，加大宣传力度，让更多的人了解"爱满天下"教育思想。三是引导党员积极参与社会服务和公益活动。组织党员参加志愿服务活动，如扶贫助困、环境保护、帮扶留守儿童等活动，践行"爱满天下"的理念。建立党员志愿者团队，参与社区建设、社会公益活动等，推动社会和谐和进步。鼓励党员开展创新创业活动，助力经济发展，为社会创造更多价值。通过以上对策的实施，将能够有效推进党支部品牌建设与"爱满天下"教育思想的有机融合。党员将更加意识到品牌建设对党

支部发展的重要性，深化对"爱满天下"教育思想的理解和认同，并积极参与社会服务和公益活动，为社会发展和民生福祉贡献更多力量。

五、党支部品牌建设与陶行知教育思想的有机融合

党支部品牌建设的本质是塑造一个特定的形象和理念，以引导和聚集团队成员。与此同时，陶行知的"爱满天下"教育思想也是以爱与关怀引导学生成长的理念。两者结合，党支部品牌建设可以彰显其"党支部就像我们的家，党员就像我们的亲人"这一形象。党员作为团队的领导者，在党组织中，应该用"如何爱学生"的心态来对待基层群众。党员应该坚持贴近群众、为民服务的理念，以实际行动推动学校资源的优化配置和社会事业的和谐发展。

党支部品牌建设和陶行知教育思想的有机融合，可以为支部的发展提供强劲的动力和方向。陶行知教育思想强调"知行合一""以人为本""注重实践"等重要理念，这些理念与党支部品牌的建设目标是完全契合的。具体来说，党支部品牌建设应该强调以下几点：一是建立"以人为本"的党支部品牌。陶行知一直强调"以人为本"的思想。教育的功用在于唤醒、激发生命中充满活力的因子，让其自觉地、个性地发展。在党支部品牌建设中，这意味着要注重对成员个性化需求的关注和满足。建设成员满意、具有人情味的党支部品牌，让每一个成员都能在其中找到自己的归属感和认同感。二是注重实践，不拘泥于形式。陶行知教育思想反对把理论和实践相分离的做法，党支部品牌建设同样不应只停留在形式上的建设，而应该注重实践。建设具有实践价值的党支部品牌，让成员能够在行动中感受到品牌的真实价值和意义。三是强调"知行合一"，提高成员素质。党支部品牌建设应该强调"知行合一"，通过各种方式提高成员的素质和能力。这既可以是通过举办各种培训活动，提高成员的理论水平，也可以是通过组织社会实践、志愿服务等活动，提高成员的实践能力。四是借鉴陶行知教育思想中的品牌建设理念。陶行知的教育思想中包含了"儒学的再现""自由民主""国家治理"等一系列理念。其中的品牌建设理念，如建立儒学品牌、建立双优学校品牌等，可以为党支部品牌建设提供有益的启示。五是党支部品牌建设还可以通过"爱满天下"教育思想赋予党支部新的内涵。党员在遵循党的核心价值观的同时，也应该推动团队向"爱国""爱人""爱己""爱生""爱学"的方向发展，用实际行动践行陶行知的思想。

六、结语

党支部品牌建设和陶行知教育思想的有机融合，可以为党支部的发展提供新的思路和方向。党支部应该注重吸收和运用陶行知教育思想，打造适合自己的品牌，推动党支部的稳健发展。在党支部品牌建设的过程中，我们要结合陶行知先生的"如何爱学生"理念，通过品牌的投资和构建，打造充满人性关怀的团队形象，激励各级党员团结奋斗，为推动教育事业又好又快发展提供坚强保证。

基于陶行知"爱满天下"教育思想的中职学校团建工作创新模式探讨

百色市民族卫生学校 杜 珍

陶行知是中国现代教育事业的奠基人之一，他以卓越的教育家和民主活动家身份，深刻影响了中国的教育理念和体制。陶行知先生提出的"爱满天下"教育思想强调以人为本，注重培养学生的品德、情感和性格发展，将爱的力量贯穿于整个教育过程中，这一思想对中职学校的教育产生了深远的影响。陶行知的"爱满天下"教育思想与中职学校团建工作的契合度十分显著，通过强调以学生为本、校园文化建设和第二课堂活动，可以更好地践行陶行知的教育理念，促进学生全面发展，培养积极向上的人生态度，为中职生的成长提供更为丰富的教育体验。

一、陶行知"爱满天下"的教育思想内涵

陶行知的"爱满天下"教育思想强调以人为本，关注全面发展、个性尊重、人本关怀和人道主义。他倡导培养学生的智能、情感、品德，强调对每个学生的关怀与尊重，使其在温暖的教育环境中全面成长。教育不仅传递知识，更要培养学生的社会责任感和公民意识。这一教育思想激发了对学生个性的理解，提倡以个性为基础的个性化教育，致力于构建关爱、尊重和人文关怀并重的教育氛围。

二、中职学校团建工作中面临的普遍困难与挑战

因学生的个体差异、教育资源配置不均衡、教育理念的认知差异等问题，中职学校团建工作普遍面临着多方面的困难与挑战。首先，学生的个性发展差异较大，需要更具差异性的关怀和指导，以满足不同学生的需求。这涉及个性发展规划、心理健康支持等方面的工作，需要更有针对性地开展工作。其次，校园文化建设需要在培养学生的同时，倡导积极向上的校风。但困扰的问题在于，如何在丰富多元的学生群体中打造一种有力、引导性的文化氛围，使其能够反映学校的核心价值，成为学生发展的积极助力。最后，第二课堂开展方面，资源有限是一个不可忽视的挑战。如何在有限的资源下，组织多样化、有意义的第二课堂活动，激发学生的兴趣，提高他们的综合素质，是团建工作中的重要问题。

三、陶行知"爱满天下"的教育思想与以学生为本教育理念的融合

（一）提倡"以人为本"的教育理念

陶行知"以人为本"的教育理念突显了个性差异化管理与关怀的重要性。每个学生都是独特的个体，因而教育应当根据个体的特质进行差异化管理，个性差异化管理不仅关注学生的学业表现，更注重了解他们的兴趣、能力和需求，通过个性化的关怀，能够更深入地了解学生，创造一个适应不同需求的学习环境。情感教育在陶行知的理念中也占有着重要地位，强调培养学生的情感素养，使其具备积极向上的情感状态，通过情感教育，学生能够更好地理解自

己的情感，培养积极的人际关系，有助于形成健康的心理状态，激发学习的兴趣和动力。以人为本的教育理念通过关注个体的情感需求，使学生更全面地发展，建立自信，提高社交技能，为其未来的发展打下坚实的基础。

（二）推行"全面发展"的教育思想

陶行知的"爱满天下"教育思想倡导培养全面发展的学生，着重强调素质教育和品德培养。在实践素质教育时，应注重培养学生的实际操作能力、创造力和综合素质，使其具备更全面的能力面，这与陶行知的理念相契合，因为他认为教育的目的不仅在于传授知识，更在于培养完整的人格和人文素养。品德培养与陶行知的思想密切相关，强调以爱为核心，注重培养学生的情感、品德和社会责任感。在培养全面发展的学生时，品德培养是不可或缺的一环，通过强调道德价值观、社会责任感等方面的教育，帮助学生树立正确的人生观和价值观，培养正直、宽容、负责任的品格。

四、陶行知"爱满天下"教育思想与校园文化建设的融合

（一）以陶行知"爱满天下"教育思想推动校园文化建设

陶行知的"爱满天下"教育思想深刻影响着校园文化建设，特别是在营造温暖的学校氛围和以关爱为核心的校风建设方面。爱的教育理念强调关怀和尊重每个学生的独特性，这对于创造积极向上、和谐的校园文化至关重要。首先，通过营造温暖的学校氛围，能够让学生感受到关爱和支持。这包括教育者之间的互相尊重、学生之间的友善相处，以及学校与家庭之间的密切合作，温馨的氛围有助于学生更好地投入学习，形成积极向上的心态，促进全员的成长和发展。其次，以关爱为核心的校风建设是爱的教育理念的具体体现。如通过制定关爱政策和实施关爱活动，倡导师生之间的关怀与理解，这不仅包括对学业的关心，还涉及学生个体的需求、情感状态以及生活方面的支持。这样的关爱校风使学校成为一个温馨的大家庭，激励学生积极面对困难，培养健康的心理素质。

（二）以陶行知"爱满天下"教育思想推动学校文化的传承与创新

陶行知的思想在学校文化中的融入旨在塑造积极向上的学校价值观。通过

强调以人为本、关爱与尊重，学校价值观逐渐形成以爱、责任、合作为核心的文化，这有助于培养学生积极向上的人生态度，促进学校文化的传承和创新。学生自治与团队协作成为文化建设的重要组成部分，陶行知主张学生有参与决策的机会，这培养了学生的责任心和主动性。学校价值观融入学生自治的实践中，激发了学生参与学校事务的热情，同时，强调团队协作，促使学生形成团队精神，培养协同合作的文化氛围。在学校文化传承方面，陶行知的思想为弘扬爱的教育理念提供了理论基础，为学校价值观的传承提供了新思路，而学生自治与团队协作的文化建设则为学校文化创新注入了新动力，使学校不断适应时代发展，培养具备创新能力的学生。

五、陶行知"爱满天下"教育思想与第二课堂实践教育的融合

（一）以陶行知"爱满天下"教育思想推动实践教育

第二课堂活动与陶行知的"爱满天下"教育思想相辅相成，成为实践教育的有力推动源。陶行知提倡实践教育，注重学生的实际动手能力和综合素质的培养，而第二课堂则为这一理念提供了广泛的实施平台。第二课堂活动为学生提供了更为开放、自主的学习环境，契合了陶行知倡导的以学生为中心的教育理念，学生在课外活动中有更多机会发展兴趣、发挥特长，培养个性化的实际能力。同时，第二课堂活动促使学科知识与实际能力的有机融合，陶行知强调实践与理论相结合，第二课堂活动提供了实际应用知识的场所，学生在实践中不仅能够巩固学科知识，还能够培养创新和解决问题的实际能力。

（二）以陶行知"爱满天下"教育思想推动民主教育与团队建设

学生参与决策的机会和团队协作的重要性是陶行知倡导的民主教育与团队建设的关键要素。赋予学生参与决策的机会是实践民主教育的具体体现，这不仅培养了学生的民主意识和决策能力，也激发了他们对学校事务的责任感和主人翁精神。学生通过参与决策，能够更好地理解和尊重多元的意见，培养团队协作的理念，团队协作的重要性在于培养学生的集体意识和协同合作能力。陶行知强调个性的独立发展，而在团队中，学生能够学会分享、合作和集体决策，通过团队协作，学生互相学习，形成共同的目标和价值观，培养了更全面的人际关系和社会责任感。实践是民主教育和团队建设的落实手段，通过实际

项目、团队活动等形式，学生将民主理念付诸实践，共同努力实现共同的目标。这样的实践既激发了学生的团队合作精神，又培养了他们解决实际问题的能力。

六、结语

在中职学校团建工作中融入陶行知的"爱满天下"教育思想，标志着一种创新的工作模式的启动。通过注重个性化关怀、培养全面素质、强化情感教育，可以构建一个充满人文关怀的教育环境。这一创新模式不仅关注学科知识传递，更关心学生的情感状态、品德发展以及个性差异。通过实践，可以验证"爱满天下"思想在中职学校团建工作中的可行性和积极影响。这不仅有助于激发学生的学习热情和创造力，更在团队建设、文化营造、学科融合等方面取得显著成果。基于陶行知的"爱满天下"教育思想，中职学校的团建工作应该积极创新工作方法，不断完善教育模式，为学生成长提供更为温暖、关爱的成长环境。

陶行知教育思想在中职基础护理教学课堂中的应用

百色市民族卫生学校　韦艳飞

一、引言

中职教学所面向的是一群文化基础较薄弱、思想比较单一、年龄在14——18岁的学生，学生对学习枯燥的文化理论知识没有兴趣。在传统的教学中，教师都是对学生进行灌输式的教学方法，学生虽然能够理解课堂上学习的知识，但是学生动手操作的积极性不高，而基础护理学是一门较难的科目，不仅理论知识多，实操也有几十项，需要运用各种思维能力和动手能力，而抽象思维的学习对于中职学生而言就更加困难。陶行知先生是中国现代教育的先驱，他提出了许多具有深远影响的教育思想和理念，其中，"生活即教育""社会即学校""教学做合一"等思想对中国的教育产生了深远的影响。在当今的中职教育中，教师要勇于探索和积极践行陶行知教育理念如何将这些教育思想融入课堂教学中，提高教学质量和效果，是一个值得探讨的问题。

二、陶行知的教育思想概述

（一）"生活即教育"

陶行知认为，生活是教育的源泉，教育应该与生活紧密相连，教育应该以生活为中心，而不是以书本或课堂为中心。在中职基础护理课堂中，学生需要掌握的是基础护理知识和相关技能，而这些知识和技能都与生活息息相关。因此，教师应该将教学内容与学生的日常生活和职业需求紧密结合，将生活中的案例引入课堂教学中，让学生在真实的情境中学习和掌握知识，同时提高他们的学习兴趣和积极性。

（二）"社会即学校"

陶行知认为，学校应该与社会相辅相成，学校的教育应该与社会实践相结合。教师应该将社会中的护理实践引入课堂教学中，让学生理解社会对护理的需求和要求，并采取模拟面试现场等情境教学，让学生做课堂教学的"主人"，学生才更好地制定个人职业生涯规划。

（三）"教学做合一"

陶行知认为，教学做是密不可分的，只有通过"教学做合一"才能真正实现教育的目的。在中职基础护理课堂教学中，教师应耐心、细心地教学生，让学生在做中学、学中做，从而更好地掌握知识技能。

三、陶行知的教育思想在中职基础护理课堂教学中的应用体现

（一）改善教学导入，激发学生学习兴趣

"生活是教育的泉源，教育来源于生活，并服务于生活。"陶行知这一句至理名言诠释了"生活即教育"理念的内涵和作用，新课改倡导以发展学生的主体性为宗旨的教学，把"以学生发展为本"作为新课程的基本理念，关注学生的学习兴趣和经验，倡导学生主动参与、乐于研究、勤于动手，形成积极主动的学习习惯，在获得知识和技能的同时，学会学习，形成正确的价值观。在中

职基础护理课堂教学中，教师要改善课前导入，尽可能从生活中举例子，引导学生发散思维。

以基础护理学中的铺床管理为例，教师可以创造学生宿舍的情境，105号宿舍的床上东西杂乱，被子没有叠，床垫比较脏，学校打算让小明住进这间宿舍，入住前应该做哪些准备，学生就可以根据教师所创造的情境，积极主动地去发散思维，帮助小明同学准备用物，经过打扫、更换床单等，宿舍变得干净、整洁。通过学生准备的用物再引出准备用物的目的，这样学生就可以很好地去理解为什么要铺床及铺床的目的，既提高了学生的积极性，又符合陶行知思想的教育，首先，清楚地向学生诠释了生活是教育的泉源，教育来源于生活，并服务于生活，可见，陶行知的教育不仅能改造生活的环境，还能推动生活的进步。因此，课堂教学中教师不仅要教会学生"懂得做"，还要教会学生"为何要这样做"，这与当今提倡的"理论教学与实践教学合一"，即"理实一体化教学"有着异曲同工之妙。而只教学生做而没有理论指导，或者只教学生理论而不让学生实践，都是不合理的、不科学的教学方法。职业学校重视学生的操作技能训练，这是培养技能型人才的重要方法和手段，在技能训练的同时也要加强理论指导。在中职基础护理课堂教学中，笔者力求从学生熟悉的生活情境出发，选择学生身边感兴趣的事物引导学生发现、提出有关的问题，以激发学生学习的兴趣与动机，让学生通过真实的情境来理解和掌握知识，让学生进行实操，从而更好地掌握护理技能。

（二）优化教学方法，诱导学生思考，"社会即学校"的体现

陶行知强调，教师要"教给学生解决问题的方法和改造社会的能力，学生能运用这方法和能力，去适应新的环境，解决新问题，离开先生也能单独做事"。这就要求教师不能墨守成规，更不能偏离中职教育教学目标，更应该根据各专业的教学特点和学生个性的实际情况，与时俱进，创造性地运用陶行知教育理论来指导中职课堂教学工作，积极投身中职教育教学改革和研究，继承和发展陶行知"教学做合一"的教育思想，积极探索符合本专业的教育教学模式，从而真正实现中等职业教育的人才培养目标。可见，陶行知"教学做合一"的教育思想在中职教育教学中的应用，既反映在教学形式上，又反映在"教""学"和"做"方法和内容的创新方面。

中职基础护理实践课的内容都来自学生身边那些真实的生活例子，将基础护理教学与社会实践相衔接，让学生从生活中寻找基础护理素材，感受生活中

处处有关护理的知识,学习基础护理如身临其境,就会产生强烈的亲近感,有利于形成似曾相识的接纳心理。使他们感受到"基础护理来源于生活""身边处处有基础护理"。以护理专业为例,教师在课前布置任务,让学生自己实地访谈或者在网上搜索中职生就业和升学要求,并在"学习通"发放招聘会现场中职生面试与操作考试场景和中职生成功升学的案例,学生就案例具体分析其成功原因。课中,教师创设模拟面试情境,邀请学校或者临床教师担任面试官,一次5名学生同时面试,学生可以在这情境中学习如何回答面试官的考问及调整自身的精神状态;课后,让学生自我评价,教师结合学生的个性发展,给予建议和意见。

社会是最好的大学,它的教学资源丰富,笔者认为积极地发掘社会与专业教学的切合点至关重要。因此,通过对护理专业岗位核心能力分析,以基础护理学为知识基础,以专业活动为主线,以提高学生专业素质能力为本位,提升学生综合素质为任务,可以组织学生参加各类双选会。此外,教师还可以通过校企合作的方式,让学生到企业中进行实践操作,以此开阔学生的视野和提高学生的认知,也可以利用周末时间,组织学生到周边小区进行志愿者服务,免费为居民群众测量血压、健康宣传等,既能提升学生的服务意识,又能锻炼其实操技能,从而使学生更好地掌握护理技能。

(三)注重"教学做"合一,提升学生综合技能

"教学做合一"是以"做"为核心,传统的教学是指老师只需要教,学生只需要学就可以了。陶行知先生认为这样的教育过于死板、封闭,因此他提出了"教学做合一"。

在中职基础护理课堂教学中,如教"各种注射"这一节课,当学生已经学习过药液抽吸,知道注射是将少量药液或生物制剂注射于机体内的方法时,而注射有皮内、皮下、肌内注射之分。三种注射的持针方式、部位、进针角度、针梗刺入的深度一样吗?口说无凭,引导学生分组,在模型上实操,准备注射器、药液、专用模型人让学生通过拍视频的形式记录操作过程,分析三种注射方法的异同之处,然后让学生汇报给教师。学生们有序进行着实训,学习非常上劲,课堂顿时形成人人动手、个个忙碌的活跃气氛。学生动手操作中提出疑难问题,教师就可以引导学生正确地选定注射部位,适当调整注射的角度和持针的方式,使复杂的问题简单化,起到了事半功倍的效果。学生动手操作,教师在旁边引导学生进行自主探究,学生不仅从做中学,在做中乐,还在做中有

所收获。陶行知先生说："教学做是一件事，不是三件事，我们要在做上教，在做上学。"学生只有通过自己亲历知识的发现过程，才能真正被其掌握并为其所运用，所谓"人唯有下水才能学会游泳"。

当然，基础护理课堂教学模式优化的方面不仅仅局限于以上内容，实践的方式方法也不止这些。只要我们教师用"以育人为本、立德树人"的教学观，贯彻陶行知先生的教育思想，深挖其内涵，与学生一起把生活融入课堂，走进课堂，透视课堂，一起思辨分析、探究、创新，我们相信真正焕发生命活力的课堂教学就在我们的面前。

四、总结

陶行知认为，道德教育是教育的根本任务之一。因此，在课堂教学中，特别是在中职基础护理教学课堂中，教师应该引导学生积极参与课堂活动，将陶行知的教育思想融入课堂教学中，教学过程中注重生活与教育的联系，将理论与实践相结合、激发学生主动性和创造性的发挥，注重道德教育的渗透，鼓励他们提出自己的观点和想法，培养他们的创新意识和实战能力，帮助他们树立正确的价值观和职业观，使他们成为有社会责任感和职业道德的合格护理人员。

总之，陶行知的教育思想对中职基础护理教学课堂具有重要的指导意义，陶行知的生活教育思想在中职基础护理教学课堂中有着重要的体现，在教学过程中，教师们能积极开展陶行知"生利主义"的教育思想专题研究，把"教、学、做"合一教学方法结合和运用到职业教育中去，收到了良好的教学效果。

承行知创造教育思想，建职校特色校园文化

河池市宜州区职业教育中心　韦月姝

陶行知先生是中国近代教育界的先驱，是我国教育史上第一个明确提出以培养创造力为宗旨，并在理论实践上给予阐述和履行的教育家。他的"生活即教育""社会即学校""教学做合一"等理论，无不闪烁着创造的光芒。职业教育要求学生掌握一定的专业理论，更强调理论的实际应用，培养学生的动手操作能力。校园文化是一种潜移默化的教育手段，其直观性有助于理论联系实际，有针对性地增强学生的实际能力。陶行知创造教育思想可谓职业学校校园文化建设的强心剂，吸收借鉴创造教育思想，建设充满创造氛围的校园文化，将成为职业学校持续发展的动力源泉，推进职业教育发展。

一、陶行知创造教育思想是职业学校校园文化建设的宝贵资源

陶行知的创造教育是针对旧中国教育脱离实际的严重弊病提出来的，是在教育实践的基础上形成的。陶行知认为创造教育是"教人发明工具、制造工具、运用工具"。他用诗词来说明创造教育是始于行动，而终止于创造。"行动是老子，思想是儿子，创造是孙子。"要有孙子，必先有老子，行动是创造教育的开始，二者都是行动获得教育的结果，凡是"行动的教育"都可视为"创造的教育"。陶行知提出教育的培养目标是"健康的体魄，农夫的身手，科学的头脑，艺术的兴味，改造社会的精神"，这既是其创造教育的最高目的，也是创造教育的基本内容，这在当时使人耳目一新。职业学校重在培养学生的职业能力，提升学生思维水平与竞争能力，为学生职业素养奠定基础，从而更好地适应未来的职业发展、适应社会。陶行知创造精神业已渗透进了众多职业学校的校园文化与办学理念之中，对当前实施以培养实践能力和创新精神为重点的职业教育，有极强的理论指导意义和极大的实践借鉴作用，是职业学校校园文化建设的宝贵源泉和重要资源。

二、陶行知创造教育思想对职业学校校园文化建设的重要意义

校园文化是学校内部形成的特定的文化环境与精神氛围，在创建富有特色的校园文化过程中，学习并借鉴陶行知的创造教育理论指导教育改革实践建设校园文化有重要意义。

（一）有利于提升办学理念，营造创新氛围

陶行知认为，有创造力的学生集体既有"自动的能力"，又有"自觉的纪律"来影响和引导着全体学生，它能够以集体的努力共同探讨追求真理，以集体的力量创造"健康之堡垒""艺术之环境""生产之图地"及"学问之气候"。他把培养一个以进步思想为指导的、内容丰富、生动活泼、学用结合、朝气蓬勃的学生集体，作为教育者的首要创造，在这个有创造性的集体生活中培养有创造能力的学生。这与职业学校校园文化特性相契合。职业创新教育要能够让学生具备熟练的操作能力、知识运用能力，要使学生能够善于发现问题、解决问题，并要将其作为创新教育的培养目标，与实现创造教育的有效方式。培养职校学生创新意识及能力，要让学生充分掌握社会最新知识，学习最为先进的

专业技能，运用现代化教学手段实现创新教育，进而确保创新教育发挥出自身实效性。将创造思想融入职业学校校园文化建设的根本目的是营造创新集体、创新氛围，培养有中国特色社会主义的合格建设者和可靠接班人。

（二）有利于把握时代脉搏，彰显学校特色

校园文化都是在长期发展和改革过程中积淀下来的优秀价值观念，具有很强的舆论导向和定位价值，在传承的同时，必须找准学校发展方向，切合时代主题。陶行知认为，要使人们各自的禀赋得到发挥，学问长进，成就大事，就必须"创造追求真理之气候"。如何创造呢？他指出："追求真理之热忱"，"有赖于集体或彼此之鼓励"，"但所赖以追求真理之文化养料之配合则有待于创造"，陶行知非常重视"文化之气候"的创造。基于这样的认识，将创造思想融入职业学校的特色校园文化建设，就是要大力挖掘陶行知创造思想中蕴含的创造文化基因，把校园文化建设和创造教育思想紧密结合，彰显有特色的职业教育文化和精神，为师生文化素养提供精神动力，增强职业学校文化育人的实效性。

为此，职业学校要努力将创造思想与职业学校校园文化建设有机结合：将创造思想融入学校的精神文化、物质文化、行为文化等各个层面，也就是要把创造教育思想渗透到职业学校师生员工的思想观念之中，渗透到教育教学工作之中，更要使创造思想体现到师生员工的日常行为之中。

三、陶行知创造教育思想对职业学校校园文化建设的启示

（一）将陶行知创造教育思想融入职业学校校园精神文化建设

1. 将陶行知创造思想融入职校精神

校训、校风、校歌反映着学校精神的核心，体现着学校的核心价值观和办学理念。如有校训是"教学做合一""手和脑在一块儿干"，校风是"教人求真，学做真人"。要使创造思想真正融入职业学校精神之中，使创造思想成为师生的价值导向，可从两方面进行。首先，便是要加强创造思想的宣传教育，要探索建立广播、网络和移动新媒体等全方位的宣传模式，使创造思想如同空气一样渗透到学校的各个方面，使创造精神成为教师入职、学生入学的必修课。学校的录取通知书有行知语录，有关陶行知的纪念日、校庆日和重大节日

要悬挂横幅标语。其次，要加强创造思想的研究，要编写或制作创造教育的学习资料，包括书籍和音像资料。为学生营造创造精神的校园文化，使学生都能够以创造人物为榜样，以创造精神为引领，提升自己的职业素养与道德修养。

2. 将陶行知创造思想引入职校课堂

"教学做合一"是陶行知大力倡导的教育方法，不仅适用于职业学校的专业教学，而且是学生思想教育的最佳路径，更是全面落实立德树人根本任务的必由之路。"教学做合一"是有效的教育方式及途径，因此，当代职业教育要将其作为完善实践教学体系的指导意见，全面提高实践教学质量。职业教育中的实践教学通常包括实践教学活动、岗位见习、社会实习等，在教学过程中，应依据拓展基础、弱化专业、强化实践的需求，制定科学合理的教学体系，建构系统化的知识结构，并确保各个环节的有效对接及顺利实施。重点加强实践教学环节，转变教学模式、创新教学方法，丰富实践内容，将抽象知识与实践结合，真正做到"教学做合一"。

3. 将陶行知创造思想嵌入课外活动

创造思想的学习和弘扬必须发挥好第二课堂的作用，必须充分调动师生的积极性、主动性和创造性。职业学校要充分发挥学校团委、学生会、学生社团的积极性，创作和演出反映创造精神、弘扬先进文化的优秀作品，并运用多样的文化艺术手段展示，让师生在美的熏陶中被感动、受鼓舞。要举办涉及陶行知创造思想的演讲、征文。在学生的社会实践中，要把拜访学陶师陶创新创造先进人物和考察学陶师陶先进单位等作为一项重要活动。要发挥职业学校各专业的特长优势，参与到创新活动中去，不断丰富校园文化建设的成果。

（二）将陶行知创造教育思想融入职业学校校园物质文化建设

校园物质文化是学校各种客观实体存在的总和，是实现目的的途径和载体，是校园文化建设的基础前提和外在标志。校园物质文化载体既包括学校的教学楼、学生宿舍楼、实训楼、校史馆、图书馆等建筑和校名石、校训墙、文化长廊、文化亭、纪念广场等景观景点，还包括各类印有学校标记的专属产品，如书包、衣服、水杯、信封、明信片、笔记本等。职业学校校园景观的总体方向以增强职业特色氛围为主，以增强人文艺术氛围为辅的宗旨建设校园环境，在校园格局上加强实习实训场地的建设，把陶行知创造思想融入这些物质载体中，让师生们能够随处可见，身心时常沉浸在浓郁的创造文化氛围中，从而得到一种潜移默化的文化熏陶，提高学生的职业素养和创造能力。

（三）将陶行知创造教育思想引导职业学校行为文化建设

校园行为文化主要是指师生在校园的各种日常活动中所体现出来的行为特征，即行为方式、言谈举止，主要表现为教职工的工作作风、师生的精神风貌和人际关系等。校园行为文化是校园文化最直观也是最客观的体现，优秀的校园文化能否被师生认可、内化和传承，最终都要通过师生的言行举止来展现。践行创造思想关键是落实在行动中，陶行知积极倡导学生集体生活，主张让学生在自我管理、自我服务和集体生活中学会做人、践行道德。在这样的学校里应该是教师尊重学生、欣赏学生，师生在人格上是平等的，教师以身示范、言传身教，使学生的道德人格、专业技能、职业素养得到同步提升。和谐的人际关系不仅有助于广大师生员工密切合作，形成合力，发挥整体效应，还有助于排除和避免教职工之间、师生之间、学生与学生之间的矛盾和冲突，从而更好地完成学校的奋斗目标和工作任务。

优秀的校园文化是一个历史积累的过程，是一个主动建设营造的过程。职业学校在校园文化建设中，创造性地学习借鉴陶行知创造教育思想，积极运用这些宝贵资源，渗透到职业学校校园文化的精神文化建设、物质文化建设、行为文化建设当中。这是对发展陶行知创造理论和实践的有益探索，也可为处在变革中的职业学校总体发展提供了参考，为实现职业学校培养目标服务，推动职业教育向前发展。

陶行知生活教育理论对职业教育的影响

河池市宜州区职业教育中心　卢玉钦

中职学校教育结合了理论、技能、实践三者合一的教育过程，融合了陶行知"生活即教育""社会即学校""教学做合一"的三点理念。这一教育思想对当前职业教育所培养高素质技术技能人才有着重要启示作用。职业教育与经济社会发展紧密相连，对促进就业创业、助力经济社会发展、增进人民福祉具有重要意义。新时代以来，我国职业教育在守正创新中实现了新的历史跨越，实现了由原来参照普通教育办学向相对独立的教育类型转变，进入了提质培优、增值赋能的新阶段。

一、陶行知先生教育思想概述

（一）陶行知的早期求学经历

陶行知一生为教育倾心奉献，不仅是我国著名的思想家，还是教育界的领航人，他提出诸多教育观点被世人认同引用。年轻时曾到美国哥伦比亚大学攻读教育学博士学位，出国留学回来后带来先进的教育理念，归国后曾任南京高等师范学校、国立东南大学教授、教务主任等职。他先后创办"山海工学团""报童工学团""晨更工学团""流浪儿工学团"，并与厉麟似等来自政学两界的知名人士在上海发起成立中国教育学会。到了1945年，这一年陶行知被当选为中国民主同盟中央常委兼教育委员会主任委员。

陶行知被圣约翰大学曾授予荣誉科学博士学位，获得此项殊荣是他为中国教育事业改造做出巨大的贡献所获得的荣耀。陶行知在短暂的时间内归类出完整的教育理论体系，并且进行了大量教育实践。他提出职业教育应该是培养全面发展中的"人中人"，而反对旧教育制度中的"人上人"。陶行知在国外留学期间，满腔的报国之情，把自己在国外所学的教育理论引用到中国，并进行研讨、探索，总结出适合中国职业教育的正确教育理论道路。几十年如一日，以"甘当骆驼"的刻苦精神在教育一线实践探讨，为中国文化教育开辟了新的途径，也代表着文化的进步和发展。

（二）陶行知思想文化背景

23岁的陶行知毕业于金陵大学，他成绩优异，被选作优秀毕业生代表在毕业典礼上发言，他在毕业典礼上宣读论文《共和精义》中尖锐地指出："人民贫，非教育莫与富之；人民愚，非教育莫与智之"，揭露了"独尊儒术"的"愚民"本质的同时，表达了他想铲除旧教育制度肿瘤，"有教无类、因材施教"地为人民、百姓办教育的雄心壮志才是他的理想所在。后来陶行知创办晓庄师范，推行乡村教育、平民教育的教育改革思想与实践。

1927年1月10日，晓庄师范别具风格的简章在南京广为散发。这则独特的招生简章明确：晓庄师范办学目标——培养"农夫的手，科学的头脑、改造社会的精神"的毕业生；报考要求——"少爷、小姐、小名士、书呆子、文凭迷最好不要来"。我们知悉，陶行知在晓庄师范学院时，他取茅屋礼堂名为"犁宫"，撰写对联"和马牛羊鸡犬豕做朋友，对稻粱菽麦黍樱下功夫"，"以教人者教己，在劳力上劳心"，并着粗布衣住牛棚与老牛伴眠，穿自编草鞋双腿沾满泥巴，师生同吃住、同劳动、同学习。后来在陶行知的带领下，晓庄师范学校带有浓厚的职业教育特色和劳动教育色彩，为农村建设服务奠定了根基。

（三）陶行知对职业教育的改革

为了改革应试教育为"读书做官"而"做人上人"的陈腐理念，改变"死读书，读死书，读书死""黑板上种庄稼"的痼疾。陶行知本人在教育方针、方法、道路、培养目标等方面，都与传统的旧教育制度格格不入，他的教育思想与实践不但成了割除应试教育弊病的"手术刀"，更是为我国近现代职业教育的理论奠定了扎实的基础。他在《生利主义之职业教育》一文中提出："职业以生利为作用，故职业教育应以生利为主义。"所谓生利，就是创造物质财富和社会价值叠加，为民生福祉服务的实用技术技能，普罗大众的生存、生计、生活的能力。陶行知认为凡生利之人都是职业人，他们即是普通劳动者——平民、农人、百姓、手艺者。"凡养成生利人物之教育，皆得谓之职业教育"，这就是陶行知对职业教育孕育的职业理念。

二、职业教育的现状分析

（一）职业教育的特点

我国现代主义产业日益迅猛发展，职业教育培养的人才也为经济提供了后备力量，随着产业的升级、经济结构的变化，各行业对技术人才的需求也有所提高，职业教育培育的人才为教育起着重要的作用。职业教育培养了一支高素质技能人才队伍，使得教育链、人才链与产业链、创新链有机衔接，同时也为建设现代化经济体系、实现高质量发展提供坚实支撑。中国的职业教育，承担着国民教育体系和经济开发的基础性力量，肩负育才育德、传承技艺和促进就业的重任。所以职业教育是给社会提供技术技能人才，是推动中国制造发展的首要基础。中国式现代化赋能是中国特色职业教育新发展，具有广阔的市场空间和不可替代的战略价值。

（二）职业教育的发展

现如今国家面对经济转型与改革，如何加快转变经济发展方式，推进国家治理体系和治理能力现代化是国家经济发展的重中之重，也是推进经济高质量发展的主要历史任务。立足国内，随着新技术、新产业、新经济增长点的显著呈现，"双高计划"、职教高考、职教本科、2+3模式教育等改革热点相继涌现，客观上加速了职业教育现代化的发展进程，促使职业教育在教育链、人才链、产业链、创新链上积极发挥融通功效，形成了以"世界科技前沿、经济主战场、国家重大需求、人民生命健康"为实践局面，以培养更多高素质专业化的技术技能人才为发展目标的"制造强国"战略定位，为我国的技术变革提供强有力的力量。在各项利好政策推动下，全国各地中职和高职院校迅猛发展，开设专业几乎覆盖国民经济的全部领域，人才培养在规模上和质量上均显著提高。

（三）职业教育的地位

在国际社会上，我国制定具有中国特色的职业教育标准、深化鲁班工坊发展模式、开放国际合作办学等举措，进一步优化中国职业教育转型的谋篇布局。

长期的理论与实践探索，中国特色现代职业教育日益呈现体系化、规模化的发展趋势。中国以"一带一路"为平台，通过建立健全职业教育国际合作机制、推广"中文+职业技能"项目，服务国际产能合作和中国企业走出去、共享中国特色职教改革方案、传递大国工匠精神等方式，不断强化战略合作和国际交流，实现职业教育从"单向引进借鉴"走向"双向共建共享"，在一定程度上改写了现代化的职业教育世界版图，逐步形成具有中国特色的职业教育国际化发展模式，擘画了东方社会主义大国现代职业教育走向世界的新蓝图。

三、陶行知生活教育理论对职业教育的影响

（一）陶行知对职业教育的启发

陶行知求学国外，始终立足于我国社会实际，主动学习借鉴西方先进的职业教育发展制度，回国之后，并发展了中国传统的"学徒制"为"艺友制"，在各种教育实践中不断更新、发展自己的职业教育理论，最后将其汇入并完善发展了自己的生活教育学说。

陶行知的职业教育思想极具独特性，是当时职业教育思想界的一股清流。也许对职业教育的探索并非陶行知教育实践中的重要组成部分，但却是他教育理念中不可缺少的一部分。陶行知作为职业教育的领航者，从思想的深度来看，陶行知生活教育思想的内涵远比职业教育思想的内涵丰富，而且在生活教育思想成熟之后，陶行知依然在生活教育里，探讨完善并且实践职业教育思

想。他的"生利主义"之观点，构成整个近代职业教育思想发展史上的重要一环。这些理论来源于他不断思考后的产物，从而形成自己的思想学说，最终形成了具有世界性影响的生活教育学说。

（二）陶行知对职业教育的探索

陶行知对职业教育的探索，为我国职业教育开拓了良好的途径，也是今天职业教育发展的瑰宝。例如，早年陶行知亲手创办的湘湖师范学校，也就是发展成今天的杭州科技职业技术学院中，陶行知的职业教育思想得到了创造性转化与创新性发展。有的学校开展了融入、试做、见习、实习的"四阶段教学法"，构建校企"双主体"育人机制，丰富职业教育的育人内涵，更加注重人才培养模式。

陶行知的教育理念已经由学校渐渐辐射到乡村教育、师范教育、终身教育等，逐渐形成了一个完整的生活教育学说体系。在实践中立足本土教育实践，在实践中构建自己的教育理论，坚持由教育理论和实践并举的原则，坚持创新与实践相结合的原则。陶行知的教育思想必将对中国职业教育发展尤其是中国特色学徒制产生重要影响。

（三）陶行知完善职业教育的思想内核和体系

1. 构建"生利主义"的思想核心

陶行知在《生利主义之职业教育》中强调："职业以生利为作用，故职业教育应以生利为主义。""生利主义"顾名思义就是为社会经济创造出有经济价值、有财富价值，培养出服务于社会的人群。同时，陶行知也坚持"生活所需之教育，职业劳动是生活的基础"。任何人都必须接受职业教育以学生就业为之准备，任何单位部门都不得轻视或者鄙薄职业教育。职业教育也是教育部门重要组成部分，反而职业教育授课形式多样，多以学习理论知识、动手实践组合而成。这也是整个中国教育的宗旨与关键，职业教育为我国经济社会体系奠定了扎实基础。

2. "教学做合一"的方法论

陶行知特别强调职业教育要重视动手能力，手脑并用，手脑共济，手脑联盟。在他看来，日常中到处是生活，日常中到处是教育。"知行合一"是陶行知一生的座右铭，"教学做合一"贯穿整个教育，对新时代各类各阶段的教育起到至关重要的作用。教学做虽然是一件事情，但有三个方向进行研究。职业教育是强调学生的实践能力、学习能力，在学中做，做中学，职业教育并且强调学生要手脑并用。以"教学做合一"为理论基点，实践新的教学模式，突出职业教育中要以学生为中心、能力为导向，强调各实践环节的相互融通，让专业知识、基础能力在高阶思维、高阶能力培养中起到有效支撑作用。不再是传统的读书、写字、劳动，而是优化职业教育，更上一个平台。

3. 创新"教学做合一"的课程体系

职业教育课程的设置体系应遵循学生的发展特点，针对学生的职业能力发展和社会所需要的技术技能人才，应提高课程体系质量，符合就业市场需求。摸清岗位工种以及岗位技能基本要求，协同企业内部职业环境和外部的社会环境的文化影响力，在学校学习的过程中就要培养学生的适应能力和发展能力，给予学生应对职业变化的适应能力。教师鼓励学生多动手参与专业课的操作实践，在学习中实践，在实践中学习，两者并举。教师不仅传授理论知识，在技术和技能方面多加传道和传授。

4. 构建"双师型"教师队伍

我国经济产业转型升级和大力发展实体经济，急需大批高素质技术技能人才做支撑，这对职业教育教师队伍建设提出新的更高要求，必须建立一支适应经济社会发展需求和职业教育高质量发展的"双师型"队伍。陶行知认为职业教师应"以经验为重，经验，学术，教法合一"，陶行知把职业院校的教师定义为一名教练。教师不仅要教授学生最基础的理论知识，还应该教授学生实际操作能力，现在很多学校都在聘请企业工程师等行业人才担任学校的老师，这是构建"双师型"教师很好的方式。打造新时代职业教育高水平的"双师型"教师队伍，要点线结合，全方位提升队伍水平。

5. 践行"校企合作模式"

陶行知认为在职业学校"校企协同育人"这个观念是职业教育的基本办学制度，是职业学校对"校企合作"的优化和提升。陶行知在早年就提出要"学校与社会打成一片，把学校变成开放的学校"，"不运用社会力量办学的教育，是无能的教育"。从陶行知的这些思想可以看出他非常认同企业参与到学校的教育中来，据资料统计德国企业参与职业教育高达50%以上，而我国企业参与职业教育比例明显较少，由于没有完善的法律法规规范企业责任，所以导致很多企业不愿意参与职业教育。所以加大校企合作的力度，推行校中厂、厂中校是非常必要的，这样不仅能促进职业教育的发展，而且能推动我国经济的发展。

6. 重视职业教育

陶行知认为一个国家应重视职业教育的发展，职业教育是教育的发展基础，职业教育是走向工作岗位的必经之路。传统的教育思想"劳心者治人，劳力者治于人"，造成我国传统文化中对劳动者和劳动实践的极度轻视，严重影响了我国职业教育的发展。近年来，虽然我国对职业教育的重视程度越来越高，但大家仍对职业教育存在误区，很多家长和学生都把职业教育当成是退而求之的选择。鉴于这种现象，国家应投入更多的教育经费，引入先进的技术，对贫困地区投入设备使用，向社会宣传职业教育同样前途广阔、大有可为，让世人摘掉有色眼镜看待职业教育，深入了解职业教育的前景和发展。职业教育的学生也可以建设一番伟大的事业，职业学校也能培养出一批优秀的人才。

穿越百年，今天我们响应党的二十大伟大号召，大力发展职业教育，要高质量发展职业教育，为第二个百年、"十四五"宏伟蓝图奉献职业教育力量，重温陶行知的教育思想。

践行陶行知教育思想，提升中职学校人才培养质量

河池市职业教育中心学校　覃艳肖

陶行知是中国现代教育史上著名的人民教育家，毛泽东称他是"伟大的人民教育家"，宋庆龄赞颂他为"万世师表"，他是"教育救国"的先驱，是最具有评判精神和创造精神的教育开拓者。他的"生活即教育""社会即学校""教学做合一"教育理念对我国的教育产生了重大的影响。研究陶行知的教育思想，在职业学校的实际教学活动中践行陶行知思想，对提升中职学校人才培养质量具有积极的现实意义。

一、陶行知教育思想精髓

早在百年前，我国伟大的民主主义战士、著名的人民教育家陶行知先生就已深刻意识到了学习和教育可以唤醒一个蒙昧之人的灵魂，"人民贫，非教育莫与富之；人民愚，非教育莫与智之"。1914年，他远渡重洋来到

美国，学习西方国家先进的教育经验，逐渐认可了杜威的"以孩子为中心"等教育理念，同时也意识到传统中式教育的僵化死板，开始主张充分释放学生的个性等等，学成归国后积极投身教育事业，于1937年创办晓庄学校，确立"生活即教育""社会即学校""教学做合一"的教育理念，从乡村教育入手探索出中国教育新出路。

（一）"生活即教育"

陶行知生长在民族灾难深重的年代。他早年曾就读于金陵大学，受辛亥革命影响，积极参加爱国活动，并确立了投身教育、报效祖国的思想和志向。1914年，陶行知赴美学习，师从著名的美国教育学家杜威、孟禄、克伯屈等研究教育，通过对国内外教育的考察比较，意识到传统中式教育的僵化死板，开始形成自己的教育思想。学成归国后，他积极投身教育实践并最早注意到乡村教育问题，先后创办晓庄学校、生活教育社等许多各种类型的学校，大力倡导生活教育。

生活教育理论是他提倡平民教育、乡村教育时逐渐形成的系统教育理论，"生活即教育"是陶行知的生活教育理论核心。"生活即教育"要求教育与生活相联系，包括三层含义：一是生活教育是与生俱来、人类原有的，自从有了人类生活便产生了生活教育，教育随着人类生活的变化而变化；二是教育在生活中进行，要通过生活来教育，陶行知认为"教育不通过生活是没有用的，需要生活的教育，用生活来教育，为生活而教育。为生活需要而办教育，教育与生活是分不开的"；三是从生活与教育的关系来看，生活决定教育，决定了教育的目的、内容、方法等。"过什么样的生活就受什么样的教育：过康健的生活便受康健的教育；过科学的生活便受科学的教育；过劳动的生活便受劳动的教育；过艺术的生活便受艺术的教育；过社会革命生活便受社会革命的教育。"

"生活即教育"，不是说生活等同于教育，而是说教育与生活经历同一过程，教育离不开生活，生活离不开教育。

（二）"社会即学校"

"社会即学校"是陶行知生活教育理论的另一个重要命题，伴随"生活即教育"而来。陶行知认为杜威的"学校即社会"的观点不彻底，是一种假社会，在"学校即社会"的主张下，学生学习的东西太少，而且与社会生活是脱离的。他主张的"社会即学校"是拆除学校围墙，把教育从鸟笼里解放出来，学校教育要扩展到大自然、大社会中去活动，凡是生活的场所，就是我们教育自己的场所。学校要与社会统一，把社会办成一个大学校，形成家庭教育、社会教育在内的大教育体系。他说："整个的生活，整个的教育，都统一在整个社会之中。""到处是生活，即到处是教育；整个的社会是生活的场所，亦即教育之场所。因此，我们又可以说，'社会即学校'。"

（三）"教学做合一"

"教学做合一"是生活教育理论的教学法。陶行知先生在南京高等师范学校任教期间，创造性地提出了"教学做合一"的理念。首先，教学就是一件事。"在生活里对事说是做，对己之长进说是学，对人之影响说是教。教学做只是一种生活之三个方面，而不是三个各不相谋的过程。"其次，"教学做合一"的核心是"做"字。在做上教，在做上学，"事怎样做就应当怎样学，怎样学便怎样教。教而不做，不能算是教；学而不做，不能算是学。教与学都以做为中心"。最后，教的方法要根据学的方法，学的方法要根据做的方法。

"教学做合一"的主张，强调了实践是获取知识的途径，他提倡"行动的教育""手脑并用"，他特别强调"做"在得知识过程中的作用，主张理论与实际并行、知识与技能并重。"在劳力上劳心，用心以制力。"教学做的关系，就如教与学与实践的关系，三者互相促进，互相增长。

二、践行陶行知教育思想，提升中职学校人才培养质量策略

当前职业教育已成为党和国家高度关注的重大问题，党的二十大报告指出，"统筹职业教育、高等教育、继续教育协同创新，推进职普融通、产教融合、科教融汇，优化职业教育类型定位"。2022年新修订的《中华人民共和国职业教育法》以法律的形式规定了"职业教育是与普通教育具有同等重要地位的教育类型"，规定"职业学校学生在升学、就业、职业发展等方面与同层次普通学校学生享有平等机会"，"着力建立健全服务全民终身学习的现代职业教育体系"。大力发展职业教育是我国现代化进程中的重大任务，对社会主义发展有着长远的战略意义。研究陶行知的教育思想，在职业学校的实际教学活动中践行陶行知思想，对提升中职学校人才培养质量具有重要的指导意义。

（一）转变教学理念，做到"生活即教育"

长期以来，大多数职学校都是沿用普通教育的办学模式，课堂教学仍然是以知识的传授、理论的学习为主，忽略学生的技能训练，动手能力没有得到足够的重视，导致很多学校先后陷入了办学的困境。

职业学校的教育教学应充分发挥学生的主体影响，把应试教育转化为素质教育，转变课堂上老师居高临下，课后学生埋头苦读，教学与生活脱节的现状。

一是构建民主师生关系。教育要充分体现民主，民主轻松的教学环境能够有效拉近师生间的距离，一位合格的教师必须走到学生中去，用尽一切方法去激发学生内在的求知欲，让学生自己想学愿学。教师对学生要给予更多包容及谅解，要与学生之间相互尊重、平等相处，"跟学生学，你要教你的学生做你的先生。如果你不肯向你的学生虚心请教，你便不知道他的能力，不知道他的需要，那么你就有天大的本事也不能教导他"。

二是要加强创新教育。现代职业教育要想在激烈的市场竞争中脱颖而出，必须让学生充分掌握社会最新知识，学习最为先进的专业技能，要结合社会对专业人才的实际需求，运用现代化教学手段实现创新教育，提高学生的创新能力。通过开设形式多样的第二课堂，成立各类课外兴趣小组，使每个学生的个性特长、兴趣爱好得到充分发展，在夯实学生理论知识的同时注重学生人格素养的培育，培养德才兼备的全面发展创新型人才。

三是推行"生活即教育"。教育在生活中产生，生活是教育的开始，教育与生活是同时存在的。陶行知先生在《生利主义之职业教育》一文中指出："生活主义包含万状，凡人生一切所需皆属之。其范围之广，实与教育等。有关于职业之生活，即有关于职业之教育。"教育是通过生活表现出来的，教育的目的是有意识、有目标地指导学生更好地生活。陶行知先生说过"千教万教教人求真，千学万学学做真人"。在生活的教育中注重学生的品德培养，真正使学生达到"学做真人"成为真、善、美的人，并在生活中树立"活到老学到老"的终身学习的观念。

（二）深化校企融合，做到"社会即学校"

"社会即学校"是陶行知"生活即教育"思想在学校与社会关系问题上的具体化。一直以来，我国制造业体量巨大，但由于缺乏核心技术和高技能人才，长期处于产业链条末端。近年来我国大力推进传统制造业转型升级，但是面临"设备易得、技工难求"的尴尬局面。职业教育如果离开企业，就不是真正意义上的职业教育，目前职业教育的办学主体单一化，企业没有站出来，如果企业不能站出来办职业教育，那么职业教育就很难办好，产教融合和校企合作是职业发展的命脉之门。

中职学校不仅要"运用社会的力量，使学校进步"，而且要"动员学校的力量，帮助社会进步"。根据社会发展的需求，在社会中创办新型学校，增设新专业，将学校和社会"打成一片"，达到改造社会的目的。要实现校企融合，建设学校共同体，达成产、教、学三位一体的目标，必须在政府部门的主导下，联合相关的行业机构、社会组织、企业、培训机构等多方力量，将优质的社会资源引入学校，"走出去，请进来"建立校内、外实训实习基地，创办校办产业，打通学校与社会的联系，让学生融入社会，接触生活，让学生手脑并用，在实践中得到真知，在实践中体验学习的快乐。

（三）注重教学实践，做到"教学做合一"

职业教育应该重视学生动手能力的培养和基本技能的训练，职业学校应把培养学生动手能力、实践能力和创新能力放在突出地位，促进学生技能培养。从职业学校的特点来看，陶行知先生提出的"教学做合一"的教学原则，是学生获得技能和知识所需要具备的手段。注重实践是"教学做合一"的真谛。职业教育要从培养目标出发，坚持理论联系实际的原则，加强学生动手能力的训练。

职业教育中的实践教学通常包括实践教学活动、岗位见习、社会实习、毕业设计等，在教学过程中，应制定科学合理的教学体系，确保基础课程、专业课程、实践课程各个环节的有效对接及顺利实施，培养学生的实际应用能力。在实践中，学生把理论知识与实际生产相结合，让学生在真实的岗位中深入了解工作内容、感受真实工作环境，在动手的过程中真正地领会知识，解决问题，并在实际操作中发现问题后，积极学习理论知识来克服困难，进而对自身专业定位更加明确，促进他们未来职业生涯发展。同时，职业学校还应推行学生"双证"毕业，即在学生毕业取得学历证书的同时，直接考取相应的职业资格证书，把职业资格证书课程纳入教学计划之中。将证书课程考试大纲与专业教学大纲相融合，改进人才培养方案，创新人才培养模式，强化学生技能训练，使学生在获得学历证书的同时，能顺利获得相应的职业资格证书，增强毕业生就业竞争能力，提高人才培养的质量。

当前，我国正处在从"中国制造"转向"中国质造"乃至"中国智造"的转折点，对人才的质量要求越来越高，不仅要有专业的知识，还要具备较强的动手能力，更要拥有高尚的职业道德。我们要吸收陶行知教育思想的精髓，联系实际、加强实践、发展创新，不断提升中职学校人才培养质量，开创我国职业教育发展的新天地，实现中华民族伟大复兴的中国梦！

以陶行知教育思想解读现代职业教育发展

河池市职业教育中心学校　韦春甜

陶行知先生是我国近现代伟大的人民教育家，他在长期的教育实践过程中，立足中国实际及总结自己的教育实践经验，批判地吸收古今中外各种教育思想的精华，创立了"生活教育"思想："生活即教育""社会即学校""教学做合一"。同时，陶行知先生也是我国现代职业教育事业的早期倡导者，他在职业教育方面也进行了大量的探索和建设，他在其作品《生利主义之职业教育》中，将"职业教育"理论纳入其"生活教育"思想架构中，系统论述了职业教育的功能、目的、师资、课程、设备、学生等，强调"职业以生利为作用，故职业教育应以生利为主义，"并形成了自己独有的职业教育观。

一、生利主义教育思想的基本内容

（一）生利主义教育的功能内容

陶行知先生认为生利主义教育的功能有两种，即以物利群与以事利群，"生利有二种：一曰生有利之物，如农产谷、工制器是；二曰生有利之事，如商通有无、医生治病是。前者以物利群，后者以事利群。生产虽有事物之不同，然其有利于群则一"。简单说，第一种功能就是生产具体的有利于社会与人群的物质财富，如农业生产粮食、工业制造器具等；第二种功能是产生服务于社会与人群的技术本领，如促进商业发展、医疗条件保障等。这两种"生利"虽然有不一样，但都体现了职业教育的本质和功能，就是对社会和人民有益。

（二）生利主义教育的目的内容

陶行知先生认为职业教育的目的是，"使他们为自己生利，为社会生利，为国家生利，为民族生利"。"职业教育既以养成生利人物为主，则其注重之点在生利时之各种手续，势必使人人于生利之时能安乐其业，故无劳碌之弊。"通过接受职业教育，解决自己的衣食住行问题，能够安居乐业，同时要能够为社会、为国家、为民族做出贡献。"生活即教育"，职业教育是教育的一个组成部分，教育解决吃饱穿暖的物质问题，更注重人的精神世界的富足，最终实现"国无游民，民无废才，群需所济，个性可舒"的和谐社会。

（三）生利主义教育的师资内容

陶行知先生认为生利主义之师资必须具备这样的条件，"职业教育既以养成生利人物为其主要之目的，则其直接教授职业之师资，自必以能生利之人为限"。教师要陪"生利"的学生，必须自己先有"生利"的能力，即教师要具备"生利之经验""生利之常识""生利之教学法"。教师如果没有生利的经验，只是纸上谈兵，以书生教书生，就不能够算是真正的职业教育教师。因此，教师需要掌握真正的知识技术和实践经验，具备职业教育的专业知识，洞察学生心理，熟悉教学内容，教学中能够理论联系实际，才能培养学生的"生利"能力。

（四）生利主义教育的课程内容

陶行知先生认为："职业学校之课程应以一事之始终为一课……每课有学

理，有实习，二者联络无间，然后完一课，即成一事。成一事再学一事，是谓升课……职业课程既以生利为主，则不得不按事施教。"职业教育的课程设置，应该把掌握某一方面的理论与实践技能统一起来，学生在掌握一件事的理论知识与实践技能以后，才能去学习另一件事，直到完成学校规定的所有事情，同时以"生利"为标准，课程的设计要有梯度，循序渐进，每个学生得到有针对性的教育，充分掌握生利的手段。

（五）生利主义教育的设备内容

关于职业学校的教学设备，陶行知先生在文章中说"无利器而能善其事者，吾未之前闻"，"必先有种种设备，以应所攻各业之需求，然后师生乃能从事于生利"。因此，生利的职业教育必须先具备生利的职业设备，有了对应的先进的教学设备，才能教好职业学校学生。陶行知先生认为教学设备分为两种，"一是自有之设备；二是利用职业界之设备"，即一种是学校自己拥有的设备，另一种是职业界正在使用的生利设备，如：农业劳动工具，学生可以在农忙时节回家帮忙，使用家中的设备，学校可以不购买该工具，既节省经费，又达到培养学生生利经验的目的。

（六）生利主义教育的学生内容

学生是教育教学活动的主体，陶行知先生认为，"学生择事不慎，则在校之时，学不能专；出校之后，行非所学……所谓最适者有二：一曰才能，二曰兴味。吾人对于一业，才能兴味皆最高，则此业为最适；因其最适而选之，则才能足以成事"。意思是，职业学生在选择专业的时候，如果不慎重，选到自己不喜欢的，学习的时候就不能专心，还可能因为没有兴趣而放弃，即使在学校强制学习了，毕业后不能从事自己喜欢的工作，也达不到生利教育的效果。那么，应该怎么选择合适的专业呢？根据才能和兴味，也就是自己擅长的和感兴趣的专业。一个人在某方面有天赋和才能，又有兴趣去学习，那么他就适合这个专业，他才会有兴趣去学习，才有可能有好的学习效果，最终才会成功，这也符合个人与社会的利益与要求。

二、生利主义教育思想视角下的现代职业教育发展

职业教育是我国教育体系的重要组成部分，承担着为国家建设和发展培养

高素质劳动者和技术技能型人才的重要使命。同时，职业教育的发展能解决数以千万计的劳动者的就业问题，因此，它是国家经济发展和腾飞的重要武器，是社会美好和谐的重要保障。2019年1月，国务院印发《国家职业教育改革实施方案》首次明确提出，"职业教育和普通教育是两种不同的教育类型，具有同等重要地位"，新修订的《中华人民共和国职业教育法》于2022年5月1日起正式施行，这是该法自1996年颁布以来首次大修。国家以法律的形式规定职业教育与普通教育具有同等重要地位，并规定职业学校学生在升学、就业、职业发展等方面与同层次普通学校学生享有平等机会，禁止设置歧视政策。新法突出就业导向，进一步明确了职业教育面向市场、服务发展、促进就业的办学方向。但同时，我国目前的职业教育还存在一些亟待解决的问题，如：人才培养目标不够明确、课程设置不够合理、师资队伍较薄弱、教学设备投入有限、就业质量不高等。因此，我们在陶行知先生生利主义教育思想视角下解读现代职业教育，旨在为推进职业教育发展提供一个参考。

（一）明确人才培养目标

职业教育的学生永远是教育活动的主体和核心，但是目前的职业教育存在功利化倾向，很多学生的专业选择以容易就业和赚钱为标准，没有考虑个人的性格特点、兴趣爱好、个人是否适合该专业学习及未来的就业要求等因素，导致学习过程中出现不顺畅，其至中断学习，在后来的工作中也发现自己难以适应那样的工作氛围和要求，导致碌碌无为，失去人生追求。此外，学校也缺乏给学生足够的专业引导和职业生涯规划，只要有学生来学习就行，部分教师对职业学生存在偏见，没有挖掘学生的潜在能力，一刀切教学，没有给予学生发挥自己优势和兴趣的舞台。所有这些，都与陶行知先生的"所谓最适者有二：一曰才能，二曰兴味"背道而驰。

因此，职业教育的核心目标是培养服务社会的"生利之人"，即引导学生树立"劳动光荣、技能宝贵、创造伟大"的意识，教育学生以为国为民"生利"为使命，传承技术技能，在学成之后，能够通过进行"生利之事"实现自己生利和群体受利的人生追求。

（二）合理设置教学课程

职业教育是直接对接社会生产、国家经济建设的一个教育类型，我们倡导校企合作、工学结合、产教融合，那么课程设置就必须结合社会需要进行。但是目前，职业教育的课程在一定程度上还是复制普通本科课程模式，重理论和学历，职业学生在实际工作中没有凸显"职业技能"的特色，导致学生在人才市场中的竞争力不足。

根据陶行知先生的生利主义，职业学校需要关注市场信息及国家发展方向，紧扣经济社会发展实际情况和趋势，对接产业需要，调整专业和课程设置，专业以市场需求为导向，课程注重"教学做合一"，文化基础课强化学生的内涵建设，专业课强调实践性，校内学习和校外实训相结合，提高学生的专业理论和技能，德育课注重思想引导，"生利以利群"，才能培养德技并修的人才。同时，课程设置以"事"为贯穿线，系统安排整个阶段的学习，学生要在完成一事的学习之后再进行下一事的学习，从易到难，梯式上升，让学生在每个阶段都有学习成就感，这样才能激发学生的学习兴趣。通过学校、行业、企业共同制定专业和课程，共育共管，教育与社会需求无缝衔接，真正实现协同育人，也就能够更好地提高学生的"生利"能力。

（三）提高教师的专业技术能力

目前，因为各种原因，职业学校的新进教师多为刚毕业的大学生，学历比较高，但是普遍缺乏技能和实践工作经验，这与陶行知先生说的教师要具备"生利之经验""生利之常识""生利之教学法"不符，培养出来的学生能够对社会"生利"的就少。

因此，职业学校应该调整与改革学校教师的组成结构，聘用"双师型"教师，"双师型"教师一般具备一定的职业经验、有深厚的文化理论知识和扎实的专业知识，还有职业教育所必需的实践能力、管理能力、创造能力等，他们既能够教学理论知识，还能教授学生动手实践；同时，学校规范企业实践制度，强调企业实践要求，如适当选择一些企业界技术型人才到学校任教或兼职任教，对行业的能工巧匠开辟绿色通道，提高教师专业实践能力。只有教师有"生利"的能力，才能培养学生"生利"的本事，才是我们现代职业教育所需要培养的人才。

（四）加强校企合作力度

当前，职业教育的一大问题是教学与生产分离、理论与实践分离，特别是在经济比较落后的地区，由于条件限制，许多职业学校只能采取"封闭式"教学方法，把大多数时间用于灌输学生专业理论知识，学生无法在生产一线中去实际操练，导致教学效率和教育质量难以提升，职业教学适应性不高，达不到职业教育生利的目的。

因此，职业学校必须走校企合作、产教融合之路，把企业引进校园，推进校企合作健康持续发展是职业教育发展的基本要求和必然趋势。在校企合作制度下，集教学、实训、实习、科研和社会服务为一体，把校内专业课程学习和校外实践课程学习有机结合，以企业技术要求为标准，学生才能真正学到实用的专业知识，提高技能水平，形成学校和企业共建、共育、共享的运行机制，推进校企合作向深度和广度发展。通过企业文化的日常渗透，学生领会企业文化与企业精神的内涵，在实践中提高自律意识，培养人际交往能力、分析处理能力、团结协作能力等，提升学生的职业素养和可持续发展能力，提高职业教育的适应性，促进学校的专业建设，为企业培养更全面发展的专业技术技能人才，更多企业为学生提供实习及就业岗位，真正形成校企合作发展共同体，实现校企一体化协同育人，学生才能真正成为为社会发展"生利"的人。

（五）保障就业服务

职业学校加强校企合作力度的同时，充分发挥学校、行业、企业等多元主体协同培养专业人才过程中的合力作用，让学生将在学校所学的内容与实际工作衔接，与就业环境接轨，提高学生的就业环境适应性，增强学生的就业核心竞争力，提高学生"生利"的能力。同时，基于产教融合的教育本质是对学生的就业指导服务，能够使学生在毕业后迅速将知识技术转化为强有力的劳动力，通过加强学生的内涵发展，增强学生专业教育适应性，使教育链、人才链、就业链等能够有机无缝衔接，从而提高学生的就业数量、质量，也提高学生就业率，有助于专业的良性发展，最终有助于学校、学生、社会的"生利"得到良性循环。

三、结束语

陶行知先生是我国近现代探索职业教育的先驱者，他的"生利主义教育思想"对我们现代的职业教育事业仍有着深远的影响，我们要立足于我国经济社会发展实际，总结并继承优秀传统教育思想，探索适合具有中国特色社会主义的职业教育发展道路，积极开展职业教育教学改革，提高职业教育教学水平和质量，为新时期的中国发展培养更多的"生利之学生"。

教育为本，服务社会

——陶行知教育思想的实践

河池市职业教育中心学校　黄元涛

陶行知是中国教育领域的一位杰出教育家，他提倡的"教育为本，服务社会"的理念对于现代教育仍然具有重要的指导意义。中职教育作为培养高素质劳动者和技能人才的关键阶段，中职教师的角色至关重要。而如何在实践中践行陶行知的精神，将教育观念转化为行动力，是当前中职教育领域亟待解决的问题。

一、中职教师教学现状

（一）教育理念待深化

陶行知的教育理念强调生活教育、大众教育、终身教育和平民教育，这些理念在中职教育中得到了广泛的体现，但同时也面临着深化理解的挑战。一方面，中职教育的目标不仅仅是传授技能，更需要培养学生的综合素质和社会责任感。然而，在实际教学中，一些教师往往只关注学生的技能掌握，而忽视了其他方面的发展；另一方面，社会对职业教育的认知也存在一定的偏差，认为只有成绩不好的学生才会选择职业教育，这给中职教育的实施带来了一定的压力。因此，我们需要进一步深化对陶行知生活教育、大众教育等理念的理解，从多个角度去关注学生的发展，推动中职教育的全面提升。中职教师应了解所教学科的基本概念、理论和原理，并能够将其转化为生动易懂的教学内容和案例。中职教师应具备良好的教学设计和组织能力，根据学生的学习需求和能力水平，合理安排教学内容和教学活动，灵活运用多种教学方法和手段，提高学生的学习效果和兴趣。

（二）教学方法需改进

陶行知倡导的"教学做合一"的教学方法在中职教育中得到了广泛应用，这种方法强调学生的实践操作能力，符合职业教育注重实践的特点。然而，在实际教学中，一些教师仍沿用传统的讲授式教学方法，将学生置于被动接受知识的地位，导致学生的学习积极性和主动性受到限制。因此，我们需要进一步改进教学方法，充分尊重学生的主体地位，激发学生的学习兴趣和动力，提高教学效果和质量。中职教师应通过倾听学生的困扰和问题，为学生提供积极的反馈和指导，激励学生树立正确的学习态度和价值观，激发学生的学习动力和创造力。中职教师应具备跨学科教学的能力，能够将不同学科的知识进行整合和交叉，既注重专业知识的传授，又培养学生的综合素养和跨学科思维能力，通过跨学科教学，可以增加学生对知识的整体把握和应用能力。

（三）教育环境待优化

陶行知所倡导的教育环境是民主、自由、和谐的。然而，在中职教育中，由于学生素质的差异和学校管理的要求，这种教育环境的实现存在一定的难度。一方面，一些学校为了管理方便，制定了严格的教学管理制度，使得教师的教学活动受到了一定的限制；另一方面，学生素质的差异也给教学带来了一定的挑战。一些学生缺乏学习动力和兴趣，导致教学效果不佳。因此，我们需要进一步优化教育环境，为师生创造一个民主、自由、和谐的学习氛围。同时，加强学生思想教育和心理辅导工作，帮助学生树立正确的人生观和价值观，提高学生的学习兴趣和动力。此外，学校还可以通过加强教学管理、提高教学质量和水平，为培养高素质人才创造更好的条件和基础。中职教师应时刻关注行业的最新发展趋势和变化，积极参与行业实践和研究，为学生提供更加贴合实际需求的教学内容和案例。应以身作则，以诚信、责任和公正的态度对待学生，倡导正确的价值观和行为规范。中职教师的素养和能力直接关系到教学效果和学生的综合发展。通过不断提升教师的素养和能力，可以有效提高中职教育的质量和水平。

二、陶行知精神在中职教师教学实践中的影响

（一）教育理念和教育方式

陶行知追求实事求是的教育，注重培养学生实践能力和创新思维。这种理念对中职教师产生了深远的影响。中职教师在教学中注重联系实际，通过实际操作和实践活动来引导学生学习，培养他们的实际操作的能力和解决问题的能力。同时，中职教师也鼓励学生自主探究和独立思考，激发他们的创新潜能。这种实事求是的教育方式有效地提高了中职学生的综合素质和应用能力。

（二）师生关系和教育方式

陶行知强调教师应当关注学生的个体发展，尊重学生的个性差异。在中职教师的实践中，教师们更加注重与学生的互动和沟通，建立起良好的师生关系。中职教师关心学生的成长和发展，为他们提供积极的指导和支持。这种关心和关爱有助于提高学生的学习积极性和自信心，促进学生全面发展。

（三）教师的专业素养和教学能力

陶行知鼓励教师不断提升自身的专业素养和教学能力。在中职教师的实践中，教师们积极参加教育培训和学术研讨活动，不断学习和更新知识。教师通过不断学习和进修，提高自身的知识水平和技能，从而更好地指导学生，提供优质的教育服务。陶行知精神对中职教师的专业发展起到了积极的推动作用。陶行知强调教师的言传身教对学生的影响。中职教师作为学生的榜样，在言行举止、为人处世等方面发挥着重要的示范作用。教师以身作则，引领学生树立正确的价值观和人生观，他们积极向上、真诚热情的态度会激发学生的积极性，帮助他们树立正确的人生目标。

总的来说，陶行知精神对中职教师产生了深远的影响。它在教育理念、教育方式、师生关系和教师发展方面发挥了重要的作用，推动了中职教育的进步

和发展。中职教师们应当在实践中积极运用陶行知精神，不断提高自己的教育教学水平，为培养适应社会需求的复合型人才做出更大的贡献。

三、中职教师在实践中贯彻陶行知精神的策略

（一）建立实践导向的教育理念以身作则

实践导向的教育理念强调知识与实践的紧密结合。中职教师应当使学生在学习过程中能够将所学的理论知识运用到实际生活和工作中。通过实践，学生可以更深入地理解知识的内涵，同时培养实际操作能力和解决问题的能力。实践导向的教育理念注重培养学生的实际操作能力。中职教师应当通过实验实训、模拟实战等方式，让学生亲自动手、亲身参与，提高他们的动手能力和实际操作技能。这样的教学方式有助于学生将理论知识转化为实际能力，更好地适应社会工作需要。实践导向的教育理念倡导学校与社会的紧密联系。

中职教师应当积极与社会企业和行业合作，为学生提供实习实训机会。通过学校与社会的联结，学生可以接触到真实的工作环境和实际问题，提前适应职业发展需求，增强就业竞争力。实践导向的教育理念鼓励学生发展创新意识。中职教师应当为学生提供创新性的学习环境和活动，引导学生主动探索和解决问题。通过开展项目实践、科研活动等形式，培养学生的创新思维和实践能力，使他们具备创造性和创新性的素质。实践导向的教育理念倡导教师和学生的反思和改进。中职教师应当引导学生在实践中不断反思自己的经验和行动，并进行相应的改进。同时，教师自身也应经常反思自己的教学方法和效果，不断进行教学设计和改进，追求更好的教学效果。

（二）激发学生自主探究和创新思维

中职教师可以通过提出开放性问题来激发学生的自主探究和思考。这样的问题不仅有一个明确的答案，而且可以引导学生思考多种可能性和解决方法。通过回答这些问题，学生可以培养自主探索和创新思维的能力。中职教师应当鼓励学生主动提出问题，并指导他们寻找答案。这种做法可以培养学生的思辨能力和解决问题的能力。教师可以通过引导性的提问，帮助学生扩展思路，深入思考，并在实践中寻找解决方案。中职教师可以设计一系列的探索性学习活动，以鼓励学生自主探究和创新。这些活动可以包括实验、场景模拟、项目研

究等，让学生通过实际操作和解决问题过程来获取知识和经验。

教师的角色是引导学生思考和解决问题，而不是仅仅传授知识。中职教师应当提供必要的资源和支持，以帮助学生进行自主探究和创新，这包括提供学习材料、实验设备和技术支持等。同时，教师还要提供及时的指导和反馈，激发学生的积极性和创造力。中职教师可以组织学生开展团队合作项目，以培养学生的创新思维和合作能力。通过团队合作，学生可以共同面对挑战、共同解决问题，从中获取互相学习和协作的经验。中职教师在实践中贯彻陶行知精神的策略是通过激发学生自主探究和创新思维，培养他们的解决问题能力、思辨能力和合作能力，使他们成为具有创新精神和实践能力的职业人才。

（三）建立良好师生关系持续学习专业发展

中职教师应该倾听学生的声音，尊重他们的想法和意见。在课堂上，教师可以采用反馈机制，鼓励学生积极参与讨论。同时，教师也要尊重学生的个性差异和学习风格，给予他们充分的空间和支持。中职教师需要认识到每个学生都有自己的特点和需求。因此，他们应通过个别辅导、不同的教学方法和资源等来满足学生的个体差异。这种关注个体差异的做法可以增强师生之间的互信和理解，激发学生的学习动力。中职教师应该创造一个积极、温馨和包容的学习环境，以促进师生之间的良好关系。这包括营造开放的沟通氛围，鼓励学生分享观点和提出问题。

此外，教师还可以组织一些团队活动和社交活动，增进学生之间的友谊和合作。中职教师应该不断学习和更新自己的知识，提升专业素养。他们可以参加教育研讨会、培训课程和教学交流活动，与同行分享经验和教学方法。通过持续学习和专业发展，教师可以不断提升自己的教学水平，为学生提供更好的教育服务。中职教师要具备良好的师德师风，成为学生的榜样和引领者。他们应该坚持诚实、正直和尊重的原则，对待每个学生一视同仁，并给予他们信任和支持。只有建立了良好的师德师风，教师和学生之间的关系才能更加和谐和持久。总之，中职教师在贯彻陶行知精神时，需要建立良好的师生关系，并持续学习和专业发展。这样的做法可以促进教师与学生之间的互动和信任，提升教师的教育水平，为学生的全面发展提供良好的支持和指导。

四、中职教师践行陶行知精神预计获得的成效

（一）以实践为导向，树立教育新理念

践行陶行知精神，中职教师将以实践为导向，树立全新的教育理念，以身作则，成为学生身边的榜样。在中职教育中，教师作为学生的引导者和启蒙者，对于学生的成长和发展具有至关重要的影响。通过践行陶行知精神，教师将更加注重实践操作和技能掌握，将最新的教育理念融入课堂教学中。同时，通过引导学生参与实际项目或模拟项目，让学生在实践中学习和掌握专业知识，提高学生的实践能力和创新意识。在教学过程中，教师通过引导学生进行实践操作、模拟项目、实验实训等方式，让学生在实践中学习和掌握专业知识。同时，教师还注重培养学生的实践能力和创新意识，鼓励学生在实践中发现问题、提出解决方案，提高学生的创新意识和实践能力。在教学过程中，教师通过设置问题、提供案例、组织讨论等方式，引导学生主动思考、发现问题、提出解决方案。同时，教师还注重培养学生的自主学习能力，鼓励学生独立思考、自主探究，提高学生的综合素质和未来发展潜力。

（二）激发学生创新思维，培养自主探究能力

陶行知的教育理念强调学生的主体地位和自主探究的重要性。践行陶行知精神的中职教师将在教学中充分发挥学生的主体作用，通过引导学生进行自主探究和实践，激发他们的创新思维。教师通过引导学生进行自主探究和实践，让学生学会发现问题、提出解决方案，培养学生的创新思维和解决问题的能力。同时，教师还注重培养学生的批判性思维和逆向思维等高级思维能力，让学生具备更好的创新意识和创新能力。在教学过程中，教师注重了解每个学生的特点和优势，根据学生的兴趣爱好和职业规划进行个性化教学。同时，教师还注重培养学生的团队合作能力和沟通能力等非技术性能力，让学生更好地适应未来职业发展的需求。

（三）建立良好师生关系，促进教育质量提升

践行陶行知精神的中职教师将注重建立良好的师生关系，关心学生的发展和个性特点，为学生提供积极的反馈和指导。同时，教师将积极参与专业发展和持续学习，不断提升自身的专业素养和能力水平，更好地服务学生和社会。

在教学过程中教师积极与学生进行沟通和交流，及时了解学生的学习情况和反馈意见，积极为学生提供帮助和建议，同时鼓励学生主动与自己进行沟通和交流，提高学生的主动参与度和合作意识，从而更好地促进学生的学习和发展。随着科技的不断发展和职业要求的不断提高，教师需要不断更新自己的知识和技能，以更好地适应市场需求和职业发展。因此，践行陶行知精神的中职教师积极参加各种培训、研讨会、学术交流等活动，不断提高自己的专业素养和能力水平，同时积极关注行业发展趋势和技术要求，保持与市场的紧密联系，更好地服务学生和社会。

中职教师实践陶行知精神的意义在于把教育回归本源、服务社会，为学生提供优质教育服务，促进学生成长和个人发展，提高教育的社会效益。通过贯彻陶行知精神，中职教师可以发挥重要的职业使命，为培养有道德情操和社会责任感的公民做出积极贡献。

赓续行知文化精神
创新中职学校"三教"改革

河池市职业教育中心学校　梁永艳

职业教育要有突破性的发展，必须认真贯彻党的教育方针，落实党的二十大提出的"培养什么人、怎样培养人、为谁培养人"的根本问题，认真解决人才培养过程中"谁来教、教什么、怎么教"的问题。本文笔者以河池市职业教育中心学校（以下简称：我校）为例，论述中职学校赓续行知文化精神，在中职婴幼儿保育专业教育教学上，通过实施"三教"改革，赋能婴幼儿保育专业特色发展，走出一条"教学做合一"的人才培养创新模式。

一、中职学校婴幼儿保育专业在"三教"改革过程中存在的问题

中职学校婴幼儿保育专业在"三教"改革过程中存在的问题主要表现在以下几个方面：一是"谁来

教"的问题。受传统教学观念影响，中职学校婴幼儿保育专业在人才培养上，跟不上行业岗位要求的需要，单靠校本育人，忽略多元育人，部分职业学校的婴幼儿保育专业教师综合素质良莠不齐，职业能力有待提高，单靠校本育人很难满足当前教育改革的需要。二是"教什么"的问题。要解决"教什么"的问题，教材是基础，而部分中职学校婴幼儿保育专业的教材没能与时俱进，还沿用多年前的教材，形式单一，千篇一律，没能因地制宜，更没有自己本校特色的教材，影响教学效果，影响学生学习的积极性，不能适应专业发展需要。三是"怎么教"的问题。"三教"改革中最关键的一步是教法改革，部分中职学校婴幼儿保育专业在人才培养过程中理念守旧，教学方法单一，教师没能因材施教，没能灵活地运用教学方法，教学改革力度不强，措施不到位，没能体现"教学做合一"的教育理念，培养出来的学生劳动精神、工匠精神明显不足，学生的专业专注精神和职业品格不能适应岗位需求。

鉴于以上问题，笔者认为在中职学校婴幼儿保育专业实施"三教"（教师、教材、教法）改革迫在眉睫，必须赓续行知文化精神，改革不科学、不完善、不合理的专业课程标准及人才培养质量效果测评机制，真正实现产教融合、校企合作，建立结构合理、专兼结合的教师团队，规范人才培养方案，只有这样才能提高婴幼儿保育专业人才培养质量。

二、我校赓续行知文化精神，在"三教"改革方面的实践策略

我校赓续行知文化精神，在婴幼儿保育专业"三教"改革方面，积极与罗城仫佬族自治县仫佬族非遗刺绣技艺传承人"谢秀荣大师刺绣工作室"进行产校合作，选择婴幼儿保育专业作为试点，以"大师工作室"建设为引领，将陶行知教育思想运用于"三教"（教师、教材、教法）改革研究与实践，取得良好的效果。

（一）践行陶行知先生的"生活即教育""社会即学校""教学做合一"的理念，打造"大师引领、德技并修"的师资队伍建设，明确"谁来教"

陶行知说：新教师不重在教，重在引导学生怎样去学。对于教育，要有信仰心、责任心、同理心，要有开辟精神和试验精神。为此，我校以有理想信

念、有道德情操、有扎实知识、有仁爱之心的"四有"好教师为标准，充分利用地处少数民族地区优势，打造"大师引领、德技并修"的师资队伍建设。

谢秀荣大师是自治区级非物质文化遗产名录项目仫佬族刺绣代表性传承人，她在仫佬族民间刺绣技艺方面很有研究，熟悉平绣、剪纸绣、马尾绣等刺绣工艺，是广西工艺美术大师、广西民族文化发展研究会会员、广西大学手工艺协会会员，多次荣获广西工艺美术"大师精品工程奖"。2010年，仫佬族刺绣被列入广西非物质文化遗产名录，随后成立了"谢秀荣大师工作室"。我校与"谢秀荣大师工作室"进行深度合作，先后多次派出多名师生前往谢大师工作室学习仫佬族刺绣技艺（平绣、剪纸绣与马尾绣）。这几批师生学成归来后，在婴幼儿保育专业中通过线下、线上平台传授仫佬族民间刺绣技艺，形成了以大师为核心的高层次骨干教师团队。

我校以"大师工作室"推进教学模式创新，打造由"大师工作室"与校内专业教师共同组成的技艺传授师资队伍，为仫佬族非遗刺绣技艺教学提供有力支撑。谢大师常驻学校，亲自授课，亲传技艺，促进学生近距离接触仫佬族非遗刺绣技艺，让"工作室"成为"教师提升的平台、教学示范的窗口"、"三教"改革的阵地。通过"以师带徒"的形式，聚焦仫佬族民间刺绣技艺和婴幼儿保育专业技能，培养骨干教师，让新入职教师快速掌握仫佬族刺绣技艺，整体提高教师队伍的仫佬族刺绣技艺水平；通过"以赛促教"鼓励教师以仫佬族民间刺绣技艺参加各类比赛以及才艺表演活动，不仅在校内经常举行以仫佬族刺绣为内容的各项比赛活动，还以仫佬族刺绣为内容参加广西教育厅组织的微课比赛等活动，在与不同区域、不同学校教师之间的学习和交流中，教师找到自己的不足及突破口，实现教学能力的快速提升；通过"以研促教"激发教师主持或参与各级各类教研项目的积极性，近年来，学校老师就仫佬族非遗刺绣文化在省级以上刊物发表多篇论文，不断将仫佬族民间刺绣技艺融入婴幼儿保育专业教学之中，不断改进教学方法，及时更新教学内容，提升教师的科研能力，将碎片的、业余的、兴趣化的仫佬族非遗刺绣技艺，转为专业化、系统化教学，形成了专兼结合的教学师资团队，增添了学校的专业建设特色。

（二）以陶行知"行是知之始"哲学思想，开发仫佬族刺绣技艺校本教材，落实"教什么"

行是知之始，是陶行知的哲学思想，认为认识来源于实践，实践是认识的基础。在劳力上劳心、以教人者教己、即知即传都是具体的教学方法。在劳力上劳心，即主张手脑并用；以教人者教己，即主张教学相长；即知即传，则是主张随学随教。为此，我校组建了一支校级创新教学团队，完成以仫佬族非遗刺绣为内容的校本教材和在线精品课程的编写，制作课程教案；请谢秀荣大师指导青年教师编写"民间技艺"课程特色教材，注重"民间技艺"课程开发的科学化、开设的制度化、实施的规范化，初步形成了具有民族特色的校本课程体系。

通过校本教材的开发，以及对仫佬族刺绣技艺的长期调研、挖掘、收集和整理工作，以校企合作的形式完成了《仫佬族文化与刺绣传承》整套教材的编写任务。教材分为十一章，从仫佬族刺绣历史、刺绣基本工具、刺绣基本针法到平绣、剪纸绣、马尾绣的制作流程，进行详细的解读，每个章节均配套教学微课视频，将每一步骤的工艺制作流程均设置二维码，学生扫码即可进入微课堂，让传统的仫佬族刺绣手工艺赋予了时代的内涵和现代气息，从而将地域特色的民间技艺有效地融入婴幼儿课堂教学之中，方便学生了解当地优秀的民间技艺，拓展知识面，实现多元化教学，形成具有当地特色的婴幼儿教学体系。

（三）以陶行知先生的"爱满天下"及"捧着一颗心来，不带半根草去"的奉献精神，培养学生"手脑联动、学做合一"，细化"怎么教"

陶行知说："学"字的意思，是要自己去学，并不是坐而受教；"生"字的意思，是生活或者生存。将两个字放在一起来看，就是自主地学会生活，也就是学习人生之道。我校在教学模式构建上，面向工作岗位职业能力需要，以学生为中心，强调"做"中"学"。整个教学过程以项目贯穿、以任务驱动，开展体验式教学，既不违背基本的教学原则，又有所创新，充分发挥学生在课堂上的主体地位。以老师为主导，以"讲解—示范—模仿—评价—练习"的方式进行实训教学。此外，老师在教学过程中，不断挖掘课程中的思政元素，将思政元素恰当地融入教学之中，让思想政治教育贯穿于整个课堂之中，以提升学生的思想政治素质，提升自主学习能力，让思政教育与技能学习同频共振，让学生在掌握技能的同时养成良好的品德和职业精神。

学校根据仫佬族剪纸绣制作的特点，以一个月为周期实施项目教学法，在婴幼儿保育专业中引入仫佬族剪纸绣制作技术，在大师引领及专任教师的指导下，分小组进行教学，小组分工合作的方式推进仫佬族剪纸绣制作，突出动手能力、突出民族特色、突破难点及关键点，通过"确认项目—项目计划—落实计划—检查评估—总结提高"几个步骤，实现"教、学、做"统一，立足于行业岗位需求，为培养"德技并修"的高尖端技术技能人才奠定基础。

我校依托政、校、行、企多方平台，对接"一带一路"在"岗位、教材、课堂、教师、学生"五项专业融合上下功夫，在婴幼儿保育专业中融入仫佬族民间刺绣技艺，通过"学、做、创、展"进行丰富多彩的教学活动。"学"是指在将仫佬族民间刺绣技艺融入婴幼儿保育专业学习的过程中，找准其切入点。如在马尾绣技艺的学习中，首先让学生了解马尾绣是以马尾毛作为重要原材料的一种特殊刺绣技艺，制作过程烦琐复杂，成品古色古香、华美精致、结实耐用，刺绣图案古朴、典雅、立体，主要用于衣裤、鞋帽、壁挂等方面；然后让学生学习马尾毛的处理方法，通过学搓马尾线进行马尾绣工艺的入门与基础的学习；最后才进行处理绣片、拷贝图案、绣轮廓、填充、收尾的学习，由浅入深，循序渐进。老师可以现场教学，也可以录制微课视频进行线上教学，充分发挥资源共享的优势，利用现代教育技术手段，采用多媒体素材，PPT、短视频等形式，让学生反复观看、模仿、学习，达到融会贯通的目的。"做"是在"学"的基础上，让学生亲自操作的过程，在体验、感知的基础上，通过实际动手操作掌握仫佬族民间刺绣技艺的过程。如学生观看大师制作马尾线操作后，即动手操作，用纺好的白色棉线将3根至4根处理过的马尾毛紧密绕裹起来，做成马尾线。开始时各种操作不规范，错漏百出，老师在旁边不时地进行指点、纠正，让学生在体验中不断提高刺绣技艺，共享学习过程的快乐及成功的喜悦。"创"是指将仫佬族民间刺绣技艺融入婴幼儿保育专业教学过程时，在大师的引领下，老师可以引导学生在融会贯通的基础上，创造更为丰富多彩、更具有个性的绣品。如学生可以根据各自的绣品，写出作品制作的心得体会，并针对其他同学的作品互相评价，找出成功之处、指出应该完善的地方，不断提升学生学习仫佬族民间刺绣技艺的水平。"展"是让学生展示自己的作品，提升自信心。如我校经常在校内外各类庆典、晚会和校园"工匠墙"展出学生优秀刺绣作品，并评选集美貌智慧、匠心巧手于一身的"仫佬大使"；学校在校内建设了仫佬族民间刺绣展厅、仫佬刺绣手工坊和民族礼仪服务队，带动全体同学开展丰富多彩的民间刺绣技艺学习活动，内容丰富多彩、精彩纷呈，各班志同道合的同学找到共同话题和兴趣点，互相激励、协作学习，让学生在这样的环境里不断展示自我，放飞梦想。又如在每年的新生入学时，仫佬刺绣手工坊和民族礼仪服务队将自己的刺绣作品展示出来，让新生在欣赏作品的同时，更增加了学习的信心。

三、我校赓续行知文化精神，在婴幼儿保育专业"三教"改革的成效

（一）在"教学做合一"模式下，不断进行"三教"改革

我校通过政、校、行、企共建，践行陶行知教育思想，在婴幼儿保育专业"三教"改革上，依托"谢秀荣大师工作室"，通过"以师带徒"的方式，不断培养教师的仫佬族刺绣技艺水平，打造"大师引领、德技并修"的师资队伍，不断培养新入职教师，让仫佬族刺绣技艺师资力量得以持续；让中华优秀的传统文化、传统技艺走进课堂，进入课程、进入教材，充分体现了教育强国、文化强国的时代要求，培养具有民族特色的专业人才，围绕以学生为中心，改革教师、教材、教法，使"三教"改革不走偏、不走样，通过多方面、多手段、多渠道实现教学目标。

（二）在"教学做合一"模式下，人才培养质量明显提升

我校婴幼儿保育专业教学，通过不断挖掘仫佬族民间刺绣技艺的内涵，提炼凸显传统文化特色的经典元素，将优秀的民族文化活动融入学生的日常生活，让职业教育在"教学做合一"模式下培养"德技并修"人才。这样的培养人才模式，符合新时代职业教育人才培养高层次标准，理念和方法得到政府、行业、企业、学校、教师和学生的好评。人才培养质量明显提升，学生德智体美劳的综合素质明显提高，学生的流失率明显降低。用传统文化赋能技术技能，给婴幼儿保育专业注入新的内涵，把学生打造成"德技并修"的复合型人才。

（三）赓续行知文化精神，学校专业建设能力和办学实力不断增强

我校赓续行知文化精神，学校专业建设能力大幅提升，有力支撑专业标准化高质量发展。陶行知教育思想在婴幼儿保育专业教学的构建、实施、推广方面，带动了学校各个专业和基地建设，学校师资、教学设备、教育教学管理、招生、学生就业等都上了新台阶。学校被提升为广西五星级中等职业学校，推进了学校的内涵建设和稳步发展。近年来，学生参加广西区级以上职业技能竞赛获奖几百项，教师多人多次参加各级各类教学能力比赛并获奖项。

总之，我校赓续行知文化精神，不断对婴幼儿保育专业"三教"进行改革，不仅在"三教"改革方面有所创新，同时也创新了中华优秀传统文化的传承和发扬，全面落实"培养什么人、怎样培养人、为谁培养人"的根本问题，通过婴幼儿保育专业"三教"改革研究与实践，培养了婴幼儿保育专业高素质人才，具有较高的应用推广价值。

走行知之路，润红色之品

河池市职业教育中心学校 丁俞尹

陶行知是伟大的人民教育家，他提出了"生活教育理论"，强调"生活即教育""社会即学校"，强调在实践中"教学做合一"。教育不能脱离生活，要引导学生通过创造性和辩证思维丰富对自己的认知，积极适应和引领现实生活。在教学中要将教与学统一起来，要求教师在实践中教，学生在实践中学，引导学生树立正确的价值观。中职生具有基础薄弱、自卑感严重、思想活跃但学习动机不足、自我意识强但自控力差、渴望得到认可但不善于沟通等特点，将中职生培养成高素养、强技能的人才成为巨大考验。在陶行知"生活教育"理念指引下，着眼于中职生品格养成，开展红色主题活动，有效加深中职生对红色文化和精神的认可，并引导中职生在红色活动实践中培养爱国情怀、理想信念、勇于拼搏等的良好道德品质，促进其全面发展。

一、联动——陶行知"生活教育"理念与红色主题活动的内在契合

陶行知一生与共产党人结交,与党并肩作战,其中"为工农劳苦大众办教"、热爱祖国和热爱人民是陶行知自觉跟党走的情感基石;"捧着一颗心来,不带半根草去"是陶行知心向人民、甘于奉献的真实写照;"千教万教教人求真,千学万学学做真人"是陶行知为人为学的宗旨。可见,陶行知精神具有鲜明的红色基因特性。陶行知的生活教育理论立足人民,办人民满意的教育是他执着的教育信仰;根植于民族沃土,有着鲜明的中国特色;强调与时俱进,闪烁着创新思想之光;强调教育实践,在实践中形成,实践赋予其生命活力,在实践中不断发展和丰富。由此可见,陶行知生活教育理念运用到中职教学中,能够促进中职生培养优良的道德品质,树立正确的价值观,促进全面发展。

红色主题活动带领中职生认识中国历史发展,其中蕴含战争英雄、开国领袖等伟人的历史故事,还有抗战中小人物的鲜活故事,揭示人民群众创造历史的真谛,包含爱国主义思想、集体信念、崇高理想、艰苦奋斗等红色精神。红色主题活动的开展,带领中职生感受革命历史、学习革命精神、接受革命传统教育,引导他们自觉树立正确的人生观、价值观,促进健康品格的培养。由此可见,陶行知"生活教育"理念与红色主题活动具有目标统一、对象契合、核心一致的理论关联,其教育价值协调统一。

二、润品——陶行知"生活教育"理念下开展红色主题活动的价值意蕴

陶行知"生活教育"理念与红色主题活动价值统一,陶行知"生活教育"理念下开展红色主题活动对中职学生品格培养具有重要意义。

(一)培育理想信仰

红色活动带领中职生学习中国共产党领导人民在革命奋斗和建设中形成的伟大红色精神,具有重要的教育价值。在陶行知"生活教育"理念下开展红色主题活动能够让中职生学习到陶行知和党的革命思想,对培育中职生的理想信仰具有重要的意义。通过带领中职生祭扫烈士陵园、参观革命遗址、聆听革命故事,深刻感悟革命先辈战胜困难的勇气,增加民族自豪感;通过学习革命先辈艰苦奋斗、甘于奉献的革命精神,潜移默化地影响中职生的思想,引导他们

正确认识社会发展，抛弃一些非主流的价值观，树立正确的人生观、价值观，坚定为社会、国家奋斗的理想，成为对社会发展有用的人。

（二）健全人格品质

中职生在应试教育的影响下，容易出现自卑、精神萎靡的消极心理，这就需要用特色的教育引导他们正向发展。陶行知"生活教育"理念下开展红色主题活动摆脱传统说教的教育形式，运用实践参与、榜样示范、内心感悟的方式调动中职生参与活动的积极性，并在红色精神的感染下帮助他人、正确认识自己、收获成就感，不断提升学生的自信心，改变他们的精神面貌，引导他们从自卑的心理中摆脱出来，认识到自己也是国家建设的一分子，也需要承担起社会发展的责任，促进自身人格品质的健全发展。

（三）促进生命发展

教师的真正目的就是在于帮助生命的正向发展。一切教育都要关注人的发展，关注学生的生命发展。陶行知"生活教育"理念下开展红色主题活动坚持"以生为本"的教育理念，让红色教育融入中职生的日常生活中，让中职生在生活中、社会活动参与中接受学习，重视中职生精神和素养的培养，摆脱传统的知识灌输，对中职生来说是一种"强技"。在实践活动中，更加注重学生的深度选择权和自主权，有效提高中职生的自我效能，帮助中职生感悟红色精神的力量，感悟生命的宝贵，养成乐观积极的心态，促进中职生身心和谐发展，促进生命的发展。

三、践行——陶行知"生活教育"理念下开展红色主题活动的路径设计

陶行知"生活教育"理念下开展红色主题活动对中职生的健康成长具有重要的意义，但是在实际实施中，还存在红色主题活动缺乏规划、生活教育理念融入不足等问题，要针对这些问题，探索有效的策略，带领中职生学习和传承行知精神和红色精神，成长为全面发展的时代新人。

（一）搭建架构：坚持以生为本，纵横贯通设计活动架构

陶行知在"教学做合一"方法指导中提到"先生的责任不在教，而在教

学,而在教学生学"。任何教育的任务就是"教学生学",而完成此任务的前提就是教师要坚持"以生为本",立足学生本位,关注真实学情。陶行知"生活教育"理念下开展红色主题活动的前提就是在渗透生活教育理念的基础上,遵循中职生身心发展和成长的规律,针对不同年级学生的特点,打造循序渐进的活动框架,使每个年级的学生都能够受到适宜、科学的活动引导,培育良好的行为习惯和美好品德。

  陶行知"生活教育"理念下红色主题活动框架的搭建需要从纵横两方面进行贯通,打造按年级进阶的、螺旋上升的活动架构。中职生是被应试教育刷下来的基础薄弱的学生,他们的心理受到很大程度的创伤,对文化知识有着逆反心理,久而久之会出现自甘堕落的现象,很容易受到外界不良思想的影响,养成不良的品行。针对这一情况,我们要注重中职生的品格养成教育。在活动框架的搭建中,注重纵向衔接,根据中职生三个年级学生的成长特点,划分为情感教育,培养中职生良好的道德素养;养成教育,培养中职生优良的品行;践行教育,将中职生优良的品德践行到实际行动中,形成美好的品格三个阶段的主题活动,实现中职生优秀品格的分层递进式培育。另外,中职生对传统的说教教育已经非常反感,他们需要的不是传统教育规范的束缚,而是榜样的号召、内心的感悟、亲身的实践,他们需要自由地在不同活动领域中充实自我,表达自己的真实想法,提升自信。由此,在活动框架的搭建中,注重横向融通,根据中职生的心理特点,精心设计中职生品格培养的红色主题内容:品味红色精神、传承红色基因、践行红色初心,运用红色人物、故事、作品、革命遗址等真实教育,激发他们的爱国精神、团结意识、创新精神等,促进其全面发展。

(二)丰盈内容:以生活为源泉,丰富红色主题活动内容

  陶行知生活教育理论主张教育要理性地回归生活世界,意味着教育要基于人的生活空间,引导人积极探寻生活的意义。陶行知"生活教育"理念下的红色主题活动要以生活为源泉,整合身边的红色资源开展红色主题活动,需要从课堂活动、校园活动、社会实践等形式入手,组织阅读活动、知识竞赛、红歌比赛、艺术表演、红色遗址参观、缅怀纪念等丰富的红色主题活动,有效丰富活动内容,将全面育人活动贯穿于中职全学段的教育教学中,丰富中职生的生活和学习,提升育人实效。

  生活教育理论指出:教育应当培植生活力,使学生向上生长。课堂活动

中，我们可以根据学科特点，将学科与红色教育结合在一起，培养学生的良好品德。例如，语文课堂中，在学习红色经典文本过程中，运用多媒体还原历史情境，引导中职生主动接受革命熏陶，同时组织阅读活动，通过阅读引导学生走进文本，领悟革命精神，感悟到革命文化与生活世界的关联，由此产生更多的思考与表达，养成积极的生活态度。校园活动中，借助建军节、国庆节等节日，开展文艺展演活动，利用报刊亭、宣传画、校园网宣传红色文化，结合学校理念、校风、学风等体现红色精神，鼓励学生参加红歌表演、话剧表演等，运用红歌积极的主题、昂扬的旋律、明快的节奏，带领学生积极向上，提升学生的审美能力；运用话剧的逻辑剧情、真实情感、人物交流等特点，与学生内心产生情感共鸣，提升交际能力、表达能力、爱国素养等。社会实践方面，组织学生祭扫爱国主义教育基地、探访红色革命遗址、参加社会公益活动等，在参观与缅怀中感受革命先辈是在怎样艰苦的环境中救国救民的，将革命先辈艰苦奋斗、甘于奉献精神与中职生的现代生活联系在一起，引导他们珍惜生活，培养中职生的感恩之心、责任心等；在社会公益活动中，用自身的力量帮助需要帮助的人，继承和践行革命先辈乐于助人的精神，成为中国好青年。

（三）扎实效能：聚焦多元评价，落实红色主题活动效率

"千教万教教人求真，千学万学学做真人"是陶行知生活教育理论的精髓。为真正践行陶行知"真教真做"理念，扎实红色主题活动的效果，我们要重视对学生的评价，引导他们在评价中反思提升，全面发展。

陶行知"生活教育"理念下红色主题活动的评价侧重点是学生道德素养、精神价值的提升，需要运用多元化的评价策略。一方面，评价主体的多元化，构建学生自评、同学互评、教师评价的多元化评价主体。另一方面，保证评价方式的多元化，包括过程性评价、总结评价等方式，凸显中职生的过程感悟和素养提升，增强中职生的行动效能感。教师可以运用档案袋法对中职生进行评价，并将学生的学习过程和各个主体的评价放进档案袋中。学习过程档案袋：引导学生在参加活动的过程中将自己收集的红色资源、学习过程中的感悟、自己获得的荣誉、自己的感想等保存下来，并对自己进行客观评价；多元主体评价档案袋：将学生自评、同学互评、教师评价整理好进行编排，记录中职生的发展历史。运用这种方式做到教师真教、学生真学，真正贯彻陶行知"教学做合一"的生活教育理论。

陶行知"生活教育"理念为中国教育指引方向。在生活教育理念的引领

下，要结合中职生身心特点，基于品格的培养纵向衔接、横向融通，开展红色主题活动，对中职生的全面发展具有重要的意义。文章从活动架构、活动内容、活动评价三方面入手，探索陶行知"生活教育"理念下开展红色主题活动的路径，为社会培养高素养技能人才助力。

陶行知"生活教育"理论融入"大思政课"建设研究

河池市职业教育中心学校 覃彩霞

陶行知是我国伟大的人民教育家,他的教育理论为我国教育事业的发展做出了巨大贡献。"大思政课"建设是新时代践行陶行知教育理论的重要载体。本文从陶行知的"生活教育"理论出发,提出推进"大思政课"建设的有效策略:"社会即学校",建好思政育人"大师资";"生活即教育",建设思政育人"大课堂";"教学做合一",搭建思政育人"大平台"。旨在为"大思政课"建设提供借鉴。

一、研究背景

陶行知是我国伟大的人民教育家,他的教育理论为我国教育事业的发展做出了巨大贡献。毛泽东主席称赞他是"伟大的人民教育家",宋庆龄赞誉他"万世师表",周恩来称他为"一个无保留追随党的党外布尔什维克",郭沫若盛赞他"二千年前孔仲尼,二千年后陶行知"。陶行知的教育理论博大精深,包括爱的教育、生活教育、创造教育、乡村教育、公平教育、劳动教育、校长观、教师观等。如果把陶行知的教育理论视为一组宏伟壮丽的建筑群,那么生活教育理论理应是其中的主体性建筑,其他理论都是沿着生活教育的理论建构起来的。

党的十八大以来,习近平总书记高度重视学校思想政治工作和思政课建设,党中央联合各部门先后印发《关于深化新时代学校思想政治理论课改革创新的若干意见》《全面推进"大思政课"建设的工作方案》《关于进一步加强新时代中小学思政课建设的意见》等文件,教育部等八部门联合设立首批"大思政课"实践教学基地,各地区各部门和各级各类学校以此为契机,采取有力措施认真贯彻落实,思政课建设取得显著成效。同时,一些地方和学校对"大思政课"建设的重视程度不够,开门办思政课、调动各种社会资源的意识和能力还不够强,课程教材体系还需要进一步完善,有的学校教师数量不足、质量不高,对实践教学重视不够,有的课堂教学与现实结合不紧密,大中小学思政课一体化建设亟须深化,有的学校第二课堂重活动轻引领,课程思政存在"硬融入""表面化"等现象。

《全面推进"大思政课"建设的工作方案》提出：全面推进"大思政课"建设,要坚持以习近平新时代中国特色社会主义思想为指导,聚焦立德树人根本任务,推动用党的创新理论铸魂育人,不断增强针对性、提高有效性,实现入脑入心;坚持开门办思政课,强化问题意识、突出实践导向,充分调动全社会力量和资源,建设"大课堂"、搭建"大平台"、建好"大师资"。党的二十大报告指出："教育是国之大计、党之大计。培养什么人、怎样培养人、为谁培养人是教育的根本问题。育人的根本在于立德。全面贯彻党的教育方针,落实立德树人根本任务,培养德智体美劳全面发展的社会主义建设者和接班人。"可见,"大思政课"建设是新时代践行陶行知教育理论的重要载体。本文从陶行知的"生活教育"理论入手,探究将陶行知教育理论融入"大思政课"建设的有效方法。

二、"生活教育"理论概述

"生活教育"理论,是由陶行知创建的,以社会生活为教育中心,以人民大众为教育主体,以社会改造为教育目标,以"教学做合一"为根本实践方式，适应生活规律和教育发展规律，熔铸创造思维与人文精神的教育思想体系，主要包括"生活即教育""社会即学校""教学做合一"三个基本观点。

（一）"生活即教育"

"生活即教育"是陶行知生活教育理论的核心。陶行知指出："生活教育是生活所原有、生活所自营、生活所必须的教育。"他强调教育以生活为中心，反对传统教育脱离生活以书本为中心的思想，主要包括两个方面的内涵：一是生活含有教育的意义。"过什么生活就是受什么教育"；生活伴随人生命的始终，生活教育也是一种终身教育"生活教育与生俱来，与生同去；出世便是破蒙，进棺材才算毕业"。二是实际生活是教育的中心，生活决定教育，教育改造生活。陶行知认为生活决定教育，教育与实际生活相联系，"遇到什么事，就受什么教育"，"生活教育的目的是要用前进的生活引导落后的生活"。

（二）"社会即学校"

"社会即学校"是"生活教育"理论的另一个重要主张，它扩大了学校教育的内涵和作用，提出社会就是一个大讲堂，是生活的重要场所。陶行知指出："自有人类以来，社会即学校，生活即教育。"他认为，学校里的东西太少了，"一切都减少，校外有经验的农夫，就没有人愿意去领教；校内有价值的活动，外人也不能受益"，从而批评"学校即社会"是鸟笼，就好像把一只活泼的小鸟关在鸟笼里一样；而"社会即学校"则不然，是要把鸟笼里的小鸟放到天空中任意翱翔，"是要把学校的一切伸展到大自然里去"，把整个社会作为教育的范围。他认为，"不运用社会的力量，便是无能的教育，不了解社会的需要，便是盲目的教育"。

（三）"教学做合一"

"教学做合一"既是生活法则，又是教育法则，被称为生活教育的方法论。是"生活即教育"在教学方法问题上的具体化。陶行知认为"在生活里，对事说是做，对己之长进说是学，对人之影响说是教，教学做只是一种生活之三个方面，不是三个各不相谋的过程"。他说："教学做是一件事，不是三件事"，"教的法子根据学的法子，学的法子根据做的法子；怎样做便怎样学，怎样学便怎样教，教是服从于学的"。陶行知批评传统教育历来把读书、听讲当成知识的唯一来源。他认为，做是知识的重要来源，也是创造的基础，身临其境，动手尝试，才有真知，才有创新。他形象地比喻说："行动是老子，知识是儿子，创造是孙子。"

三、"大思政课"建设的重要意义

教育部等10部门印发《全面推进"大思政课"建设的工作方案》，旨在以"大思政课"建设为抓手，凝聚众智、久久为功，充分调动全社会力量和资源，建设"大课堂"、搭建"大平台"、建好"大师资"，持续推动思政课和思想政治教育高质量发展。从"思政课"到"大思政课"，一字之别，体现了办好思政课的理念再更新、视野再开阔、格局再拓展。这就要求坚持开门办思政课，强化问题意识、突出实践导向，同时也要推动"思政小课堂"与"社会大课堂"相结合，推动各类课程与思政课同向同行。

"大思政课"之大，大在是一门社会大课、一项系统工程，要求善用"大"的资源、汇聚"大"的合力。一方面，组织开展多样化的实践教学，把思政课堂搬到更多现实场景中，让学生在实践中认识社会、锤炼意志、积累经验，把爱国情、强国志、报国行融入人生选择和现实行动，为青少年构筑精神基石、夯实人生根基。另一方面，拓展工作格局，整合多方资源，扩展课堂半径，形成覆盖课堂、校园、社会，"点线面"一体的思政大课堂，汇聚全社会育人合力，在潜移默化、润物无声中形成启智润心的育人整体氛围。

四、"生活教育"理论融入"大思政课"建设策略

（一）"社会即学校"，建好思政育人"大师资"

根据陶行知"生活即教育"理论，"社会就是一个大讲堂，是生活的重要场所"。"人人可以做先生，人人可以当学生。""大思政课"建设要强化对育人队伍的思想教育和思政育人能力的培养，形成全党全社会关心支持思政课建设的良好局面，有效凝聚社会各方力量，形成思政育人合力，协同育人。

主要做法就是打造五支大思政育人队伍：一是由思想政治课教学部（马克思主义学院）牵头的"党建+价值引领"校内师资团队，由全体教师组成，通过思政课程教育和课程思政进行育人，引导学生树立正确的价值观、人生观和世界观；二是由教务处牵头"党建+匠心引领"校外师资团队，由企业导

师、大国工匠、先进典型人物、优秀毕业生等组成，开展职业精神和工匠精神教育；三是由总务处牵头的"党建＋服务引领"后勤保障团队，由总务处、食堂、超市、保洁公司等工作人员组成，做好师生后勤保障工作，共同营造美丽和谐校园环境，教育学生热爱劳动、珍惜劳动成果，培养热爱自然、绿色低碳、勤俭节约的良好品质；四是由学生工作处牵头的"党建＋示范引领"自主管理团队，由校学生会成员和各团支部成员组成，秉承"自我管理 自我学习 自我服务"的宗旨，开展课堂教学检查、校园巡逻、值周劳动、站岗执勤等，培养学生的自我管理能力和服务意识；五是由保卫处牵头"党建＋安全引领"校园护航团队，由学校保卫处和安保公司人员组成，具体负责学校的军事活动课、保卫、宿管等工作，在教育和管理中培养学生坚定的意志、坚强的性格，养成良好的生活习惯。

（二）"生活即教育"，建设思政育人"大课堂"

根据陶行知"生活即教育"理论，教育以生活为中心。"生活与教育是一回事，是同一个过程，教育不能脱离生活，教育要通过生活来进行，无论教育的内容还是教育的方法，都要根据生活的需要来设置。""大思政课"建设要让思政教育融入学生生活的方方面面、时时处处就要建设思政育人"大课堂"，形成"人人讲思政，课课有思政，事事涵思政"的浓厚氛围。

课程建设主要包含思政课、课程思政和校本特色课程。思政课是落实立德树人根本任务的关键课程，首先，抓好思政课主阵地建设，创新思政课教学方式，使思政课有声、有思、有行，让学生"动起来"，思政课堂"活起来"；其次，深入挖掘专业课、公共基础课的思政元素，在专业课和公共基础课中潜移默化融入思政，形成专业课与思政课同向同行的协同育人格局；最后，增设经典诗文习读课、安全教育课、劳动课、军事活动课、民族文化（技艺）传承课等校本特色课程，加强对这些课程的思想引领，同心共筑，共圆中国梦。

（三）"教学做合一"，搭建思政育人"大平台"

陶行知认为"行动是老子，知识是儿子，创造是孙子"。"教的法子根据学的法子，学的法子根据做的法子；怎样做便怎样学，怎样学便怎样教，教是服从于学的。""大思政课"建设要强化实践淬炼，做到"教学做合一"。

结合专业拓宽社会实践品类，开展"四有"实践育人活动：有根（民族文化传承、非遗文化传承）、有情（爱国主义教育、劳动实践）、有信（主题团日活动、红色基因传承）、有为（志愿服务活动、企业实践活动）。比如，品读经典：通过"红书湾"、晨读、晚读等，学生品读经典诗文，学习重要精神、论述等，增强文化自信，提升政治认同。红色之旅：通过参观红色革命纪念馆、学生化身红色宣讲员等，铭记革命历史，感悟使命重任，传承红色基因，厚植爱国主义情怀。劳动教育：通过劳动基地的体验式实践，学生在劳动中体悟劳动光荣、劳动幸福，培养劳动精神，涵养劳动情怀。志愿服务：通过开展"四进四送"（"四进"：进孤老院、进学校、进社区、进农村。"四送"：送关爱、送教育、送文艺、送科技）志愿服务活动，将志愿服务纳入专业人才培养方案，让职业技能培养与志愿服务活动同频共振，发现并感受世间的真善美。

"大思政课"建设是新时代践行陶行知教育理论的重要载体。将陶行知的"生活教育"理论融入"大思政课"建设是推动建设"大课堂"、搭建"大平台"、建好"大师资"的有效手段。

陶行知"教学做合一"在会计专业教学中渗透分析

河池市职业教育中心学校　覃海燕　朱柏桥

"教学做合一"理念是陶行知先生提出的重要教育思想，广受教育界推崇。对于会计教学而言，由于其具备专业性，因此，要求学生掌握理论知识的同时，具有技能操作能力，以此完成会计核算工作。然而，就目前而言，部分学校在会计教学中依旧以基础会计、成本会计等理论知识为主，忽略"教学做合一"思想的重要性。由此可见，围绕陶行知"教学做合一"在会计专业教学中的渗透开展研究，具有重要意义。

一、陶行知"教学做合一"教学理念分析

（一）教学理念

结合数据调查显示，当前企业会计人才需求中，会计实践能力占84%，职业道德占75%，团队配合方面占

62%，由此可见，实践是毕业生综合竞争力的重要体现。"教学做合一"是陶行知教育理念中非常关键的内容，陶行知认为"生活即教育""社会即学校""教学做合一""爱满天下""公平教育"。其中，"生活即教育"是指教育工作者应该在生活中实现教育，从生活中寻找素材帮助学生强化对理论知识的理解。"爱满天下"以及"公平教育"则是指要公平对待各阶级人士，使其平等接受教育，体现了教师公平育人的理念。其中"教学做合一"理念是陶行知先生教育思想的核心，是实现应用型人才培养目标的重要路径。就目前来看，"教学做合一"主要分为三层概念：第一，怎样做就怎样学，怎样学就怎样教；第二，针对问题进行实践；第三，在教育的过程中要教人做事，以实践为中心，将实践作为工作根本，形成良好师生关系，营造相互促进的氛围。在教育的过程中，要求教师以学生为核心，以多重角色进行引导，在传授知识的基础上，引领学生解决困惑。此外，教师要培养学生形成主体意识，强化动手操作能力，使学生主动探求知识。

（二）现实意义

会计对专业性的要求较高，因此在"教学做合一"的过程中，要强化对实践操作能力的关注，实现做中教、学中做，通过实践理论结合的方式，增强学生的学习能力。对于会计而言，"教学做合一"理念的使用不仅能指导教育发展，而且还能以解决问题为导向，强化课程的趣味性，通过实践的手段让学生理解理论内容，并学以致用解决问题，形成良好的创造与想象能力，为增强核心竞争力，强化工作适应性创造良好条件。

二、当前会计教学"教学做合一"理念运用不佳的原因

为强化"教学做合一"理念的运用，本文对当前会计专业教学现状进行了研究。结合目前来看，其主要存在以下几方面问题：首先，教学目标与实际企业所需不同步。当前在会计教育工作中，依旧是以学本位为基础，从教学的角度进行日常课程安排，忽略了学生在课堂上的主体地位，以至于在教学课程设计的科学性以及整体性方面难以满足现实所需，在课堂上经常会出现教师重视书本，忽略学生实践能力的问题，以至于学生无法形成会计素养，在遇到实际问题时难以针对性地进行处理，无法独立解决会计实务。其次，教育质量和效率较低。在传统教学体系中，教师会更加注重教材的整体性与合理性，但由于

专业课设置较为独立，会针对会计所需设立专门的基础会计、财务会计等教学体系。因此，教师们会为了完成各自的教学任务重复详解相应内容，这不仅会影响学生个人发展，而且还会由于知识枯燥，降低学生的学习兴趣。目前多数教学是以课堂为中心，以课堂讲授为主体模式，没有通过情境设置的方式引领学生思考，因此学生在进入工作环境时通常会出现无法适应的情况，难以满足现实工作要求。最后，教学评价不科学。当前在教育发展的背景下，人们开始注重工作发展方向，开始将课堂教学与工作发展相融合，因此在会计教学中也需要通过改革更好地适应以上需要。然而目前，部分会计教学依旧是以传统教学评价为基础，在案例讲解的基础上进行考试考核，这种单一的教学评价无法真正掌握学生实践方面的问题，以至于评价存在片面发展的情况，难以发挥预期作用，长此以往会阻碍学生综合发展。

三、陶行知"教学做合一"在会计专业教学中的运用路径

（一）建设"教学做"教学平台

为了确保课堂教学与后续会计工作实际所需相一致，教师可以通过营造良好会计教学环境的方式，帮助学生强化学习质量。例如，在课堂上，教师可以从不同的会计岗位入手，通过票据处理等教学内容强化学生认知，使学生可以在真实的会计环境中完成模拟操作。与此同时，教师应该给予指导帮助学生进行电算化练习，实现"教学做合一"目标，强化学生理论实践，防止出现理论与实践相分离的状况，在增强学生学习积极性的同时，强化其专业水准。

（二）完善教学内容

从当前的会计教材内容来看，很多教材是以大型企业会计事项为对象，结合企业会计工作程序进行编制，这与中小型企业实际状况有所差异，忽略了企业在会计实操以及成本核算等方面的问题，以至于学生在学习的过程中会与实际操作有所偏颇。与此同时，当前院校的专业培养目标是应用型人才培育，因此会计基础是重要的课程内容，在教学过程中教师应对课本内容进行归纳与分析，并根据会计准则开展一线教学，在强化学生专业能力的同时，为会计专业发展奠定基础。

（三）健全教学做教育评价

在院校教育发展中，通常需要设定科学的就业方向，这样才能在课程设计方面，为实现英雄人才培养目标加以规划。因此，对于会计课堂而言，教师应该以实践为基础，降低书本完整性和系统性的关注，以学生实践培养为核心，建立"教学做合一"的新发展模式。其中，最为重要的便是要基于学生实践，让学生接触会计任务，之后以任务为基础展开学习。与此同时，在完成会计课程教学之后，还要科学进行评价，帮助学生找出自身的不足并加以完善，完成知识拓展，实现学以致用。由于当前会计教学的评价主要是以教师正面评价为主，因此在后续工作中，为强化评价质量，学校应建立多角度的教育评价体系，客观分析学生学习情况，不仅要对课堂考核进行评价，而且还要在传统成绩考核的基础上进行现代化评价，包括师生评价、自我评价等，借助完善考核模式的方式增强学生的学习效果，为学生后续发展奠定基础。

（四）营造教学环境

教师是会计教学的重要引导者，在课堂上教师是推进教学内容的关键，因此教师的个人素养和专业能力也会直接影响学生的学习发展，是实现"教学做合一"目标的重要基础，要求教师不断强化自身教育水准，科学落实教育改革工作，运用"教学做合一"理念，以社会实践为基础，增强教育水准。在具体工作中，要围绕以下两方面提升教师能力：一方面要通过教育培训等形式，强化教师专业知识掌握水准。在信息技术不断发展背景下，财会政策也在不断优化，会计体系时常更新，会计人员开始应用软件以及信息化完成基础工作。在此背景下，教师要创新思想理念，强化对信息化知识内容的了解，并调整教学内容，丰富教学体系，迎合社会发展变化，提升教学质量，帮助学生增强综合竞争力，缓解就业压力。例如，在税制改革背景下，营改增政策变化也对企业会计工作带来一定影响，要求会计人员应强化税务筹划能力。在此过程中，教师应主动学习税务筹划知识，基于最新政策进行教学，帮助学生更新工作理念。另一方面，要强化产教融合，增强实践教学水准。应用型人才培养是当前会计专业人才培育的关键，在此过程中要求高校建设产教融合中心，营造良好产教融合场所，并组建高效的教师团队，开展会计实践。此外，还可以与企业进行合作，为学生寻求一线实习场所，将知识融合于实践之中，强化教学体系，增强学生实践质量满足就业需要。

四、陶行知"教学做合一"理念在教育改革中的创新实践以及应用

(一)开展"教学做合一"五步教学

五步教学是"教学做合一"中非常重要的体系,主要包括以下几方面内容:第一,下达任务。要求学生先通过操作找出问题,之后再进行理论补充和学习。在此过程中,教师应强化课程设计,拓展教学素材,结合实际经济业务,模仿会计业务处理程序,让学生通过凭证了解经济任务,掌握会计要素等知识内容,明确增减变动,进而实现实践与理论融合。第二,知识导学。在明确任务之后,要通过指导让学生了解任务的类型,并确定概念。若是学生在此过程中存在认知模糊的情况,要及时示范。在导学过程中,应全程以实践为基础,通过理论引导的方式,帮助学生实现知识串联,强化知识点认知。第三,小组讨论。科学讨论是强化学生学习领悟的重要基础。在分组的过程中,要确保每一组都有不同学习基础的学生,实现共同进步,在交流的同时推进任务落实。第四,评价。教师要结合小组任务情况及时指导,并通过质量评价的方式保障以上工作,引导学生意识到自身不足,及时调整。第五,师生归纳。在任务体系完成之后,可以通过体验交流的方式,帮助学生总结实践情况,了解会计工作的关键点,并查漏补缺。

(二)实施实训教学强化自主探究

会计工作者要具备一定的会计专业基础和实践技能。为此,在教学中教师要模仿税务实训等工作内容,通过模块化实训的方式实现"教学做合一"。第一,在"做中学"。教师应结合企业业务流程设计,先将学生设立为不同的小组,并在课前分配会计、财务、法定代表以及税务人员等不同角色,让学生通过浏览国税网站等方式完成会计模拟处理,并根据学生解决事物的程度进行评价,帮助学生实现知识积累。第二,"做上教"是指让学生自主探究,教师在旁通过科学引导的方式指点迷津,此过程教师应做好全程指导,让学生通过实践明确办税等实训操作流程,并在其出现问题时进行辅导,分析其错误,实现规范操作。在课后还要进行总结,使学生们理清完整的业务处理流程,强化其对会计知识的掌握,实现"教学做统一"。总而言之,会计工作是企业经济业务处理中非常关键的内容,要求教师要在课程讲授的过程中融合实践以及实训内容,以实践所需为核心设计教学体系,优化教学设计,让学生明晰会计就业

具体内容，以及可能涉及的问题，并了解处理流程，确保其在遇到工作问题时可以有相应的应对方法，及时处理，降低工作难度，缓解工作压力，为实现综合发展，推动企业进步提供保障。

综上所述，会计专业学生应具备较强的思维意识以及实操能力，因此院校不仅要进行会计电算化模拟，为学生提供"教学做一体化"实验室，而且还要与企业进行合作，通过实训实操的方式强化工作能力。除此之外，教师还要以"教学做合一"理念为核心，提升个人教学水准，并建立完善的教学体系，确保学生以做为主，在参与的同时形成创新和实践意识，更好地掌握会计技能。

"陶行知教育思想"对后进生激励的有效运用

柳州市第一职业技术学校　孙琰程

一、问题的产生及情境描述

　　班主任工作的重点是对学生的管理和教育，而学生之间又存在很多的个性差异，所以如何在激励学生保持并发展良好个性的同时，又能缩小他们在成绩上的差距就成了班主任工作的重中之重。后进生的转化工作向来都是班主任工作中的重点，也是难点，特别是后进生转变过程中的反复现象通常让班主任疲于应付。在我所带的市场营销班，就遇到了这样的难题：我带的班级是2022级市场营销2班，该班是一个整体素质较好的班级，班级学生的中考成绩均为C等，有一定的学习基础且学习态度比较端正。但是，在班级里还是有个别淘气顽皮的问题学生，他们头脑都很聪明，但是自控力很差，学习、纪律都总落在班级的最尾巴部分，对于这一类学生的教育转化就成了我班主任工作中的重点和难点。在阅读了陶行知先生《"教学做合一"讨论集》和《普及现代生活教育之路和及其方案》两本书后，我深受启发，也开始了运用先生的思想理论对班级其中一名后进生进行转化教育，记录如下：

学生 ZQG，父母均有正规工作，家境尚好。自 2022 年 9 月进入学校至今，该生就一直在我所带的班级。ZQG 同学性格外向，极有幽默感，在同学中人气很高，但是自我约束力很差，无论在纪律上还是在学习上都很懒散。高一上学期时，该生经常因迟到、吃零食、留长发、谈恋爱等违纪问题每天都被各种"告状"；学习上，上课经常开小差、睡觉，很少认真听讲，很多科目的作业也总是应付完成，每每考试，成绩排名基本都在班级后 3 名之间徘徊，且更令人头疼的是，他本学期还因为聚众滋事而被带到了派出所……他也多次找到我向我提出想要退学的想法。

通过与该生家长的沟通我了解到，ZQG 的父母对儿子的期望很高，但是由于工作繁忙，从初中开始对他疏于管教，致使该生养成了懒散贪玩的习性，也与社会上的一些不良青年"混"到了一起，他们多次沟通无果，打骂更是家常便饭，这使 ZQG 更加怨恨父母，亲子关系十分僵硬。

二、问题的解决及结果

针对以上我了解、掌握到的情况，我结合陶行知先生"生活即教育""爱满天下"的思想，我决定"对症下药"。

（一）制订计划

生活教育是运用生活的力量来改造生活，它要运用有目的、有计划的生活来改造无目的、无计划的生活。根据该生的情况，在高一下学期初，我就制订了初步激励工作计划，以期有准备、有计划、多方位地对他进行疏导和转变。

学习方面：加强课堂管理，给 ZQG 设定他可以达到的各科目标分数，并逐步提高，加强课后作业的检查和辅导。

心理方面：帮其预约心理咨询老师，每周与他谈心一次，促进师生交流。

同学方面：陶行知先生十分重视集体生活，认为集体生活能够培养人的集体精神。所以要营造同学对其帮助、欣赏的氛围，多用激励机制、表扬手段，帮助他搞好同学关系、正确交友。

教师方面：我对他采取"反向要求"的方法，要求他如果成绩进步、不违纪，我就同意他的退学申请，并让其他科任老师共同监督。

家长方面：家校双方都能够明确自身的角色、尊重彼此的职责，在理念认知、育人实践等方面保持紧密配合，形成正向、一致的育人局面。每周与ZQG家长沟通一次，并对家长进行一些家庭教育方面的引导，帮助其建立良好的亲子关系。

（二）实施计划

陶行知先生提倡生活教育是给生活以教育，用生活来教育，为生活向前向上的需要而教育。从生活与教育的关系上说，是生活决定教育。从效力上说，教育要通过生活才能发出力量而成为真正的教育。

下半学期开学后，我开始了计划的实施，首先我想和ZQG建立起较轻松、和谐的师生关系，所以我选择了谈话、聊天的方式。起初在找他谈话之前，我就预料到他会很跋扈，因为他知道老师不喜欢爱违纪捣乱学习成绩还很差的学生，在校也以自己"为所欲为"为荣，自然是不把老师放在眼里。为了纠正他的态度，也为了让我们的谈话能够在轻松和谐的氛围中展开，我选择了边散步边谈心的谈话方式。出乎意料，我们的谈话进行得很顺利。在谈话中，ZQG首先主动向我认错，并承认自己上半学期的表现确实很不尽如人意。随后他还告知我，他个人也常因为不能很好地管理自己的学习和生活而自责，他觉得很愧对班主任和父母。曾经有几次，他在我们的谈话之后想过要发愤图强，但是没有几天他就坚持不了了。了解到这些情况后，我帮他分析了这些不良情绪、行为的原因，给予他鼓励和信心。第一次的谈话效果很好，他不仅让我走进了他的内心世界，也让他开始真正地感受到压力并醒悟。我发现他在班级的表现开始有了变化，早晚自习的精神状态比以前有了很大的进步。于是趁热打铁，我立刻找他进行了第二次的谈心，在对他学习态度有所转变给予表扬的同时，我又给他提出了更高的要求，就是从最薄弱的语文、数学、英语三科入手进行补习和提高。虽然很犹豫，但是最终他还是点头接受了我的要求，当时我与他制定了一个约定：如果到期末时，他能从班级第50名进步到第30名以前，我就答应他一直希望的退学请求。

在课堂上我也开始给他施加学习压力，强迫他投入学习。例如，在语文（本人所教科目为语文，而该生语文基础很差）课堂上，我总是点他起来回答问题，但这些问题都是相对简单的，让他来解答，在协助其完成问题的回答后予以表扬和鼓励。平时在班级巡视的时候，我经常走到他面前主动问他有没有问题需要解答，居然每次他都有大堆的问题提出，我就不厌其烦地给予解答。慢慢地，不需要我的提问，他在课堂上也会主动举手回答一些简单的问题，这一点让我很欣慰，连同学们也为他的勇气和改变鼓掌。随后的时间我又安排了班委和成绩较好的同学坐在他附近帮助监督他的学习。就这样，没过多久，班级很多同学向我反映情况说他像变了个人似的，现在不仅学习很勤奋，就连平时爱犯小错误的毛病也少了。这是一个良好的开端，说明我的计划开始初见成效了。俗话说"一分耕耘就有一分收获"，就这样，两个月后，通过不懈的努力，ZQG 的成绩进步了，不是小小的两三名，而是巨大的进步！到高一下学期期末考试时，他没有一门课挂科。要知道高一上学期他的成绩可是"彩旗飘飘"啊！作为班主任的我内心特别地激动，能看到学生在自己的引导和帮助下一步步地成长进步，我觉得特别的幸福。

然而，好景不长，随着天气渐渐转冷，我发现 ZQG 的状态开始松懈下来，成绩也开始出现滑坡的迹象，怕吃苦的弱点在他身上暴露无遗。例如，早读迟到、课间操动作懒散、不愿跑操，在课堂上，他常被我抓住伏在课桌上睡觉……种种迹象表明，他已经开始对自己放松管理，很有可能再次回到以前那种散漫的状态。为了能帮助他及时刹住车，我增加了谈话的频次，几乎每天都提点他几句，说教和训斥双管齐下。

陶行知先生说过：我们要晓得受教的人在生长历程中之能力需要，然后才晓得要教他什么和怎样教他；晓得了要教他什么和怎样教他，然后才晓得如何去训练那教他的先生。受此启发，我也加强了与其家长的联系，希望家长协助老师对该生进行管理。主动沟通，充分交流。不一味地"告状"，而是多说说进步的地方、令人感动的地方、孩子的闪光点，鼓励家长也尽量给予学生充分的陪伴、理解、鼓励，建立和谐的亲子关系。

三、问题解决成效

由于双向管理比较严格，他的表现没有出现太大的退步，各科任老师也向我反映 ZQG 的表现越来越好，课堂上的他从睡觉玩手机到听半节课再到认真听完一节课，所有老师都看到了他的改变；纪律委员的操行分登记本上他的名字出现频率也渐渐降低，都快看不到了；家长反映说回家会和父母交流了，会主动帮助家里做事了……连他自己都说："老师，我觉得学校的生活真充实！"

生机盎然的春天来了，崭新的一年开始了。每个同学都带着新的希望和憧憬投入新学期紧张的学习中。学期伊始，我就找到ZQG谈话："你已经达到了我给你设定的退学要求，现在的你成绩不错，也没有违纪，我同意你的退学申请。"没想到这个大个子男孩一下子眼泪就冒了出来："老师，我错了，我不想退学！"我接着反问他："当初你不是和我闹着要退学嘛，和我说过好几次呢！""老师，我收回！现在我觉得学校的生活真充实，原来学习并没有那么难，遵守纪律并没有那么难。我以后一定会继续好好努力，您别让我退学！"听完他的话，我笑了，他也笑了。本学期，我又和他制订了新的计划，给他提出了新的要求，希望他的潜力能够得到进一步的发掘。

教育中后进生的转化工作与培养优等生具有同等重要的意义，后进生制约着班级质量的全面提高。只有当不断地给人精神鼓励，并给予充分肯定时，才能更好地调动人的积极性、主动性。

陶行知职业教育思想融入"服装美术基础"的教学实践

岑溪市中等专业学校 陈 媚

一、陶行知职业教育思想概述

(一)陶行知职业教育思想的核心内容

陶行知职业教育思想的核心内容体现了对于现代职业教育的深刻理解和独到见解。首要核心是对学生个性的尊重与发展。陶行知强调,每个学生都是独特的个体,具有自身的兴趣、特长和潜能。因此,在职业教育中,应该摒弃一刀切的教学方式,而是要关注学生个体差异,以便更好地激发其学习的内在动力,培养个性化的职业素养。陶行知职业教育思想注重实践能力的培养。他认为,职业教育的目标不仅仅是传授理论知识,更要培养学生在实际工作中解决问题的能力。在"服装美术基础"课程中,这意味着不仅要关注理论知识的传递,还要通过实际案例、实践操作等方式,让学生真实感受并运用所学知识,提高其在职业领域中的实际应用能力。陶行知强调对社会需求的紧密关注,他认为,职业教育应该紧密结合社会的发展需求，及时调整课程设置，确保教学内容符合行业发展的趋势。在"服装美术基础"课程中，这意味着要密切关注时尚产业的动向，调整课程内容，使学生所学更符合实际用工需求，提高其就业竞争力。

（二）陶行知职业教育思想的特点

陶行知职业教育思想具有几个显著的特点，这些特点在职业教育领域中为其树立了独特的地位，其强调个性化培养，将学生视作独特的个体，注重挖掘和培养其个性潜能，这与传统一刀切的教学方式截然不同，突出了个体差异的重要性。在"服装美术基础"课程中，这一特点意味着要根据学生的兴趣、特长和学科倾向，灵活调整教学内容和方法，促使学生更好地发展个性特色。陶行知职业教育思想注重实践能力的培养，将实际操作与理论知识相结合。这一特点突显了职业教育的实用性，使学生能够更好地应对实际职业领域的挑战。在"服装美术基础"课程中，实践能力的培养可通过设计项目、实际创作等方式进行，以确保学生在毕业后能够胜任实际工作中的需求。陶行知职业教育思想强调对社会需求的紧密关注，特别是在技术和职业领域，社会需求不断变化，需要教育体系能够灵活适应。在"服装美术基础"课程中，密切关注时尚产业的发展趋势，调整课程设置，确保学生所学的知识和技能与实际用工需求相契合。陶行知职业教育思想具有导向未来的特点，强调培养学生适应未来职业发展的能力。在当前社会快速变革的背景下，这一特点对于职业教育的前瞻性和可持续性具有重要指导意义。在"服装美术基础"课程中，这意味着要注重培养学生的创新思维和对未来发展趋势的敏感性，使其在职业领域中保持竞争力。

（三）陶行知职业教育思想在"服装美术基础"的应用价值

陶行知职业教育思想在县级中专"服装美术基础"课程教学中具有显著的应用价值。其个性化培养的理念能够更好地满足学生的多元需求。"服装美术基础"作为一门专业课程，学生的兴趣和特长各异，通过运用陶行知的个性化培养理念，教师可以更细致地了解每位学生的特点，调整教学策略，激发学生学习的积极性，使其在课程中更好地发展个性潜能，强调实践能力培养的特点与"服装美术基础"课程的实际要求相契合。这门课程不仅仅要求学生掌握理论知识，更需要他们具备实际操作的技能。陶行知职业教育思想提倡将理论知识与实践操作相结合，这对于培养学生在实际工作中灵活运用所学知识的能力具有重要意义。在"服装美术基础"课程中，通过设计项目、实际创作等方式，将理论知识与实践操作相融合，使学生更好地适应未来职业发展的要求。陶行知职业教育思想注重对社会需求的紧密关注，对于"服装美术基础"课程的实际应用价值显而易见。时尚产业是一个不断变化的领域，对于从业人员的素质要求随之不断提高。通过应用陶行知的思想，可以使"服装美术基础"课程更加贴合时尚产业的实际需求，为学生提供更具实际应用价值的知识和技能，增强其在职业领域的竞争力。

二、"服装美术基础"课程教学现状分析

（一）教学观念滞后

"服装美术基础"课程在县级中专的教学中存在教学观念滞后的问题，表现为教育理念相对守旧、传统，未充分融入现代职业教育理念。这种滞后的教学观念影响了对学生个性的充分尊重和发展。传统观念往往偏向一种标准化的教学方式，忽视了学生个体差异，导致教学内容难以满足每位学生的兴趣和潜能。在职业教育思想的指导下，这种滞后的观念可能导致教学模式的单一，无法满足学生多样化的学习需求，影响了学生在专业领域中个性特色的发展。此外，教学观念的滞后也可能造成对实践能力培养的忽视。在现代职业教育中，注重实践操作与理论知识相结合的教学理念更为被重视。然而，教学观念滞后可能使得教学过程中更偏向于传统的课堂讲授，而忽略了学生在实际工作中所需的实际操作技能。这对于"服装美术基础"课程而言，可能导致学生在毕业后难以适应实际工作环境，影响其职业发展。

（二）教学资源匮乏

在县级中专"服装美术基础"课程教学中，教学资源匮乏是一个显著存在的问题。这一问题可能导致学生在实践操作和创作方面面临不足的支持，无法获得充分的实际经验。从职业教育思想的角度来看，教学资源的匮乏可能对学生的实践能力培养产生负面影响。实际操作是该课程中至关重要的一部分，而缺乏足够的教学资源，如工作室设施、现代化设备等，可能限制学生的实际动手能力的培养。这将使学生在毕业后面临实际工作挑战时感到不足和不适应，影响其职业发展的竞争力。因此，教学资源匮乏问题的存在可能影响了"服装

美术基础"课程的教学质量和学生的职业能力培养。

（三）教学方法单一

在县级中专"服装美术基础"课程教学中，教学方法单一是一个亟待解决的问题。这一问题可能导致学生的学习体验受限，难以激发其学习兴趣和主动性。从职业教育思想的角度来看，单一的教学方法可能阻碍了学生全面发展的机会。陶行知职业教育思想强调个性化培养和实践能力培养，而单一的教学方法难以满足学生个体差异，无法全面促进其综合素质的提升。在"服装美术基础"课程中，如果教学方法过于单一，例如仅以传统的讲授方式为主，可能无法有效培养学生的实际操作能力和创新思维，限制了其在职业领域中的发展潜力。因此，教学方法的单一可能影响了课程的教学效果，阻碍了学生在职业发展方面的全面提升。

（四）课程设置不合理

在县级中专"服装美术基础"课程教学中，课程设置不合理是一个需要关注的问题，这可能导致学生学习内容的片面性，难以满足现代职业发展的全面需求。从职业教育思想的角度来看，不合理的课程设置可能阻碍了学生个性发展和实际应用能力的培养。陶行知职业教育思想倡导根据社会需求调整课程设置，而不合理的设置可能使得学生所学内容与实际用工需求脱节。在"服装美术基础"课程中，如果课程设置不合理，可能导致学生缺乏对时尚产业发展趋势的了解，影响其在职业领域中的竞争力。因此，不合理的课程设置可能削弱了课程的实际应用价值，制约了学生在职业领域中的全面发展。

（五）师资力量不足

在县级中专"服装美术基础"课程教学中，师资力量不足是一项严重的问题。这可能导致学生无法获得足够的专业指导和支持，制约了其在职业领域中的全面发展。从职业教育思想的角度来看，师资力量不足可能妨碍了个性化培养和实践能力培养的实现。陶行知职业教育思想强调师生之间的互动和个性化指导，而缺乏足够的师资力量可能导致学生在个性发展和实际操作方面无法得到充分的指导。在"服装美术基础"课程中，如果师资力量不足，学生可能面临无法获得及时有效的实践指导和职业规划建议的困境，这将影响学生的专业素养和职业素质的全面提升。因此，师资力量不足可能制约了课程的教学质量，阻碍了学生在职业领域中的综合能力培养。

三、陶行知职业教育思想融入"服装美术基础"教学策略

（一）更新教学观念

为了将陶行知职业教育思想融入县级中专"服装美术基础"课程教学中，首要的思政建设策略之一是更新教学观念。陶行知职业教育思想注重对学生个性的尊重与发展，以及实践能力的培养，与传统的教学观念形成鲜明对比。因此，教师需要转变观念，不再仅限于传统的知识灌输，而是更关注学生的个体差异，激发其内在的学习动力。更新教学观念的过程中，教师可以采用个性化教学方法，注重挖掘和培养学生的兴趣、特长，为其提供更灵活、多样的学习途径。通过了解学生的个性和潜能，教师可以更有针对性地设计教学内容，使学生更加投入学习，并在职业领域中展现个性特色。此外，更新教学观念还需注重实践能力的培养。陶行知强调实践操作与理论知识的结合，因此在更新教学观念的过程中，教师需要通过引入实际案例、实践项目等方式，让学生在实际操作中理解和应用所学知识。这有助于培养学生的实际动手能力，使其更好地适应职业领域的要求。

（二）加大资源投入

为将陶行知职业教育思想更好地融入县级中专"服装美术基础"课程教学，必须实施思政建设策略之一是加大资源投入。陶行知强调个性化培养和实践能力培养，这就要求提供充足、现代化的教学资源，以支持学生的个性发展和实际操作的开展。为了满足个性化培养的需求，学校应加大对于师资队伍的培训和发展投入，提供更多机会让教师深入了解陶行知职业教育思想，培养其灵活运用这一思想的能力。同时，引进专业领域的专家，使师资队伍更具多样性和专业性，更好地满足学生个体差异的需求。实施实践能力培养要求增加实际操作的场地、设备等资源。投资建设现代化的工作室、实验室，引进先进的技术设备，有助于提供更优越的学习环境。这不仅能够支持陶行知强调的实践能力培养，还能使学生更好地适应未来职业领域的实际需求。为了更好地关注社会需求，学校需要投入资源对课程设置进行更新，这包括引入新的课程内容、案例分析、行业动态等，以确保学生所学内容与时俱进，更贴近职业发展的实际需求。

（三）优化课程设置

为将陶行知职业教育思想有机融入县级中专"服装美术基础"课程教学，必须实施的思政建设策略之一是优化课程设置。陶行知强调个性化培养和实践能力培养，因此课程设置应当紧密贴合学生的兴趣和职业需求，以培养更具实际应用价值的职业人才。优化课程设置要求关注个性化培养，即根据学生的兴趣和特长设计差异化的课程内容。陶行知职业教育思想注重对学生个性的尊重与发展，因此，可以通过开设选修课程或项目，让学生在感兴趣的领域深造，激发其学习动力，提高对专业的投入度。课程设置应紧密结合实际职业需求，反映行业发展的最新趋势。陶行知职业教育思想强调对社会需求的紧密关注，因此，课程设置需要根据时尚产业的发展动向进行及时调整。引入具有实际职业经验的行业专家，组织实地考察和行业对接，使学生在学习中紧密贴合实际用工需求，提高其在职业领域的竞争力。优化课程设置也包括加强实践性教学，注重培养学生的实际操作能力。通过设计实践项目、开设实训课程，学生在真实的工作场景中应用所学知识，增强其实际动手能力。这符合陶行知职业教育思想中实践能力培养的核心理念，有助于学生更好地适应未来职业领域的挑战。

（四）改进教学方法

为将陶行知职业教育思想有机融入县级中专"服装美术基础"课程教学，关键的思政建设策略是改进教学方法。陶行知强调个性化培养和实践能力培养，因此，教学方法的改进应以激发学生的兴趣、提高学习动力、培养实际操作能力为目标。改进教学方法要求采用更灵活多样的方式，满足学生个性化发展的需求。引入互动式教学、小组合作学习等方法，使学生更积极参与，提高学科学习的深度和广度。陶行知职业教育思想倡导教学过程中更多的个性化关怀和指导，因此，教师应当通过更多面向学生的教学方法，更好地发现和引导学生的个性特长。教学方法的改进需注重实践性教学，贯彻陶行知职业教育思想中实践能力培养的理念。通过设计实际案例、组织实地考察、进行模拟实训等方式，学生在实际操作中应用所学知识，培养其实际动手能力，这有助于学生更好地适应未来职业发展的实际需求。改进教学方法还需关注学生的反馈和参与。陶行知职业教育思想中注重师生之间的互动，教师应当鼓励学生表达自己的观点，提供实时的反馈。通过开展学术讨论、项目展示等形式，激发学生的学习兴趣，促进其对专业知识的深入理解。

"教学做合一"在中职旅游专业班级文化建设中的应用

岑溪市中等专业学校 欧至娜

《中华人民共和国职业教育法》和《中国教育现代化 2035》，以及《关于深化现代职业教育体系建设改革的意见》提出了推进教育现代化的八大基本理念，注重"知行合一"，更加注重融合发展。陶行知"教学做合一"思想在中职旅游专业班级文化建设中的应用，是一种将学习、实践和教学紧密结合的先进教育理念。这种理念在中职旅游专业班级文化建设中发挥了重要的作用，为学生的综合素质提升提供了有力的支持。面对现如今中职旅游专业学生存在的素质参差不齐、学习兴趣不足、爱岗敬业精神有待提高、就业后的波动性大等问题，很大程度妨碍了中职生的今后发展，很难实现中职教育"立德树人"培养目标。

一、班级文化在中职旅游专业班级建设中的作用

班级文化是班级所有成员或部分成员共有的信念，价值观与态度的复合体，主要通过班级成员的言行倾向、人际环境、班级风气、班级制度等反映出来。而在整个班级建设中，班级文化建设作为核心组成部分，对旅游专业班级建设起到了举足轻重的推动作用。

将陶行知"教学做合一"理念以润物无声的形式渗透到中职旅游专业班级文化建设当中，加强班级文化建设。该思想主张以实践为主导，注重培养学生的职业素养，强调实践与理论的有机融合，以及学生自主学习和创新能力的重要性。同时，让学生能更好地了解旅游行业的特点和要求，掌握旅游服务的基本技能和操作流程。同时，学生能培养良好的职业素养、职业习惯、职业自信，热爱旅游岗位，成为旅游文化自信的践行者和传播者。

一方面有助于培养旅游专业学生的职业素养、夯实专业能力，提高旅游专业学生的创新能力，促进旅游专业学生的自我管理，使得旅游专业学生逐渐形成良好的自我约束和自我管理能力，改正不良的行为习惯；另一方面增强旅游专业学生的团队协作能力，增强班级凝聚力，强化集体荣誉感，培养学生有利于自身发展且能够适应社会的行为品质、行业服务意识，加强学生的学习能力、动手能力、人际交往能力等，从而掌握技能，以便将来更好地就业，立足于社会。

二、中职旅游专业班级文化建设存在的问题

（一）缺乏明确的班级文化建设目标，定位不明确

中职旅游专业班级在进行文化建设时，缺乏明确的目标和方向（如"教学做合一""立德树人""知行合一""工匠精神"），导致文化建设缺乏针对性和有效性，并且缺乏对班级文化的深入理解和定位，在建设中只停留在口号、标语等表面形式上，导致班级文化缺乏独特的个性和特点，无吸引力，不能真正体现旅游专业的特色和价值观，这主要是班主任和学生对于班级文化建设的意义和目的认识不足所致。

（二）缺乏专业特色文化理念

旅游专业是一个具有丰富文化内涵和特色的专业，但在班级文化建设时，

学校没有充分考虑到专业的特点和文化背景，导致班级文化建设与专业脱节，缺乏与行业对接的元素，导致学生无法在班级文化中感受到行业的氛围。缺乏具有专业特色的文化理念，没有形成具有班级特色的文化内涵，学生无法真正了解和掌握旅游行业的文化和特点，缺乏班级认同感。注重与行业对接，将行业元素融入班级文化建设中，让学生更好地了解行业背景和文化内涵。此外，还应该注重个性化的元素，满足学生的个性化需求，让每个学生都能在班级文化中找到自己的归属感。

（三）建设手段单一，缺乏实践性和创新性

在班级文化建设的实施措施方面，没有制定出有效的实施措施，手段缺乏创新和多样性，导致班级文化缺乏吸引力和创造力。例如，一些班级仅仅通过简单的宣传海报、标语等来营造文化氛围，却导致学生之间缺乏互动和交流，班级凝聚力和向心力不足，导致文化建设缺乏群众基础和实际效果。在进行文化建设时，应该注重创新和多样性，采用多种手段和形式来营造文化氛围。可以通过组织文化活动、开展主题班会等形式来加强文化建设，同时，通过开展学生自主管理、组织学生参加文化活动等形式来增强学生的参与感和认同感。

三、陶行知"教学做合一"理念在中职旅游专业班级文化建设中的应用策略

（一）以"实践操作"为核心，制定班级文化建设规划

陶行知认为，"做"是学习的关键，只有通过实践操作，才能真正掌握知识。因此，在中职旅游专业班级文化建设中，以"实践操作"为核心，制定班级文化建设规划，利用在中职旅游专业实操课程（如模拟导游、酒店服务等）中加入专业技能的培养，将专业技能的培养渗透到班级文化建设的各个环节，包括班级环境的布置、班级符号的选择、班级制度的制定、班级活动的设计等，将专业技能的相关知识与要求放在班级文化建设中最突出的位置，可以形成一个专业的氛围，加强学生的专业认同感和学习兴趣。因此，在班级文化建设中凸显专业技能要求，以专业技能培养为核心，与专业教学紧密结合，加强成员的专业能力，增强对本专业的认同感，逐渐形成具有专业特色的班级文化。明确班级文化建设的目标，以提高学生的实践能力，增强班级的凝聚力和

创造力，通过不断探索和总结，让"教学做合一"的理念贯穿整个班级文化建设的过程。其次，注重实践操作。通过组织各种实践活动，比如社会调查、实验操作、社区服务等，让学生在实践中将所学知识应用到实际生活中，从而加深对知识的理解和掌握。

（二）构建专业特色班级文化理念，与旅游行业元素相融

陶行知先生的"教学做合一"理念是一种极具前瞻性的教育理念，强调学生通过实践、体验和探究来获得真知，提高实践能力。在这种思想的指导下，我们通过"做"来学，构建具有旅游元素的中职旅游专业特色班级文化理念，以培养更具创新和实践能力的旅游专业人才。

在班会课中，我们将旅游行业的元素充分融入，让学生深入了解旅游行业的最新动态和趋势。通过实际的旅游案例，小组讨论、角色扮演等方式，学生全面了解旅游行业的各个方面。这样，学生不仅能够掌握理论知识，而且能够培养实践能力。在班级文化建设中，我们要将教、学、做有机地结合起来。比如，我们可以在主题班会中上引入实际案例，让学生通过分析和解决问题来学习相关知识。我们还可以邀请旅游行业专家、学者或优秀毕业生来分享经验和见解，以引导学生更好地学习和成长。结合专业课程进行理实一体化教学，加深学生对旅游行业认识，具体途径有安排学生参加旅游实践活动，如旅游线路设计、旅游产品推广等，让他们在实践中学习如何将理论知识应用于实际操作中；邀请旅游行业的专家来校进行讲座，让学生了解行业最新的动态和趋势；进行班级文化建设活动的组织，营造旅游专业特色氛围；在班级中设置旅游主题墙报、旅游景点介绍等，让学生时刻感受到旅游行业的氛围；组织学生参加旅游文化节等活动，让他们了解不同地区的旅游文化特色。

（三）强调"自主学习"，提升认同感与参与感

陶行知认为，"教"与"学"是相互促进的，学生需要自主学习，才能真正掌握知识。在中职旅游专业班级文化建设中，学生需要自主探究、自我反思，通过自主学习提高自身综合素质。

要将教学与生活相融合。在班级文化建设中，我们可以引入生活中的实际案例，让学生在学习中感受到旅游专业的实际应用。比如，我们可以组织学生参加旅游活动，让他们在实践中了解旅游行业的运作模式和服务标准，从而更好地掌握专业知识。要注重实践操作。在班级文化建设中，我们可以安排学生

参与各种实践活动，如旅游线路设计、旅游景区调研等。通过这些活动，学生可以将在课堂上学到的理论知识运用到实践中，提升自己的专业技能。同时，这些活动也可以增强学生的团队协作能力和创新思维能力。要强调自主学习。在班级文化建设中，我们可以引导学生自主探究问题、解决问题。比如，我们可以设置一些开放性的问题，让学生通过自主学习、自主探究来解决问题。这样不仅可以提高学生的自主学习能力，还可以增强学生的自信心和成就感。将陶行知"教学做合一"理念贯彻到中职学校旅游专业特色的班级文化建设中。同时，我们还可以根据实际情况不断进行调整和优化，以更好地提升学生的认同感与参与感。

（四）注重团队合作，增强班级凝聚力，强化集体荣誉感

在陶行知"教学做合一"理念的影响下，中职旅游专业班级文化建设需要采取一系列促进班级文化建设的活动及实施措施，以达到注重团队合作、增强班级凝聚力和强化集体荣誉感的效果。

需要制定明确的班级文化建设目标。通过目标的明确，可以确保班级文化建设始终沿着正确的方向前进。为了实现这些目标，需要制订具体的计划和措施，包括组织多样化的活动、培养班级荣誉感、建立良好的班级氛围以及发挥教师的引导作用。需要组织多样化的活动来促进班级内部的团队合作和交流。这些活动可以包括团队建设游戏、文艺比赛、知识竞赛等，不仅可以增强班级成员之间的默契度和信任感，还可以提升班级凝聚力。通过这些活动，班级成员可以更好地了解彼此，增进友谊，从而形成更加团结的班集体。需要培养班级荣誉感。通过表彰优秀班级和个人，以及开展集体荣誉感教育，可以激发班级成员的集体荣誉感。同时，鼓励班级成员积极参与学校的各种活动，为班级争取更多的荣誉，也可以增强班级的凝聚力和向心力。需要建立良好的班级氛围。良好的班级氛围是班级文化建设的基础。只有在一个和谐、融洽的环境中，班级成员才能够更好地交流、合作和学习。因此，建立良好的班级氛围是至关重要的。需要发挥教师的引导作用。教师是班级文化建设的重要引导者。他们的言传身教、榜样作用对于班级文化建设有着重要的影响。因此，要充分发挥教师的引导作用，鼓励教师参与班级文化建设，为学生树立榜样。

在中职旅游专业班级文化建设中，陶行知"教学做合一"理念的应用不仅是一种先进的教育理念，更是一种实用的教育方法。它注重实践操作、自主学习和团队合作，为学生提供了全方位的学习体验和成长机会。给中职旅游专业

班级文化建设带来了深刻的启示，为培养具有实践能力和综合素质的旅游行业技术技能人才提供了有力的支持。班级文化建设还有赖于学生、班主任、校领导、相关企业等的多方参与，加强产教融合，校企合作，融合班级文化与企业文化，凸显出班级文化的关联性，使班级文化不被局限与孤立，拓展班级文化建设的空间并注入新的活力。中职班级文化建设教育任重道远，需要与其目标一致的班级文化来推动，完成对中职生的价值观塑造，需要各方的努力与坚持不懈。

"教学做合一"在中职"网店运营"教学的有效应用

岑溪市中等专业学校　欧世金

随着网络技术应用的快速普及，电子商务正以前所未有的速度迅猛发展，由最初的电子零售阶段、电子贸易阶段发展到网上交易市场阶段，大部分企业都会在线上开设网店开拓自己的销售渠道，然而网店运营人才不足却成为制约其发展的瓶颈。电商人才的不足，不仅影响着电商企业的发展，也制约着行业的进一步发展。中职学校电子商务专业课程以其独特的教育模式和全面的课程内容，逐渐成为社会需要的电子商务人才的重要来源。为培养符合社会需求的电子商务专业人才，陶行知先生"教学做合一"教学模式已成为中职学校人才培养模式的一种切入点。

一、中职学校电子商务专业教学现状分析

（一）师资力量薄弱，缺乏企业实践人才

我国中职学校的电子商务专业教师大多数是应届毕业生招聘就职，从学校到学校，具备较强理论知识及学习能力，但缺乏一定的企业实践经验。虽然中职学校在暑假期间，会安排专业教师下企业参加社会实践学习。但由于学习时间较短，大多数情况下是交流学习及了解本专业发展方向，对于岗位的实践还是少之又少。总之，大部分教师是缺乏企业实践经验，教学过程中会比较偏重理论知识教学，学生不能学习到实际操作，这不利于中职学校电子商务专业学生的发展。

（二）模拟教学软件平台虽能用，但缺乏真实性

由于电子商务专业实操性较强，大多数学校缺乏企业真实项目，为了让学生掌握专业操作技能，普遍学校会采用模拟教学软件平台上实操课。模拟教学平台实操课程能让学生运用理论知识进行实操，并掌握电子商务操作流程，如网店运营课程，只能让学生掌握注册网店、上架管理商品、物流及客服服务等内容，实际上不能真正掌握店铺的运营具体情况，同时也缺乏分析问题的能力。另外，学生也不知道自己的作品效果如何。这样会导致部分学生实操课程只能流于操作形式，不注重分析问题及解决问题。

（三）学生基础薄弱，学习能力较低，缺乏学习自主性

中职学校学生大多数都是没能上高中而被迫选择来中职学校就读，总体生源素质较差。部分学生不仅学习成绩差，在校期间也没有端正学习态度，只想在中职学校随便混到毕业，极度缺乏学习兴趣及动力。也有部分学生虽然能按时完成作业，上课安静听讲，但学习自主性较差，仅满足于教师课堂理论知识，课后极少参加实际操作实践。学生缺乏学习兴趣及自主性，学习态度敷衍，同时也缺乏刻苦学习精神，对于学习方法领悟不够，学习能力较差。因此在这样的情况下，学习电子商务专业知识是存在一定难度的。

二、实施"教学做合一"教学模式的实践意义

根据中职"网店运营"课程的特点和教学目标，在该课程中实施"教学做

合一"教学模式是实施中职教学改革的重要组成部分，它具有不可复制的实践意义。具体来说，这种意义大致体现在如下几个方面：一是该教学模式的探索和实践性运用本身是符合学生成长成才的客观规律的，在实际教学过程中正确地运用它，有利于"教、学、做"三者的有机统一，最终提高"教、学、做"三者的实效；二是有利于促进该课程教学总目标的尽早实现，为学生适应社会发展需要提供有力的实践保障成；三是有利于提高中职"市场营销"课的教学成效，并对学生早日成长成才起到了很好的助推作用，这主要表现在学生今后在运营管理和执行的能力上。

三、"网店运营"课程"教学做合一"教学实施情况

（一）教学内容

"网店运营"课程是中职电子商务专业核心课程，它在专业课程体系中占有非常重要的地位。为了落实"网店运营"课程"教学做合一"教学任务，体现"教学做合一""六步法"教学过程，本专业教师对教材内容整编成《网店运营"教学做合一"工作任务书》校本教材。该课程以学生为主体，按照学生开网店真实店铺运营环境，完成网店筹备管理、网店商品管理、运营数据分析、网店推广管理、网店客服和物流管理、店铺日常管理的6大项目工作。

（二）教学方法

情境导入教学法：通过情境导入的真实工作项目，学生根据项目要求，借助学习材料，进行自主探索和互动协作的真实环境工作，完成任务，从而达到既定的学习目标。

问题教学法：通过设置一系列的引导问题，如项目二网店商品管理中，如何撰写产品的标题、如何采集产品信息、如何定价、如何进行产品上架等问题，引导学生独立思考和自主学习，促使学生学习项目中必要的理论知识。

小组合作学习法：学生分成8个小组，每小组6人，进行合作学习与讨论，充分激发个体潜能，融合集体智慧，从而提高学习和工作的效率，培养学生团体合作精神。

角色扮演法：由专业教师扮演电子商务运营专家，组长扮演淘宝店店长，组员扮演运营组里的美工、运营、客服，并按照网店运营流程来组织教学，使

学生既体验到实际运营工作，实现在工作中学习，即"做中学，学中做"，又了解到企业网店运营的流程。

真实体验法：要求学生以小组形式，以商家身份开设淘宝店铺并进行运营，培养学生网店运营综合素质。

(三) 教学实施过程

"网店运营"课程整个教学过程在"教学做合一"教学"六步法"的基础上进行了调整，每个项目教学环节为：明确任务—收集信息—制订计划—做出决策—实施计划及检查—展示成果—相互评价—分享反馈。下面以项目一网店筹备管理为例开展以任务为驱动的"教学做合一"教学。

情境导入：以中职学校电子商务专业三年级的学生王明的身份，他打算跟同学们合伙开女装网店。要成功开设经营一家店铺，王明得考虑店铺的定位问题。在申请店铺，发布商品之前，需要从开设店铺前就做准备，如分析目标市场，选择定位商品，根据所选商品的特征，有针对性地分析网络消费者的消费习惯、消费模式，并形成调查报告，作为定位店铺的参考依据。

明确任务：教师陈述本次学习任务和要求，提出项目任务，工作任务是以王明身份决定创业，第一步就是选择服装网店创业项目；第二步就是要选品，对产品和店铺进行定位。按照创业真实的工作项目和流程，营造真实的工作氛围，转变学生的"角色"，激发学生的学习兴趣，培养学生养成良好的工作规范和工作习惯，同时加深学生对创业的了解。

收集信息：教师引导学生查阅资料、指导学生理解工作项目、引导学生尝试对产品进行定位和确定店铺风格并记录学生表现。同学认真完成工作任务的资讯，课下利用网络及书籍自主收集信息，了解创业领域、面临的机会和挑战、淘宝服装销售情况和其所在店铺的定位等知识。通过学生收集信息，培养学生自主学习的能力和查阅资料的能力。

制订计划：小组每位成员根据前面的学习和收集好的信息，各自根据自己的理解规划产品和店铺的定位。教师巡视指导学生开展计划工作，并记录学生表现。设计意图：培养学生分析问题的能力及独立思考的能力。

做出决策：学生通过小组讨论交流、头脑风暴，对每位小组成员的计划提出意见和建议，达成共识；成员修改自己的资料，确定小组工作实施方案。教师巡视学生讨论并记录学生表现。设计意图：培养学生分析理解工作项目的能力以及准确表达自己观点的能力。

实施计划及检查：各组长进行分工，各成员按角色实施计划，填写好工作任务书，各环节按时完成，利用好网络资源，按步骤实施制订计划，检查实施内容并及时整改。制作好本项目汇报 PPT，写好汇报演讲稿。教师巡视学生制作过程并记录学生表现。设计意图：培养学生的团队合作能力和统筹安排能力，按时完成各个环节的内容制作。

　　展示成果：各组汇报员进行 8 分钟的汇报，展示项目实施成果、汇报店铺如何定位的原因、实施过程、组员分工等。教师聆听汇报，并做好记录以便点评。设计意图：模拟真实工作情境，汇报顺序随机，锻炼学生的语言组织能力，提高学生综合素质。

　　相互评价：每组填写好工作任务书中的评价表，每组有 2 分钟自评，各小组 2 分钟互评，然后企业导师进行 8 分钟点评，专业导师进行 8 分钟综合评价。设计意图：通过学生自我评价，培养学生准确地进行自我评估的能力；企业和专业导师进行总结，以加深学生对项目目标的理解，以便课后进行拓展学习。

　　分享反馈：回顾本次学习项目，老师和同学们一起分享收获、感想、疑惑、感动，畅所欲言。设计意图：分享反馈，拉近大家的情感，构建更深的师生关系，增加团队氛围，针对该项目的反思，更利于学生在课后进行项目完善，教师有所针对地调整教学内容。

四、"网店运营"课程"教学做合一"教学成果及反思

（一）教学成果

　　学生在经过了一个学期的"教学做合一"课程学习后，自主学习能力得到了较大提高，加深了对电子商务专业岗位认知。特别是店铺成功把商品卖出后，收获了成功的体验，大大增强学生学习动力。另外，学生实施角色进行不断轮换，组长、网店美工、作品 PPT 制作及汇报分享，学生都可以在 6 个任务中进行轮换。此外，学生的综合能力得到锻炼。经过"教学做合一"模式教学，学校电子商务专业学生涌现了一批团队领导者、PPT 制作高手、从容分享汇报的精英。

（二）教学反思

　　"网店运营"课程"教学做合一"教学评价没有统一的标准。网店运营成

果多数情况下需要用市场来检验，但由于资金推广问题，店铺产品转化率较低，没有比较多的运营数据支撑，部分学生积极性受挫。建议引进一家校企合作企业，给学生一部分店铺资源进行推广运营，有转化率学生做起来就比较有动力，也更能检验学生的成果。

探究中职生"知行合一"的有效途径

隆安县中等职业技术学校　廖胜飞

陶行知主张知识与行动相互结合，只有通过实践，才能真正掌握和应用所学的知识。中职校要培养学生自主学习和实践能力，鼓励学生不断思考和反思，将知识转化为行动，有效地实施"知行合一"。教师要教育学生能够在快速变化的社会环境中得以适应，使中职生正确的职业观得以树立，使市场对人才的需求得以满足，使中职教育教学的水平得以提高，使职业教育的社会地位得以提升。

一、"知行合一"概述

"知行合一"是陶行知教育思想中的重要内容，陶行知所提出的生活教育理论与新课程改革倡导的基本观念是差不多的，在新课程改革中，大多数改革的方向都是继承了陶行知教育思想。在课程改革的过程中明确提出了，要不断改革课程内容，加强学生生活与现代社会发展的联系，主要是使学生获得生活的经验，培养学生的社会实践能力，促进学生的个性化发展。生活及教育这个理论也是由陶行知提出来的，陶行知认为教育和生活是一体的，互相涵盖，互相融合，才能发挥出各自最大的作用。陶行知主张将教育和生活融合在一起，坚决反对死教育，死书本，不能够运用以往传统的教学模式。生活决定了教育的本身，教育也可以改造生活，具体来说，生活决定了教育的目的、教育的内容以及教育的原则。而教育必须通过生活才能够正常地进行，生活中需要教育，生活在不断发展，而教育也在不断发展，良好的教育可以改造生活，而不是被生活制约，良好的教育可以有效地促进生活。陶行知认为，在日常的生活里必须发挥教育的特殊意义，将其特殊力量发挥出来，同时在教育的时候，也需要联系到生活，从而产生深刻的影响。学生在学校里学习的知识太少，因此学生可以将社会当成学校，如此一来，在一定程度上增加了教育的材料、方法、工具和环境。也可以说成是"生活即教育"，教育的范围就是整个社会的运动。并且，时刻关注生活，关注探究，以生活作为中心，如果教育脱离了生活就是死教育，因此学校的教育应该围绕生活展开，强调探究式学习，改善学生的学习方式，引领学生高效地展开学习，将自主合作探究的学习理论得以构建，落实学思结合的教育原则，体现学生的主体地位。增强学生的好奇心与求知欲，鼓励学生积极表达自身看法，培养学生的进取精神，结合学生的实际情况，尊重学生的个体差异，引导学生关注生活与学习之间的联系。

二、中职生落实"知行合一"的状况

最近几年，中职生在开展德育教育的过程中，"知行合一"太过于形式化，德行实践不能够满足社会需求，并没有顺应以人为本的原则，实施"知行合一"的效果也不太好。如今，要想有效实施中职生"知行合一"，就必须进行相应的改革。

（一）缺乏合理的教育方式

教师需要不断地改善自身的教学方法，不能够用固定不变的教学方法，应该将教学方法处于动态的变化过程中，制定教学方法，实施教学方法，评价教学方法，最后再反馈总结，这是一个循环优化的过程。根据现状来看，大多数中职学校在对学生实施执行教育的过程中，主要采用的教学方法就是，在课堂上讲解知识，在课下加强实践，这种方法太过单一普遍，实施起来并不具备高效性。一直沿用这种教学方法，也没有结合学生的实际情况，做出相应的改变，没有总结与分析，并没有落实到学生的身边事物中，因此实施效果达不到目标。

（二）缺乏重要性认知

大多数中职学校对于"知行合一"这一措施的落实，存在着不合理的地方，主要是因为中职学校缺乏对"知行合一"教育的重要性认知，他们没有意识到其重要性，教师自身都没有端正自身的观念，学校也没有重视"知行合一"的教育效果，因此在实施的过程中还存在着不合理的地方。

（三）缺乏良好的沟通

实施"知行合一"，主要是想将学生的心理素质得以提高，培养学生的个人品质，培养学生的职业素养。然而，要想提高学生的职业素养、心理素质以及个人品质，就必须加强老师与学生之间的沟通交流，丰富他们的对话，拉近师生之间的距离，让学生关注重视"知行合一"，从而才能够取得良好的教育成果。不只是形式主义，不只是仅仅为了完成课程，但是根据目前的现状来看，大多数学校的学生都没有做好与老师的沟通环节，缺乏相应的沟通机制，老师也不了解学生的实际情况，不了解学生的实际所需与所想。

三、落实中职生"知行合一"的策略

（一）将教学方式得以优化

优化教学方法可以提高"知行合一"教学的有效性，曾有教育学家这样说过，一个人在受过合适的教育之后才能够成为一个人，因此必须选择科学合理的教育方法，这是非常重要的。首先，要做到知中有行，行中有知，在选择教学方法时，必须兼顾知和行，比如将案例教学法和合作交流法结合在一起，将情境教学法和探究法结合在一起。其次，教学必要结合丰富的实践，从而才能够真正地做到格物致知，比如可以通过举办相关的辩论赛，或者是举办"知行合一"的文化节，采用多种多样的形式，让学生去参与各种社会公益活动，提高他们的学习兴趣，从而真正地落实"知行合一"。最后，要想实现"知行合一"，就必须反思总结，结合实际经验，结合学生的实际情况，不断反思，从而优化教学方法，教师在教授知识的时候，必须注意学生的学习情况，将学生的意见收集起来，了解学生的看法，将学生的学习反馈及时掌握并且总结这些反馈，整理自身教学方法，发现其中的优点缺点。当下一次开展教学活动时，就要突出其优点，尽量地避免缺点，从而在教师的教学过程中，实现知行的统一，不断优化教学方法，深入开展"知行合一"教学，改变以往传统的教学模式，加强实践与评价。

（二）加强沟通交流

教师在教学过程中必须注重因材施教，要想做到因材施教，就应该加强与学生之间的沟通交流，不能够只是片面地关注学生的分数，应该走进学生的内心世界，从而符合德育的教学要求。在教学过程中，加强与学生之间的沟通交流，并不只是表面工作，不能只停留在课堂上的提问回答环节，还必须树立新的沟通目标。让老师以朋友的角色与学生沟流交通，让学生能够迅速地融入课堂氛围中，拉近师生之间的距离，让学生更快拥有"知行合一"的思想。并且教师还应该将自身评价目标得以明确，加强日常的学习考核工作。在"知行合一"教育过程中，必须关注学生的心理发展，关注学生的实践活动，增强学生的学习主动性，充分发挥主观能动性的作用，贯彻落实"知行合一"教育原则。老师需要了解学生，根据不同学生的不同水平、不同学习状况，针对性地开展学习工作，为他们制订学习和发展计划。除了以往的学习考核之外，还必须加强学生与学生之间的沟通交流，鼓励学生大胆发表自身看法，对于学生的进步，给予相应的物质奖励或者精神奖励，增强学生的学习信心，对于表现没有那么好的学生，更应该给予支持，且不可批评他们，或者直接打击他们的自信心，应该尊重他们，私下进行沟通，了解他们的真实情况，给予他们相应的帮助，教给他们适合自己的学习方法。要想考核"知行合一"，主要考核两个方面，考核其行为表现以及结果评估，考核"知行合一"学习的过程以及其结果，反思结果的反馈，有利于改进后续教育方法。因此，考核工作应该每月开展，考核工作一般是由老师负责，老师负责评价学生本学期的表现，不能够只考核学生的结果，还应该注重学生在日常生活中的表现，考核学生在学习过程中的沟通情况，从而展开行为评估考核，记录平时的行为，从而找到影响考核结果的主要原因，有利于后续考核工作的开展，有利于后续教育教学工作的改进，如此一来，才是实现考核的真正价值。

（三）增强对"知行合一"教育的重视度

知是行之始，行是知之成，要想实现"知行合一"，就必须清楚"知行合一"的重要性，了解其价值，教师必须将自身的教育目标得以明确。对于中职学校来说，落实"知行合一"，不仅可以将教育部的教育要求得以完成，还可以将学生的素质得以全面提升，将老师的教育水平得以提高，要想落实"知行合一"，必须遵循以下几个原则。首先，遵循时代性教育，应该跟上时代发展的步伐，不断更新自身的教学理念与教学内容，时刻关注时代的变化，在落实"知行合一"的过程中，必须与时俱进，贯彻落实社会主义核心价值观，规划职业生涯，将以往传统教育中的弊端得以摒弃。比如摒弃保守刻板的教学方法，需要改革教学模式，取其精华，去其糟粕，学习传统教育的精髓，比如勤勉、节约、诚信等。其次，遵循其主体性，要体现学生的主体地位，时刻关注学生，让学生主动参与到课堂活动中来，了解学生的心理特点，关注学生的实际情况，从而适应中职学校的教学模式，鼓励学生积极参与到此种教学模式中。最后，遵循实践性，开展教育活动主要是提高学生的学习能力，在"知行合一"的教育中，必须设计相关的实践活动，使学生的情感体验得以丰富，让学生可以真切地感受与体会，增强学生的学习兴趣，让学生主动地学习，在学习过程中增加"知行合一"的教育成效，而将自身学习的时效性得以实现。

（四）将良好的教育氛围得以营造

创建良好的班风，有助于"知行合一"教学教育的落实，虽然环境与氛围无法体现成绩数字，无法体现学生的就业率，但是创建良好的环境与氛围，可以有效发挥"知行合一"的教育作用。在落实"知行合一"的过程中，必须使相应的教育文化得以建立，从而学生更容易理解与接受，获得的认同感更强烈，使教育中遇到的阻碍得以减少，加强学生对"知行合一"理念的认同，并且教师在实际的教学过程中，可以有效落实"知行合一"，更好地实现自己的教育目标，促进学生的未来成长与发展，培养学生的综合素质，以德服人。在所有的教育过程中都应该加强学生的理想教育以及职业生涯教育，从而使良好的教育氛围得以营造，促进学生全面成长与发展。

习近平总书记在多次谈话中，强调"知行合一"的重要性。对于中职生而言，他们的德育教育是非常重要的，老师应该充分意识到德育教育的重要性，使学生的健康道德品质得以培养，促进学生全面成长，只有学生具备了高品质，才能够成为高素质的人才。老师在教育的时候，不仅要抓住理论，还要重视学生的实践工作，采用结合技术与知识并行的方式，全面落实教育工作，加强道德行为的培养，从而将"知行合一"落到实处。

四、结语

构建理论与实践兼顾的德育模式，拓展"知行合一"的研究范围，体现学生的主体地位，有利于学生的健康发展。但是，现阶段，中职学校还没有有效地落实"知行合一"的教育方法，老师缺乏合理的教育方式，师生之间缺乏良好的沟通。因此，需要将陶行知"知行合一"策略落到实处，优化教师的教学方法，加强师生之间的沟通交流，从而更好地做到因材施教，增强学生的学习主动性，增强学生对"知行合一"教育的重视度，教师必须明确自身的教育目标，营造良好的教育氛围，创建良好的班风。从而可以有效落实"知行合一"，老师可以更好地实现自身的教育目标，促进学生的成长与发展。

陶行知生活教育理论在学校德育实践中的运用

广西交通技师学院　钟锡锋

陶行知是伟大的人民教育家，为中国教育改革和教育事业做出过巨大贡献，他将教育和实践相结合，在了解中国国情的基础之上提出适合中国国情的教育模式。他著名的教育理论主张"生活即教育""社会即学校"，对今天的教育实践具有十分重要的指导意义。

一、陶行知"生活即教育"的真谛

陶行知先生核心内容是："生活即教育""社会即学校""教学做合一"，而"生活即教育"理念是生活教育理论体系的基础。关于"生活即教育"，他是这样说的："生活教育是给生活以教育，用生活来教育，为生活向前向上的需要而教育"，并且说"生活决定教育"，在他看来过什么生活便是受什么教育。

"生活即教育"理论更重视生活本身的教育作用，

强调是生活决定教育的质量，生活是教育的有效途径，生活本身就是一种特殊的教育。其次，教育又促进生活的变化。"生活即教育"不仅仅强调教育要联系生活，而且强调教育会推动生活的变化，改善受教育者在生活中的道德行为和人生观念，甚至价值观。最后，教育是终身教育。只要生活在继续，教育就在继续，"生活即教育"理念提出了终身教育的要求，认为教育是与人从始至终的，也将教育的范围拓展到家庭、社会，而不是仅限于学校的教育。

二、"生活即教育"与德育实践中的密切联系

德育，又称思想品德教育，是社会或社会群体用一定的思想观念、政治观点、道德规范，对其成员施加有目的、有计划、有组织的影响，使他们形成符合一定社会所要求的思想品德的社会实践活动。"爱国主义教育、社会主义教育、理想道德教育、纪律与法制教育"等都是我国思想品德教育中的重要组成部分，思想品德教育是中等职业学校德育实践的行动指南，通过德育与学科教育的深度融合和互补，创新德育教育方式，具有重要的理论和实践意义。

陶行知不仅坚决反对死板的教育，反对脱离生活的教育，而且把德育看成是教育之首，认为生活是德育这一社会意识转化为个体意识和道德品质过程中的重要一环，是不可缺少的重要组成部分。这个论述与今天的德育教学发展的"学习要与做相结合、学习要与行相结合"形成鲜明的一致。他提出的"生活即教育"的理论与德育教育有着重要的联系。

（一）"生活即教育"理论与思想品德有机地结合

陶行知"生活即教育"的模式，纠正了传统德育中只重视知和情的错误，将德育融入生活中去，把德育从传统的口头教育和纯文字灌输中解放出来，延伸到受教者亲身经历生活的方方面面，把生活当作统一知、情、意、行的有效德育途径和载体。

任何一种思想品德都是在知、情、意、行等诸要素的相互影响、相互促进中形成和发展起来的，这是思想品德形成和发展的心理规律。"生活即教育"强调不脱离生活，在生活中去教育，运用生活进行德育。让受教育者在生活中直接认识社会行为规范和准则，在生活中培养辨别是非善恶的能力。所谓"知"就是让受教育者亲身体验各种"真、假、善、恶"的行为所带来的情绪，产生相应的情感和变化；所谓"情"是在生活中帮助受教育者排除各种干

扰从而做出正确的决定，通过生活教育受教育者克服不良影响坚持正确的道德选择；所谓"意"是让受教育者在生活中去做出在自己选择的道德意识所支配的行动，将思想落实到生活中实实在在存在的行为上；所谓"行"就是实践的先驱，是行动在实践中运用和可能收到的效果。"生活即教育"理念还重视知、情、意、行的联系和区别，不放任受教育者在生活中的道德选择和标准，注意引导和启发，在拓展意和行的德育途径时也要注意知和情的教育，做到知、情、意、行相互影响，相互作用。

（二）"生活即教育"理论发挥自我教育功能

德育是社会意识转化为个体意识和道德品质的过程，这一过程发生在受教育者的内部思想斗争中。这种斗争源于受教育者对当前德育要求的反映与原有思想道德状况之间的矛盾。因此，要解决这一矛盾从而产生理想的德育效果，受教育者的自我教育至关重要。

"生活即教育"理论强调不要把受教育者封闭在围墙之内，认为受教育者本身才是教育的主体，应引导受教育者去参加社会人际交往和活动，在学校生活之外，到家庭生活和社会生活中去体验道德标准，衡量道德标准，纠正学生思想偏差。让生活能够为受教育者提供不同的道德情景模式，让受教育者在生动的情境中选择和学习、鉴别，认识到怎样的道德行为标准和道德选择才是正确的，最终让受教育者主动地、积极地、自发地去学习，学会自我管理，实现自我教育，自我要求进步。

（三）"生活即教育"理论重视德育环境的构建

德育的过程是长期、反复、逐步的过程，不可能实现一蹴而就，有时可能出现缓慢和波动。一个良好的德育环境不仅可以促进德育工作的开展，而且有利于巩固德育成果。传统的德育观只重视对受教育者本身的教育，往往忽视了存在于受教育者周围的环境的影响，德育如果仅仅是通过课堂讲授式的教育容易使受教育者脱离社会生活实际。呆板、单一、枯燥的教授方式也容易使受教育者产生厌倦感。陶行知认为好的生活就会有好的教育，坏的生活只会产生坏的教育。陶行知不仅仅在理论上重视环境在道德教育中的作用，而且又特别把实践观引进了道德教育思想阵营，他的"生活即教育"理论为受教育者提供了一个结构开放、生动活泼的道德实践环境，生活实实在在存在于受教育者周围，起着重要的第二课堂的作用，而且丰富了实践课堂，贴近了生活实际，良好的生活环境有利于将德育实践到学习和生活中去,给受教育者提供更多实践的机会。

三、学校发挥"生活即教育"理论在德育教育中的实践运用

(一)发挥学校教师"立德树人"的主导地位

"生活即教育"理论告诉我们,在教与学的过程中,教师是起主导作用的,他们是学生们身心发展过程的教育者、领导者、组织者。教师工作质量的好坏关系到我国年青一代身心发展的水平和民族素质的培养,从而影响到国家的兴衰。"德高为师、身正为范。"教师不仅是知识的传授者,而且还是"德、智、体、美、劳"学生思想的引导者、行为的规范者、人格的塑造者。学生是祖国的希望、社会的栋梁。好老师应该懂得,选择当好老师就选择了责任,选择了奉献。学校始终坚持把"育人为本、立德树人"的育人方针推送到最平凡、最普通、最细微的教学管理当中。学校狠抓师德师风建设,每年定期召开各种素质培训、教学方法培训、德育课堂培训,不定期组织专任教师、班主任、专职辅导员到文明社区、文明学校、企事业单位开展专题教研学习,培育教师讲奉献、为人师表等教学实践研讨,要求教师上好每一堂课,在三尺讲台上热情奉献自己的责任和力量,并从自身做起,从细微做起,扎扎实实做一名合格的、高素质的"人类灵魂的工程师",全体教师要积极响应学校贯彻的"根正苗红、正人先正己"教育理念。

(二)实现"生活即教育"的教育队伍多元化建设

生活是多元化的,生活中不可避免地会接触各种群体。"生活即教育"理念要求教育贴近生活,教育融入生活,把生活当作教育本身,因此要加强教育队伍多元化建设才能够发挥"生活即教育"理念在德育中的作用。教育者要积极发挥受教育者生活中接触到各种群体的榜样力量和示范功能,加强各种群体之间的联系和沟通。如学校利用受教育者在校接触的宣讲老师和同学作为先进榜样进行宣传,对其家庭生活中发生的先进事例进行鼓励宣导,开展道德模范、技能标兵、劳动模范、大国工匠等事例专题讲座,布置宣传专栏等。除了学校教师外,受教育者接触的朋友、亲属等各种群体都可以被当作教育结合的一部分。学校主动积极联系他们,利用受教育者生活中接触到的各种群体进行多方面的结合教育。又如每年组织学生家长到学校体验校园文化建设、学生品格养成、师德师风建设、一体化教学体验等。让各种辅助教学力量在智慧校园

里形成合力，并把德育实践延伸到学校教育的外延。充分挖掘上述各种教育资源，并且善于利用这些教育资源结合德育教学实践进行引导，使受教育者直面生活中鲜活的榜样力量，实现德育生活化，生活德育化。

（三）实现"生活即教育"在德育实践中的有效运用

生活是零散、杂乱的，而德育又有着系统性、反复性和长期性的特点。如果没有对受教育者在生活中进行系统的德育教育，仅靠一些临时性和突击性的教育，往往不能够发挥"生活即教育"理念在德育中的作用。因此，学校经常组织开展一些连贯性较强、主题鲜明的活动，如升国旗、学雷锋活动周、礼仪文明月、义务献血、情系灾区、尊老爱幼、爱岗敬业、勤劳节俭、《弟子规》等专题系列活动，并利用这些场合，结合传统节庆日、重大事件、开学典礼和毕业典礼等，形成特色鲜明、吸引力丰富的主题教育活动。通过这些活动把"德、智、体、美、劳"有机结合起来、行动起来，用社会主义核心价值观引导学生，增强德育的趣味性和生活性，把德育实践效果展示在舞台，展示在日常行为规范当中。在生活中寻找德育契机，把德育教学融入生活中的方方面面，并且收到了明显的效果。近十年来，学校接受处理的违纪学生明显减少，学生违纪率明显降低，成绩及格率、优良率稳步上升。学校自建校以来，为自治区交通运输事业的发展输送了大量的高技能人才，并且先后荣获"首届全国文明校园""全国交通运输行业文明单位""广西技工院校'德育特色学校'""国家高技能人才培育突出贡献单位"等诸多荣誉称号。

同时，学校非常重视受教育者的人文环境和自然环境构建，不断完善教育文化设施。建设好各种体育、娱乐活动中心，升级图书阅览室、艺术展示小舞台、校内广播电视专栏、学校出版社等。同时，加强校园网络建设，丰富学生日常社团建设，增强网络的思想性、知识性、趣味性、服务性，颂扬正能量；不断拓展新的德育平台，关注受教育者生活中接触的各种设施和场所，并对这些设施和场所加强建设和管理，用满满的正能量占领生活中的德育主阵地，实现"生活即教育"的阵地化、系统化。学校把"重德强技"作为办学宗旨，培养学生先学会认认真真做人，再学会认认真真做事，通过不断学习和积累，使他们逐渐锻炼成为一个高素质的技能人才。近年来，学校毕业生综合素质水平稳固提升，用人单位均对学校毕业生综合素质给予了较高的评价。表现在学校毕业生满意率达97%以上，毕业生就业率达99%以上，就业推荐率达200%以上。至此，学校已形成"德育为先修品质，依托行业办专业，校企交融谋发展，课程体系重能力，服务行业显成效，高技高质创品牌"的鲜明教学特色体系。

（四）重视生活中的德育引导，发挥受教育者的主观能动性

"生活即教育"的德育过程不仅仅是受教育者接受思想教育的过程，也是教育者与受教育者双向互动受教育的过程。由于受教育者缺乏经验，在生活中可能出现道德标准模糊，甚至做出一些错误的道德选择，同时忽略了生活中一些道德情境或者道德行为标准。因此，学校非常重视思想教育在生活中的引导，引导受教育者观察道德情境，让其选择正确的道德标准，学习道德标准，做出正确的道德行为。让受教育者参与到生活中的社会关系中去，追求真理，讲真话，做真人。教育者和受教育者一起站在一条道德线上，通过亲身的体验和选择，充分发挥受教育者的主观能动性，让受教育者正面处理各种社会关系，认识各种矛盾的处理方法，才能收获对社会关系的深刻认识和理解，才能不断深化自己的情感理念，锻炼培养自己的道德意识，从而形成良好的道德信念并提高日常生活行为规范。近十年来，学校开展德育教学与生活实践相结合，学生的自觉性明显增强，主动学习的学生日益增多。在实训课堂经常会见到课题学习小组利用午休、晚休时间完成一体化教学体验，为了完成教师布置的一体化课程任务而争分夺秒地学习。同时也经常见到学生会利用节假日、业余时间自发组织各种社团举办"学雷锋做好事""关爱健康、拒绝毒品""学好技能终身受益、远离网络游戏"等主题鲜明的活动。主动学习、主动要求进步已在学校蔚然成风。

四、"以德育人、立德树人"为国家培养更多品学兼优的社会主义新人

陶行知的教育理论博大精深，"生活即教育"这一理论对现在的德育工作有着很大的现实指导意义，为德育教学提供良好的方法和途径。对于德育工作来说，国家对青年一代寄予厚望，希望培养出更多政治思想素质合格，技能精湛的劳动者。所以，只有道德进步了，有了正确的政治方向，不偏离党的指引航向，这样的学生才是我们的社会所需要的。相信以习近平新时代中国特色社会主义为指针，以"以德育人、立德树人"为导向，教育者不断推进德育教学实践，拓展德育途径，践行社会义核心价值观，培养正确的职业理想、职业观、择业观、创业观以及成才观，造就出更多品行兼优的劳动者大军，培养出更多的大国劳模工匠。

"教学做合一"理论在小学语文信息化教学的实践

南木镇中心小学　莫燕敏

陶行知先生曾说过："我们要活的书，不要死的书；要真的书，不要假的书；要动的书，不要静的书；要用的书，不要读的书。总起来说，我们要以生活为中心的教学做指导，不要以文字为中心的教科书。"信息化教学方式同样也是基于信息时代发展的基础上开始的教学方式，一切以实际出发，为了更好地提高小学语文教学的效率以及成果，教师应当在"教学做合一"思想的指导下，更好地利用信息化教学在语文课堂当中的开展。

一、信息技术在语文教学中的重要性

（一）能启发学生智能，使课堂生动有效

有人说兴趣是最好的老师，它是学生探索的力量源泉。事实上，许多的教学内容本身较为枯燥乏味，这就需要我们善于运用新的教学手段，给课堂注入新的活

力，以最大限度地激发学生的兴趣。根据小学生生理特点，有的注意力持续时间很短，这时适当地运用合适的多媒体方式来刺激和吸引学生，捕捉新的切入点，激发学生思维兴趣，使学生继续处于一种最佳学习境况。微课教学形式的出现也是伴随着互联网的不断普及应运而生的，在课堂上，微课越来越成为一种有效的教学手段。利用微课时短信息量大的特点，能够通过碎片化的教学，集中地体现教学当中的重难点知识。在课堂上直接播放给学生，代替了教师的讲解，节省了传统的切换视频的时间，避免了给课堂带来的不必要的麻烦，就把学习的主动权交给了学生。不但减轻了教师的负担，还引起学生的学习兴趣，让学生更能关注课堂，听讲更加专心，记忆更加深刻，这样可以紧紧扣住学生的心弦，让学生对学习充满兴趣，真可谓一箭双雕。

（二）能丰富课堂教学，使课堂教学多元化

小学生阅历层次低，以形象思维为主，对新鲜直观的内容有兴趣，抽象思维就显得不足。在教学中，运用多媒体创设特定的情境，引导学生多元化互动，让每一个学生都成为课堂的主人，表达观点，参与评价，培养良好的学习习惯。教师可有意安排在白板上让学生面对面批阅完成练习题的环节，以此方式多元互动、多向交流，来丰富课堂教学，从而提高课堂教学效果。

（三）能提高合作学习，培养学生创新能力

运用信息技术的教学，弥补了传统教学的许多短板，学生组合成学习小组，通过自主合作和探究，既是新课学习内容的运用和延伸，又是对已学内容的补充和扩展。教学时可根据制定的教学目标，新旧结合，引导学生多动手、动脑，轻轻松松地完成作业，巩固知识。在看图写话时自主探究，独立写作，然后自评、互评，延展了开放的空间，发展了合作的意识。这对于六年级语文的教学，既做到了充分尊重学生是学习主体，还培养了学生的创新精神，为课堂增添了亮点，学生非常喜欢，再通过检查答案的动画功能，使学生收获了成功的喜悦。

二、信息技术在语文教学中的现实运用

（一）现代教育技术的运用，丰富了语文学习情境

多媒体课件教学具有形象直观、内容丰富、动态呈现、信息容量大等特

点，它所提供的外部刺激——图片、图像、动画、声音、文字等是多样而丰富的。而小学生对具体形象事物感兴趣的心理特点，非常有利于他们知识的获取、存储与建构。

例如，教学《富饶的西沙群岛》一课时，结合课文内容，播放一些描绘海滩和海岛美景以及海底世界的录像片，有静有动，有声有色。学生一会儿观赏海滩和海岛的美景，使他们好像看到了一望无际的海滩上到处是形态各异的贝壳，还有庞大有趣的海龟，海岛上绿树成林；一会儿仿佛又潜入海底，探索海底的秘密，大海深处，无数的鱼儿游来游去，穿梭不停，美丽的珊瑚千姿百态，好像还听到了海底的动物发出的各种声音。整个观看过程中，学生们如临其境，如闻其声，思想高度集中，情绪十分高涨。

（二）现代教育技术的运用，为语文课堂教学提供学习"媒介"，解决了学生学习困难

学生的认知由于受年龄、生活经验等多方面的影响，他们理解、感受语言的能力比较弱，尤其对一些抽象的语言文字——离学生生活实际较远的内容，理解就更加困难。这就需要教师为学生提供学习的"媒介"，突破学习中的难点，转化学习内容的呈现形式，解决学生学习中的困难。

比如，在教学白居易的《忆江南》时，为了让学生感受到诗人笔下江南春天的美丽，激发学生对古诗的兴趣。我设计制作了能体现诗情的课件，并选取了古琴曲作背景音乐。上课初，以一张配有诗文的电子幻灯片呈现教学内容，在具有古风古韵的音乐声中，老师动情诵读全诗，激起了孩子学习的热情，课堂气氛异常活跃。在理解诗意时，演示课件，在太阳缓缓升起，遍地开放着鲜艳的花朵，春光水碧，红花像燃烧的火焰的画面出现时，学生眼神中透露出异彩，不但对诗意的理解了然于心，而且感情得到了升华。

（三）现代教育技术的运用，有利于学生自主地学习

在语文教学课堂教学中，运用多媒体计算机这样交互式的学习，学生可以平等地共有、共享人类的学习资源，可以按照自己的学习基础、学习兴趣来选择学习内容、方法。学生在这种开放式的学习空间有了主动参与的可能，有了自主学习的天地。学生是学习的主体，我们要发展学生的思维，发展学生的创造力，就应在课堂教学活动中引导他们主动学习，积极参与，从而培养语文的应用能力及其他综合能力。比如，在执教《只有一个地球》一课时，可以课前

让学生查阅很多有关地球的资料，包括地球美丽的自然景观、丰富的资源，以及地球环境遭到破坏的资料和图片。课后学生们又利用电脑制作了保护地球的宣传手抄报。

（四）现代教育技术的运用，丰富了学生课外知识

语文教学如果依靠教科书、教师、学习的参考资料（书本）等的信息，那么是非常有限的，远远不能满足学生的学习需求。《语文课程标准》指出："应拓宽语文学习和运用的领域，注意跨学科的学习和现代科技手段的运用……""语文课程资源包括课堂教学资源和课外学习资源，如教科书、工具书、网络、图书馆……"现代信息技术体现了很强的网络优势，能收集更多的语文学习的信息资源，增大教学的信息量，充分地开发了语文资源。

如教完六年级《景阳冈》之后，为了让学生的知识面不只停留在书本上，不只对武松的"武艺高超，疾恶如仇"有所了解，还要对其他人物有所了解，课后可以布置学生收集大量有关《水浒传》中其他人物的故事，经过加工整理办一期"水浒群英传"的板报。同学们马上分工合作，有的在互联网上搜索图片，有的上图书馆查找资料，通过各种途径同学们把收集到的各种资料汇总。这样学习小组的同学可以做到资源共享，可见信息技术给学生提供了生动、丰富、快捷的资源，这样既学到了课本上的知识，又在现有知识的基础上进行了延伸，学生也受到情感态度价值观的教育。

教师在课堂上，要以陶行知教育思想为指导，合理运用现代化教学手段，充分发挥信息技术的优势，与时俱进。只有不断加强信息技术的运用和推广，才能赋予传统教学新的活力，才能使教育教学更加"活"起来，真正让语文教学达到"小课本，大课堂"的目的，使语文课堂活色生香，趣味悠长。

陶行知生活教育理论在小学语文课程教学中的应用

南木镇中心小学　杨晓君

新课程改革背景下，教育环境、教学理念发生重大变化，在具体的教学实践中，不仅关注学生基础知识的教学，而且对学生学科核心素养培育提出较高的要求，促进教学内容与生活实际的结合成为教育教学工作的内在要求。生活教育理念由著名教育家陶行知先生提出，该教育理念集中表现在三个层面：一是"生活即教育"；二是"社会即学校"；三是"教学做合一"。小学语文课程教学中，深层次融入陶行知生活教育理念，不仅能加强语文课程知识与生活的联系，增强学生的学习体验，而且能培养学生的多种能力与素养，教师有必要注重小学语文课程教学与陶行知教育理念的深层次融合，提升语文课程教学的实效性。

一、小学语文课程教学中应用陶行知生活教育理念的意义

激发学生学习语文知识的兴趣。小学语文课程教学中，渗透陶行知生活教育理念能有效培养学生的学习兴趣。传统教学模式下，小学语文课程教学采用"灌输式"的教学模式，以教师为中心，学生被动接受知识，未能有效参与到课堂教学中，学习积极性不高。基于陶行知生活教育理念开展小学语文课程教学，丰富的生活知识不仅能拓展语文课程教学的范围，而且加强了学生学习与生活实践的联系，激发了学生的学习兴趣，有利于小学语文课程教学活动的有序开展。

促进学生的全面发展生活教育是一种行之有效的教学方式，在新课程改革的大环境下，在小学语文课程教学中融入生活教育理念，能创新教学方法，提升教学的效率和质量。语文是一门人文性学科，与人们的生活实际密切相关，在小学语文课程教学中融合生活教育理念，创新了语文课程教学的基本形式，凸显了语文教育的本质，这对于学生健康审美和良好情操的形成具有积极的作用，有助于学生学科核心素养的培育，促进学生的健康成长和全面发展。

二、小学语文课程教学中应用陶行知生活教育理念的路径

（一）设计生活情境。小学生年龄较小，身心发育尚不成熟，认知能力、学习能力有限

在此背景下，设计良好的教学情境，能有效激发学生的学习兴趣，助力教学工作的开展。小学语文课程教学中融合陶行知生活教育理念，并设计贴合生活实际的教学情境，小学语文教师需要做好以下工作：一是要系统地开展学情分析。一方面，教师需要对语文课程教学的内容进行分析，系统地掌握教学的重点、难点及具体目标要求；另一方面，教师需要对学生的学习兴趣、学习能力进行分析，然后结合实际设计生活情境，实现教学内容与生活情境的有效统一。二是在生活化教学情境构建中，需要尽可能地选择小学生熟知的事物，引导学生主动融入教学情境中。三是在新课程改革背景下，创设良好的生活情境需要重视情境创设方法的创新，如可配合使用现代信息技术创设教学情境，刺激学生的多重感官，提升小学语文课程教学的整体质量。例如，《大自然的语言》是小学语文课程中较为重要的一篇课文，文章通过对自然界多种声音的描述，使学生感受自然界的神奇魅力，培育学生的环境保护意识。在教学中，教

师要改变传统的教学模式,系统地设计生活化的教学情境。生活化教学情境设计中,教师可用现代电教设备收集大自然中的各种声音,如风吹声、雨声、动物的叫声、打雷声等。在课堂上,教师可播放这些声音给学生听,要求学生想一想都是什么声音,然后通过播放相关动画视频,让学生观察对比。这样不仅能吸引学生的注意力,而且能带给学生一种置身真实场景的感觉,增强学生的参与感和体验感。

(二)转变教师的角色定位。一段时间以来,受传统观念的影响,师生的交流沟通存在一些不足,已经难以满足新时代的教育需要

在教学实践中,教师需要转变角色定位,努力构建平等的师生关系。这一理念与陶行知生活教育理念中的有关观点具有相通之处。根据生活教育理念,要真正提高教学质量,教师需要立足教学实践,从学生的角度去思考如何教学与学习。这样教师才能融入学生群体中,自然地成为学生的朋友,继而充分了解学生,并将自己掌握的知识转化为教学策略,提升教学效果。在陶行知生活教育理念的指导下,教师应转变角色定位,小学语文教师应充分认识到学生是学习的主体,需引导学生主动参与学习过程,帮助学生建立语文知识框架,深化对语文知识点的理解,巩固语文知识学习的效果。在此过程中,教师需要采取鼓励式教学方式,让学生在良好的环境中学习,给予学生积极的评价,使师生关系更加和谐、融洽,提升整体的教学效果。

(三)重视生活实例的应用。陶行知生活教育理念明确提出"生活即教育"的观点,要在小学语文课程教学中渗透陶行知生活教育理念,教师需要结合生活实例,注重"生活即教育"理念的贯彻与落实

生活教育理念下,教学内容较为丰富,教学过程较为灵活。分析小学语文课程教学实践可知,在新课程改革背景下,小学语文教材按照特定的主题对教学内容进行划分,在相同的单元内,不同课文的内容虽然具有差异性,但其主题思想具有统一性。这些主题内容不仅包含人文主题,而且涉及生态自然主题等,这些内容与学生的生活密切相关。基于陶行知生活教育理念,在这些内容的教学中,教师可选择不同的生活情境和案例开展教学工作,以深化学生对相关语文知识及课文表达情感的理解。例如,《找春天》一文是从几个孩子的视角把小草看作春天的眉毛,把野花看作春天的眼睛,把树木嫩芽看作春天的音符,把小溪叮叮咚咚看作春天的琴声。这些描述营造出一种童话般的情境,仅

通过简单的朗读便能让人感受到春光的美好和大自然的情趣。在陶行知生活教育理念下，教师需要选择适当的时机，让学生到野外实地观察，用自己喜欢的方式记下发现的春天，在语文园地的口语交际课上交流。教学实践中，教师可引导学生从气候、植物、动物、人们的活动等层面进行观察，在生活中学习语文教材涉及的知识，以增强学习体验，培养热爱自然的情感。

（四）培养学生的综合能力。新课程改革对学生的学习和发展提出更高的要求，"一切为了学生发展"是学校教育教学的指导性原则

在此背景下，小学语文教师要在巩固、强化学生对基础知识掌握的基础上，培养学生的综合能力。陶行知教育理念应用在学生综合能力的培养中具有积极作用。以小学生想象力及发现问题、探究问题能力的培养为例，分析陶行知生活教育理念的应用过程。在素质教育理念下，小学语文教师要注重培养学生的想象能力。根据学生的身心发展特点，教师在教学中需要应用多种教学方式激发学生的想象力和创造力。教师在小学语文课程教学中，应用陶行知生活教育理念培养学生的想象力和创造力，需要注意以下几点：其一，教材中的许多文章能为学生想象能力的培养提供载体，教师在教学中应重视教材的分析，结合教材内容培养学生的想象力；其二，在研读教材文本的基础上，教师需要利用文章的留白引导学生深入思考；其三，除使用生活化的教学素材外，教师还需要留给学生一定的时间和空间进行深度学习，以培养学生的自信心。例如，在教学《坐井观天》的故事后，教师可引导学生思考"青蛙最后有没有跳出井口看天？"有的学生认为青蛙不会跳出水井，而有的学生认为青蛙会听取小鸟的建议跳出井口，并且看到了天空的实际大小。在这一问题的引导下，学生能充分发挥自己的想象力，锻炼表达能力。在传统的小学语文课程教学中，教师处于教学主导地位，学生被动学习，影响学生的多元发展。小学语文教师应重视学生创新意识及发现问题、探究问题能力的培养与发展。根据素质教育理念，学生敢于质疑是难能可贵的，当学生的疑问越多时，学生的进步也就越大。渗透陶行知生活教育理念培养学生的创新意识，教师需要努力打破以往学生被动接受知识的局面，鼓励学生敢于质疑。在此基础上，教师需要主动地解答学生的疑问，使学生更加积极地思考和提问，促进发现问题、探究问题能力的培养。

三、小学语文课程教学中应用陶行知生活教育理念的反思

（一）存在的问题

教学方法较为传统。应用陶行知生活教育理念开展小学语文课程教学，能在良好的生活情境中深化学生对语文基础知识的理解，增强学生的学习体验，提升语文课程教学的整体效果。但是，在具体教学过程中还存在一定的问题。一是有的小学语文教师的教学方法较为传统，仍以教师讲解为主，学生被动学习，影响了学生学习兴趣的提升，不利于陶行知生活教育理念的渗透；二是在应用陶行知生活教育理念时，一些小学语文教师存在教与学相互脱离的问题，对小学语文课程教学质量造成较大影响，不利于学生综合能力的培养。

（二）对策

按照先学后教的要求开展教学工作。新时代，对陶行知生活教育理念在小学语文课程教学中的应用提出较高的要求。在具体教学实践中，小学语文教师要把握好以下要点：一是在教学中要树立以学定教的观念，严格按照先学后教的要求开展教学工作。这样既能增强教学的针对性，又能使全体学生积极参与到具体学习活动中，增强学生学习的主动性，为陶行知先生"教学做合一"教育理念的应用奠定良好的基础。二是教学的对象是学生，教学主体也是学生，教师应充分尊重学生学习的主体地位，突出学的过程，使学生获得良好的学习体验。要注意的是，在学生学习过程中，教师需要培养学生正确的学习方法，培养学生的创新意识与能力。陶行知生活教育理念的实施离不开"教学做合一"，"教学做合一"的关键在于"做"，教师在教学中应根据学生好奇心强、好动的特征，引导学生积极参与生活实践，在生活实践中落实"做"的要求，实现知识学习与实践的结合。

践行"教学做合一"思想
打造高效课堂模式

桂平市西山镇思灵小学　卢连芳

一、解读"教学做合一"

"教学做合一"是陶行知生活教育理论体系最早形成的一个基本原理。它的形成有一个过程：1919年他质疑"教员""教授法"，认为重教太过，提出教学合一，改"教授法"为"教学法"，并给出三个理由：其一是先生的责任不在教（什么内容），而在教学，而在教学生学；其二是教的法子必须根据学的法子；其三是先生不但要拿他教的法子和学生学的法子联络，先生须一面教一面学，即先生的教应该既和学生的学联络又和先生的学联络。1922年，新学制颁布后，他提出"事怎样做就怎样学，怎样学就怎样做，教的法子要根据学的法子，学的法子要根据做的法子"的思想。1925年南开讲"教学合一"时，从张伯苓所提出的"学做合一"中受到启发，豁然开朗，首次提出"教学做合一"。1926年撰《中国师范教育建设论》时，对"教学做合一"的原理做了系统叙述。1927年，他正式发表了《教学做合一》一文，突出阐明了教学做是一件事而不是三件事的中心思想（一个活动对事说是做，对己说是学，对人说是教）及教学做之间的关系。从先生对学生的关系说：做便是教；从学生对先生的关系说：做便是学。先生拿做来教，乃是真教；学生拿做来学，方是实学……一切生活的教学做都要如此，方为一贯。既然做是中心，那理解"教学做合一"就可以从做入手。1928年陶行知在《答朱端琰之问》中指出："做字在晓庄有个特别的定义，这定义便是在劳力上劳心，只是空想也不能算做，真正的做只是在劳力上劳心。"因为这是用心思去指挥力量，须臾不分离，这样才能有发明、有创造，才能去改造自然、改造社会。劳力与劳心结合的"做"重视个人经验的获得，以此去接受别人的经验、人类的经验（间接经验）。此时，教育即社会经验之传递，实质即社会经验之改造，这样的教育才能产生培养生活力、创造力的效力，才是于个人需要手脑双挥、手到心到、手脑联盟（"手"泛指各种器官，如耳、目、口、鼻、四肢等）的教育，于社会是理论与实践相统一的教育；这样的教育才能通过培养改造人而去改造整个的生活、改造整个的社会，建立民主。

以"做"为中心并不是在谈"教学做合一"时只剩下一个"做"字了，把"教学做合一"理解为只有"实践"是一种曲解，"教学做合一"的实质，就是教学与生活实践相结合，以"做"为中心是统合在教学过程中的。需要澄清的是，强调"教学做合一"的方法论意义，并不是要抛开书本，相反，它需要大量的"教学做合一之教科书"，有让人不断创造的力量。可见，与"教学做合一"相适合的书是"活的""真的""用的"，而不是"死的""假的""读的"，既然生活教育的"做"要使用多种工具达到改造生活的目的，书便是需要而又不是唯一的一种工具了。

二、构建小学语文高效课堂的策略

（一）创设合适情境，激发教学做兴趣

"教学做合一"认为，应该将教、学、做看成一件事，而知识来源于生活实践。创设生活化情境，能有效激发学生教学做的兴趣。在新课改下，教师应该转变自身角色和地位，践行以生为本的原则，从学生熟悉的生活情境出发，

创设和谐、趣味、轻松、自主的课堂氛围，激活学生教学做的兴趣。而生活是小学生最为熟悉的元素，通过创设生活情境，让学生贴近实际生活感悟、体验与探究，能有效激发学生自主学习的乐趣，激活"做"的过程。生活化情境的创设，可以借助多媒体、实物、生活现象、人文艺术等，创设学生感兴趣、熟悉的生活情境，激励学生自主参与"做"的过程。

如《嫦娥奔月》课文教学时，可以将其与"月"和"中秋节"结合起来，创设生活化情境，拉近神话与学生生活的距离，激发学生参与学习的兴趣。教师可以首先播放节选的"嫦娥奔月"的视频片段，营造轻松气氛，再展示一些关于"月"的图片，让学生互相交流自己对月的感想。其次引入关于"月"的诗歌朗诵大赛，教师提示："月亮是皎洁而明亮的，关于月的诗歌有很多，大家能朗诵出来吗？"通过活动的过程，学生将内在的储备展示出来，并与师生互动交流。师："嫦娥奔月流传至今成了中秋节，中秋节有哪些习俗呢？"通过创设趣味的生活化氛围，激发了学生课下进一步拓展学习关于"月"的神话故事如《吴刚伐桂》《玉兔捣药》及我国传统节日的学习兴趣。

（二）引导发现问题，鼓励教学做探究

1. 基于认知冲突，激活实践兴趣

"教学做合一"应该注意做的目的性，不能盲目地让学生做，没有目的学生就无法知道要达到什么目标，得到什么结论。激励学生开展教学做实践探究过程的起源，可以是学生的认知冲突，或探索某一问题的解决方案。"学源于思，思源于疑"，可以发现认知冲突为教学做确定了方向和目标，也使学生的做变得具有目的性。学生能在答疑解惑中实现学和教，能在过程中感受学习过程，体验知识形成的过程，掌握学习方法，并真正提升"做"的能力。

如在《剪枝的学问》学习时，学生对文章中的王大伯剪掉枝条感到不解，也存在疑惑，大家都在猜想："不是枝条越茂盛，结果越多吗？为什么要剪掉呢？"在这个认知冲突下，由于学生没有真正地参与过种植实践，小学生对植物生长和管理的学问产生了很大兴趣。于是，教师可以趁机给学生布置一项任务："饲养一次小动物，或种植一种花木。"在任务导向下，学生单独或自主完成任务，在业余时间进行，并结合生活经验、查阅资料，完成饲养或种植的过程，以日记形式记录下每个过程。实践过程中可以借助网络和长辈的帮助。通过参与种植或喂养实践，学生解决了自己的认知困惑，掌握了生物生长的科学知识，了解到要及时剪掉一些不结果但是又吸收养分的枝条，这样才有利于植物生长。

2.重视做的过程，引导解决问题

"教学做合一"的含义为，教师根据学生学的方法来教，学生根据做的方法来学，也就是说，"做"是教与学的核心，没有"做"的过程，就不能确定如何学、如何教。同时，学生在"做"的过程中也能掌握知识与方法，实现学习知识及教给其他同伴知识与方法，如此，同伴互助、合作配合下，实现高效学习。为提升教学做的意义，需要引导学生积极发现问题，在大目标下开展实践探究的"做"的过程，并在"做"的过程中记录下出现的问题，及时解决和处理，做好总结，那么就能实现知识与能力的同步提升。

如《云雀的心愿》学习完成后，教师可以引导学生到课外生活中，开展以"保护森林，生态和谐"为主题的调查研究。调查过程，即学生"做"的过程为：了解现阶段人类对森林的破坏情况、分析森林被破坏带来的危害，再进行调查分析，通过查阅资料、访谈专家或长辈，了解保护森林的方式与方法，最后制订出科学、合理的"保护森林"计划，并运用手抄报、演讲稿、文化宣传的形式，提出"保护森林，关爱家园"的倡议。在做的整个过程实践中或完成后，教师鼓励学生从自身做起，关爱森林，保护环境。又如，依托《我不是最弱小的》课文知识，教师组织学生参与到"保护弱小""做"的实践过程中，包括需要帮助的人或事，关爱生物等。通过引导学生发现问题，激活学生"做"的兴趣，再重点实施"做"的过程，不断促进学生解决问题，并提升学生语文素养。

（三）激励动手探究，完成教学做实践

综合实践活动，是小学语文教学时常用的一种"做"的形式，它将课堂内外学习过程结合起来，依托于活动形式，组织和引导学生开展实践探究过程。综合实践活动能真正让学生在"做"中学习，核心环节是实践过程，以开放式活动形式完成，实践活动的形式可以为知识竞赛、课题研究、方案制作、专题海报设计、作文评选竞赛等。在开放式实践活动下，教师科学指导方法，实施情感激励，鼓励学生动手合作探究，以此学生在"做"中学习，掌握知识与方法。

如《大自然的文字》学习后，教师可以组织学生开展以"奇妙的大自然"为主题的综合实践活动。活动分6人一组，主要围绕奇妙的自然世界、生物世界展开探究，了解不同的自然现象。探究发现蜘蛛结网是晴天、鸡鸭乱叫将要下雨、落叶知秋、蟑螂乱飞会有阵雨、大树年轮看岁数、蚂蚁搬家要下雨，这些都是大自然给予人类的启示。学生通过查阅资料、咨询长辈、拍摄自然现象、文字记录的方法，总结得出一些道理，并运用PPT、手抄报、作文或视频的形式，展示实践探究的成果。综合实践活动，让学生在"做"中学习与收获。

（四）实施生活应用，提升教学做质量

学习语文的最终目的是服务于生活实践，"教学做合一"也特别强调，要在生活实践中学习语文知识，深化对语文知识的理解和运用。由此分析，解决生活问题，是践行"教学做合一"理念必不可少的一个重要环节。"做"的过程是知识探究的过程，也是学习和教同伴的过程，同时，教师的科学介入、指导和及时组织总结归纳，可以让学生将学习的知识内化为已有认知结构。接着再运用到生活实际问题中，能很好地提升学生应用意识与解决问题的能力。

如在《狼与鹿》课文教学时，教师运用图片和有趣的语言，讲述了一个生动的故事："一片森林里，狼很凶狠残暴，总是吃鹿，居民们很恨狼，于是用猎枪一个个把狼消灭干净了，但是只过了2年时间，鹿却将植物吃光了，森林开始闹饥荒，爆发的一次疾病也让鹿大量死亡。"教师展示图片，并播放类似的动画视频，吸引了学生的注意力，教师接着提问："为什么会产生这种情况呢？这说明了什么道理？"学生总结得出："生物间是相互制约，而又相互促进的，要保持生态平衡，才能稳步发展。"于是，教师提出问题："鲇鱼效应中，将鲇鱼放入沙丁鱼中，是为什么？"《蛇与庄稼》的故事又说明什么道理，如何运用这个道理解决生活问题呢？"通过引导学生解决生活问题，有效提升学生的应用意识。

"教学做合一"真正让"做"成为学和教的中心，学生在"做"的过程中，感受语文内涵、体验情感、学习方法，并运用语文，如此能实现高效的语文课堂。践行"教学做合一"理念，教师需要不断提升自身专业素质，掌握现代化的教育教学方法，还需要能够对课堂进行合理预设与调控。教师要给予学生更多自主创新的时间与空间，让学生在"做"的过程中，配合教师的科学指导与介入，实现知识与能力的提升。教师要及时做好总结与反思，鼓励学生及时总结、稳步提升。以此，在"教学做合一"高效语文课堂下，实现学生的可持续发展。

陶行知教育思想在小学语文教学中的运用

桂平市西山镇思灵小学　覃坤燕

"生活即教育"是陶行知生活教育理论的核心之一。生活教育是给生活以教育，用生活来教育，为生活向前向上的需要而教育。从生活与教育的关系来说，是生活决定教育。从效力上说，教育要通过生活才能发出力量而成为真正的教育。从陶行知给友人信中谈到的这段话，我们可以看到教育与生活二者是相互制约、相互促进的。教育与生活是同一过程，教育含于生活之中，教育必须和生活结合才能发生作用。教育以生活为前提，不与实际生活相结合的教育不是真正的教育。陶行知认为，真正的生活教育是"以生活为中心的教育"，是"供给人生需要的教育"，"生活即教育"是生活所原有，生活所自营，生活所必需的教育。教育的根本意义是生活之变化，生活无时不变，即生活无时不含有教育的意义。既然生活教育是人类社会原来就有的，那么是生活便是教育。

陶行知说过，处处是学习之地，天天是学习之时，人人是学习之人。语文源于生活，用于生活，发展、完善于生活。教师可凭借语文与生活的密切联系，运用陶行知"生活教育"理论实施生活化教学，即将教学活动置于真实的生活背景之中，激发学生听、说、谈、写的强烈愿望，将教学的目的要求转化为学生的内在需要，让他们在生活中学习，在学习中更好地生活，发展学生的多元智能，培养学生的生活能力，陶冶学生的生活情操。

一、教学资源生活化

《新课程标准》指出："沟通课堂内外，充分利用学校、家庭和社区等教育资源，开展综合性学习活动，拓宽学生的学习空间，增加学生语文实践的机会。"社会是一道广阔的背景，更是学习语文一片天地。美国教育家华特指出："语文的外延与生活的外延相等。"此话不无道理，教学活动是人类生活中的一部分，离开生活的教学活动是不存在的，而语文教学更离不开生活，生活中无时无处不存在语文教学。语文教材中的每一篇课文都来自生活，我们理应以课堂为起点来实施生活化的教学，加强课堂教学与生活的沟通，让教学贴近生活，联系实际。这样，才能帮助学生更好地理解课文内容，并真正受到启迪；才能赋予课文以生命和活力，更好地揭示其全新的潜在意义；才能引导学生更好地懂得生活、学会生活、改造生活，做生活的强者、做生活的主人。

从教学方法看，要坚持启发式，创设情境，激发学生积极思维，引导他们自己发现、感悟、体会。我们可以借助艺术手段，采用音乐、绘画、表演等方法，激励学生自主探究，勇于实践，进行创新性学习。俗话说："要想知道梨子的滋味应该去亲自尝一尝。"同样，对课文的体验也是如此。他认为"生活教育"最根本的原则与方法是"教学做合一"，其含义是"教的方法，应根据学的方法；学的方法，应根据做的方法"。教学就是通过"在做上学，在做上教，使学生自己会做"。"教学做合一"的实质就是根据生活的需要而教、而学，通过生活实践去教学，从而使学生获得生活实践所需要的真正的生活力、创造力。

二、让生活走进课堂

语文来源于生活，服务于生活。陶行知先生的生活教育思想告诉我们：生活就是教育的内容，为生活而教育，在生活中找教育。教育的对象是生活的，教育的环境是生活的，教育是为了生活服务，因此就要用生活的教育方式。

因此，在语文教学中，我们就要从精彩的生活中捕捉现实，感受精彩，创设生活化的情境，让孩子去留心观察。我们的课文可能是孩子非常了解的生活现象，也有可能是他们全然陌生的人或事，这就需要教师具有敏锐的感悟能力，寻找生活与语文的结合点，让学生不仅是在学教材，更是在感受生活、领悟生活。

陶行知先生特别重视让学生亲自去参加社会实践，他提出"行是知之始，知是行之成"的观点，并毅然决然地将自己的名字由"知行"改为"行知"，可见他坚决的态度和立场。他认为"生活教育"最根本的原则和方法就是"教学做合一"，即根据学生的生活需要而教、而学，通过生活实践来学，从而使学生获得真正的知识，进而收获到口眼手脑并用的功效。同样，在《新课程标准》中我们也常能看到"体验"这个词语，这也表明让学生在实践中体验，进而学会学习，是课堂教学改革的必然。

小学语文教材中有许多课文都给读者留下了广阔的想象空间，语文教师在执教的过程中一定要抓住文本中关键的阐释语，去品味文本空白处的意境和神韵。解放学生的头脑，展开丰富的想象，把抽象的概念变成触手可及的形象。如《坐井观天》这篇寓言故事，运用了拟人手法，在描述了飞翔的小鸟和井底之蛙关于天的大小争论之后，末尾写到小鸟劝执拗的青蛙跳出井口便戛然而止，给读者留下了想象的余地。教学时，我有意识设置悬念："后来，青蛙有没有跳出井口看看天呢？"问题一出，就激起学生心中的涟漪，荡起学生想象的浪花。一番思索后，学生各抒己见。有的说："青蛙听了小鸟的话，狠狠地吸了一口气，撑起两只手，两只脚猛力一蹬，跳出了井口，它把眼睛睁得大大的，一看，'哎呀'一声，惊奇地说：'小鸟姑娘你说得对，天果然无边无际，大得很哪！'"也有的说："青蛙露出自信的神色，半睁着眼睛，摇了摇手，仍然坐在井底，因此看到的天还是井口那么大。"这样，不但激发了学生的想象和联想，还训练了学生的思维，培养了学生的口表能力，实现了以学生为主体的教育理念。

在语文教学中，应该注重学生与生活的"对话"，要注重对生活经验的提炼和再造，要将学生的视野引入更广阔的生活空间，进而培养学生的感知生活，把生活再现到语文中的能力。记得我四年级的一个学生在作文里写道："在热闹的河边草地上，白的羊群们总是很着急地、快节奏地啃着青草，是因为它们怕那些比自己嘴巴大得多的牛，会抢了自己喜欢吃的草吗？而牛儿们呢，丝毫不在乎，依然悠闲地按自己的步伐去吃草，我想它们肯定在心里想，'我嘴巴大，一口是你们的几口多，我才不着急呢'，然后小牛总是来回不停地跑，是在互相挑拨牛羊之间的关系吗？还是看看大家怎么都吃得那么专心，就自己静不下心来呢……"这样生动的作文片段是细心观察了生活的结果，是在作文中再现了生活。

　　总之，生活中处处有语文，也处处用到语文。陶行知教育思想对小学语文教学的启迪是深远的，他如同漆黑的天空中的启明星，使黑暗中探索的语文教师看到了希望，看到了方向。用陶行知生活教育思想和新课程理念来指导我们的语文教学实践，不仅可以克服传统语文教学中只注重知识传授的弊端，而且能激发学生参与学习的主动性，促进学生学习方式的转变，教会学生热爱生活、创造生活，从而真正把以创新精神与实践能力为核心的素质教育落到实处。

赓续陶行知教育理念 创设本土特色的乡村小学

桂平市社步镇中心小学　周彩妮

一、陶行知乡村教育特色理念

（一）从乡村实际生活出发

在19世纪二三十年代，中国的乡镇经济极度落后，大部分人只有依赖耕作才能维持基本的日常开支，而无力负担孩子的教育，从而导致了文化的断层，使乡镇的教育水平明显低于城镇。陶行知强调，要想真正改善中国农村的局势，从实际出发，必须从根本上解决，而当时的情况正是由于当时的自然灾害，所以农作物的总产量大幅度降低。因此，陶行知先生倡导将农学和教育结合在一起，通过传播科学的耕作技术，使农民掌握正确的施肥方法，预防疾病，有效地增加作物的收成，使其达到自给自足的水平，并且有效地控制和维护农田，最终达到农学和教育的完美结合。

（二）建设适合乡村生活的中心学校

陶行知先生强调，要想彻底改变农村的教育状况，必须建设一系列符合当地实际情况的乡村中心学校。以此为核心，开展各种教育活动，将农民有效地组织起来，共同接受教育，使他们获得更好的发展机会。人类生活在一个充满挑战的环境中，努力培养出具备良好的环保意识、实践技能和创新精神的特殊人才。我们应该关注并照顾所有的学生，帮助他们建立良好的行为习惯、增强自信心和保持健康的心理。我们应该了解每个学生的家庭背景，并与他们进行深入的交流，及时帮助他们解决学习和生活中的问题。对于那些留守儿童、家庭经济困难的学生，我们应该给予特殊的关怀。为了落实陶行知先生的乡村教育理念，不断扩大育人渠道，加强对学生创新思维、实践能力的培养，积极弘扬劳动精神，让他们在未来拥有辛勤劳作、创新性劳作的素质，从而成为一名优秀的社会主义建设者和未来的接班人。

（三）从中心学校中产生乡村示范

社步镇中心小学作为最早的乡村教育实验场所，开启了一段崭新的历史，在陶行知先生的教育理念指导和推动下，成为一个综合性学校。学校建设了劳动基地，建筑了行知楼、图书馆。每一届新生入学举行开笔礼，勉励同学们勇敢出发踏入新的征程，去经历和欣赏领略沿途别样的风景；去打磨和历练，收获与众不同的智慧和经验；去思索和感悟，体验心之所向的一路阳光。社步镇中心小学的特色在于学校拥有独特的校区和优秀的师资队伍。社步镇中心小学为当地的文化"一步一个脚印踏踏实实做人"赓续行知教育理念。

（四）从乡村示范中产生"活"的教师

陶行知先生曾经说：我们作为一群致力于乡村教育的志愿者，应该勇于牺牲个人利益，走进农民的世界，了解他们的困难和需求，并尽力让他们享受快乐和美好的日子……拥抱变革，勇敢挑战。陶行知先生强调，要让乡村教师以乐观、勤劳、无私、无畏、无怨无悔、无私奉献去帮助农民走向更加美丽、更加繁荣昌盛。他鼓励老师们与农民共同努力，以身作则，以言传身，以勤勉、勤劳、勤恳来推动乡村社会的变革，让每个人都可以拥有属于自己的权利和责任。以生活为基础，他将拥有丰富实践经历的农民、村民、渔民等作为老师，以其丰富的人生阅历作为教材，不断挑战自己，让孩子更好地理解知识，提高自身能力，激励孩子勇敢地去面对困境，并且不断提升自己的思维能力。综上所述，我们需要让乡村教师拥有农民的技能、科技的思维以及推动社会发展的决心。

（五）提高农村学校的教育水平，改善其办学环境

通过科学规划，建立完备的基础设施，提高农村师资人员的总体能力，提高他们的专业素质。同时，应该重视培养优秀的青年教师，让他们有机会接受更多的培训，提高他们的业务水平。目前，为了缓解贫困地区的教育难题，各个政府部门重视培养更多的乡村人才，加强基础设施的投入，给予更多的激励措施，如合理的薪酬福利、社会保障等。陶行知先生曾经推行"教育下乡"，在20世纪三四十年代的普及教育和扫除文盲运动中发挥了巨大作用。

二、当前乡村小学存在的问题

以改善、提升人们的生活质量为目标，我国正致力于打造完善的教育体系，不断提升城乡基础设施水平，实施科技创新，加快实施素质教育，构筑全面小康的新型基础。当前，以振兴乡村教育赋能乡村振兴，是农村教育的使命。乡村教育承担着传承保护创新乡村文化的重任。因此，乡村教育必须植根乡土，牢牢抓住乡村文化的价值，走乡土特色的发展道路。目前，中国的农村教育发展面临着挑战。

（一）师生及家长教育理念趋向务实化、功利化

近年来，由于中国经济的快速增长，城镇化进程已逐渐完善。几十年来，许多农民涌入城市，改变了他们的生活方式和思维方式。许多农民希望获取更好的就业机遇，因此许多人离开家乡，去大城市寻找就业。目前就业形势严峻，乡村学生家长产生读书无望，感慨教育起点不公平等想法。尤其是我们一些偏远的贫困农村地区，将经济收益摆在首位，越来越轻视教育。随着时间的推移，越来越多的老年人和贫困的农村居民开始回到他们所在的家乡，那些希望把他们的孩子送到城镇学习的父母却越来越少。这种情况产生棘手的问题：如何让农村儿童更好地接受教育，以及如何选择合适的学习机会。

（二）城乡的教育资源差距拉大，导致教育失衡

经过改革和创新，我们国家正在努力消除城乡经济不均衡带来的障碍，促

进城镇和乡村的均衡发展，让乡村地区的孩子能够享受到最新的教育技术和资料。然而，我们也不能忽视，随着时代的变迁，城乡的教育资源差距拉大。由于城市学校的发展比较迅速，而乡村小学的授课条件、教育设施以及师资力量相对薄弱。因此，两者之间的教育水平差异日益拉大，导致乡镇教学效果不佳，教育教学质量下降，甚至出现教育失衡等问题，从而引发社会的不良情绪。

三、创设本土特色乡村小学的措施

（一）师生及家长乡村教育理念的更新

为了在社会上占据有利的地位，乡村学生要努力掌握基本的文化知识，重视掌握多元化的技能，以适应当今日新月异的社会发展。在实践摸索中，农村小学创建本土特色是一条适宜的发展之路。其次教师要结合学习、培训、研讨，提高自己对本地优秀教育资源的组织运用能力和将先进的教育理念转化到具体行动上的能力。因此，要以改变当前的农村教育观念为基本，以实践为导向，把握机遇，把握未来，努力推动农村教育走向现代化，以培养具有创新精神和实践技能的乡村人才。

（二）教育资源的合理配置及有效利用

1. 努力提高农村教育教学质量

在农村普及和巩固义务教育、初步实现城乡教育均衡发展以后，农村办学条件得到较大改善。为了满足乡镇的社会需求，农村教育必须转向更加多样化的培养模式，以便乡镇的孩子们都可以获取更多的机会，让学生在德智体美劳等方面得到较好发展。陶行知先生曾指出："事怎样做就怎样学，怎样学就怎样教；教的法子要根据学的法子，学的法子要根据做的法子。"因此，我们应该以"做"为中心，在课堂教学中持续改进教学方式，注重启发式、交互式和研究型教学模式，达到最佳的教学效果。将本土资源搬进课堂，融入主题活动。将周围的自然资源，具有浓郁乡土气息的事物搬进课堂，融入主题活动中。利用这些本土资源，开展探究性主题活动。使用的综合主题教材中渗透本土化教育，来创造性地使用教材。

2. 发挥城市学校正向带动乡村学校的作用

我们应该看到城市学校在促进农村教育发展时带来的积极一面，克服不利影响，充分发挥正向作用。乡村小学可以与当地的其他中小学校形成合作，通过互相支持、互相鼓励，实现双赢。此外，城市学校帮扶农村学校，教师之间增进交流，共同解决教育难题，促进共同发展，结对联盟同发展，帮扶助力共进步。社步镇中心小学与桂平市长安工业园区小学开展结盟活动，进一步提高社步镇教师的教育教学水平，促进社步镇教育事业的发展，充分发挥示范学校的作用，弘扬"传、帮、带"精神，实现教师队伍素质的整体提升，城镇学校在教育各领域为农村学校树立榜样，起带头作用，引导农村学校提高教学水平、引导学生树立坚定的信念，勇敢追求梦想，积极为建设家乡努力学习。

3. 强化乡村教师队伍建设，培育优秀的骨干教师扎根乡村

乡村教师历来是《政府工作报告》中的关键词，更是乡村振兴的生力军。近年来，社步镇中心小学以"三个更"强化乡村教师队伍建设，切实推进城乡教育优质均衡发展，全面推进乡村振兴迈向更高水平。教师队伍配置更优化。积极引导新教师主动投身乡村教育事业，不断提供"源头活水"。师资培育更扎实。加强乡村教师定向培养、在职培训，深入实施"乡村骨干教师培育站""城乡教师手牵手"等活动，创造性地开展"双师课堂"等数字化教研活动，打破时空限制，让乡村教师享受更多优质教研资源。遴选骨干教师组建"培训班"，其中乡村教师占比达32%。优秀乡村教师培养初见成效。

4. 加大对于农村教育的帮扶力度

政府高度重视乡村教育，努力为乡村学校提供支持和帮助。为了更好地满足乡村的教育需求，政府将增加财政投入改善乡村的教育条件。同时，针对不同地区的特殊情况，建立更多的乡村特色学校，以满足不同地区的特殊需求。此外，还可以采取多种措施，如开设职业培训机构，引导大专院校，以满足社会对专门技能的培养，为贫困家庭的子女提供更好的就读环境，以此来推动农民增收，最终达到提升农民整体素质的目的。

陶行知教育思想在小学语文教学中的应用

桂平市社步镇中心小学 胡务夏

一、陶行知教育公平思想

（一）机会公平

在语文教学中，陶行知先生的机会公平理念——主张每个学生都有平等的机会参与到学习中来。无论学生的性别、家庭背景、智力水平等因素，每个学生都应得到同等的对待和机会。在语文教学中，我们教师应尊重学生的个体差异性，发挥学生的主体地位，提供多样化的学习机会，使每个学生都能在公平的机会中展示自己的潜力。

（二）过程公平

陶行知先生强调，教育要注重过程，而不仅仅是结果。在语文教学中，教师应该关注学生的学习过程，而不是仅仅关注学生的成绩。要实现过程公平，教师应该采用科学的，适合本班的教学方法，鼓励学生积极主动地参与学习，提高学生对学习的兴趣。此外，教师还应关注学生的课堂参与度，确保每个学生都能在课堂中得到关注和指导，没有区别对待。

（三）结果公平

结果公平是指每个学生都能在教育过程中获得公平的结果。在语文教学中，教师应该根据学生的个体差异性，制定不同的学习目标，使每个学生都能在公平的竞争中获得成功。此外，教师还应该关注学生的心理健康和情感需求，分数不排名，避免因过度强调成绩而导致的歧视和不公平现象。

（四）评价公平

评价是语文教学的重要组成部分。要实现评价公平，教师需要采用多样化的评价方式，关注学生的全面发展。评价不仅应该关注学生的成绩，还应该考虑学生的参与度、合作能力、表达能力等因素。此外，教师应该采用科学的方法对学生的学习成果进行评价，避免主观偏见和歧视。

总之，陶行知先生的公平教育理念在语文教学中具有重要意义。通过实现机会公平、过程公平、结果公平、班级管理公平和评价公平，教师可以促进学生的全面发展，提高语文教学的质量。同时，教师还应该不断更新教育观念和方法，尊重学生的个体差异，注重学生的需求，为每个学生提供公平的教育机会。

二、陶行知"爱的教育"的教育思想

陶行知先生认为：人的价值始终是社会的核心价值、终极价值。生命的尊严才是至高无上的，在神圣的生命面前，没有任何世俗之物称得上高贵。所以，陶行知先生以一颗广博的爱心爱国家、爱人民、爱师生。"爱学生"是教师人格的灵魂，也是师德的核心。"爱"更是陶行知先生一生献身教育事业的动力。他指出，作为一名教师，不仅要树立"爱满天下"的宽阔胸怀，更要以自己的言行举止去号召学生，培养学生的爱心。陶行知先生也曾说过："捧着一颗心来，不带半根草去。"在与学生几年相处过程中，我觉得只有真心爱他们，才能让他们从内心接受老师。低年级的孩子天真烂漫，他们渴望得到老师的关心和表扬。当你说你看我们班某某同学坐得很好时，其他同学也都挺直了腰板，渴望得到同样的夸奖。爱对于后进生来说更是重要，老师对他们的关心能让他们拾起对学习的兴趣，觉得自己没有被放弃，能端正自己的学习态度，从而在课堂上踊跃举手，不再害怕学习，成绩更是突飞猛进。

三、陶行知"生活即教育"教育思想

陶行知先生认为：生活无时不含有教育的意义。如果教育只是书面上的，那么就失去了教育的真正意义。陶行知认为"生活即教育"，是教育从书本的到人生的、从狭隘的到广阔的、从字面的到手脑相长的、从耳目的到身心全顾的。因此，我们教师应当具备一双慧眼，寻找生活中与语文教学的结合点，善于发现学生的优点，从生活实际出发，让生活成为学生学习的教材。我在教学六年级上册《伯牙鼓琴》一文时，通过生活中别人弹高山流水视频的演示导入，让学生细细感受伯牙当时弹琴的情境，感觉身临其境一般，感受伯牙就在我们身边一样。在教学低年级《影子》这篇课文前，我让学生在课间进行"踩影子"游戏，并进行观察。谁知道引来了学生一连串问题，有的学生说："为什么我的影子在左边，他的在右边？"一个学生开了头，其余的学生都纷纷说开了，有的说："为什么我的影子长一点，她的短一点。"有的说："为什么我踩不到我的影子，别人可以踩到我的呢？"还有的说："找不到自己的影子？"是呀！学生们都没有这方面的感性认识，也难怪他们对影子产生那么多疑问。所以说生活就是教育，教育来源于生活。

四、陶行知"社会即学校"的教育思想

陶行知的根本思想其实就是反对人们脱离生活、脱离大众的"小众教育"，主张用社会各方面的力量，打通学校和社会的联系，培养社会所需要的各方面的人才。真正把学校放到社会里去办，让学校与社会息息相关，让学校成为社会生活所必需，让我们的教育能适应社会发展的需要。

"社会即学校"与"生活即教育"的主张紧密相连。陶行知提出"社会即学校"的目的在于扩大教育的对象、学习的内容，让更多的人得到教育的机会。如《田忌赛马》这篇故事，告诉我们要敢于打破常规，给读者留下了想象的余地。教学时，我有意识设置悬念："孙膑如何安排出场顺序呢？"问题一出，就激起学生的兴趣，同学们纷纷抢着回答，并对孙膑的想法进行了推测，

得出这样结论:"上对中,中对下,下对上",只有这样安排出场才是唯一能赢的方法。像孙膑这样敢于打破常规才有机会赢。这样上课不仅激发了学生丰富的想象力,还训练了学生的逆向思维,使他们敢于表达自己的想法,培养了学生的口头表达能力,从而实现了以学生为主体的教育理念。让学生在学校学习到理论,并运用到社会生活中。在理论中实践,在实践中成长。

五、陶行知"教学做合一"教育思想

"教学做合一"是生活法,也是教育法,它的含义是教的方法是根据学的方法,学的方法要根据做的方法,"事情怎样做我便怎样学,应该怎样学我便怎样教。教而不做,不能算是教;学而不做,不能算是学。教与学都以应做为中心"。由此,陶行知特别强调要在"做"的活动中获得知识,得到成长。教、学、做只是一种生活的三方面,不是三个不相为谋的过程。"教学做是一件事,不是三件事。所以我们要在做上教,在做上学。"但是,如何在语文教学中解放儿童的双手,让学生的双手也能真正地参与到语文课堂上来呢?这就要求我们教师根据教材,有意识地让学生动起手来,通过动手操作加深理解课文的思想内容,培养学生动手的能力,以增加学生学习的兴趣,从中获得知识。

陶行知先生特别重视让学生去参加社会实践活动,他提出"行是知之始,知是行之成"的观点,他认为"生活教育"最根本的原则和方法就是"教学做合一",即根据学生的生活需要而教,通过生活实践来学,从而使学生获得真正的知识。《新课程标准》中我们也常能看到"体验"这个词语,主张其"在玩中学,在学中玩"。这也表明让学生在实践中体验,进而学会学习是课堂教学改革的必然。《竹节人》这一课,文中介绍了制作竹节人的材料,制作过程和玩法,为了能在学习时充分调动起学生的学习兴趣,我提前安排他们在预习课文的基础上,自己制作一个竹节人。学生的创造力是无止境的,他们制作的竹节人不仅形式新颖、材质独特,而且比课文中的还要可观。这样的活动使学生既学到了知识技能,又培养了观察、思维和想象的创新能力,也让同学们走出学校,体验了社会就是学校。

总之,生活中处处有语文,也处处用到语文。用陶行知的教育思想和新课程理念来指导我们的语文教学,可以让我们在传统语文教学中,避开只注重知识传授,不重视实践。在现代教育中其也有着重要的作用和意义,能激发学生参与学习的主动性,促进学生对学习有新的转变,还教会学生热爱生活、敢于生活，创造生活。所以我们要认真研究陶行知的教育理念，并将它应用在语文教学上。因为语文来源于生活，服务于生活。陶行知先生的生活教育思想告诉我们：生活就是教育，为生活而教育，在生活中找教育。教育的对象是生活的，教育的环境是生活，教育是为了生活服务，因此就要用生活的教育方式。

  在语文教学中，我们就要从精彩的生活中捕捉现实，让学生更好地走进社会；在枯燥中感受精彩，让学生在生活中找到信心；在创设的情境中感受生活，让学生感受生活的真实性。在教学中学会观察，保持对事物的新鲜性。通过观察去认识生活，扩大视野，增长见识。通过实践去了解生活、了解语文。让孩子们在玩中学，在学中玩，加深对课文知识的认识和理解，强化语言文字的训练，从而提高学生的观察和理解能力，提高学生的认知能力和实践能力。

陶行知教育思想对小学教育的启示

桂平市社步镇中心小学　余春静

陶行知的教育思想对新课程改革的指引具有重要意义。教师在新课程改革的过程中，积极借鉴陶行知的教育思想，尊重学生的主体性和个性差异，注重学生的生活经验和实践活动，关注学生的人格发展，努力营造一个培养学生成长为全面发展的人的教育环境。

一、陶行知教育思想对新课程改革的指引

教育是社会发展的重要组成部分，随着社会经济的发展和知识社会的形成，教育也在不断地发展与变革。新课程改革是我国教育领域的一项重要改革，旨在适应时代的需求，培养具有创新精神和实践能力的现代人才。在新课程改革的进程中，陶行知的教育思想为我们提供了重要的指引。

（一）陶行知的教育思想强调尊重学生的主体性和个性差异

陶行知认为，每个学生都是独一无二的个体，应该根据每个学生的特点和需求来制订教学方案，培养学生的兴趣和潜能。因此，新课程改革要注重发现和培养学生的优势和特长，提供多样化的学习机会，让学生能够充分展现自己的个性和才华。

（二）陶行知的教育思想强调学生的生活经验和实践活动的重要性

陶行知提倡从生活出发，把学习与实际情境相结合，注重培养学生的实践能力和解决问题的能力。因此，在新课程改革中，要注重教学内容的实践性和问题性，通过实际操作和实践活动，让学生学以致用，将所学知识运用于实际生活中去。

（三）陶行知的教育思想强调教育的终极目标是培养学生的人格发展

陶行知认为，真正的教育应该关注学生的素质和品德的培养，而不仅仅是注重知识的传授。因此，在新课程改革中，要注重培养学生的品德和价值观，通过学习和实践，引导学生形成正确的人生观、价值观和行为规范，培养学生的社会责任感和道德意识。

二、陶行知教育思想对教师教育、教学的启示

（一）以身作则，成为学生的楷模

在陶行知的教育思想中，强调教师应以身作则，成为学生的楷模。教师不仅仅是知识的传递者，更是学生的榜样和引路人。因此，我在教育过程中注重自身修养和品德培养，以积极的态度面对教学工作。通过自身的努力和示范，希望能够激发学生的学习兴趣，引导他们树立正确的价值观，塑造良好的品行。只有成为学生心目中的楷模，我才能够真正影响他们的思想和行为。

（二）关注学生个体差异，因材施教

陶行知的教育思想强调了对学生个体差异的重视。他认为每个学生都有

自己独特的特点和潜力，教师应该因材施教，根据学生的不同情况制订相应的教学策略和教学计划。在教育过程中，我需要耐心倾听和观察学生的需求和困惑，及时给予帮助和指导。同时，我鼓励学生发挥个人的特长和优势，激发他们的学习潜能。通过因材施教的教学方式，能够更好地满足学生的学习需求，提高他们的学习效果。

（三）培养学生的综合能力，注重实践操作

在陶行知的教育思想中，他强调了培养学生的综合能力，注重实践操作。陶行知认为学生不仅仅需要掌握知识，还需要运用知识解决实际问题，培养实践操作能力。因此，我在教学中应注重培养学生的创新思维、动手能力和团队合作精神。通过实践操作、实验探究等活动，能够让学生积极参与到实际操作中，提高他们的实际解决问题的能力和应变能力。只有通过实践才能真正培养学生的综合能力。

（四）倡导自主学习，培养学生的学习兴趣

陶行知的教育思想鼓励学生进行自主学习，培养他们的学习兴趣。教师要引导学生主动参与学习，培养他们主动探索和发现的能力。我通过让学生参与探究性的学习活动，能够激发学生的学习兴趣，促进他们的自主学习和自我发展。此外，还可以通过给予学生足够的学习资源和学习工具，引导他们形成良好的学习习惯，提高他们的学习效果。

在教育和教学中，陶行知的教育思想为我提供了宝贵的启示。我应以身作则，成为学生的楷模，注重关注学生的个体差异，因材施教，培养学生的综合能力和实践操作能力，倡导自主学习，培养学生的学习兴趣。只有在陶行知教育思想的指引下，我才能够更好地开展教师教育和教学工作，促进学生的全面发展。

三、如何促进学生发展

陶行知教育思想强调培养学生的全面发展，他认为学生的身心健康、品德修养和综合能力的培养同等重要。

（一）培养学生的身心健康

陶行知认为，身体是智力发展的基础，故他主张通过体育锻炼、户外活动等方式，培养学生的身体素质，提高学生的身心健康水平。此外，陶行知讲究学生心理健康的培养，强调要关注学生的情感体验，我积极疏导学生的情绪，构建和谐的班级氛围，为学生创造一个良好的学习环境。

（二）注重培养学生的品德修养

陶行知强调培养学生的德育，他认为学校的一项重要任务就是培养学生的道德情感和道德行为，使学生在成长过程中形成正确的价值观和品德观。为了实现这一目标，陶行知主张培养学生的观察力和思考力，让学生在感知和体验中领悟善良和美好，学会自我反思和自我纠正，从而逐渐成长为有道德情操的人。

（三）关注学生综合能力的培养

陶行知认为，教育应该培养学生的综合能力，使他们具备批判思维、创新能力和解决问题的能力，以应对未来的挑战。在教学过程中，我注重培养学生的思维能力和创造力，激发学生的学习兴趣和求知欲。同时，注重培养学生的合作精神和团队意识，鼓励学生通过合作来解决问题，提高学生的实践能力。

陶行知教育思想对小学教育的启迪在于促进学生全面发展。通过培养学生的身心健康、品德修养和综合能力，可以使学生在成长的过程中获得更多的发展机会和实现自身价值的能力。因此，我在平时的教育教学中借鉴陶行知的思想，通过营造良好的学习环境和教育方式，为学生的全面发展奠定坚实的基础。

四、结语

（一）陶行知教育思想强调以学生为中心

注重培养学生的独立思考能力和创新意识。在小学教育中，我们应当注重培养学生的观察力、思维能力和解决问题的能力，而不仅仅是传授知识。通过提供适当的学习环境和教育资源，我们可以激发学生的学习兴趣，培养他们的学习动力和自主学习能力。

（二）陶行知教育思想强调了教育的社会化与人本化

在小学教育中，我们不仅要关注学生的学业成绩，还要注重培养学生的健康素养、良好的人际关系和社会责任感。通过开展社会实践活动、培养学生的团队合作精神和社会参与意识，我们可以帮助他们适应社会发展的需要，成为有担当、有道德、有创造力的公民。

（三）陶行知教育思想强调了教师的角色和素质

在小学教育中，教师是学生成长的引导者和榜样。教师应该具备高度的教育专业素养，不仅要有扎实的学科知识，还要有良好的师德师风和教育智慧。同时，教师应当关注每一个学生的个体差异，为他们提供个性化的学习指导和关爱。

（四）陶行知教育思想强调了学校与家庭的合作

在小学教育中，学校和家庭应该形成紧密的合作关系，共同关注学生的成长与发展。学校要积极与家长沟通，了解家庭背景和学生的特点，为学生提供支持和帮助。家长也应该积极参与学校活动，与教师共同关心孩子的教育，形成良好的育人合力。

陶行知教育思想对小学教育提供了有益的启迪。在实施新课程的过程中，我们应当充分借鉴和应用陶行知教育思想，加强学生的独立思考能力、培养他们的创新意识和社会责任感，提升教师的专业素养和教育智慧，促进学校与家庭的紧密合作。相信在这样的努力下，小学教育将迎来更加美好的发展和未来。

陶行知"六大解放"在小学数学教学的实践

桂平市逸夫实验小学　谢杏英

陶行知先生提出的"六大解放",是指解放儿童的头脑、双手、嘴、眼睛、时间和空间,还儿童以自由,从而解放儿童的创造力。"六大解放"对于小学数学教学有着重要的作用,只有真正把学生解放出来,我们的数学课堂才会是灵动课堂、活力课堂。

一、明确目的,解放学生的眼睛

眼睛是思维的窗户,观察是思维的门户。如果观察没有明确的目的,没有正确的方法,对事物现象的观察容易带有随意性和表面性,常被事物的形状、色彩等外部特征吸引,不容易抓住事物的本质。达尔文在被问到他为什么能取得如此伟大的成就时说:"我没有过人的机智,只是在精细观察的能力上,我可能在众人之上。"由此可见,观察力是创造的起点,是聪明大脑的"眼睛",解放学生的眼睛首先要有明确的观察目的,在帮助学生确定了观察对象之后,要鼓励学生留心观察到底,不要轻易转移目标。其次要有顺序、有步骤地观察,如从上到下、从左到右、从外到里等。再次要从多角度观察事物,培养孩子创造性的观察方法。最后要注重同一事物、不同事物的比较,提高学生观察能力。

为此,教师在数学教学中要注意指导学生学会看主题图,图上画的是什么地方、图上有哪些人、他们都在干什么、图上还画了哪些东西、有多少个等,引导学生收集数学信息。学生在明确观察的目的要求后就会集中注意力依次观察,并把观察到的信息进行加工,而不会偏离教学的中心。如在教学"几和第几"时,老师让学生观察图上的人在干什么?(排队买票)图上有几个人在买票?(5人)然后从前往后数,戴帽子的男孩在第几?不戴帽子的男孩在第几?这样通过老师的引导,紧密结合排队买票的情境,让学生初步感知"几"和"第几"的不同。如果放任学生自己观察,可能会出现"谁高谁矮""有几个男孩几个女孩"等和主题无关的因素。又如在教学"我们认识的数"时,让学生走出教室,到校园里走走,从一楼到三楼一共走了多少级台阶?校园里一共有多少棵树?从篮球场的这一头到那一头,一共要走多少步?这样让学生出去观察,使他们真正学到生活中的数学、有价值的数学,逐步培养学生用数学的眼光观察生活的意识,还可以调节学生的状态,激发学生的学习热情。引导学生的观察,还可以从形象的事物逐步过渡到抽象的内容。再如,在教学"10以内加减法表"时,要引导学生从不同的方位(横、竖、斜)观察表看看它的排列有什么规律,进而发现知识的内在本质和规律,为培养数学思维能力提供良机。

二、独立思考,解放学生的头脑

学生的学习,是无法代替的思维过程。任何新知识都有它的发生、发展和形成的过程,忽视学生的直接体验、感悟,代替学生的认知过程,把结论直接告诉他们,把知识强加给他们,学生的思维将变得十分僵化。学生还能问什么?又能去发现什么?更谈不上什么思维训练。有的老师不以为然,觉得低年级的数学还需要什么思考,那么简单,老老实实死记硬背就好,这种做法不但不能解放学生的头脑,反而束缚了学生的头脑。相反,如果我们能结合低年级的认知规律,把书上那些看不见的思维过程展现出来,并将其设计成具体的问题情境，让所有学生的小脑袋都转起来、动起来、活起来，让他们多问几个"为什么"，多一些"我想出办法来了""我还有更好的办法"等。让学生独立思考，认真体验，积极探索，逐步学会做解决问题的主人，这样才能解放学生的头脑。

如在教学"十几减9"时，13-9=?，先让学生独立思考，自由发表意见和表述自己的思路，从而想出了多种算法。有的学生喜欢先算10-9=1，再算3+1=4，有的学生喜欢先算13-3=10，再算10-6=4，有的一个一个地减，最后剩下4个，还有的从9+4=13，推算出13-9=4。这样经历探索尝试的过程，比直接出示13-9=4更能让学生掌握适合自己的方法。又如，在教学口算两位数加减法中的54+28=?，如果不让学生独立思考，老师一种一种方法地说，估计老师说得口干舌燥，学生也听得稀里糊涂。我明确要求口算后，让学生自己思考。结果是"三个臭皮匠——赛过诸葛亮"。学生们最后展现的方法让我耳目一新，有的先算50+20=70，再算4+8=12，最后算70+12=82，有的先算54+20=74，再算74+8=82，还有的先算54+30=84，再算84-2=82。学生通过独立思考，头脑从中得到了解放。

三、动手操作，解放学生的双手

动是儿童的天性，将学生置于学玩结合的活动中，既能满足动的需求，又能达到启智明理的效果。皮亚杰曾指出："传统教学的缺点，就在于往往是用口头讲解，而不是从实际操作开始数学学习的。"要解放儿童的双手，培养学生的实践能力，教师首先要转变观念。让传统权威式的师生关系转变为平等的、互相尊重的师生关系；让以知识为本的教育观念转变为重视学生的亲身经历和生活经验；让以传授和灌输为主要方式的课堂教学模式转变为实现学生主体实践活动为基础的课堂教学。

小学低年级学生的心理活动具有很强的体验性和直觉性的特点，他们好奇、好动，乐于模仿，遇到新鲜事物习惯动手试一试。教学中，教师要注意"投其所好"，不能因噎废食，怕小学生一动手就会乱，要充分利用儿童的心理特点，让其亲自动手，实际操作。这样，有利于把抽象的数学概念转化为可以摸得到、看得见的实物，学生比较容易接受，并且学起来兴趣浓厚，主动自觉。如教学"认识人民币"，大家表演"买东西"，帮助学生认识、使用人民币。活动前教师为每组学生准备一些面值较小的人民币（壹分、贰分、伍分、壹角、贰角、伍角、壹圆、贰圆、伍圆）。活动时，把准备好的人民币学具发给学生，让学生自己先来认识这些人民币。活动中，让一部分学生到"商店"去购买商品，另一部分学生当售货员卖商品。活动后，让每一个学生说说各自的情况。自己买了（卖了）哪几种商品？你是怎样付钱的（找钱的）？这样，通过学生实际动手操作使用人民币，不仅认识了人民币，并会进行换算，从而培养了学生的动手能力和生活能力。又如，教学"认识钟表"，让学生自己动手拨动时针、分针，自己动手去感知钟面，最后自己动手制作钟表。这样教学既解放学生的双手又学扎实了知识。

四、能说会问，解放学生的嘴巴

数学是思维的体操，而人类的思维是语言的思维，语言是思维的"外壳"，思维则是语言的"内核"。学生认识数学事件的过程和成果，要通过语言来表达。低年级学生的思维活动对语言具有依赖性，根据这一特点，数学教学中的语言训练，要和数学知识的教学同步发展。其实，儿童从学习数学的第一天开始，就应该在完成教学任务的同时，注意对儿童进行有目的、有层次的口语训练。兴趣是学习的动力，是构成动机的重要心理成分。我们要训练学生说话，首先重要的是使学生想说话、敢说话、对说话有兴趣。这样才能提高学生在学习过程中的参与程度。没有这种兴趣，学生沉默寡言，被动地、消极地接受老师"传授"的知识，就一定不能提高学习效率。为此，要积极培养学生大胆发言的习惯，讲对的要多给予表扬、肯定；讲错的，也不要批评，更不能讽刺，在别的同学做出正确答案以后，要让他复述一遍，如果复述对了，同样要表扬，以培养学生（特别是学困生）发言的勇气、胆量和信心。

如教学"参观爱国教育基地"时，先让学生收集信息："找出图上有哪些人？他们在干什么？还有哪些事物？你觉得哪些信息你比较感兴趣？你能根据这些信息提出一些数学问题吗？"大家带着这几个问题可以同桌讨论、小组讨论，最后全班交流。学生各抒己见，在小组里充分发表自己的观点，在与同伴的讨论中，开阔思考、解决问题的思路，通过别人质疑，学生不断完善自己的想法，体现了学生是学习的主人。这样可以克服过去那种"老师讲，学生听"的弊端，进一步提高教学效率。又如，在教学三位数连加中，让学生观察主题图后收集数学信息提出问题，解决问题，在小组交流或小组展示中要敢于说出自己的见解，在说的过程中使用正确的表达方式。通过"说"，学生明白连加可以分步列式也可以列综合算式，可以按题目数据的顺序列式，也可以凑整。可以在前面凑整，也可以在后面凑整。在倾听别人的发言后学生要学会提出自己的疑问，通过"问"，学生明白凑整法和从左往右依次计算有什么不一样；为什么前面凑整不需要加小括号，后面凑整需要加小括号。培养学生围绕教学内容能说会问的能力，避免学生乱说一气，或者说不到点子上，从而解放了学生的嘴巴。

五、自主探究，解放学生的空间

怎样给学生广阔的空间呢？这就要求我们教师要重视知识的形成过程，很好地把这个过程展现开来。让学生在我们展开的过程中去交流探索和解决，去体验、感悟和内化。如果没有了这些过程，所有的结论都是老师"讲"出来的，把教学变成了"告诉"，那么，学生不可能有思维的空间，更没有展示自己探索结果的机会。尤其是小学低年级学生由于年龄小，更有自我表现的愿望，当这种表现得成功而受到老师的表扬和夸奖时，他们的心里就别提有多么的快乐。因此，课堂上要留些空间让学生去探索和发现，然后让学生上讲台来说说自己这样做的理由，或者你对其他学生做法的评价。

如在教学"平均分"时，电脑出示小兔子："我有6个桃，想把它们分给我的好朋友，你能帮我分分吗？"学生用6张桃子图片摆一摆，分成几堆，看谁分的办法最多。让学生把自己的分法用卡片展示在黑板上。你能根据每份分的个数相同与不同，把这些分法分成两类吗？学生在小组里交流。然后指名说说你是怎样分的？并说说这样分的理由。同学们通过摆一摆、分一分，不仅帮助小兔解决了问题，还知道了"每份分得同样多"就是平均分。又如，在教学余数与除数的关系时，安排了分一分、看一看、想一想、算一算、说一说、写一写等环节，以自主探究为主，给予学生解放的空间，让学生有效地理解并掌握了"在有余数的除法中，余数都比余数小"的结论。只有解放学生的空间，学生才能自由发展，而不是千篇一律。

六、合理安排，解放学生的时间

有些教师为追求高分，拼命让学生花很多的时间去做各种各样的练习，好像知识的获得就要靠这种"蛮干"的做法才能奏效。这样致使一个个天真活泼的孩子变成了一个个愁眉苦脸的"小大人"。这样学生不仅没有真正掌握知识，还严重影响了学生的身心健康，根本没有自己的时间。今天的学生，应该在学习知识的同时，更应该学到智慧。如果我们能让学生在教学过程中做好合理安排，这不仅解放学生的时间，对学生思维训练和发展大有好处，而且能点燃他们智慧的火花，能使我们的学生变得越来越聪明。

如在教学"小数除以整数"中，安排了复习导入、探究新知、当堂检测、课堂总结环节。而在探究新知中安排了自主学习、小组合作、汇报展示、课堂小结活动，通过四个活动，让学生从自学到合作，到操作，到构建内涵，一步步经历了知识生成的过程，培养了学生的自学能力和合作能力，真正让学生成为学习的主人。当堂检测的目的在于当堂学习，争取当堂过关，巩固新知强化新知的同时减轻学生的课后负担。教学中能够合理安排环节，学生的时间才得以解放，做自己喜欢做的事，不必终日沉迷于题海而不得要领。

陶行知先生说："有了这六大解放，创造力才可以尽量发挥出来。"每个儿童都具有无限的创造潜能，作为一名数学教师，在2022版新课标理念和"双减"政策熏陶下，更应当以陶行知先生为榜样，准备充分，把握机会，关注学生，在数学教学真正实现"六大解放"，这样才能为培养创造型的学生贡献出自己的光和热。

陶行知教育理念指导下的小学劳动教育实践

桂平市逸夫实验小学　莫雪丽

一、引言

陶行知先生是中国的一位伟大的教育家，他提出了许多先进的教育理念，其中最为著名的是"生活教育论"。

陶行知认为，"生活就是教育，是好生活就是好教育，不是生活就不是教育"。他主张将教育与生活紧密结合，反对没有"生活做中心"的死教育、死学校、死书本。他认为，教育应该以生活为中心，把理论和实际生活结合在一起，那才是成功的教育。特别是当今社会的学生都是父母长辈的小宝贝，远离了实际生活，远离了劳动，要想让孩子回归到实际生活中，劳动教育是必不可少的。

二、以劳育人、以劳育德

现在的很多学校为了让孩子亲自体验劳动教育，都开辟有劳动基地。在桂平市逸夫实验小学行知楼就有一方劳动实践基地，它叫"拾趣园"，在这里可以找到快乐，让学生体验劳动，见证蔬菜水稻中草药的成长。在这里，师生们都找到欢乐的话题，体验收获的幸福。每个学期伊始，我都会和我的学生们一起规划我们小圃，种什么菜，撒什么菜籽。确定后，我们就一起动手除草、翻地，你用锄头，我用铁锹，撸起袖子加油干。汗水浸透衣服，手起泡，裤子、衣服都沾满泥土，但学生的热情一点也不减，抢着干，抢着体验，欢笑声充满整个小园。"我发现一条蚯蚓""这里有虫""这是什么虫子？""翻地原来是这么辛苦的"，学生们叽叽喳喳，都觉得那么有趣。著名的教育家苏赫姆林斯基说过："劳动是有神奇力量的民间教育学，给我们开辟了教育智慧的新源泉。这种源泉是书本教育理论所不知道的。我们深信，只有通过有汗水、有老茧和有疲乏的劳动，人的心灵才会变得敏感、温柔。通过劳动，人才具有用心灵去认识周围世界的能力。"劳动教育在人的成长中，无疑具有非常重要的位置。

我们的学生身处一个物质文明高速发展的时代，随着时代的发展，我们的学生对传统的农业劳动，体力劳动越来越远，甚至他们连整理房间，做家务都束手无策，都被家长包办了。面对如此巨大的"婴儿"，国家也越来越重视学生的劳动教育，很多专家也呼吁："劳动教育应该被纳入素质教育体系，贯彻基础教育始终。""在法制层面上强化中小学生的劳动观念，保证他们尽量多参加一些家务和社区劳动，种植劳动等。"我们小时候一直所倡导的"劳动最光荣"似乎已经越走越远了。

其实劳动教育具有无限魅力。劳动的魅力在于它能产生生理上的愉悦和满足，这种生理上获得的满足感是其他学习活动所不能替代的，它强调在亲历劳动与实践中促进学生体验成功，学会为人处世，学会生活。事实证明，孩子们是非常喜欢劳动课的，他们热情高涨，比起学语数英兴趣来得高，也更有持久性。一切都是具有新鲜感的东西，新奇的东西，相比试卷、作业、练习……显得那么苍白无力，多么无趣。学生在除草、抓虫、翻地当中体验不一样的生活，得到自由呼吸的空间，发现探索的乐趣。劳动课给孩子"喘息""休息"的时间，是真正的"素质教育"。我们的孩子是"戴着镣铐在跳舞"，一边是素质教育，一边是应试教育，导致我们的孩子们都得不到快乐，学不会劳动技能，压力山大。久而久之，学生厌学、恐惧学习、叛逆，也不懂"粒粒皆辛苦"，不会体谅长辈父母。我们的劳动课没有任何功利性，是纯粹的"快乐教育"。不用面对分数，不用面对枯燥的算术、刷不完的试题。劳动课具有浓厚的生活气息，让我们的孩子们真正接触泥土、接触植物，真正开拓眼界。它像一缕清新的风，让孩子们看到万紫千红的春天。

在这片实践基地里，你撒菜籽，我浇水，一起期待。日后轮流精心护理、观察，写下感受，感受小苗破土，一天天长大。这就是我们的快乐，我们一起的快乐。孩子们的人生，要他们自己去成长，谁都无法代替。让孩子体验当家做主人的感觉，从而磨炼孩子们的动手实践能力、生存能力。劳动是快乐的，因为劳动的过程，就是创造价值的过程，这个价值包括个体价值的自我实现和为社会创造的价值。劳动是快乐的，因为孩子们的双手和大脑得到了真正意义上的"解放"，感受到了真正的快乐。劳动是最基本的教育因素和教育方式，在劳动中，我们的孩子们能在一个真实的社会生活环境中"真实"地成长，并一路收获阳光雨露，获得真正的快乐。

虽然只是一方天地，但承载着师生们的欢声笑语，有汗水、有惊喜，见证了融洽的师生关系，见证了学生们的成长；虽然只是一个小小的小圃，但是见证了学生的成长，他们懂得了五谷、懂得了蔬菜、懂得了中草药，也更加热爱生活。

新学期伊始，我接了一个新班级，听说这个班级有个男孩子特别难搞。回到办公室，我就向同事打听这个王小亮的情况。不打听，不知道，一打听，吓一大跳。原来他就是那个吸烟、爬墙、谈恋爱、打架的带头人。面对这个刺头，我该怎么打开他的心扉，得到他的信任呢？我国著名的教育家陶行知先生说过："真的教育是心心相印的活动，唯独从心里发出来，才能打到心的深处。"也就是说，我们老师必须真心实意付出情感，让学生感受到你的情感，从而信任你。接下来的几天里，我每天都抽一节课出来跟学生打球、交流，一边观察王小亮的情况。因为我真心实意跟他们玩在一起，有说有笑的，跟学生零距离接触，慢慢地，他们对我也不再戒备，加上我的球技可以，他们都佩服我。唯独那个王小亮依然对我心存戒备，也不跟我交流。但我发现，他跟一个同学走得很近，也有说有笑的。我心想，可以从这个同学入手带动他。于是，我找到这个同学，跟他语重心长地说很多道理，大致就是，希望他协助老师，把王同学拉回正轨，他也欣然答应。

我该让他做点什么来让他体现他的价值感呢？我想到了我的那块菜地，还缺浇水、除草、施肥的帮手。于是我找到他们两个，语气温和地说："学校安排我们班管理一块菜地，在假期里我已经撒下了种子，现在长得很好了。现在需要你们帮忙浇水，你们愿意协助老师吗？""可以！"他们两个异口同声地回答。也许是他们都没有体验过浇水，一开始，他们并不知怎么做，于是我耐心地讲解、示范给他们看。他们两个也很灵性，一教就会了。浇水完毕，我看到小亮的鞋子已经湿了，"你的鞋子湿了，不好意思呀"！他一听我这么说，反而害羞地说："不要紧的，回去我再洗干净晾干它就好了。"这是我们之间第一次对话，我很高兴他跟我有交流。接下来的几天里，他们两个一放学就主动到菜地浇水。我有时候还教他们认识蔬菜、拔杂草，还教他们择菜，给他们拿回去吃。"辛苦你们了，我们一起努力的劳动成果一起分享。"我笑着对他们说。他们很腼腆，但看得出很高兴。慢慢地，我们之间开始有了话题，清除了隔阂，拉近了关系。每一次劳动，每一次他的进步，我都表扬他，激发他"你干活儿那样能干，一点就通。真不错。你的篮球打得也不错，听说你也会游泳，我和你有好多相同的爱好，你愿意和老师交朋友吗？"，他微微一笑，眼睛立刻生动起来："老师，我愿意。但我有时候做不好，我又害怕。""人无完人，不要否定自己，我相信你。"他向我点点头，眼里噙满泪水。

从此他的性子慢慢转变了，课堂上，认真听课，认真做作业，按时上交。我多次在班级表扬他，肯定他做得好的地方。虽然还不是尽善尽美，但我相信，只要给予他一点时间，他一定可以端正三观，定下目标，努力上进。我一直坚信学"做人"，要从劳动开始，劳动它真的能育人，育人心智、育人成长。爱劳动、勤劳动，就是爱生活，有了盼头，也就有了信心。

三、注重劳动教育的实用性和生活性

陶行知还提出了"社会即学校"的观点，他主张把学校伸展到整个社会，把教育从"荷包"中解放出来，扩大学校教育的范围。他认为，学校教育理论性较强，很多是空洞的，而生活中的教育却是实在的教育。

在教学方法上，陶行知主张学生怎样学，教师就怎样教。他把教和学的关系翻转过来，学生的学决定教师的教。他注重一切从实际出发，根据学生的实际接受能力来确定教学内容的选择安排。

陶行知的这些教育理念对现代教育仍然有着重要的启示意义。现代社会需要的是具备创新精神和实践能力的人才，而陶行知的教育理念正是强调了这一点。同时，他的教育理念也提醒我们要注重教育的实用性和生活性，不要脱离实际生活去追求纯粹的理论知识。

总之，陶行知是一位伟大的教育家，他的教育理念是我们今天仍然需要学习和借鉴的宝贵财富。

践行陶行知思想　促进数学教学与劳动教育相融合

桂平市逸夫实验小学　覃　凯

"教学做合一"既是教学法，也是生活现象的说明。陶行知先生主张"做中学"，并且要"手脑相长""在劳力上劳心"。劳动教育是"五育并举"中的重要一环，承担着育人和发展人的重要职责。笔者作为一名数学老师，常常在思考如何将数学教学与劳动相融合，在学到数学知识的同时，又进行了劳动教育，实现"教学做合一"。

一、劳动教育资源要从生活中来

劳动教育要"真学真做"。学种菜，必然要下地，经历锄地松土，播种浇水，施肥除虫等过程，待菜长大采摘回去，用自己种的蔬菜做一道美食。劳动教育要动手去做，才能够把握要领。所以劳动教育并不能完全在教室里实现，要求孩子们进菜园子、下厨房、参与社会实践等。真实的劳动场景才能体会劳动的艰辛，烈日下拔草种苗割禾打谷的体验，比说教 100 遍"粒粒皆辛苦"更为有用。

二、数学教学与劳动教育相融合

劳动教育要手脑并用。任何一种劳动都是一个复杂的工序，要学会一项劳动技能，要有目标、流程、要领、核验，因此对实施者的思维是一种训练。古语说"心灵手巧"，便是实践和思维相互促进的证明。比如，我们要让孩子做一碗蛋炒饭，需要计算饭粒、蛋液、油的比例，这便是数学；老师讲完操作流程后，可以请孩子们绘制流程图；蛋炒饭做出来之后，还可以写一写劳动的经过和感受，并与人分享自己的收获。蛋炒饭不单是蛋炒饭，学科之间的融合自然而然就发生了。

（一）数学教学与劳动实践相结合

"生活即教育"是陶行知教育思想的"内核"，可见数学教育要密切联系学生的现实生活，立足于学生的生活经验和已有知识储备。新课标倡导一线教师创设"生活化"学习情境来协助学生在学习中经历、体验、掌握、反思和创造。教师在课堂创设"生活化"情境，能吸引学生的注意力，让学生产生强烈的探索数学知识的欲望，促使学生从亲身经历的视角去提出问题、分析问题乃至解决问题。与此同时，数学教材的很多内容和情境都与劳动实践有密切的联系，情境教学赋予原本抽象的数学知识一些生动、活泼，激发学生学习的主动性与积极性，融入学生已有的生活经验，从而使学生获得学习数学的方法，提高学生的学习力。

例如，在学习了平行四边形和组合图形的面积这些内容后，笔者组织学生来到学校的劳动基地——"拾趣园"去实地量一量算一算不同菜地形状的面积。在量长方形芥菜地的长和宽的时候，我们量到的宽不足 1 米，就取整厘米 98 厘米，记录为 0.98 米，长是 5 米 36 厘米多一点点，就用四舍五入法取整厘米，记录为 5.36 米，然后用长乘宽计算出了这块长方形菜地的面积。来到平行四边形菜地的时候，笔者提问学生："要量出这块菜地的面积，我们需要量什么呢？"根据已学过知识，学生知道要量出平行四边形一条底边，然后再量出这条底边上对应的高。量高的时候，学生三人合作，一人拿着软尺固定在平行四边形一个顶点上，另一人向对边拉垂线，记录的同学看到软尺垂直于平行四边形底边的时候,看着刻度记录下高是1.35米,再根据公式用底乘高计算出平行四边形菜地的面积。还有一块菜地是组合图形,学生就想办法把这个菜地用分割的方法分成一个梯形和一个长方形,根据学过的知识要计算梯形的面积,学生就要进行实地测量出梯形的上底、下底以及高的数据,长方形要量出长和宽的数据,用米做单位,分别计算出两个图形的面积再相加。通过这样的实地测量,一方面,让学生将课堂所学的数学知识与劳动实践相结合;另一方面,通过计算学生对于实际中的长度和面积的大小有了一个更清楚的认识,这比在教室里去比画,5米多是从教室哪里到哪里……这样子更直观,发展数感的同时培养了量感。

(二)融入美学教育引导学生感受劳动创造之美

劳动教育需要培养学生的劳动精神,引导学生产生对劳动的热爱。对小学阶段学生来说,他们的身体发育尚不完善,强度过高或者过于困难的劳动项目,无法帮助他们产生参与劳动的乐趣,反而会导致学生产生对劳动的厌烦心理。小学数学教学与劳动教育之间的相互配合,教师需要以学生的学情特点为前提,组织新颖的劳动项目,使学生感受劳动特点,体会到劳动中的数学之美,最终养成热爱劳动的优良品质。

"教学做合一"强调以"做"为教与学的中心。陶行知强调,无论是教师的教,还是学生的学都以"做"为中心,即把"做"摆在教学过程的中心位置。何谓教学中的"做"呢?用陶行知的原话说,那便是在"劳力上劳心",这里的劳力指的是动手、行动,劳心则指动脑和思考。

例如,在"轴对称图形"的教学中,让学生用彩纸和剪刀通过折一折、画一画、剪一剪,创作出自己喜欢的轴对称图形图案。有的同学就把一张正方形纸对折一次,通过画一画、剪一剪,他们发现无论他们画出什么样的图案,剪好展开之后都能形成一个轴对称图形;有些同学很有想法,他们把纸对折两次或三次或更多,画上自己想画的图案,然后再用剪刀剪一剪,创作出一对天鹅、一个春字、具有美丽花纹的窗花等;有的同学创作出第一幅作品之后,发现还能更美,于是再进行二次创作。最后,全班学生采用投票方式选出内容准确、样式新颖、画面精美的轴对称图形。

笔者通过创建实物制作活动,不仅可以提升学生动手实操能力,使其加深对轴对称知识的记忆,还能让他们在剪纸美化与创新过程中感受劳动创造的魅力,进而提升劳动实践水平,增强劳动创造意识。

（三）开展社会实践活动增强学生对数学的全方位了解

小学数学教学离不开实践活动，社会实践是拉近学生与社会关系，增强学生的社会参与意识，培养学生的社会责任感的主要途径，同时社会实践也是劳动教育中最为典型的一种活动方式。在数学教学中，教师应组织开展与数学有关的社会实践活动，使学生能在社会实践活动中更加深入、全面地了解数学知识，形成数学思维和数学观念。

例如，在水稻收割的季节，带领学生下到农村，在收割稻谷之前，先测量土地的长和宽，测量株距和行距，并做好数据记录。收割稻谷前进行安全教育：如何使用镰刀、人与人之间要保持多远的距离、割下的稻谷怎样摆放等。割完稻谷，用打谷机打稻谷，然后称出稻谷的总重量，计算出亩产量，对比在网上查找的数据，比较产量是高还是低；把这些稻谷晾晒后拿到碾米房，碾出米，计算出米率；把碾好的米分给学生，让学生回家煮饭，学生们吃了一碗又一碗大米饭，就算没菜，这些米饭都是香喷喷的。一次收割稻谷的劳动实践，让学生结合了数学学习的知识，计算出了土地的面积，计算出禾苗的棵数，计算出亩产量还有出米率，让学生体验到了劳动的快乐，更深切感受到粒粒皆辛苦的真谛，收获满满！

又如布置学生参与社会实践，体验劳动者一天的劳动。有的学生家里是卖菜的，他跟着爸爸经历从市场进菜、拣菜、卖菜的过程，写下这一天的数学日记，计算进价、损耗、单价、成本、盈利等；有的学生则想到去计时自己洗碗要多少分钟，然后通过调查得知洗碗工一个月的工资是多少，每天工作多长时间，计算出每小时的工作酬劳以及一天的酬劳，知道请一天假就会被扣掉一天的工资，在运用数学知识解决生活中的实际问题的同时体会到了钱的来之不易。

三、学生发展与数学内容结合

教师教学活动中，融入劳动教育资源能极大地丰富数学教学内容，也能促进小学生提高对数学的兴趣。在将劳动教育融入小学数学时，要结合学生的身心发展水平和各年级数学内容。低年级学生所学数学内容虽然较简单，但会对整个小学阶段乃至未来的学习影响深远，教师可对学生进行初步培养，融入的劳动教育内容要简易，注重学生兴趣和习惯的培养。中年级学生思维发展水平逐渐提高，教师应不断转变教学方式，提高难度，注重学生对知识和技能的运用，培养学生将劳动和数学结合的能力。对高年级学生，老师要把更多的时间与空间留给学生，使学生学会运用数学思维结合已有劳动经验解决问题，培养探究能力与创新能力，教师应做到循序渐进，关注学生个体，创新教学策略。

综上所述，在小学数学教学中融合劳动教育可以取得良好的教育效果，有利于改变学生对于劳动的认知，提高学生动手能力和培养学生的实践能力，以此提升学生良好的劳动品质。对于此，教师应采取有效的策略促进小学数学教学与劳动教育的有效融合，包括加强促进课程融合，完善教学过程促进融合教育。结合日常生活和社会实践渗透劳动到数学教学中，在解决数学实际问题中融合劳动教育，应用数学文化体现劳动价值，体会劳动魅力，提高小学数学教学融合劳动教育的质量，提升学生良好数学思维品质以及劳动品质，为学生的健康成长、全面发展奠定基础，创造有利条件。

陶行知教育思想在小学信息技术课堂的应用

桂平市逸夫实验小学　陆琼南

陶行知，中国现代教育的杰出代表人物之一，他的教育思想深深地影响了中国的教育发展。他倡导的"生活化"和"实践性"的教育理念，对于我们今天的教学实践具有重要的指导意义。特别是在信息技术日益普及的今天，如何将陶行知的教育思想融入小学信息技术课堂中，是我们需要深入探讨的问题。

一、陶行知教育思想的内涵

陶行知教育思想的核心是"生活化"和"实践性"。他认为，教育应该紧密联系生活，让学生在实践中学习，在学习中实践。他强调，教育不仅仅是传授知识，更重要的是培养学生的实践能力和创新精神。

首先，陶行知强调教育的"生活化"。他认为，教育不应该脱离生活，而应该紧密地与生活相结合。他反对那种把教育看作一种孤立的、与生活无关的活动的观念。在他看来，教育应该是生活的一部分，是生活的延续和发展。因此，他主张在教育中要注重培养学生的生活能力，让他们在生活中学习，在学习中生活。

其次，陶行知提出了教育的"实践性"。他认为，教育不仅仅是传授知识，更重要的是培养学生的实践能力。他反对那种只注重理论教学，忽视实践教学的教育方式。他认为，只有通过实践，学生才能真正理解和掌握知识，才能真正培养出他们的实践能力和创新精神。因此，他主张在教育中要注重实践教学，让学生在实践中学习，在学习中实践。

二、陶行知教育思想在小学信息技术课堂的应用

在小学信息技术课堂中，我们可以将陶行知的教育思想具体化为以下几个方面。

（一）教学内容的生活化

我们可以通过设计一些与学生生活密切相关的课题，让学生在解决实际问题的过程中学习和掌握信息技术知识。在教学过程中，我们可以尝试将教学内容与学生的生活实际相结合，以生活化的方式进行教学。

例如，我们可以让学生研究如何利用信息技术来提高学习效率，或者如何解决日常生活中的一些常见问题，如如何利用信息技术来管理个人时间，如何利用信息技术来进行有效的信息检索等。这样，学生不仅可以在实践中学习和掌握信息技术知识，而且还可以增强他们解决实际问题的能力。

此外，我们还可以通过让学生参与到一些与信息技术相关的实践活动中，如编程比赛、科技创新大赛等，来进一步提高他们的信息技术实践能力。通过这种方式，我们可以让学生在解决实际问题的过程中，更好地理解和掌握信息技术知识，从而提高他们的学习效果和学习兴趣。

（二）教学方法的实践性

在当今信息时代，信息技术已经成为一项必备的基本技能。为了培养学生的信息技术素养，传统的教学方法已经无法满足需求。因此，我们需要采用更加具有实践性的教学方法来帮助学生更好地学习和掌握信息技术知识。

项目式学习是一种以学生为中心的教学方法，通过让学生参与实际项目的

设计、实施和评估过程，培养他们的实践能力和解决问题的能力。在信息技术教学中，我们可以设计一些与实际生活相关的项目，如制作一个网页、开发一个手机应用程序等。学生在项目中需要运用所学的信息技术知识，解决实际问题，从而提高他们的学习兴趣和动力。

合作学习是一种以小组为单位的教学方法，通过学生之间的合作和互动，促进他们的学习和发展。在信息技术教学中，我们可以将学生分成小组，让他们共同完成一个项目或任务。在合作过程中，学生需要相互协作、分工合作，共同解决问题。这不仅能够培养学生的团队合作精神，还能够提高他们的沟通和协调能力。

（三）教学评价的多元化

我们可以通过观察学生的实践过程，评价学生的学习效果，而不仅仅依赖于考试成绩。在教学评价中，我们应当采取多元化的方式。这意味着我们不仅仅依赖于传统的考试成绩来评估学生的学习效果。相反，我们可以从多个角度和层面来观察和评价学生的学习情况。可以通过观察学生的实践过程来评价他们的学习效果。这包括学生在课堂上的表现、参与度以及他们在课后的自主学习情况等。通过观察学生的实践过程，我们可以更全面地了解学生的学习能力和潜力，而不仅仅局限于他们的知识掌握程度。我们还可以通过其他形式的评估来评价学生的学习效果。例如，可以组织小组讨论、项目展示、实验报告等形式的评价活动，让学生展示他们在学习过程中所掌握的知识和技能。这样不仅可以激发学生的学习兴趣，还可以培养他们的团队合作能力和创新思维。

三、陶行知教育思想在小学信息技术课堂的反思

虽然我们已经在小学信息技术课堂中尝试应用陶行知的教育思想，但是还存在一些问题需要我们反思。

（一）教师的角色转变

在陶行知的教育思想指导下，教师的角色应该从传统的知识传授者转变为学生学习的引导者和辅导者。在陶行知的教育思想指导下，教师的角色正在经历一场重大的转变。这种转变不仅仅是表面的，而是深入教育的本质和核心。具体来说，教师的角色应该从传统的知识传授者转变为学生学习的引导者和辅

导者。

在过去，教师的主要职责是传授知识，他们被视为知识的守护者和传递者。然而，随着社会的发展和教育理念的进步，人们开始意识到，教育的目的不仅仅是传授知识，更重要的是培养学生的独立思考能力、创新能力和社会适应能力。因此，教师的角色也需要进行相应的调整。

陶行知强调了教育的民主性和实践性。他认为，教育应该是开放的、平等的，每个人都应该有接受教育的权利。同时，他也强调了教育的实践性，认为教育应该与生活紧密结合，让学生在实践中学习和成长。

在陶行知思想的指导下，教师的角色发生了重大的转变。他们不再是单纯的知识传授者，而是成为学生学习的引导者和辅导者。他们需要引导学生主动学习，激发学生的学习兴趣和学习动力，帮助学生建立正确的学习方法和学习态度。同时，他们还需要为学生提供个性化的学习指导和辅导，帮助学生解决学习中的困难和问题。

（二）学生的主体地位

在陶行知的教育思想指导下，学生应该成为学习的主体，而不是被动接受知识的容器。在陶行知的教育思想指导下，学生的主体地位被赋予了极高的重视。陶行知认为，教育的核心应该是激发学生的主动性和创造性，使他们在学习过程中成为真正的主体，而不是被动地接受知识的容器。陶行知强调学生的主体地位意味着他们应该积极参与学习过程。学生不再是被动地坐在课堂上听讲，而是通过互动、探究和实践来主动获取知识。他们可以提出问题、讨论观点、解决问题，从而培养批判性思维和解决问题的能力。学生的主体地位还体现在他们对自己的学习负责。陶行知认为，学生应该具备自主学习的能力，能够制定学习目标、规划学习计划，并自觉地调整学习方法和策略。他们需要学会自我评价和反思，不断改进自己的学习方式，提高学习效果。在陶行知的教育思想指导下，学生的主体地位得到了充分的重视和发挥。学生应该成为学习的主人，积极主动地参与学习过程，培养自主学习和解决问题的能力。同时，教师也需要转变角色，成为学习的引导者和合作伙伴，为学生提供个性化的学习支持和指导。这样的教育理念有助于培养学生的综合素质和创新能力，为他们未来的发展奠定坚实的基础。

（三）教学资源的开发

在陶行知的教育思想指导下，我们应该充分利用和开发各种教学资源，为学生提供丰富的学习材料。在陶行知的教育思想指导下，我们应该充分利用和开发各种教学资源，为学生提供丰富的学习材料。

陶行知先生是中国教育史上一位杰出的教育家，他的教育思想强调以学生为中心，注重培养学生的创造力和实践能力。在这一理念的指导下，我们应当积极探索和利用各种教学资源，以满足学生的学习需求。我们可以充分利用现有的教材和教辅资料。这些教材和教辅资料是经过专业编写和审定的，内容系统、科学，能够为学生提供全面的知识体系。教师可以根据学生的实际情况，灵活运用教材和教辅资料，设计出富有启发性和趣味性的教学活动，激发学生的学习兴趣。我们可以积极开发多媒体教学资源。随着科技的发展，多媒体技术在教学中发挥着越来越重要的作用。通过使用多媒体教学资源，如图片、音频、视频等，可以更加生动形象地呈现知识内容，增强学生的视听感受，提高学习效果。同时，多媒体教学资源还可以帮助学生更好地理解和记忆知识，培养他们的信息获取和处理能力。我们还可以利用互联网和在线学习平台开展教学活动。互联网是一个信息丰富、资源共享的平台，教师可以通过搜索引擎、在线教育网站等途径，获取到大量的教学资源。同时，教师还可以利用在线学习平台开展互动式教学，与学生进行实时交流和讨论，促进学生的思维发展和合作学习能力的培养。我们还应该鼓励学生积极参与教学资源的创造和分享。学生是学习的主体，他们对于知识的理解和掌握有着独特的视角和经验。教师可以鼓励学生自主学习和探索，将他们的学习成果和心得分享给其他同学，形成良好的学习氛围和互助机制。在陶行知的教育思想指导下，我们应该充分利用和开发各种教学资源，为学生提供丰富的学习材料。通过多样化的教学手段和方法，我们可以激发学生的学习兴趣，提高他们的学习效果，培养他们的创造力和实践能力，为他们未来的发展打下坚实的基础。

陶行知生命教育思想下普通小学融合教育实践探索

吉祥路小学　林泰余

陶行知的生命教育思想认为，生命教育充满了对生命的关怀，生命教育是充满爱的教育，用博爱的精神平等地对待生命。生命教育理论的本质是以人为本，关注的是每一个生命体的发展。融合教育（inclusive education），也称为全纳教育，是当前全球特殊教育发展的主要趋势。融合教育是将特殊儿童和正常儿童安置在同一个教育环境中一起接受教育，强调提供给特殊儿童正常化的而非隔离式的教育环境，提供所有的普通教育、特殊教育和相关的服务措施，促进特殊儿童接受适应其学业和社会化发展的全人教育。由此可见，生命教育思想与融合教育在内核上有着相似之处，均强调关注每一个学生的平等发展。

南宁市吉祥路小学以陶行知生命教育思想为指导，自建校以来招收随班就读的特殊学生，并为重度残疾的特殊学生提供送教上门服务。2021年9月，学校开设

1个特教班，学生13人，其中孤独症9人，智力障碍3人，唐氏综合征1人。在设有特教班的普通小学开展融合教育具有现实优势，能利用普校教育资源，为特殊学生提供融合的教育环境，更好地促进特殊学生社会适应能力的发展。融合活动是特教班教育活动的重要组成部分。因此，特教班的设立为融合教育的开展提供了有利条件。

一、创设融合教育环境

陶行知生命教育思想注重教育环境对情感陶冶的重要作用。小到对于物品一丝不苟的摆放，大到整齐划一的学校环境和秩序，能够在帮助学生们形成良好生活习惯的同时，也能充分激发他们昂扬向上的精神，焕发他们对于生活的热情和斗志。融合教育倡导将特殊学生和普通学生安置在同一教学环境中，通过创造最少受限制的教育环境，去除任何不利于特殊学生参与学校教育教学活动的障碍，实现特殊学生的教育机会上的公平。

在对特殊学生的日常融合教育教学设施的安排和布局上，学校从最少受限制原则出发，最大程度满足特殊学生的学习和生活需要，专门安排了特教资源活动教室，主要用于特教班学生的日常教学，同时也用于为随班就读学生提供个别辅导。资源教室布置了相应的感统设施、蒙氏教具、书籍等，教室的空间根据日常学习和活动需求划分成不同区域，包括教学区、感统活动区、图书角、作品展示区等。与此同时，学校还保持着开放、接纳的态度，提出了"资源共享，全境育人"的一体化育人理念，让特教班的学生和普通班学生共同享受学校的一切教学资源。特教班学生能够到书法室、电脑室、舞蹈室、科学实验室等多功能教室上课，在图书馆阅读，在劳动实践基地和红十字实践基地开展活动。

学校作为红十字教育示范基地，主张弘扬"人道、博爱、奉献"的红十字精神，并将这一精神贯穿于学校教育教学的始终，形成了接纳、包容的融合教育氛围。

二、丰富融合教育安置形式

根据特殊学生的不同特点，学校采用多元的安置形式，包括半融合、全融合和反向融合，促进普通学生和特殊学生的共同发展。

半融合针对特教班学生。特殊班学生大部分时间在自己的班级开展教学活动，在特定时间参与普通班级融合教学活动。在融合教学中，教师会根据特殊学生的特点有针对性地对教学目标、内容、过程及评价进行调整。全融合针对随班就读学生。随班就读学生大部分时间参与普通班级的教学活动，在普通班级一起进行日常活动，特教教师为随班就读学生提供适当的教育支持。反向融合则是安排普通学生或随班就读学生进入特教班进行教学活动，发挥其榜样作用，帮助特教班学生学习基本人际交往技能，提高其自信心和成就感。

三、开展融合教育教学活动

陶行知生命教育思想认为，活的教育应该是用生生不已的、变动不居的生活做资源的教育。教育与生活紧密联系，教育在生活中展开。因此，学生在校的每日活动成了教育教学的最好资源。特殊学生正常参与学校一切日常教学活动，如升旗、晨会、大课间、眼操，特殊学生因此能够熟悉、适应学校的一日流程。同时，特殊学生全面参与学校的大型集体活动，如心理活动月、读书节、科技节、文化艺术节、体育节等，保障了特殊学生有平等的机会和权利参加学校活动并取得成功，增强了他们的信心，加深了普通学生对特殊学生的理解和认可，提高了普通学生对特殊学生的接纳度，普特学生之间的沟通交流也有所增加。此外，作为全国红十字基地示范校，学校开展基于"生命教育"的红十字技能训练校本特色活动，全校学生共同参与。在活动中，普通班红十字会志愿者与特教班学生组成结对伙伴，进行一对一实践教学和训练，帮助特教班学生学习和掌握急救方法。同伴结对的方式，有利于特殊学生的技能学习，特殊学生不再仅仅模仿教师的动作，也开始关注结对同伴并模仿他们的动作。同伴结对辅导学习，既帮助特殊学生学会自救技能，又有益于其人际交往。

根据《中小学日常行为规范》的要求及学校的实际情况，学校制定并实施了面向全校班级且较具有一定弹性的德育评价体系，对每个班每周的课堂纪律、文明礼仪、卫生清洁等方面进行量化评价，规范了学生的日常行为，培养了学生的良好习惯。通过班级评比，特殊学生对于学校纪律和规章制度有了更深的认识，也慢慢地形成集体感和荣誉感。

四、完善融合教育课程建设

为促进普通学生和特殊学生的相互沟通和交流，学校采用普特走班合作学习的形式，让特教班学生进入普通班课堂，和普通学生一起上课。

陶行知曾提出："不同学生的能力是各不相同的，我们教育儿童，就要根据儿童的需要的力量为转移。"教育要关注学生特点，因材施教。为了让特殊学生更好地参与教学活动过程，针对特殊学生的身心发展特点，学校对原有课程进行了调整。课堂教学由普通教师作为主导教师，特教教师作为助理教师为特殊学生提供适当支持。采用结对伙伴的方式为特殊学生提供同伴支持。在此过程中特殊学生参与度、积极性及听从集体指令的能力均有所提高。

与此同时，普通班学生到特教班一起上课，与特教班学生组成一对一的结对伙伴，两人共同完成任务。在这一过程中，特教班学生从最开始不愿接受他人，到慢慢能够消除抗拒情绪，甚至一些学生能够与普通班学生合作，完成学习任务。特教班学生不仅能够在结对伙伴的帮助和影响下，更加积极地回答问题，语言能力得到提升，也在此过程中学习如何与人合作，提升社会交往能力。

结合普通班道德与法治课程、心理与健康教育课程和特教班沟通与交往课程，学校尝试开发特教班学生和普通班学生共同参与的"人际交往"主题校本课程，帮助特殊学生学习沟通交往技巧，也促进普通学生对特殊学生的了解与认识。

五、融合教育实践成效

（一）融合氛围更加浓郁

融合教育实践的开展，增强了普通学生对特殊学生的认识和了解，进而提高了其对特殊学生的包容性和接纳度，学校的融合氛围得到提升。

通过对普通学生进行访谈及对其日记、作文等文本资料的分析，普通学生对特殊学生有了更深的认识和了解，且均表示愿意接纳并帮助特殊学生。同时，普通学生积极与特殊学生互动，邀请特教班学生参加游园活动和美食分享活动；普通学生也进入特教班教室，与特殊学生聊天、玩游戏，普通班与特教班之间的融合活动越来越多。

（二）普特学生共同成长

通过开展融合教育实践，特殊学生逐渐消除了与普通学生互动的恐惧，人际交往能力有所提高。在与普通学生互动的过程中，特殊学生感受到了普通学生接纳和包容的态度，普通学生的肯定和鼓励增强了他们的自信心，交往过程逐渐从被动转向主动。特殊学生会使用"谢谢""对不起""请"等社交用语，社会适应能力得到了有效培养。

对普通学生来说，通过融合教育实践的开展，普通学生学会了关爱和帮助特殊学生，掌握了一些与特殊学生沟通的技能技巧。在与特殊学生交往的过程中，普通学生的自我效能感、共情和换位思考能力均得到了提升。

（三）教学质量得到提升

融合课程的实施帮助特殊学生养成了良好的学习习惯，遵守课堂纪律，保持端正的坐姿，积极举手发言，参与课堂活动。结对伙伴的支持既能使特殊学生更好地达成教学目标，同时也促进其良好习惯、社会交往等方面的发展。特殊学生从最初的不愿与人合作到逐渐消除抗拒情绪，甚至一些学生可以与普通学生一起共同完成学习任务。特殊班的学生不仅能够在结对伙伴的帮助和影响下更积极地回答问题，提高了语言技能，还学会了如何与他人合作，提高了社交技能。

六、未来展望

目前南宁市吉祥路小学的融合教育实践还存在较多不足，融合教育实践探索任重而道远。在下一步的研究中，学校将加强融合教育的课程建设、融合教育师资培养和建立支持保障体系等方面的实践研究，不断提高融合教育质量，促进普特双赢共同成长。

小学语文思维发现与提升学科核心素养的培养

吉祥路小学　吕柳霆

陶行知的教育思想提倡"生活即教育",强调教育要与生活紧密相连,让学生在生活中体验、感受、学习、成长。在小学语文教育中,教师可以借鉴陶行知教育思想,将教育融入语文课堂教学中,培养小学生的核心素养。在陶行知教育思想背景下,如何提升核心素养,要求教育工作者转变教学理念与教学方法,对学生进行学科素养培养,使学生在学习中获得适应终身学习与社会发展的重要品质,"生活即教育""社会即学校""教学做合一"。

一、立足阅读教学,培养学生的阅读理解思维

陶行知先生曾说:"生活教育是以生活为中心之教育。"阅读是语文教学的重要组成部分,对学生语言思维、阅读能力、写作能力培养具有促进作用。生活教育

需要教师在阅读教学的过程中，融入小学生了解的生活要素、情境等，引导学生对课本内容进行深入探究，使学生在阅读的过程中思维能力与语言能力得到提升，深化对课本知识的理解。以往阅读教学中，教师会将阅读中包含的技巧、知识，以直接灌输的方式告知学生，让学生以死记硬背的方式完成基础知识学习。陶行知强调教育要与生活紧密联系，需要改变灌输式教学模式，为学生设计问题，引导学生对阅读内容进行深层次的探索，从课本知识延伸到生活，使学生真正地理解阅读内容，感受到课本知识学习的快乐，以此提升阅读教学效果，为学生核心素养发展打下坚实的基础。

以《少年闰土》为例，进行这一内容教学时，教师可以让学生找出与闰土有关的描述，当时闰土生活的环境，由他当时生活的一个环境引发思考，这就是陶行知思想教育理念，并联系上下文，思考作者采用哪些写作方法，写作的目的是什么，引导对文章进行深层次的分析，思考作者对闰土的情感。为了加深学生对文章的理解，教师可以选择一段文章，让学生进行分析，鼓励学生表达自己的想法。如"深蓝的天空中挂着一轮金黄的圆月……项戴银圈，手捏一柄钢叉，向一匹猹用力地刺去。那猹却将身一扭，反从他的胯下逃走了"。同学们，这段话描绘了一幅优美的月夜田园景色，你们想想作者想要通过此表达自己什么样的情感，想要告诉读者什么呢？然后引导学生自由讨论分析，说出自己的想法，强化对文章的理解。

二、基于口语交际，培养学生的语言思维

陶行知主张通过实践、体验、感悟等方式培养学生的品质，小学语文教材中口语交际内容的运用，可以锻炼学生的语言能力，而学生的语言能力提升离不开生活的实践，通过两者的结合，使学生在交流中语言思维与表达能力得到提升。在口语交际活动中，教师可以选择学生在生活中感兴趣的内容，将此作为口语交际的媒介，引导学生进行讨论与分析，鼓励学生主动表达自己的想法，以此提升学生的语言思维，强化课本知识学习效果。

例如，学习《小英雄雨来》内容后，教师可以组织以"现实生活中的英雄"为主题的口语交际活动。在交际活动开始前，教师可以为学生展示一些当前生活中存在的英雄事迹，如奥运冠军为国家夺冠、袁隆平爷爷种水稻等，使学生对这一口语交际主题形成初步的认识。展示视频后，教师可以将教材内容作为入手点，让学生说出自己对英雄的认识，鼓励学生在课堂上表达自己的想

法。教师："同学们，通过对《小英雄雨来》的学习，你们认为什么样的人是英雄？"学生一："我认为对国家有贡献的人就可以被称为英雄。"学生二："我认为如果一个人敢于克服困难，克服生活中的问题，就是做了对人们生活有意义的事情，可以被称为英雄。"教师："那你们知道哪些英雄的事迹？"然后让学生畅所欲言表达自己了解的英雄事迹。学生交流结束后，再次对学生问道："同学们，你们想不想成为人们口中的"英雄"，为了成为"英雄"你们会怎么做呢？"学生："我认为我们应该做勇敢、无畏的人，勇于克服困难，朝着自己的目标努力。"陶行知主张教育要具有开放性，通过超越自己、克服自己在生活和学习上困难的方式，实现自己生活的目的。也就是说在困难面前，要心怀阳光、心中无惧，让自己更优秀的过程，就是自己的英雄。通过交流的方式，提升学生的语言思维，为学生更好的成长奠定坚实基础。

三、立足写作教学，培养学生的逻辑思维

在小学语文教学活动中，教师可以利用写作教学培养学生的逻辑思维，使学生在学习的过程中语文学科核心素养得到发展。以往写作教学中，教师会将写作技巧、写作模板以直接的方式呈现给学生，并要求学生按照模板进行写作。这一教学模式过于死板，不利于学生思维能力的发展。在写作教学中，教师需要打破传统课堂教学的束缚，设计学生感兴趣的写作主题，并引导学生发挥自己的想象力，运用语言文字表达自己的情感、想法，以此提升写作的有效性，促使学生逻辑思维发展。

陶行知强调教育要与生活紧密联系。在小学语文教学中，教师可以结合学生的实际生活，引导他们观察生活、体验生活，从而培养他们的语言能力、思维能力和审美能力。例如，在端午节来临之际，教师可以为学生设计一个与端午有关的写作主题，让学生将自己对端午节的理解或者对传统节日的感受以文章的方式表达出来。在写作活动开始前，可以利用多媒体，将端午相关的内容，如包粽子、赛龙舟、挂艾蒿等，以视频的方式呈现出来，使学生了解不同地方的端午习俗。当学生对端午节形成初步的认识后，可以让学生写一篇短文，介绍端午节。如班级中学生是这样描述端午节的："每年农历五月初五为端午节。端午节是我国民间的传统节日，端午节又称重午节。今天的端午节，更多是为了纪念爱国诗人屈原。相传赛龙舟，就是为了捞救投汨罗江而死的爱国诗人屈原。把粽子投到江河，是为了不让鱼蛟虾蟹吃屈原的遗体。端午节是我

最喜欢的节日。不仅仅因为它能吃粽子和绿豆糕，更因为它是对伟大爱国诗人屈原的怀念。"当学生写作结束后，可以让学生分享自己的写作内容，使学生在交流中写作思维得到拓展，学会多种不同的习作方法，以此提升语文核心素养教育效果。

四、引导学生自主探究，强化学生的语言思维

陶行知认为教育的目的是培养学生的自主学习能力，在小学语文教学活动中，为了实现学生语文思维培养的目的，促使学生的学科素养发展，教师可以采用多种教学方法开展教学活动，为学生创建自主探究的教学氛围，使学生在课本知识学习的过程中语文学习能力得到提升。以小组合作学习方法为例，该方法在运用的过程中，需要将学生分成人数相等的小组，让学生以合作探究的方式完成学习任务。

例如，进行《圆明园的毁灭》内容教学时，教师可以为学生设计一个小组探究任务：圆明园毁灭的原因及带来的影响是什么？确定学习任务后，则引导学生以小组合作的方式进行讨论，结合课本内容及写作的背景，让学生表达出问题的想法，并主动解决问题，思考问题，以此加深对整个文章的理解。在小组合作的过程中，每个人都可以表达自己对文章的想法与看法，实现了畅所欲言。每个人的学习能力与基础不同，对问题的看法也不同。在不同想法的影响下，学生对问题的理解、解决问题的角度也会发生变化，无形中提升课堂教学效率，提高课堂教学质量。

五、结语

总而言之，在教学改革的过程中，陶行知提出的生活化教育思想具有极高的参考价值，小学语文教师在课堂中，可以利用阅读、写作、口语交际等方式，结合生活实践，对学生进行核心素养培养。"教学做合一"，使学生在教师的引导下，学生的语文思维与学习能力得到提升，为核心素养的实现与发展打下坚实基础。同时，可以利用自主探究学习，丰富学生独立学习经验，使学生在学习中综合素质得到发展。

陶行知生命教育思想下小学语文教学中融合教育课程开发的探索

吉祥路小学　韦梦雪

随着社会的进步和教育的普及，越来越多特殊需求学生进入学校，与普通学生一起接受教育。然而，许多教师在面对特殊需求学生时，由于缺乏有效的教育方法和策略，使这些学生的需求得不到满足，无法真正融入学校生活。因此，如何在语文课堂教学中满足特殊需求学生的需求，帮助他们更好地学习和生活，是当前融合教育面临的重要问题。

一、融合教育与陶行知生命教育思想

融合教育是指在普通教育中纳入特殊教育，让特殊需求的学生与普通学生在同一环境中一起学习。然而，在我国的实际教学中，很多教师虽然赞同融合教育的理念，但在实际操作中却拒绝特殊需求的学生。这种形式上的融合，并未真正满足特殊需求学生的学习、生活等各方面的要求。

陶行知的生命教育思想是在其长期的教育实践和理论探索中逐渐形成的。他强调教育应当以生活为中心，以生命为根本，以人民大众为对象，以实践为基础，以创新为灵魂。陶行知生命教育思想强调尊重生命、关注个体差异和促进人的全面发展，这些理念与融合教育的目标是一致的。融合教育和陶行知生命教育思想都强调尊重学生的个体差异和促进学生的全面发展，都强调采用多种教育方法和手段来促进学生的学习和发展，都强调对学生的学习成果进行全面的评价。融合教育与陶行知生命教育思想在教育目标、原则、方法和评价等方面都有相似之处。这些联系表明了融合教育与陶行知生命教育思想在理念上的共通性，也进一步证明了融合教育在推动特殊学生和普通学生共同发展方面的重要作用。

二、陶行知生命教育思想在小学语文教学中的适用性

陶行知生命教育思想在小学语文教学中具有很强的适用性。首先，这一思想强调教育的目的是促进每一个学生的生命发展和成长，这与小学语文教学的目标是一致的。小学语文教学注重培养学生的语言文字运用能力、人文素养和综合素质，以适应未来社会的发展需求。而陶行知生命教育思想强调教育应当以生命为中心，关注学生的生命需求和成长，与小学语文教学的理念相契合。

其次，陶行知生命教育思想强调实践和创新，这与小学语文教学的特点也是一致的。小学语文教学注重学生的实践操作和创新能力培养，通过各种教学活动和实践环节，让学生在实践中学习、思考和创新。而陶行知生命教育思想主张在实践中进行教育，培养学生的实践能力和创新精神，这与小学语文教学的实践性和创新性是相辅相成的。

最后，陶行知生命教育思想注重人文关怀和全面教育，这也与小学语文教学的方向相符。小学语文教学不仅注重学生的语言文字运用能力和人文素养的培养，还关注学生的情感、心理和价值观等方面的发展。而陶行知生命教育思想强调教育应当关注学生的情感和心理健康，注重人文关怀和全面教育，这与小学语文教学的综合性和全面性是一致的。

综上所述，陶行知生命教育思想在小学语文教学中具有很强的适用性，可以为小学语文教学提供重要的启示和指导。在小学语文教学中，应当充分考虑

学生的生命需求和成长，注重实践和创新，关注学生的情感和心理健康，注重人文关怀和全面教育。只有这样，才能更好地促进每一个学生的生命发展和成长，提高小学语文教学的质量和效果。

三、小学语文教学中融合教育课程开发的具体策略

（一）小组合作，伙伴教学

陶行知先生指出，要用集体的力量去创造艺术的环境。小学语文教学中融合教育的发展要强化集体力量与小组合作的同步化融入，在以小组合作探究为学习基础的过程中充分发挥集体力量的学习优势，及时调动特殊学生学习的积极主动性，让每一个学生都融入其中，并在伙伴教学中认真学习、不断进步。

1.学有所思，建构合作目标

语文思维能力是判断一个人语文学习能力和语文运用能力的重要标准。著名教育家吕叔湘指出，语文教学的成功在于把课教活。为此，小学语文教学中融合教育的运用更要强化"活的教育"理念，在小组合作中开展伙伴教学，引领学生在学有所思中建构明确的合作目标，在目标的导向下进行合作探究学习。例如，在《山行》的学习过程中，特殊学生对于古诗意境的理解很难达到教学的要求，为此，在合作目标的建构下，引领学生在小组合作探究学习中指向对古诗意境的学习和体会，让学生在学有所思中学有所感。一是学生自悟，在学生对于文本内容的个性感悟的过程中进行交流共享，在说出自己的感受后其他学生予以适当的补充，在情感的共鸣中深化学生对古诗意境的体会；二是学生共读，这个过程是学生思想交流的过程，因为年龄相仿，他们的认知和理解更能达到共鸣，为此伙伴教学法的运用就是让学生当小老师，在生生共读中进行及时的分析和讲解。

2.学有所悟，强化情感共鸣

在小学语文融合教育过程中，教师要引领学生在自主发现、自主研究和自主探索中学有所悟，在小组合作探究中强化情感共鸣，进而深化合作学习效果。例如，在《铺满金色巴掌的水泥道》的文本学习中，让学生当小老师，针对题目内涵和意义进行分析，引领学生从内容、情感和语用的角度去深入剖析：一是从内容上看，文题涵盖了文本的主要内容，指明了文本的主要信息是描述了一条铺满金色巴掌的水泥道的别样景色；二是从情感上来分析，文题没

有直接说明是铺满梧桐树叶的水泥道，而是用借代的手法，在借代中让金色巴掌替换了梧桐树叶，更加耐人寻味，同时也强化了文题的艺术性；三是从语用的角度来看，文本中首尾呼应的手法，在浓郁的秋的气息中激发情感的共鸣，同时也在反复诵读中让学生感悟意境的渲染和情感的洋溢。

3. 学有所获，夯实合作能力

在小学语文教学中融合教育的应用对教师的定位又重新予以的革新，要求教师和特殊学生一起用心去做学生的学生，在伙伴教学中让学生做小老师，在小组合作学习中既夯实合作能力，又让每个学生都学有所获。例如，在"猜猜他是谁"的习作练习中，伙伴教学首先从作品入手，从学生对自我作品的诵读和解释中了解学生落笔的特点和重点表达的信息；其次从学生的"教"入手，将学生在合作中的自我剖析和对知识的整合进行梳理，在总结式教学中夯实学习能力；最后要从帮扶工作开始，从对特殊学生的特别指导入手，将学生的个性化意见和建议进行针对性指导，也为教师的教学拓宽了思路。合作学习作为培养学生独立学习与思维的有效方法，对于调动学生主动学习的兴趣，激发他们的求知欲都有重要的作用。

（二）和谐共进，共同教育

小学语文教学中融合教育的应用要根植于和谐共进的理念上，引领学生在共同教育中"尚自然""展个性"，推进学生的共同成长。

1. 延展式合作教学，落实共同教育指向

小学语文融合教育的应用中，延展式合作教学的开展要在共同教育中让学生的互动学习收到更好的效果。例如，在《总也倒不了的老屋》的课堂教学中，延展式合作教学引领学生在共同教育中和谐共进。首先从文本阅读中感悟老屋"总也倒不了"的原因，从善良、坚强和奉献的角度去思考生命的价值；其次从文本的意境中去体会总也倒不了的老屋中更多的是对老屋的眷恋，希望它能永远在我们身边；最后从文本的情感中去体验，在延展式合作教学中，让学生发表自己的看法，并在续写故事的过程中实现情感的升华，在共同教育中感受美好。

2. 多感官教学，深化共同教育

多感官教学法，根据儿童的心理发展特点和综合感官认知规律，充分利用视觉记忆，促进学生直观学习。《义务教育语文课程标准（2022年版）》中指出，中年级学段的学生要在观察周围的世界基础上，不拘形式地表达自己的见闻、感受和想象。为此，小学语文教学中融合教育的运用要通过多感官教学方式，引领学生去看、去听、去想、去做，在"知行合一"中强化手脑并用。例如，在《胡萝卜先生的长胡子》一文的教学过程中，多感官教学的运用，要从视觉、听觉、触觉等角度去思考胡萝卜先生的长胡子还能为动物们做些什么，从视觉角度描写长胡子的作用，从听觉角度感受动物们的赞美和感激，从触觉角度体会长胡子的生长意义以及生长过程中的不断变化。融合教育中学生的共同教育从个性理解中去融入多元化的思维，从互相帮助中让学生的认知和学习更加全面而深刻。基于此，语文教学要充分利用听觉特点和触觉功能，促进学生深入学习，体验学习。小学语文教师只有积极地调动学生多种感官协调活动，取长补短，相互促进，才是真正地让学生成为学习的主体。

四、结语

基于普通小学特需学生障碍类型多样和融合教育资源中心发展水平及特征不一等现实情况，在推进小学融合教育课程开发与建设时，注重结合各个学校和特需学生的实际情况灵活调整，以最大限度地使特需学生从课程中获益。

提升特殊儿童自我服务能力的行动策略

吉祥路小学　韦育巧

特殊儿童的成长过程既是不断社会化的过程，也是生活能力不断提升的过程。陶行知主张以"爱满天下"作为特殊教育的施教理念，以培养"生利者"作为特殊教育的培养目标，将"生活即教育"作为特殊教育的核心内容，"教学做合一"则是实施特殊教育的方法论要求。将陶行知的特殊教育思想应用于当下的特殊教育实践，应该更加注重对特殊儿童爱的教育、职业的教育、生活的教育和创造的教育，帮助特殊儿童未来能实现自给自足，为社会创造价值。陶行知的特殊教育思想在今天仍然具有极高的现实意义和应用价值。

一、陶行知"爱满天下"特殊教育思想的基本内涵

陶行知的教育理念强调了爱作为教育的核心，特别

是在对待特殊儿童的教育中。他认为，爱应该贯穿于教育活动的始终，因为它有助于特殊儿童建立自信，克服自卑情绪。特殊儿童相较于其他孩子更渴望爱，他们对外界不友善的声音更加敏感，因此需要特别的关爱和理解。陶行知将教师的角色比喻为园丁，这一比喻非常生动地强调了教师应该像照顾植物一样辛勤工作，滋养特殊儿童的成长。这意味着教师需要付出更多的努力和关注，以确保特殊儿童得到他们所需的支持和关怀。这不仅包括关注他们的学习进步，还包括关心他们的日常生活，确保爱渗透到生活的方方面面。

这种以爱为中心的教育方法对特殊儿童的发展至关重要。它有助于启发他们的智慧，培养他们的潜力，使他们能够克服困难，融入社会。最重要的是，这种爱的教育方法在中华大地上得以持续传承，为未来的教育体系奠定了坚实的基础。通过将爱融入教育，我们可以更好地关心和培养下一代，确保每个特殊儿童都有机会实现他们的潜力。这样的教育理念在塑造更加包容和温暖的社会中起着关键作用。

陶行知的教育理念强调了引导特殊儿童学会爱周围的人，以实现身心的和谐发展。他认为，特殊儿童虽然可能有身体或心理上的特殊性，但仍然是社会的一部分，应该有机会回归社会生活。教育者在处理特殊儿童的问题时，不应该仅仅满足他们的爱需求，而应该引导他们关注自身的优势和潜力，以及如何为社会做出积极贡献。就像普通儿童一样，特殊儿童也天生具备关爱他人的能力。当他们学会爱他人时，这不仅表明他们已经充分接受自己，还意味着他们具备了融入社会生活的能力。这种以爱为基础的教育方法有助于特殊儿童的全面发展和社会融合。通过鼓励他们关注他人的需求和情感，特殊儿童可以建立更加健康和积极的社交关系，增强他们的自尊心和自信心，最终实现身心的和谐发展。

二、陶行知特殊教育思想的启示

（一）立足生活的特殊教育内容

"生活即教育"，意味着生活决定教育，教育内容来自生活，陶行知指出："生活教育是大众的教育，大众自己办的教育，大众为生活解放而办的教育。"首先，"生活即教育"意味着我们不仅在传统教育环境中学习知识，而且在日常生活中也能够获得宝贵的教育经验。这包括家庭、社会、工作场所等各种生活领域。例如，家庭是一个重要的教育场所，孩子们可以通过观察家庭成员的互动和参与日常家务活动来学习价值观、社交技能和责任感。其次，陶行知提出的生活教育概念鼓励个体的自主学习和发展。这意味着教育不仅仅是老师向学生传授知识，而是个体积极参与并塑造自己的学习过程。这种自主学习可以通过培养好奇心、探索和实践来实现，使个体能够更好地适应复杂多变的现实生活。特殊儿童作为一个特殊群体，需要更加个性化和综合的教育方法。传统的学科中心教育方法可能不适用于他们，因此，生活教育对于特殊儿童尤为重要。通过将教育与他们的日常生活紧密结合，可以更好地满足他们的特殊需求，促进他们的全面发展。例如，通过日常生活活动，如吃饭和穿衣，特殊儿童可以学习重要的生活技能，同时也可以培养协调肢体动作和社交技能。最后，生活教育强调教育的全面性。教育不仅仅是关于知识的传授，还包括品德、价值观、社交技能和生活技能的培养。因此，我们应该将教育的范围扩展到生活的各个方面，包括文化、艺术、体育等非正式领域，以确保个体能够在多样化的生活情境中得到全面的成长和教育。

（二）打造生活中心的特教课程体系

特殊教育的内容应以生活为核心，这一理念强调了课程构建和教育方法的关键要素。这个观点可以进一步深化，以更好地理解特殊教育的本质和应用。首先，在特殊教育中，将生活视为核心意味着课程和教育活动应该直接关联到特殊儿童的实际生活情境。这包括了个体生活，特殊儿童的独特需求和能力应该在课程中得到充分考虑。这样的课程设计能够确保教育不仅仅局限于纸上知识，而是与特殊儿童的实际生活联系紧密，有助于提高他们的学习兴趣和动力。其次，在个体层面，生活中心的教育内容应当以特殊儿童的日常生活为基础。这意味着教育活动应该反映他们的兴趣、需求和生活经验。通过将课程建立在已有的知识和经验基础之上，可以帮助特殊儿童建立更牢固的学习基础，增强他们的学习信心，并鼓励积极主动的学习态度。例如，如果一个特殊儿童对自然界充满兴趣，教育内容可以围绕自然科学展开，通过实地观察和实验来提高他们的科学素养。在个体之间的生活方面，特殊教育应促进社交互动和合作。教育活动可以设计成小组项目，鼓励特殊儿童与同龄人互动，分享经验和合作解决问题。这有助于培养他们的社交技能、沟通能力和团队合作精神。

在特殊教育领域，实现有效教育的关键在于将教育建立在个体与个体之间的生活互动中，这意味着"生活与生活的摩擦才能起教育的作用"。特殊儿童渴望融入社会生活，他们不应被孤立地视为温室中的花朵。最佳的融入方式是让他们积极参与与周围人的互动，包括与其他学生和教师之间的互动。这种互动不仅有助于特殊儿童建立自信，还促进了理解和共同成长的过程。通过融合教育的方式，特殊儿童可以参与一般的课堂学习，与普通儿童一起学习、理解和共同发展。在这种环境中，教育不再是单向的知识传授，而是双向的学习体验。特殊儿童可以从与普通儿童的互动中获得知识、技能和社交经验，同时，普通儿童也可以学会尊重和接纳不同能力和需求的同伴。教育教师在课堂教学和心理辅导中与特殊儿童的互动中扮演着重要角色。这种互动不仅有助于个体的发展，还为特殊儿童提供了更多的支持和指导。教师在这个过程中也会不断学习，适应不同学生的需求，提高他们的教育能力。

（三）建立生活课程与小学数学相结合的课程体系

特殊需要儿童是社会中一个特殊群体，他们在自我服务能力方面面临着更多的挑战。因此，建立生活课程与小学数学相结合的课程体系，可以为这些孩子提供更好的自我服务能力培养机会，帮助他们更好地融入社会。

首先，生活课程的重要性不可忽视。特殊需要儿童在生活自理方面通常存在较大的困难，如自己穿衣、吃饭、洗漱等。因此，将生活课程与小学数学相结合是一个很好的策略。通过将这两个领域联系起来，可以使儿童在实际生活中学习数学知识，同时提高他们的自我服务能力。例如，可以通过数学问题来教授购物、烹饪、时间管理等生活技能，让他们在学习数学的同时也提高自己的自理能力。其次，这种综合课程体系能够提高儿童的学习动力。特殊需要儿童通常对学校学习缺乏兴趣，因为他们觉得学习与生活脱离太远。但如果将数学与实际生活联系在一起，他们会更容易理解数学的重要性，并愿意投入更多的学习精力。这种学习动力的提高将有助于他们更好地掌握自我服务技能。

此外，综合课程还能够提供更多的互动机会。特殊需要儿童通常需要更多的个性化教育和关注。将生活课程与数学相结合可以创建更多的互动机会，教师可以根据每个学生的需求进行个性化的指导和辅导。这将有助于每个学生充分发挥自己的潜力，提高自我服务能力。最后，建立生活课程与小学数学相结合的课程体系也有助于培养特殊需要儿童的社交技能。在这种综合课程中，学生需要与同学合作，共同解决问题，这将促进他们与他人的互动，提高社交技能。这对于他们将来融入社会和工作环境非常重要。

三、结语

　　综上所述，我们可以清晰地看到陶行知的特殊教育思想在当代教育实践中的重要性和应用价值。陶行知的理念不仅强调了教育的全人发展目标，而且特别关注特殊儿童的成长需求。通过把爱和生活融入教育过程，我们不仅为特殊儿童提供了一个支持和理解的环境，而且促进了他们的自信、自立和社会融入。这种以生活为核心的教育方法促使我们重新思考教育的本质，强调了在实际生活情境中培养实用技能的重要性。陶行知的思想提醒我们，教育不仅是知识的传授，更是个性、情感和社会技能的培养。在当今多元和快速变化的世界中，这些理念为特殊儿童提供了更广阔的发展空间，为他们的全面成长和社会融入打下了坚实的基础。未来的教育工作者和政策制定者应继续探索和发展这些理念，确保每个孩子都能在包容、理解和爱的环境中成长和学习。

陶行知教育思想在校园文化建设中的运用

吉祥路小学　韦兆辉

教育家陶行知先生的教育思想内涵丰富，是我们进行校园文化建设实践探索的理论宝库。他无论是在"晓庄时期"还是在"育才时期"都重视校园文化的建设。他不但重视学校环境的教育作用，还十分重视精神文化的建设，他的教育思想影响了并将继续影响中国的教育改革。吉祥路小学是一所创办于2017年9月的新学校，学校基础设施及教学设备比较完善，但是教师的整体结构不够合理，趋于年轻化，教育教学经验单薄，学生生源比较参差不齐。如何找准独特办学方向，为学校的发展准确定位，更好地为师生、家长提供优质的教育服务，是摆在我们眼前的一个重要问题。我们认为以陶行知先生的教育思想指导吉祥路小学校园文化的建设具有深远的历史和现实意义。我们教师团队经过数次观察、讨论，努力做好顶层设计，围绕办学愿景，结合当前"培养儿童发展所需的核心素养和能力"的形势，初步论证"奠基吉祥人生"为学校的文化品牌，明确提出了"腹有诗书 明德智慧"的校训，以此来建构吉祥文化主题和框架，引领学校内涵的发展。6年来，我们一直在实践陶行知的教育理念，将生活教育的内涵进行细化，渗透到教育教学的每一个环节中，在校园文化建设上，我们主要做了以下的一些尝试。

一、注重校园环境建设，营造和谐温馨氛围

学校的环境是学校文化建设的重要组成部分，是学校文明外显具象之一。优美、温馨的校园环境可以陶冶师生的情操，促进师生生命成长，提高师生工作和学习的积极性，提高师生生活的品位。吉祥路小学校园面积是20282平方米，各功能区分布规范合理，建有篮球场、足球场、田径场、室内球馆等，道路两旁有扁桃、秋枫、宫粉紫荆、沉香、鸡蛋花等品种的树木，校园绿化面积达40%，自然环境优美。

为了进一步让广大师生在耳濡目染中感受生命教育文化的魅力，突显学校浓郁的生命文化气息，学校充分发挥环境的陶冶作用和育人功能，尽量让校园内的每件事物都能"说话"。如正对学校大门口一块巨石上刻着校训"腹有诗书 明德智慧"（简：德慧），腹有诗书，时刻教导师生要让书籍相伴左右，积淀传统文化，博览天下见闻，做有底蕴的整个的人；明德智慧，时刻教导师生要真诚、要端正自己的心、要修养自身的技术和品德。

在校园奉献楼一楼大厅墙体上镶嵌老师和学生几年来在校园成长的历程照片，激励师生努力成长、健康成长、快乐成长；在奉献楼、人本楼的柱子上，布置有廉政文化长廊；在博爱楼一楼布置有30米长的红十字生命教育主题长廊，让学生时刻学习生命知识，掌握生命急救技能，从而学会尊重生命、理解生命的意义，学会积极地生存、健康地生活。我们整个校园环境就如同一本活生生的、催人上进的教科书，滋润着师生，警醒着师生，激励着师生，使师生在"润物细无声"中受到启迪和教育。

二、弘扬行知精神，建构一支有生命力的教师队伍

学校以陶行知教育思想为指引，加强师德师风建设，强化师能培训，逐步打造教育理念先进、业务素质过硬、人格高尚的教师队伍。在入校大门口显眼的位置以及办公室都放有陶行知的"每天四问"：

第一问：我的身体有没有进步？

第二问：我的道德有没有进步？

第三问：我的学问有没有进步？

第四问：我的工作有没有进步？

让无声的语言去感化教师的行动，每天提醒自己是否锻炼了身体、是否坚持学习、工作是否负责任、做人是否讲究了公德与私德，时刻提醒自己提升做教育人应该具备的素质与能力。为了尽快促进青年教师的专业成长，2018年以来，学校结合陶行知先生倡导的"教学做合一"的教学原理和方法，想方设法推进造就开拓创新的教师队伍的工作。一方面，以校本培训为抓手，组织教师学习教育法律法规、先进的教学经验，开展教研训一体的"人人上研讨课"专题活动，鼓励老师积极撰写教育教学论文等；另一方面，创设条件，多次选派多名教师到区内外等学校学习、观摩、培训。

三、注重培养学生良好的行为习惯

陶行知说过："播种行为，就收获习惯；播种习惯，就收获性格；播种性格，就收获命运。"这一育人哲理道出了培养学生良好行为习惯的重要性。在日常生活中，学校重视学生良好行为习惯的培养。学生的行为习惯包括很多方面，有纪律的、学习的、劳动的、生活的、卫生的、锻炼身体的等习惯。在培养学生这些习惯的时候，除了落实一日常规外，更重要的是根据学生的年龄及其心理、生理发展的特点，有目的、有计划地开发他们的智力，培养他们的学习兴趣，发挥他们的特长，为他们今后的学习打下良好的基础。

1. 从评比抓起，激发学生的积极性

以积极教育理念为指引构建"桔园秀"评价体系，在纪律、学习、劳动、生活、卫生等方面习惯，教育和指导学生学会自主参与民主管理、自我管理，激励学生不断进步，从而养成积极、健康、向上的校风、班风。

2. 从教师抓起，身体力行，身教重于言教

我们强调：教师要求学生做到的自己先做好，做学生的表率。例如，在培养学生文明礼貌方面，由于学生来源广而杂，一半是外来务工人员子女，一半为地段生，他们刚入学就读时文明礼貌做得不好，见到长辈、老师不会打招呼。在学校晨会、班级班会课上对他们进行了多次教育，更重要的是我们从教

师抓起，要求每天值日的领导、老师在上（放）学的时候，站在学校大门口主动向学生打招呼，在校园和班级教室里老师也主动跟学生打招呼，这样一来文明礼貌成效显著。以往部分学生认为见到老师道一声"老师好""再见，老师"都觉得是很难为情的事情，在教师的感染下他们变得主动、大方了。

3. 要持之以恒，坚持不懈

良好的行为习惯不是一日练成的，它一定是经过长期的重复性的修炼。作为教师要认识到每一位学生都有着一个进一步成长的梦想，都希望自己的生命成长过程中得到他人的赞许，他们也不想犯错也不是不想学习，更不想故意跟老师作对。所以，教师更要给学生一定的时间来养成好习惯，理智地处理学生中出现的问题，对学生多一些宽容和鼓励，多一些耐心和爱心，多一些细心和关心，反复抓，抓反复，这样必有成效。例如，为了避免学生课间活动互相追逐而造成意外伤害，我们要求学生课间走路时要做到"轻声慢步"。先给学生提出明确的要求，然后有意识地在训练上下功夫。由于小学生天生就喜欢蹦蹦跳跳，尤其是低年段的学生，自控能力比较弱。我们就反复地教育，并加强课间活动值日教师的监督检查力度，发现问题及时制止，并与相关学生讲清楚互相追逐会产生的危险，慢慢地，学生课间活动的秩序就规范起来了。

四、建设多样化的校本课程

陶行知倡导"六大解放"，即解放儿童的头脑、双手、嘴巴、眼睛、时间、空间，主张把学生基本的自由还给学生，让学生主动、积极、生动活泼地发展。他说："有了这六大解放，创造力才可以尽量发挥出来。"为进一步全面深化素质教育，培养学生的核心素养，2021年9月起，吉祥路小学正式实施了校本课程，每学科结合吉祥"六会"工程，有针对性地开发特色校本课程，课程内容丰富，如科学的"生命留影"，美术的"在板上行走的艺术"，书法的"墨坊雅韵"，数学的"'画'数学"，体育的"民族体育"，信息技术的"Scratch少儿编程"，音乐的"指尖流出的'祥'音"，英语的"墨迹英文"，语文的"我会读故事""故事大讲堂""创编故事"，还有舞蹈、乒乓球、小足球、篮球等诸多课程，形式多样。根据内容需要利用日常课堂以及每周校内课后服务时间开展授课。课程开展后深受广大学生的喜爱，开拓了学生视野，培养了他们手脑相长和实践创新意识，进一步丰富了校园文化生活。

机遇与挑战并存，希望与困难同在。在取得成绩的同时，我们也深深地知道还存在很多不足的地方。在今后的探究实践中，吉祥路小学将在现有成绩的基础上继续努力实践陶行知教育思想，取其精髓，在实践中不断丰富与发展。我相信，一定会让学校成为师生愉悦成长的吉祥乐园。

承行知精神之脉 建特色校园文化

南宁市江南区花香学校 梁 冬

校园文化是体现一所学校办学理念和特色、精神和风气的一种群体性文化,是学校发展的灵魂。要想成就一所有影响力的民办特色学校,必须走内涵发展的道路。其中,校园文化建设正是学校内涵发展的重要途径。南宁市江南区花香学校依托陶行知教育思想培育校园行知文化,十几年来,陶行知教育思想引领着南宁市江南区花香学校的办学之路,陶行知"大爱、求真"的精神,已成为凝聚学校教师的"魂"。2011 年 11 月,学校如愿以偿地成为广西陶行知教育思想实验学校,并于 2013 年被评为学陶先进集体,这之后学校连续多年获得"学陶先进单位"称号。承行知精神之脉,建校园特色文化,丰富了校园文化的精神内涵,彰显着独特的教育教学的风采。

一、营造良好的学陶氛围，陶冶浸润师生心灵

营造良好的学陶氛围，对师生潜移默化的影响是深远而持久的，在一定程度上也是一种教育媒体。无论是校园的自然环境，还是人文环境，对学生都是无声的教育，它们与有声的教育相配合，具有相得益彰的效果，有利于陶冶浸润师生的心灵。

1. 营造良好的环境氛围。学校把校园景观改造融入办学理念，恰如陶行知先生所言"一草一木皆关情"。学校随处可见陶行知语录，有喷绘的也有师生书写的。学校开设了师陶工作室、行知教育思想广播站、学陶宣传专栏等。各班级黑板报开辟学陶角……目前学校文化墙上面写着"千教万教，教人求真，千学万学，学做真人"，文化墙前面是一尊熠熠生辉的陶行知先生的全身坐像。学校有专门的行知教育思想宣传栏，处处有陶行知先生的经典名言及陶行知先生的诗词的喷绘。这些都让陶行知思想无处不在，让学生生活在一个充满着健康的、蓬勃向上的文化氛围之中，心灵自然得到荡涤，思想必然升华。

2. 开发校本教材。学校认真落实走进陶行知校本课程，开发了校本辅助教材，每周在校本课程上进行教学，让师生加深了解陶行知，并争做像陶行知先生一样言行一致、行知合一的真人。

二、建设"行知式"教师队伍，树立新时代教师新风尚

陶行知先生提出"爱满天下"，他用他的大爱，诠释着他的行动和伟岸的人格。他爱教育，爱百姓；爱儿童，特别是无数贫苦的孩子；爱青年，特别是失足失学的青年……他的爱是人间最博大的爱、最无私的爱、最高境界的爱，这就是他的大爱精神。今天，陶行知的这种大爱仍然具有深远的现实意义。校园文化彰显陶行知"爱满天下用大爱做小事"的精神，激励教师在平凡的岗位上做出贡献。

1. 创造机会，促进学习。真的教师才能培养出真的学生。教师首先教己求真，学校发给全体教师人手一本《陶行知教育理论及实践简介》和陶行知教育名篇，每周教师例会前学陶骨干小组都会自动学习陶行知教育思想。学校也邀请陶研专家广西陶行知研究会的领导黎君秘书长到校讲学。全体教师还积极参与了"陶行知教育思想"专题研修网络平台的学习、讨论，教师基本功训练中的毛笔字、硬笔字、粉笔字都结合书写陶行知先生的至理名言……这些学习，

都促进了教师从内心深处对陶行知先生及其教育思想产生深层次的认识，促进教师不断发展，完善自我，具备以教人者教己的素养。近十几年，学校教师有20多人在全国、省、市各级学陶论文比赛中获一、二、三等奖。学陶骨干利用学陶时间进行交流、分享获奖论文。

2. 爱岗敬业，爱校如家。爱岗敬业现已成为学校教师的一种习惯。人人甘做学校这个大机器中的一颗小小的螺丝钉，全身心地投入，为学校的发展献出自己的力量。他们在自己平凡的岗位上默默地奉献。你看，校园里总是看到教师忙碌的身影：操场上，教师指导学生认真晨扫，指导校篮球队勤恳训练；课堂上，教师循循善诱启发思维；办公室，教师精心备课批改作业；走廊上，教师与特殊生促膝长谈；大厅里，教师用心指导。他们早出晚归，任劳任怨，只问耕耘，不问收获。这样的例子比比皆是，正是由于教师拥有了爱岗敬业精神，价值感和荣誉感也就油然而生，都把自己看成是学校的主人翁，大家群策群力，为学校的发展出谋划策。老师们爱校如家，与学校同呼吸，共命运。讲无私、讲奉献、讲大局已经成为老师们自然的行为，形成了一种风气。

3. 关爱学生，亦母亦师。陶行知先生希望为师者能"热爱每一个学生""待生如亲子弟"，这就是师爱。我觉得师爱有两个层面的意思：第一，母亲般的爱，爱得细腻，爱得耐心，爱得无私、不求回报；第二，职业之爱，是超越母爱的爱，是理性的、充满智慧的、超越的爱。我们要求教师要有"花苞心态"，不要总是把目光集中到学习好的学生身上，而应该多关注学困生、特殊生。学校大都是外来工子弟，可能这些孩子的家长管得了，或者根本管不了，他们学习起点低，甚至会有些不好的行为习惯，这就需要教师付出更多的爱心、耐心，特别是偏爱学困生和特殊生。学校组织开展了家校联系工作，作为家校联系的补充并特别关注学困生、特殊生，秉承陶行知"爱满天下"的精神，诚恳地与家长进行良好沟通，以促使他们进步。陶行知的大爱精神已成为学校校园文化建设的精神引领。学校的师德水平也得到了全面提升。

三、开展"学陶"系列活动，建设求真的教师队伍

陶行知先生大力倡导"千教万教，教人求真；千学万学，学做真人"，他主张教育的第一步是求真。求真的目的就是要做真人。陶行知求真精神的当代性，就是培养现代公民，现代公民的前提就是从小说真话，干实事，做真人，素质教育的核心就在这里。

1.学习中学做真人。教学活动中，教师们运用陶行知"教学做合一"的理念，实践"生活及教育，社会及学校"的大教育，把教内容和社会生活、学生活动结合起来，努力实现"六大解放"，在学科中渗透求真教育，让孩子学到真知，掌握真技。我们带领全体学生读陶诗、背陶诗、学写诗。

　　2.活动中学做真人。我们开展了"走进行知，学做真人"系列活动：陶行知故事会、陶行知习作比赛、诚信教育我为先等主题教育活动，学生在活动中表现自己的真情实感，展现自身的知识和才能，并在这基础上形成积极的自我，学会求真，学做真人。陶行知提出"每天四问"，我们让师生以"四问"内容为镜子，对照、鞭策自己，使它成为我们每天做人做事的警钟。其中，陶行知把健康摆在第一位。我们非常重视学生参与体育锻炼。同时，我们也积极组织学生参加篮球赛、羽毛球赛、田径等各级各类运动比赛。通过训练，不仅锻炼了体魄，还培养了同学们的拼搏向上、勇于克服困难的精神。学校作为社区的一部分，充分利用社区文化推动校园文化，使之成为学生认识和了解社会的窗口。学校曾邀请关公委领导、派出所民警等走进校园，为学校学生做事迹报告、进行法制讲座、交通法规宣传等，学校也曾多次组织学生到社区开展丰富多彩的实践活动，以社区文化来推动校园文化建设。

　　3.落实制度中学做真人。我们还实行了小先生制、轮干制。通过这些机制让学生树立人人都是小先生的意识，互帮互学，促进学生学习质量、品德养成等各方面的提高。陶行知先生说："在教师手里操着幼年人的命运，便操着民族和人类的命运。"可见，教师的责任有多大，我们要以实事求是的科学精神，培养真善美、德智体美劳全面发展的真人。

以陶行知教育思想指导初中英语有效课堂教学

南宁市江南区花香学校　曾　玲

长期以来，英语教学一直是初中教学的薄弱环节，课堂教学氛围沉闷，教学内容枯燥成为制约当下初中英语教学的主要问题，变革与创新课堂教学理念与方法，打造英语有效课堂刻不容缓。陶行知作为我国现代教育的一个代表人物，提出了生活化教育、"教学做合一"等众多教育思想，对当代教育产生了深远影响。如果可以尝试在初中英语有效课堂构建中渗透陶行知思想，那么可以为英语课堂教学提供一个新的思路，这是值得当下进行深入探讨的一个重要教育课题。

一、陶行知思想及其重要的教育价值

陶行知是我国一位伟大的教育家，一生都致力于推动我国教育事业的发展，其间提出了众多对当代产生深远影响的教育思想。陶行知教育思想内涵丰富，尤其是其中的"生活教育"思想更是其教育思想体系的核心，具体主要包括"生活即教育""社会即实践"和"教学做合一"三个主要组成部分，三者均高度重视学生个体学习的自主性，且要求围绕学生的学习需求，结合贴合他们生活实际的教学内容来开展教学，非常符合当下新课标主张的以生为本等教学理念。在构建初中英语有效课堂期间，如果可以有效运用陶行知的"生活教育"思想等教学思想，那么可以更好激发学生学习英语知识的兴趣，降低他们学习的难度，避免因为枯燥的英语文本知识展示给学生带来的无趣感，大大提升了英语课堂教学的有效性。

二、初中英语有效课堂构建中的应用对策

（一）基于"生活即教育"思想，让生活走进英语课

"生活即教育"是陶行知"教育思想"的核心，其认为教育的根本意义在于根据生活的需求来进行相应改变，且生活中无时无刻不存在着教育。比如，如果体验着健康生活，那么无形中就会接受健康教育；如果体验着艺术生活，那么无形中就会接受艺术教育。基于"生活即教育"思想，教师在开展课程教学期间必须注意结合生活需求来决定教育方法和内容，尤其是要彻底摒弃那种照本宣科的授课理念和模式，切实树立基于生活开展教育的新型教学理念。同理，在开展初中英语有效课堂。

构建期间，教师也必须依据陶行知所提出的"生活即教育"思想，让生活走进英语课中，切实利用贴合学生生活的知识来提高初中生的英语学习效果，具体可以从如下几个方面入手。

1.构建生活化的课堂教学氛围。陶行知先生提出的"生活即教育"思想指出，要围绕学生的生活需求来开展针对性教育，所以在课堂教学中同样要有效地发挥学生的主观能动性，切实为他们构建一个和谐、民主的生活化课堂教学氛围。在这种生活化课堂教学氛围下，教师和蔼可亲以及满面笑容的教学态度会消除学生在英语课堂中存在的紧张感和焦虑感，这时候有助于更好地吸引他们的听课注意力，也有利于更好地挖掘他们的潜能，促使他们全身心参与到英语课堂知识学习中来。基于此，在平时英语课堂教学中，英语教师可以尽量地在课堂中为学生创设一些生活化的情境，引导他们可以通过合作学习来解决有关的生活实际问题，或者使他们在相互合作的过程中掌握必要的英语知识，最终可以实现使学生用英语知识解决实际生活问题的目标。例如，在各个班级的

四周墙壁上,英语教师可以在班级的角落里面创设一个"每日一记"的板块,要求学生在放学的时候用简短的语言记录下今天的一些生活或学习趣事,如"I went to play basketball today."等。又如,在学习"Shopping"这一单元期间,英语教师在课堂黑板上绘出一个简单的商店,之后在班级课堂讲桌上面搁置一些与本篇文章所学有关的学生文具等物品,之后在开展授课期间可以配合着这些具体的生活化实物或图片来帮助学生更好地融入课堂教学中来,这样可以增强英语课堂教学的生活化特性,使他们时时刻刻可以接受生活化教育思想熏陶,从而更好地掌握所学的英语知识。

2. 选择生活化的课堂教学内容。在陶行知生活化教育思想指导下,初中英语课堂教学要注意有效地结合教学内容与学生的生活实际,借助生活化的英语课堂教学内容来对学生在"听""说""读""写"和"译"等方面的英语技能进行专项训练,力求可以将初中英语语言技能训练的方式与内容等尽可能地贴合学生的生活语言实际情况,最终使学生在所创设的真实生活化语境中去提升他们的英语学习能力。但是需要注意的是,英语教师在选择生活化的课堂教学内容时除了考虑英语教学目标和要求外,还要紧密结合学生的思维认知能力、兴趣爱好以及英语教学内容等,为他们选择一些贴合他们生活实际的课堂教学内容,避免因为过于繁杂的课堂英语内容而影响学生学习的兴趣。例如,英语教师可以在授课的时候,为学生创设一些贴合他们生活实际的情境,如"When is your birthday?""What special activities will you have on your birthday?""How do you celebrate it?"等,借助这些贴合他们生活实际的问题设置,可以有效地激发学生的思考兴趣,之后在学生激烈讨论后再导入本单元有关东西方重要节日的英语知识,那么可以有效地调动学生学习这部分英语知识的积极性,最终可以更好地提升他们的课堂学习效果。又如,在学校开展年级篮球赛等特殊赛事或活动后,英语教师可以结合篮球比赛活动情况等作为课堂教学的重要资料。如可以结合一般过去时这部分的英语知识来开展授课,如询问学生"Which class did we play against today?""Who won?""Who played better?"等,借助这些贴合学生生活的问题设置,更容易吸引学生的注意力,促使他们积极思考,并从中学到一般过去时部分的语法知识。

3. 创设生活化的课堂教学情境。英语是一门语言课程,其情境设置的真实性与否会对学生能否运用语言开展正常交际产生重要影响,所以在开展初中英语课堂教学期间,教师要注意将课堂设置成相应的生活化课堂教学情境,引导学生扮演一定的角色或身份去完成某个特定的英语学习任务,最终可以使学生在解决这些贴合他们生活实际问题的过程中掌握必要的英语知识。例如，英语教师可以按照教材中各条街道的布局情况，利用课堂中的桌椅板凳等，将教室布置成商店、街道和银行等相应的情境，为学生创设一个贴合他们日常生活情形的语言活动情境。然后英语教师可以采取分组学习的方式，引导各个学习小组的成员分别扮演游客、路人等角色，之后根据游客向路人问路的情境来使学生可以掌握"Where is the post office? Next to, behind, in front of, Walk across ... Street, turn right at the first turning"等相关英语知识。在实际的班级课堂演练活动中，可以使学生在完成自己的有关角色任务时，掌握用英语进行问路的方式，并且学会了如何给其他人指路，借助这种学习方式来更好地提升学生的英语学习效果。

（二）基于"教学做合一"思想，创新课堂教学活动

"教学做合一"也是陶行知教育思想理论的一个重要组成部分，是对教学方法进行具体化指导的体现。在"教学做合一"思想指导下，教师需要摒弃以往在课堂教学中采取的注入式教学法，即不应该围绕教材来开展授课而忽视学生自身的感受或社会生活需求。而应该依据"教学做合一"思想的指导，让教师的教服从于学生的学，而学生的学需要围绕现实生活需要来进行确定，尤其是要使初中英语教学服务于每一个学生。归结起来，基于陶行知"教学做合一"思想的应用，教师可以从如下几个方面着手努力。

1. 创设真实语言情境，引导学生在做中学。在陶行知"教学做合一"思想的指引下，英语教师的课堂教学要依照学生的学习需求，而学生的学习需要根据事情的做来确定，所以英语教师要注意在开展初中英语课堂教学过程中为学生创设一个真实的、具体的语言情境，引导学生在具体情境中开展相互沟通和交流过程中学习必要的英语知识。需要注意的是，英语教师在为学生创设课堂语言情境期间，要结合学生的英语学情等实际情况来确定英语课堂用语的深浅和难易情况，必要的时候可以配合手势和动作的合理应用来对有关英语问题进行说明。例如，在学习"This is me!"这个单元"Reading"环节期间，英语教师除了按照教材的内容开展授课外，还要注意为学生创设一个真实的语言情境，如借助多媒体设备来为学生创设一个轻松、愉悦的课堂情境。之后可以采取面试的情境创设，引导学生利用所学到的英语知识，以简洁的话语来介绍下自己。由于教师创设了面试这个情境，可以更好地调动学生学习的积极性和热情，最终可以使学生在自由表达过程中了解和掌握相关的英语知识，提升他们

的语言表达能力。

2. 丰富课堂教学活动，力求做到做学统一。基于"教学做合一"思想的指导，英语教师要在课堂教学中始终树立以生为本的教学理念，引导学生可以切实体验亲知过程，并在这个过程中学到必要的英语知识。或者说，学生没有参与"做"的环节，那么也就无法真正地获取必要的英语知识。因此，在开展英语课堂教学期间，教师要注意转变传统的课堂授课方式方法，积极采取丰富的教学活动，使学生可以在多样化的教学活动中来学习和掌握必要的英语知识，尤其是通过学生动手和动脑的过程可以极大地提升学生利用英语解决实际问题的能力。但是需要注意的是，无论采用何种教学活动形式，英语教师都要立足于教学目标和学生活实际，结合教材内容来为他们设计一些难度适中且兼有趣味性的教学活动，通过将所学的英语知识融入实际的课堂教学活动中，最终可以借助班级课堂活动来提升学生的学习效果。例如，在课堂教学期间，英语教师可以利用"Warm up"等一些形式多样的小组活动、生动形象的歌曲或切实的实践体验活动等教学活动，引导学生通过亲身经历学习的过程和所学知识、思维来提升自己的英语知识学习效果。总之，陶行知思想为初中英语有效课堂构建提供了一个重要的思想指导，在激发学生学习兴趣，调动学生学习主观能动性方面发挥了重要的作用。在实际的初中英语有效课堂教学中渗透陶行知思想期间，英语教师可以基于陶行知的"生活即教育"思想和"教学做合一"思想，让生活走进英语课，大胆创新课堂教学活动，确保可以提升初中英语课堂教学的有效性。

浅谈"教学做合一"在小学数学教学中的运用

南宁市江南区花香学校　黄玉兰

陶行知先生是我国现代伟大的人民教育家。他创立了生活教育思想体系，倡导"生活即教育""社会即学校""教学做合一"的教育理念，开创了中国教育的新篇章。"教学做合一"思想旨在改变传统教育中教、学、做分离的现象，强调教学与实践相结合，以培养学生的实际操作能力和创新精神。在数学教学中，运用"教学做合一"思想，可以有效地提高学生的学习兴趣和数学素养，培养学生的创新意识和实践能力。"教学做合一"就是教和学紧密联系，有机结合。教师负指导的责任，学生负学习的责任，两者合一，学员在"教"中学会学习，产生学习兴趣；在"学"中获取"自得"，以"自得"激发学习的"自动"。

一、"教学做合一"在数学教学中的体现

（一）创设问题情境

教师通过创设具有趣味性和挑战性的问题情境，激发学生的好奇心和求知欲。例如，通过与实际生活相关的实际问题或数学游戏来引出数学概念和问题，让学生感受到数学在实际生活中的应用价值，引导学生进入学习状态，从而增强学习的兴趣和动力。

在学习圆的周长时，我主要是通过创设情境，引出课题。"同学们你们去玩过摩天轮吗？玩一次要花多少钱？如果你们去世界最大的摩天轮天津之眼玩会花更多的钱。知道为什么吗？"（根据学生的回答总结）"摩天轮大，旋转一周的时间就多，成本大，收费肯定高。""其实，转一周就是圆形摩天轮的（周长）。这节课我们就一起学习圆的周长。"摩天轮就是老师构建的一个文化背景，这个文化背景摩天轮是学生感兴趣的，是能引起学生共鸣的，烘托了氛围，为引出周长做了铺垫，学生有要学习圆的周长的内在冲动。

在学习圆的面积时，我的第一个教学环节是设疑导入，激起学生学习的兴趣。

我是这样设置情境的：1.同学们喜欢看动画片吗？今天老师给你们带来一段动画片。（出示课件）2.我们要求小朋友的活动场地有多大，就是求圆的什么（圆的面积）？3.拿出事先准备好的圆形学具，摸一摸，指一指，感受圆的周长和面积。4.设疑：那么圆的面积怎样求呢？5.教师让学生说出以前学过的平行四边行图形的面积公式是怎么来的？然后复习演示平行四边行的公式推导过程。怎样把圆形转化成以前学过的图形呢？6.复习渗透转化的思想，为推导圆的面积埋下伏笔。

（二）自主探究与合作学习

教师可以通过引导学生进行自主探究与合作学习，让学生成为学习的主体，发挥其主观能动性。例如，让学生通过观察、实验、推理等方式自主探究数学问题，鼓励他们提出自己的想法和解决方案，并与其他同学进行交流和讨论。这不仅可以培养学生的合作精神和沟通能力，还可以让他们在解决问题的过程中获得成就感和自信心，从而增强学习的兴趣和参与度。

二、在数学课堂教学中，我一直倡导自主合作探究的学习方式，取得很好的效果

在学习圆的周长时，让学生准备较小的圆形物品（矿泉水瓶盖、水杯盖子、蚊香盒盖子等）、毛线或者包装绳、20厘米的直尺，然后分组合作量出这些圆形物品的周长和直径，再分组计算出周长和直径的比值，交流发现：原来一个圆的周长总是它的直径的3倍多一些，从而推出圆周率的定义，再顺势推导出圆的周长计算公式。整个教学过程环环相扣，一气呵成，学生在合作探究中经历发现问题、解决问题的过程，培养了合作能力和动手操作实践能力，数学思维能力得到了发展。

（一）实践操作与讲解示范

教师可以通过实践操作和讲解示范，帮助学生理解数学概念、定理和解题方法，掌握数学思维和方法。通过拼图、测量、计算等实践活动让学生感受数学知识的实际应用，同时通过教师的讲解和示范，让学生理解数学问题的本质和解决方法。这样的教学方式可以让学生更加深入地理解和掌握数学知识，提高其解决问题的能力和兴趣。

在学习五年级数学上册第六单元多边形的面积时，在向学生渗透转化的数学思想过程中，我特别注重学生动手操作实践，让学生课前准备平行四边形、两个完全一样的三角形、两个完全一样的梯形。通过割补、拼一拼的方式，将平行四边形转化成长方形，将两个一样的三角形拼成一个平行四边形，将两个一样的梯形拼成平行四边形，分组交流拼成的图形和原来学过的图形各部分之间有着怎样的联系，然后根据所学过的长方形推出平行四边形面积公式，根据平行四边形的面积公式推导三角形和梯形面积公式。由于平行四边形、三角形、梯形面积公式是学生动手操作实践推导出来的，因此这些公式学生掌握得很牢固，能熟练运用公式解决生活中有关这些图形的问题。

（二）互动交流与反思总结

教师可以通过互动交流和反思总结，引导学生对所学知识进行梳理和巩固，提高学习效果。例如，通过组织课堂讨论、小组反思等活动，让学生分享自己的学习心得和体验，并引导他们总结数学知识和规律。这不仅可以帮助学生加深对数学知识的理解，还可以让他们发现自己的不足之处并加以改进，从

而提高学习的兴趣和参与度。

在复习五年级上册第六单元多边形的面积时,我让学生自己梳理知识点,分组讨论平行四边形、三角形、梯形面积公式是如何推导出来的,让他们说说学习这个单元的体验,让他们感受到转化思想在数学中的重要地位。在学习新图形面积时,可以想办法把新图形转化成原来学过的图形,再根据它们之间的联系推导出面积计算公式,为今后应用转化思想学习其他图形面积奠定基础。

三、"教学做合一"思想在数学教学中的价值

在长期数学教学中运用"教学做合一"思想,我深深感受到它的价值很大,归纳起来,有以下几点。

1. 提高学生的学习兴趣:通过实践操作,让学生感受到数学的趣味性和实用性,提高学习热情。

2. 培养学生的实践能力:引导学生通过观察、实验、推理等方式,自主探究数学知识,培养实践能力和创新意识。

3. 促进师生互动与合作:师生共同参与教与学活动,增进相互了解与信任,促进合作与交流。

4. 提升学生的数学素养:通过"教学做合一"的思想,帮助学生掌握数学思维和方法。

四、运用"教学做合一"思想注意事项

在多年的数学教学实践中,我发现运用"教学做合一"思想要做到以下几点。

1. 持续更新教学观念:教师应不断更新自己的教学观念,教师要转变传统的教学观念和方法,紧跟时代步伐,理解并运用新的教学方法和手段。

2. 强化实践教学:教师应更多地引入实践教学环节,让学生在实践中学习和理解数学知识。

3. 提升学生主体地位:教师应尊重学生的主体地位,引导他们主动参与学习过程,发挥他们的主观能动性。教师应注重培养学生的创新精神,鼓励他们发现问题、提出问题并尝试解决问题。

五、结语

"教学做合一"思想运用于数学教学中，可以有效地提高学生的实践能力与创新精神。通过生活化的教学环境、实践活动的参与以及自主学习的引导，学生可以在实践中学习和理解数学知识，提高他们的实践能力与创新精神。展望未来，随着"教学做合一"思想的深入运用，数学教学将更加注重学生的实践能力与创新精神的培养。我们期待看到学生在这种新的教学模式下，能够更好地学习数学知识，提高数学素养和应用能力。

"生活教育"思想与小学数学教学生活化的实践探索

南宁市江南区花香学校 杨 梅

陶行知先生说过"生活教育就是给生活以教育,用生活来教育,为生活的向前向上的需要而教育。从生活与教育的关系上说是生活决定教育。从效力上说,教育要通过生活才能发出力量而成为真正的教育"。数学知识来源于实践,又服务于实践,它与实际生活联系十分密切。新的课程标准更多地强调学生用数学的眼光从生活中捕捉数学问题,主动地运用数学知识分析生活现象,自主地解决生活中的实际问题。因此,在数学教学中应重视学生的生活体验,把数学教学与学生的生活体验相联系,把数学问题与生活情境相结合,让数学生活化。把陶行知"生活教育"的理念运用于数学教学实践中,以实现联系生活实际,让数学"生活化",为生活服务。

一、数学问题与生活的联系

（一）以"生活情境"的导入，引出数学问题

"生活教育"理论表明，当学习内容和学生熟悉的生活情境越贴近，学生自觉接纳知识的程度就越高。所以，教师要善于挖掘数学内容中的生活情境，让数学贴近生活；要尽量地去创设一些生活情境，从中引出数学问题，并以此让学生感悟到数学问题的存在，引起一种学习的需要，从而使学生能积极主动地投入学习、探索之中。例如，在教学"积的近似值"时，我们就可以模拟到商店买商品的情境，由老师担当营业员，让学生轮流当顾客买一定数量的某种商品。

学生甲：每千克 12.32 元的水果冻，买 2 千克。

营业员：请您付 24.64 元。

学生乙：每千克 20.52 元的什锦糖，买 2 千克。

营业员：请您付 41.04 元。

……

突然，学生乙提出疑问，每千克 20.52 元的什锦糖，买 2 千克怎么要付 41.04 元，应该付 41.00 元。一石激起千层浪，其他学生也纷纷提出了同样的疑问。此时，教师再引出学习的内容。这样，用学生身边的事情，呈现教学内容增加了数学教学的趣味性和现实性，使学生在学习积的近似值时，不再感到枯燥乏味，增强了教学实效。

（二）以"生活经验"的借助，思考数学问题

一切科学知识都来自生活，受生活的启迪。小学数学知识与学生生活有着密切的联系，在一定程度上，学生生活经验是否丰富，将影响着学习的效果。因此，在教学时，教师要注重联系学生实际，借助他们头脑中已经积累的生活经验，让学生去学会思考数学问题，从而强化学生的数学意识，培养学生的数学能力。例如，教学"简单条形统计图"时，教师设计了这样一道题：

上面条形统计图中，哪一张统计图是销售游泳衣的？哪一张统计图是销售羊毛衫的？

学生通过借助自己的生活经验，游泳衣的销售高峰在第三季度——夏天，羊毛衫的销售高峰在第四季度——入冬，迅速得出"前一张条形统计图是销售

游泳衣的，后一张条形统计图是销售羊毛衫的"正确结论。因此，我们在教学设计时，除了选择学生感兴趣的事物，提出有关的数学问题外，还要为学生在生活中寻找解题的依托，使学生能借助生活经验来思考数学问题。

（三）以"生活实践"的回归，解决数学问题

学以致用是数学教学的一个基本原则。《义务教育数学课程标准（2022年版）》中也明确指出："教师应该充分利用学生已有的生活经验，引导学生把所学的数学知识应用到现实中去，以体会数学在现实生活中的应用价值。"因此，我们在数学生活化的学习过程中，教师要注重引导学生领悟数学"源于生活，又用于生活"的道理，把有些数学知识完全可以让学生在生活实践中感知，学会从生活实践解决数学问题。例如，教学"长方形和正方形的面积"时，教师创设了这样一个情境：有一间长5米，宽4米的客厅，妈妈准备花800元铺地砖。你和父母一起去商店挑选材料。其中有3种规格的地砖：

甲种：边长为50厘米的正方形地砖，每块9元。

乙种：边长为50厘米的正方形地砖，每块7元。

丙种：边长为40厘米的正方形地砖，每块8元。

你能为你父母做参谋，买到适合你家的地砖吗？

买地砖，关键是要搞清楚所买的地砖应符合下列条件：1. 价格适中，总价在800元以内。2. 质量较好。那么，究竟哪一种地砖符合条件呢？只有尽快地算一算才是。首先算出家里铺甲、乙、丙三种地砖分别需要几块：用房间面积÷甲（乙或丙）的地砖面积。再分别算出铺三种地砖各需的费用，分别为720元、560元、1000元。最后通过比较知道，丙种价值太贵，甲、乙规格相同，价格均在800元以内，但乙的价钱太便宜，可能质量不够好，所以选择甲种地砖最合适。上述例子，将学生所学的知识返回到日常生活中去，又从生活实践中弥补课本上学不到的知识，自然满足了学生的求知欲，同时也让学生在生活实践中学会了解决数学问题。

二、在数学教学中融入生活

数学源于生活，生活中又充满着数学。学生的数学知识与才能，不仅来自课堂，还来自现实生活实际。在课堂教学中，把数学和学生的生活实际衔接起来，让数学贴近生活，使学生感到生活中处处有数学，学起来自然、亲切、真

实。实现"人人学有价值的数学；人人都能获得必需的数学；不同的人在数学上得到不同的发展"。如何让生活问题走进数学课堂，提高学习效果，我在教学中注意从以下几方面入手。

（一）数学语言生活化，理解数学

在课堂教学的师生交往中，主要是通过言语交流。同一堂课，不同的教师教出来的学生接受程度不一样，主要还是取决于教师的语言素质如何，尤其是在我们数学课堂教学中，要将抽象化的数学使学生形象地接受、理解。一个没有高素质语言艺术的教师是不能胜任的。看似枯燥无味的数学，实则里面蕴藏着生动有趣的东西。鉴于此，教师的数学语言生活化是引导学生理解数学、学习数学的重要手段。教师要结合儿童的认知特点、兴趣爱好、心理特征等个性心理倾向，在不影响知识的前提下，对数学语言进行加工、装饰，使其通俗易懂、富有情趣。

如认识"<"">"，教师可引导学生学习顺口溜：大于号、小于号，两个兄弟一起到，尖角在前是小于，开口在前是大于，两个数字中间站，谁大对谁开口笑。区别这两个符号对学生来说有一定的难度，这个富有童趣的顺口溜可以帮助学生有效地区分。

又如，把教学长度单位改成"长长短短"，把教学元、角、分改成"小小售货员"，把比大小说成"排排队"等，学生对这些生活味十足的课题知识感到非常好奇，感到学习数学很有趣。

（二）数学问题生活化，感受数学

新的课程标准更多地强调学生用数学的眼光从生活中捕捉数学问题，探索数学规律，主动地运用数学知识分析生活现象，自主地解决生活中的实际问题。在教学中我们要善于从学生的生活中抽象数学问题，从学生的已有生活经验出发，设计学生感兴趣的生活素材以丰富多彩的形式展现给学生，使学生感受到数学与生活的联系——数学无处不在，生活处处有数学。因此，通过学生所了解、熟悉的社会实际问题（如环境问题、治理垃圾问题、旅游问题等），为学生创设生动活泼的探究知识的情境，从而充分调动学生学习数学知识的积极性，激发学生的探索欲望。生活中每时每刻都要用到估算，要求学生估算一下每天上学到校需多少时间，以免迟到；或估算一下外出旅游要带多少钱，才够回来；等等。在教学中引导学生寻找生活中的数学问题，既可积累数学知识，让学生通过如此切身的问题感受到学数学的价值所在，更是培养学生探索意识和应用意识的最佳途径。

（三）数学情境生活化，体验数学

教育心理学的研究表明：学生在没有精神压力，没有心理负担，心情舒畅，情绪饱满的情境下，大脑皮层容易形成兴奋中心，思维最活跃，实践能力最强。在日常的教学中，应该提供这样的思维环境，创设与学生生活环境、知识背景密切相关的，又是学生感兴趣的学习情境，使学生感觉到在课堂上学习就像在日常生活中遇到了数学问题一样，需要大家一起来实践解决，通过自己的动手操作，集体的共同研究，最终得出学习结论。

如在空间与图形的教学中，要充分利用学生生活中的事物，引导学生探索图形的特征，丰富空间与图形的经验，建立初步的空间观念。教学中可以组织学生分小组到操场上选定一个建筑物，让学生站在不同角度看这个建筑物，体会从不同的角度看同一个物体时，所看到的形状的变化，并用简单的图形画下来。也可让学生在方格纸画出示意图：假设图书馆在学校的正东方向200米处，小红家在学校正北方向500米处，医院在学校的正南方向1000米处，车站在学校的正西方向800米处。学生可以根据这些信息，在方格纸上确定适当的单位距离，标出相对位置后，教师再及时组织引导学生进行交流，逐步发展学生的空间观念。

又如，教学"元角分的认识"，组织学生开展一次"我是一位出色的售货员"活动，让他们在逼真的买卖中掌握、消化和应用知识。再如，相遇问题应用题教学，教师采用学生登台表演，情境再现的方法，把抽象的相关的各种数学术语让学生迅速地理解，既活跃了课堂气氛，又高效率地完成了教学任务。

（四）数学作业生活化，运用数学

数学来源于生活而最终服务于生活，尤其是小学数学知识，在生活中都能找到其原型。把所学的知识应用到生活中，是学习数学的最终目的。由于课堂时间短暂，所以作业成了课堂教学的有益延伸，成了创新的广阔天地。学生适当运用课堂内容的自然延伸，能从广阔的大千世界中学习知识。教师在教学中应努力激发学生运用知识解决问题的欲望，引导学生自觉地应用知识解决生活中相关的问题。

如学习了长度单位，可以测自己和父母的身高、从家到学校的路程；认识了人民币，可以用自己零用钱买所需要的东西；学习了统计知识和百分比应用题，可以去统计本校学生人数以及男女生比例；会计算图形面积，可以算一算自己家里的面积、所用瓷砖的块数；等等。

再如，布置学生"观察你家中的物品，找出几道乘法算式"；"你家一天的生活费用是多少，记录下来，制成表格，再进行计算"，这样把抽象的知识具体化，有助于学生理解。同时能用所学的知识解释生活中的现象，也培养学生收集处理信息的能力、观察能力、实践能力。这样，学生在轻松愉快的交流中，学得积极、主动，思维随之展开，兴趣随之激起。

将数学教学与生活相衔接，让学生从生活中寻找数学素材，感受生活中处处有数学，学习数学如身临其境，就会产生强烈的亲近感和认同感，有利于形成似曾相识的接纳心理。教学实践使我体会到：数学即生活，只有将学生引到生活中去，切实地感受数学在生活的原型，才能让学生真正地理解数学，使学生感受到我们生活的世界是一个充满数学的世界，从而更加热爱生活，热爱数学。

生活教育理论指引下的小学美术蜡染课程的探究

南宁市青秀区埌东小学　闫　芳

一、小学美术课程蜡染教学中渗透陶行知生活教育理论的重要性

陶行知的"生活教育"理论对目前的教育教学改革有着重要的借鉴作用,他所倡导的"生活即教育""社会即学校""教学做合一"的三大主张,强调教育的核心价值与教学方式,对小学美术剪纸教学有着引领作用。

(一)在蜡染教学中,我们可以借鉴陶行知先生的理论,让蜡染教学更加贴近生活,发挥学生的主体性和创新精神。通过"生活即教育"的理念,我们可以引导学生从生活中寻找灵感,将蜡染作品赋予生活化的元素,让作品更加生动有趣。

(二)"社会即学校"的主张可以引领我们拓展蜡染教学的空间。我们可以将课堂延伸到社会中,让学生走

进社区、走进自然，感受社会的气息，体验大自然的魅力。这样不仅可以丰富学生的创作素材，还可以培养学生的社会责任感和自然意识。

（三）"教学做合一"的理念可以指导我们优化蜡染教学的方法。我们要注重学生的实践操作，让他们在动手的过程中掌握蜡染的技巧和要领。同时，我们要关注学生的兴趣和需求，鼓励他们发挥自己的想象力和创造力，创作出独特的蜡染作品。

陶行知先生的"生活教育"理论对于小学美术蜡染教学具有重要的指导作用。我们要运用这一理论，让蜡染教学更加贴近生活、注重实践操作、发挥学生的主体性和创新精神，培养出具有社会责任感、自然意识和创造力的小学生。

二、陶行知生活教育理论指引下小学剪纸教学实践路径

陶行知先生的教育理念强调将教育与生活实践相结合，以儿童的社会生活、自然现象和身边的风土人情为教学内容。现在，第一届全国学生（青年）运动会在广西南宁召开，来自各地的青年学生们聚集在这里。作为东道主，我们更应该向这些远道而来的客人展示广西的文化特色。其中，苗族蜡染作为广西壮族自治区省级非物质文化遗产，具有丰富的图案、素雅的色调和独特的风格，可以制作各种生活实用品和服装服饰。它朴实大方的风格和令人赏心悦目的特点，非常值得向客人介绍。因此，苗族蜡染教学为我们的文化传承和情感体验提供了丰富的资源。陶行知先生的"生活教育"理念为小学蜡染教学提供了良好的教育方式，他强调关注生活中的实践与体验，打破传统的教育边界，重在培养学生的综合能力和创新精神。这种教育方式突出了艺术的育人价值，全面提升了学生的综合能力。

（一）滋养理论，丰富课堂

1. 挑选内容，订立目标

要使课堂教学有序且高效，教师必须精准定位教学目标。教学内容不应仅限于教材，而应从实际生活出发，创造性地选择适合的教学内容，梳理其脉络，以确定有助于学生素养提升的教学目标。悠久的文化是祖先留给我们的宝贵财富，为我们提供了无限的教育资源。在如今，上好一节美术课不仅需要具备美术技能，也需要丰厚的文化和广博的知识。在美术教学中有效地渗透优秀

的传统文化，可以开阔学生视野，激发他们的想象力、创新力，形成基本的美术素养，充实文化内涵。将民间文化融入课堂，可以使美术课堂更加丰富有趣，发现生活之美、艺术之趣。在本课的设计中，我深入分析了教材，确定了本课的教学目标、重点、难点，并进行合理的教学设计，巧妙地将信息融入教学之中，以广西崇左市宁明县的花山岩画作为切入点，鼓励学生创作出风格独特的蜡染作品，使他们在创作中，感受到中国文化的博大精深。

2.学科整合，明确重点

通过热点和教材的整合，以文化传承和核心，整合了各学科的知识点，以美为主旋律，明确了本节课的重点。本课分为两个课时：第一课时，了解蜡染的历史、材料、制作方法以及作用，感受蜡染那素雅的色调以及独特的风格，然后从蜡染的制作当中，发掘出对传统蜡染技艺的传承与创新；第二课时，以花山岩画为切入点，带领学生了解花山岩画的历史、形态、艺术特色以及文化价值，凸显美术学科的视觉性和人文性。从各个岩画的场景中，探索古时候的生活场景和祭祀场景，从岩画独特的造型、简洁质朴的风格、鲜艳明丽的色彩、饱满的构图，感受到那粗犷、勇猛、激奋的艺术感染力，然后运用第一课时所掌握的蜡染技法，将花山岩画的内容展现出来。将纷繁复杂的内容变得结构清晰，最终化繁为简，明确教学重点，力求符合学生年龄特征。从走近"蜡染"到"创新蜡染"再到联系"花山岩画"创作出具有广西风格的蜡染作品，教学重难点被逐层击破，在艺术创作部分增加了学生自主探究环节，再根据教学中的难点进行有效突破，增强了课堂指导性，最后延伸至"花山岩画"风格的蜡染作品在生活中的传承再创新，激发起学生珍视祖国传统艺术的责任感和民族自豪感。

3.提炼知识，深化难点

分析本节课的目标，确定本节课重点，对于难点部分选择合适的教学方法。第一课时的难点在于分析蜡染图案的文化内涵，理解领悟蜡染的制作方法，拆分难点，就会得到每个教学环节的小任务。初始任务就是了解蜡染的历史和图案，作为传统的民间艺术，蜡染有着悠久的历史和独特的魅力。它起源于中国西南地区，后来传播到世界各地，成为中国文化的重要组成部分。蜡染的图案和花纹非常丰富多样，有动物、植物、人物等。这些图案和花纹寓意着吉祥、幸福和美好的愿望。比如，龙、凤、狮子等图案代表着权威和力量，莲花、牡丹等图案则代表着高雅和纯洁。

第二课时的难点在于理解花山岩画的历史以及了解岩画的造型含义及构图

设计。这是本课程的难点，但也是最具挑战性和最有价值的部分。首先，我们来了解花山岩画的历史。花山岩画位于广西左江岸边，是战国时期岭南左江流域当地的壮族先民骆越人群体祭祀的遗迹。这些岩画描绘了祭祀场景和战争场面，以及神人共舞、飞奔的舞者、铜鼓、镇山兽、人物、大狗、补蛙鞋的女猎手等形象。这些形象生动地展现了当时的社会生活和信仰，为我们了解古代壮族先民的生活和文化提供了宝贵的资料。其次，我们来探究岩画的造型含义。花山岩画的造型独特，包括人形、兽形、物形等。其中，人形是岩画的主要形象之一，表现为双臂上举、双腿叉开、屈膝半蹲的姿态，这种姿态寓意着祭祀和祈祷。兽形则通常表现为鸟兽或神兽的形象，寓意着力量和守护。物形则包括太阳、月亮等天体形象，寓意着自然和神秘。这些造型形象地表现了当时人们的生活信仰和情感表达。最后，我们来探讨岩画的构图设计。花山岩画的构图设计独特，包括平视法、俯视法、透视法等多种构图方法。其中，平视法是最常用的构图方法，通过将画面中的形象放置在同一水平线上，表现出一种平和、稳定的视觉效果。俯视法则是从高处向下看的构图方法，表现出一种宏伟、壮观的视觉效果。透视法则通过近大远小的透视关系来表现出画面的深度和立体感。这些构图方法共同构成了花山岩画的独特视觉效果。

通过深入探讨花山岩画的历史和造型含义，以及其构图设计，我们可以更好地理解这一古老的艺术形式，并从中汲取灵感和智慧。希望同学们能够积极思考、勇于探索，为我们的学习和生活带来更多的启示和动力。

（二）贴近生活，创意实践

1. 老传统，新媒介

谈论传统文化的传承与创新时，大家首先会想到艺术材料的创新。我也是如此，我首先考虑在媒材上做出创新。作为向"学青会"的客人展示的作品，同时也是能够被客人带走的文创，我的作品必须具有实用价值。因此，在本课中，我运用了T恤、挎包、娃娃、鞋等不同的布艺生活用品，制作出了花山岩画风格的蜡染作品。在制作这些蜡染作品时，我尝试将传统的蜡染技术应用于现代生活用品中，将古老的花山岩画风格与现代设计相结合，以创造出独特的艺术作品。通过这种创新的方式，我希望能够向"学青会"的客人展示传统文化的魅力，同时也希望能够将这种文化传承下去。这些蜡染作品不仅具有艺术价值，而且具有实用价值，可以让客人们在日常生活中使用，从而将传统文化的元素融入他们的生活中。我相信，通过这种创新的方式，我们可以更好地传承和发扬传统文化，让更多的人了解和喜爱我们的文化遗产。

2.旧知识，新创意

仅仅在材料上进行创新是不足以满足学生的。花山岩画的图案描绘的是祭祀场景和战争场面，这些形象难以进行太多的创新。因此，在结合"学青会"的运动场面时，我将目光着眼于运动员动态形象的研究。利用过去所学的知识，在课堂上我让学生模仿运动员的动作，并将他们的动态以剪影的形式描绘下来，这让学生产生了极大的兴趣。使用贴近生活的话题，学生易于接受并乐于表达，使得他们的学习兴趣高涨。此课的设计不仅仅是简单地复原古老的文化遗产，更是引导学生对优秀文化的再创造。我鼓励学生在创作过程中先设计图稿，再付诸实践。这样的教学方式降低了学生的创作难度，使得本科作业具有一定的任务梯度。

（三）联系生活，文化理解

美术教育的主要目的并不是培养出少数画家，而是超越了美术技能的学习和训练，进入体验生活的层面。艺术教育，尤其是民间艺术，需要回归到日常生活中，因为它充满了生活的气息。

创意独特的小设计师们将焦点放在了传统文化上，他们借助现代文创作品，巧妙地融入了传统的"花山岩画"元素作为装饰，同时采用了传统的蜡染技艺，成功地将现代生活与古典审美完美结合。在这一过程中，学生们不仅发现了传统文化的深厚内涵，更承担起了传承历史文化的责任与使命，强烈的民族自豪感在他们心中油然而生。

三、结语

陶行知的生活教育理论打破了传统教育的束缚，并提出"教学做合一"的具体办法，这一原理重点在于做，那何为做呢？在美术教学中就是大胆实践。古语说"字无百日功"，想要书法功夫练得好，其实不用太费劲，只要100天好好练，都可以写好，但这样的实践，只是技法上的熟练与成功。当然"做"也不是毫无技巧的埋头苦干，其实任何一门艺术门类都存在"技法"和"文化"这两种因素，文化缺失是现在教学中遇到的普遍问题。

在教学中要平衡两者之间的关系，发掘生活中优秀的文化并将其贯穿教学的始末，使学生在老师创设的生活情境中了解"技法"的内涵。所以，从"技法"复刻走向"生活化"的道路任重道远,需要每位教师行动起来,立足生活,深挖文化资源,整合学科知识,明确教学目标与重难点。让学生更了解、关注生活,热爱家乡的优秀文化,让美术课堂更有文化底蕴,充满人文魅力。

为了达到更好的教学效果,我们需要在教学中平衡技法和文化之间的关系。具体而言,我们应该发掘生活中的优秀文化元素,并将其贯穿于整个教学过程中,使学生能够在教师创设的生活情境中深入理解技法的内涵。因此,从技法复刻走向生活化的道路任重道远,需要每位教师积极行动起来,立足生活实际,深入挖掘文化资源,整合学科知识,明确教学目标和重难点。这样,学生可以更好地了解和关注生活,热爱家乡的优秀文化,让美术课堂更具文化底蕴和人文魅力。

陶行知教育思想在小学语文教学中的应用与实践

南宁市云景路小学　李妙珍

陶行知先生是中国现代著名教育家，他的教育思想具有深远的影响。陶行知先生的"生活即教育""社会即学校""教学做合一""爱满天下""公平教育"等思想融入学校工作中，应用在小学语文教学中，以推动教育、教学改革，促进学生良好发展，提高学校的教育教学质量。

一、陶行知教育思想的应用

（一）"生活即教育""社会即学校""教学做合一"的应用

陶行知先生提出的"生活即教育""社会即学校""教学做合一"的教学思想，在中国的小学语文教育中得到了深入的应用和体现。这种教育思想不仅强调了知识的传授，更注重了将实际生活与教学活动紧密相连，让学生在亲身实践中学习和掌握知识。在小学语文课堂上，教师们积极贯彻这一思想，将生活实例融入教学中，帮助学生理解和掌握语文知识。例如，在学习古诗时，教师会引导学生联系自己的生活体验，理解古诗中的意境和表达方式。同时，教师还会通过组织语文活动、阅读分享会等形式，让学生在互动中学习，提高他们的语文应用能力。此外，教师还鼓励学生走出课堂，参与社会实践，将所学知识应用到实际生活中。例如，在春天，教师会组织学生走进大自然，观察植物的生长变化，并将这些体验转化为作文或绘画作品。通过这种方式，学生不仅能够深入理解知识，还能够培养他们的观察力和创造力。在陶行知先生的教育思想指导下，小学语文教学实现了从单纯的知识传授向注重实践应用的转变。学生们不再是被动地接受知识，而是成为知识的探索者和创造者。这种教育方式不仅提高了学生的语文素养，还培养了他们的独立思考能力和创新精神。总之，"生活即教育""社会即学校""教学做合一"的思想在小学语文教学中的应用，使得教学活动更加贴近生活、更加生动有趣。学生们通过亲身实践和参与社会活动，不仅掌握了知识，还培养了他们的社会责任感和实践能力。这种教育方式为中国的教育事业注入了新的活力，也为培养具有创新精神和实践能力的人才奠定了基础。

（二）"爱满天下"思想的应用

陶行知先生的"爱满天下"教育思想，是一种崇高的教育理念，它强调教师的爱心和责任。在小学语文教学中，教师不仅要关注学生的学习成绩，更要关注学生的情感世界，帮助他们建立正确的价值观和世界观。同时，教师还要以身作则，用自己的言行影响和感染学生，让他们学会关爱他人。在课堂教学中，教师可以通过生动有趣的故事、寓言和成语等，引导学生理解"爱"的内涵。例如，可以通过讲述雷锋、郭明义等先进人物的事迹，让学生感受到关爱他人、乐于奉献的精神；可以通过讲述《三字经》《弟子规》等传统文化经典，让学生了解到孝敬父母、尊敬师长等传统美德。除了课堂教学，教师还可以通过课外活动来践行"爱满天下"的教育思想。例如，可以组织学生参加志愿服务活动，让他们在帮助他人的过程中感受到关爱的力量；可以带领学生参观博物馆、美术馆等文化场所，让他们感受到文化的魅力和博大精深；可以组织班级间的篮球赛、足球赛等体育比赛活动，让学生学会团结合作、拼搏进取的精神。总之，"爱满天下"的教育思想是教育事业的重要灵魂，它不仅关注学生的知识学习，更关注学生的情感发展和道德成长。在小学语文教学中，教师应当深入贯彻落实这一教育理念，用自己的爱心和责任践行"爱满天下"的教育思想，为培养有道德、有文化、有能力的社会主义建设者和接班人贡献自己的力量。

（三）公平教育思想在小学语文教学中的应用

陶行知先生是中国现代教育史上一位伟大的教育家，他的教育思想深深地影响了中国的教育。他提倡"公平教育"，主张让每一个学生都有平等接受教育的机会。这一思想对于当今小学语文教学具有重要的指导意义。在小学语文教学中，教师不仅要注重知识的传授，更要关注学生的个体差异，因材施教。每个学生的学习能力、兴趣爱好和需求都是不同的，因此，教师需要针对每个学生的特点，提供个性化的教学服务。同时，教师还要鼓励学生自主学习、自主探究。在语文学习中，学生应该不仅仅是被动接受知识，更要主动去寻找问题、思考问题、解决问题。教师可以为学生提供一些探究性的学习任务，如让学生阅读一篇文章后，总结文章的主题、写作特点等，培养学生的独立思考能力和解决问题的能力。在课堂互动方面，教师也要注重公平。每个学生都有机会参与到课堂互动中来，每个人都有机会发表自己的观点和看法。教师要避免只与少数学生互动，而忽视了其他学生的存在。总之，陶行知先生的"公平教育"思想在小学语文教学中有着广泛的应用。教师需要关注每个学生的特点和需求，为他们提供个性化的教学服务；鼓励学生自主学习、自主探究；注重课堂互动的公平性。

二、陶行知教育思想在小学语文教学中的作用和成果

（一）在素质教育方面的地位和作用

陶行知教育思想在素质教育中具有重要的地位和作用。他的"生活即教育""社会即学校""教学做合一"的思想鼓励学生将知识应用到实际生活中，培养了他们的实践能力和创新精神。同时，"爱满天下"的思想让学生学会关爱他人，培养了他们的社会责任感和人文关怀精神。这些都有助于推动素质教育的实施和发展。

（二）在创新教育方面的地位和作用

陶行知教育思想在创新教育方面也具有重要的地位和作用。他的"公平教育"思想让每个学生都有平等接受教育的机会，鼓励他们自主学习、自主探究。这些都有助于培养学生的独立思考能力和解决问题的能力，促进他们的创新发展。同时，"爱满天下"的思想也鼓励教师以身作则，用自己的言行影响和感染学生，激发他们的创新精神。

（三）新课程改革实践中的创新研究及应用成果

在新课程改革实践中，陶行知教育思想的应用取得了丰硕的成果。小学语文教师注重将课程内容与生活实际相结合，开展了形式多样的教学活动，如情境剧表演、小组讨论等。这些活动不仅激发了学生的学习兴趣和积极性，还培养了他们的团队协作能力和解决问题的能力。同时，教师还通过多元化的评价方式，关注学生的全面发展和个体差异。这些创新研究及应用成果都为新课程改革的深入推进提供了有益的借鉴和参考。

三、结语

本文通过探讨陶行知教育思想在小学语文教学中的应用与实践发现：陶行知先生的"生活即教育""社会即学校""教学做合一""爱满天下""公平教育"等思想具有深远的影响和指导意义；将这些思想融入学校工作中有助于推动教育、教学改革，促进学生良好发展，提高学校的教育教学质量。同时，这些思想在素质教育和创新教育方面发挥了重要的作用，展示了其在新课程改革实践中的创新研究及应用成果。因此，广大教育工作者应该认真学习和践行陶行知先生的教育思想，以更好地服务于当前的教育改革和创新实践，更好地培养出适应时代需要的高素质人才，促进国家和社会的繁荣发展。

陶行知教育思想在学生综合素质评价中的应用研究

南宁市云景路小学 陈良丽

陶行知是伟大的人民教育家,陶行知教育思想在当今时代仍然发挥着积极的引领作用。学生的综合素质评价作为教育改革的重要一环,在培养具备广泛知识和实际能力的未来人才方面具有至关重要的意义。在深入研究陶行知教育思想在学生综合素质评价中的应用,探讨如何借鉴陶行知的理念,构建更为科学、全面的评价体系,以推动教育朝着更为人本、差异化的方向迈进。通过对陶行知教育思想的深入挖掘和应用,我们有望为塑造更有活力、富有创新力的学习环境,贡献新的思路与实践经验。

一、陶行知教育思想的核心要点

(一)学生以人为本的教育理念

陶行知的教育理念以学生为中心,强调个性和创造力的培养。在综合素质评价中，这一理念体现在评价体系的构建上。传统评价体系往往过于注重学科知识，而陶行知的思想鼓励将学生的兴趣、特长以及情感因素纳入评价范畴。评价不再仅仅是对知识的测量，而是对学生个体差异的全面了解，为其个性化成长提供指引。这种以人为本的教育理念在综合素质评价中不仅瞄准了学科知识，更注重培养学生全方位的素养，使其在未来面临多元挑战时更具备应对能力。

（二）尊重个体差异的差异化教育

陶行知的差异化教育理念体现了对学生多样性的尊重，强调个体差异在教学中的合理应用。在综合素质评价中，这就意味着评价体系需要更为灵活多样。评价指标应该不仅仅关注学生的认知水平，还应考查其情感态度、社交能力等方面。差异化教育强调不同学生可能有不同的学习风格和需求，因此评价方法也应具备相应的灵活性。通过多元化的评价手段，可以更全面地了解学生的发展状况，为其提供更个性化的学习支持。这种教育方式不仅关注学生的知识储备，更关注他们在团队协作、创新性思维等方面的潜能，从而使学生更好地适应未来社会的需求。

二、陶行知教育思想在综合素质评价中的应用

（一）制定综合评价指标体系

陶行知在综合素质评价中倡导制定全面而科学的评价指标体系，旨在摆脱传统考试导向的狭隘观念。这一体系不仅仅聚焦学科知识的掌握，更着眼于学生的实际动手能力、创造力以及团队协作等多个维度。在制定这样的指标体系时，需要注重学科知识的应用，考查学生是否能够将所学知识灵活运用于解决实际问题的过程中。通过全面评价学生在各个方面的表现，能够更准确地描绘出他们的综合素质，为其未来的发展提供更为精准的指引。这种评价体系的设计不仅有助于培养学生的全面素养，也使评价更贴近实际需求，为个体学生提供更加有针对性的成长支持。例如：在语文课程的综合评价中，除了传统的语法知识考核外，还包括学生的口头表达能力、写作创意、小组合作项目等多个方面。通过这个综合评价指标体系，可以更全面地了解学生在语文学科中的表现，不仅关注其语法掌握水平，还注重他们在实际语境中运用语言的能力，以及在团队协作中展现的沟通与合作技能。这样的例子有助于呈现出学生在语文

学科中的多维度综合素质，超越了传统考试的局限性。

（二）引入多元化评价方法

陶行知倡导的差异化教育理念使在综合素质评价中引入多元化的评价方法变得至关重要。这种方法的核心思想是摆脱传统单一的考试形式，以更全面、灵活的方式评估学生的能力和表现。通过引入项目评估，可以深入了解学生在实际项目中的解决问题能力和创新潜力。实际操作则直接考查学生的动手能力，使评价更加贴近实际工作和生活需求。而小组讨论则强调团队协作和沟通技能，培养学生在集体环境中的合作潜力。这样的多元化评价方法不仅更全面地反映学生在各个方面的综合能力，也激发了学生对学科的兴趣，提高了学习的积极性。总体而言，通过引入这些多元化评价方法，不仅更好地落实了差异化教育的理念，也为培养具有综合素质的人才提供了更为科学和灵活的评价途径。以数学课为例：引入多元化评价方法不仅仅包括依赖传统的笔试考试，还涵盖项目评估、解决实际问题和小组协作。学生可以参与一个实际的数学建模项目，如解决社会问题或优化实际生活中的情境。此外，实际操作阶段要求学生通过数学方法解决实际问题，考查其应用数学知识的能力。最后，小组讨论强调学生在协作中的数学思维和沟通技能。这样的多元评价方法使学生更全面地展现数学素养，同时提升他们对数学学科的兴趣与积极性。

（三）关注学生的情感和价值观

陶行知认为教育不仅仅是知识的传递，还涉及情感和价值观的培养。在综合素质评价中，需要关注学生的情感态度、人际关系、责任心等方面的表现。通过情感因素的评价，可以更好地了解学生的个性特点和情感发展状况，为其提供更为贴心的教育支持。同时，关注价值观的培养有助于塑造学生正确的人生观和社会责任感，使其在成长过程中更全面、更积极地面对生活的各种挑战。这种关注情感和价值观的评价方式有助于培养更具人文关怀和社会责任感的综合素质人才。举例来说：在一堂综合素质课中，学生参与了一个关于社会问题的小组讨论项目。评价不仅仅关注学生对问题的认知，还注重情感表达和团队协作。通过观察学生的讨论中是否展现出对他人观点的尊重，是否表达了对社会问题的关切与责任感，教育者能更全面地了解他们的情感态度和社会价值观。这样的评价方式有助于培养学生的人文关怀，使其在未来能够更积极地参与社会事务，展现更高水平的社会责任感。

三、陶行知教育思想在综合素质评价中的意义与挑战

（一）应用陶行知的教育思想在综合素质评价中具有深远的意义

首先，这种方法能够使评价更加贴近学生的实际需求。陶行知注重以学生为本，强调个性和创造力的培养，因此综合素质评价更加全面地关注学生的兴趣、特长和情感因素，使评价更加符合学生的实际情况。其次，这种方法有助于培养更全面、具有创新能力的人才。通过关注学生的多元素表现，评价体系能够更好地反映学生的综合素质，培养出更具有创造性和实际运用能力的人才，适应社会发展的需要。最后，注重个体差异和情感因素的考量，使评价更能够满足社会对人才的多元需求。这种关注个体差异的评价方式有助于培养各领域的专业人才，推动社会朝着多元、开放的方向发展。

（二）在应用陶行知教育思想过程中面临的挑战

在应用陶行知教育思想的过程中，我们也面临一些挑战。首先，可能存在评价标准不够科学的问题。由于陶行知的教育思想强调个体差异，如何确保评价标准既能照顾到个体的特殊情况，又能保持科学性，是一个需要深思熟虑的问题。其次，评价方法的客观性也是一个挑战。陶行知强调灵活运用不同的教学方法，但在评价中如何保证客观性，避免主观偏见的介入，是需要认真考虑和解决的问题。在面对这些挑战时，我们需要不断探索和完善评价体系，借鉴国际上先进的评价经验，确保评价的科学性和客观性。只有这样，才能更好地实现陶行知教育思想在综合素质评价中的应用，为培养更全面、具有创新能力的人才提供有力支持。

总之，陶行知教育思想在学生综合素质评价中的应用，有助于培养更具创造力和实际能力的人才。然而，要实现这一目标，需要不断完善评价体系，确保评价的科学性和客观性。通过不断总结实践经验，可以更好地发挥陶行知教育思想在当代教育中的引导作用。

爱心与责任在小学语文教学中的实践

南宁市云景路小学　苏　胜

陶行知是我国著名的教育家和思想家，他的教育思想具有深厚的人文关怀和科学精神。他强调教育的根本目的是培养人的全面发展和成长，倡导"生活即教育""社会即学校""教学做合一"等理念，为我国教育事业的发展做出了重要贡献。

在当今社会，随着教育的不断发展和改革，越来越多的教育工作者开始关注陶行知教育思想，并尝试将其运用到教学实践中。小学语文是每个中国孩子认识世界的重要工具，学好语文对于孩子来说至关重要。因此，本文将以陶行知教育思想为指导，探讨小学语文教学中教师的爱心与责任，提出一些具体的教学策略和方法，以期为提高小学语文教学质量提供一些有益的参考。

一、爱心：关注学生的成长需求

陶行知曾经说过："爱是一种伟大的力量，没有爱就没有教育。"拥有爱心的教师才能在教育教学工作中更好地把握教育方向。我在自己 20 多年的语文教学实践中发现，教师需要关注学生的成长需求，了解他们的兴趣、特长和困难，从而有针对性地开展教学。

（一）关注学生的喜好、特长

小学生正处于爱好兴趣发展的关键时期。教师可以通过课堂观察、与学生交流等方式了解学生的兴趣爱好和特长，从而在教学中结合学生的兴趣进行引导和启发。例如，对于喜爱阅读的学生，我们可以向学生推荐适合他们年龄段阅读的书籍，随后组织阅读分享活动；对于那些喜欢写作的学生，我们可以鼓励他们写随想、读后感、日记等，并适时给予他们鼓励和指导。

南宁市云景路小学里有位年轻的语文老师，她在教学中运用陶行知老先生倡导的"爱满天下"的教育思想。她会注意观察每个学生的特点及心理需求，为班上的每个孩子提供针对性的学习指导。对于学习动力不足的学生，她会循循善诱地辅导；对于有特长的学生，她会激发他们发挥潜力，并提供给他们更多的发展机会。通过这种方式，她让每个学生都感受到了老师的关爱和支持，激发了学生的学习兴趣和潜能。

（二）关注学生的成长需求

进入新时代，学生对知识的认知和需求都不相同。我们更需要关注学生的个体差异，及时了解他们在学习上遇到的问题和渴求，从而制订个性化的教学方案。例如，对于一些学习能力和基础薄弱的学生，我们可以适当调整教学进度和难度，加强基础知识的巩固和练习；对于一些学习能力较强的学生，我们可以适当增加拓展和提高的内容，满足他们的学习需求，真正做到因材施教。

我曾经的一名学生小玉，她在语文学习上遇到了困难。她的阅读理解能力较弱，写作也缺乏条理和逻辑性。发现了这个问题，我决定采取不同的教学方法来帮助小玉。首先，我与她进行了一次推心置腹的谈话，了解她在语文学习中的困难和需求。最终发现，小玉在阅读理解方面存在一些问题，她对文章的主旨和细节把握不准确。

基于这些了解，我为小玉制订了一份个性化的教学方案。为小她提供了一些阅读材料，手把手地指导她如何分析文章的结构和主旨。同时，老师还为小玉安排了一些针对性的写作练习，帮助她提高写作的条理性和逻辑性。

此外，我还与小玉的家长进行了沟通，告诉他们如何在家辅助孩子学习语文。我建议她的妈妈与小玉一起阅读，交流阅读心得，有效地提高阅读理解能力。通过这些措施，小玉的语文成绩有了明显的提高，她对语文学习也变得更加有信心和兴趣了。

二、责任：培养学生的语文素养

每位语文老师都非常重视培养学生的语文素养。在小学语文教学中，我们不仅需要注重学生的基础知识的积累、阅读能力和写作能力的提高。同时，教师还需要关注学生的情感教育和价值观的塑造。

（一）注重基础知识积累

陶行知先生的责任教育理念，重点是让学生们明白学习语文不仅仅是为了考试，更是为了提高自己的综合素养，为将来的学习和生活打下坚实的基础，而语文基础知识是学生学习语文的基础和关键。教师需要注重学生的基础知识积累，包括拼音、汉字、词汇、语法等方面。教师可以利用课堂时间进行讲解和练习，同时也可以通过课外拓展和自主学习等方式帮助学生积累知识。

在教学实践中，我发现，很多有经验的语文老师会组织诸如"词语接龙"的游戏。学生们分成若干小组，每个小组轮流说出一个词语，下一个小组必须以上一个词语的最后一个字作为开头，说出另一个词语。通过这类游戏，孩子们不仅增加了词汇量，还快速提高了他们的思维能力和反应能力。

此外，老师还会鼓励学生们每天阅读一篇优秀的范文，并将其中的好词、好句摘录下来。定期组织"好词佳句分享会"，让学生们将自己收录的好词佳句与其他同学分享，并讲解这些词句的用法和意义。通过这类活动，学生们不仅积累了更多的语文知识，还潜移默化地提高了自己的写作能力。

最后，还会定期组织"语文知识竞赛"，以检验学生们的学习成果。在竞赛中，老师会设置一些相对基础简单的题目，如字词的拼写、词义的理解等，同时也会设置一些拓展性的题目，如阅读理解、写作等。通过竞赛，孩子们不仅巩固了基础知识，还激发了他们的学习兴趣和争先意识。

通过这些活动，学生们的语文素养得到了明显的提高，他们的基础知识也得到了有效的积累。

（二）加强阅读能力和写作能力的培养

阅读能力和写作能力的培养是语文素养的重要内容。小学语文新课标明确要求，小学生必须加强阅读能力和写作能力。在阅读方面，我们需要洞悉当今教育和科技的发展，与时俱进，可以推荐学生阅读适合他们年龄的优秀少儿文学、中外经典名著和介绍前沿科技的相关读物等；在写作方面，我们可以组织小练笔评比、小作家沙龙等活动，鼓励学生表达自己的思想和情感。

以五六年级语文教学为例，具体可以这么做：给学生们布置了一项阅读任务，让他们阅读一篇关于一位社会活动家的文章。在阅读过程中，要求学生们注意文章的结构、语言运用和作者的观点。读完文章后，组织学生们进行了一次小组讨论。在讨论中，学生们各自发表自己对文章的理解和感受，同时也提出了自己的疑问。

在听完学生们的讨论后，针对学生们提出的问题和疑惑，组织学生再次细品文章，老师相继解答。这个做法可以让学生深切地感悟到：阅读不仅仅是为了获取信息，更重要的是要理解作者的观点和思想，同时也要学会从文章中汲取营养，提高自己的语文素养。

在接下来的写作任务中，老师要求学生们根据自己对文章的理解和感受，写一篇关于社会责任的文章。在写作过程中，老师鼓励学生们运用所学的语文知识和技能，表达自己的观点和想法。

通过这种教学方法，学生们不仅提高了阅读理解能力和写作能力，还培养了对社会责任的认识和理解。

（三）关注学生的情感教育和价值观的塑造

价值观的塑造及情感教育是小学语文教学的重要内容。教师需要关注学生的情感教育和价值观的塑造，通过课文讲解、课堂讨论等方式引导学生深入思考和体验，培养他们的思想道德品质和人文素养。具体来说，情感教育和价值观的塑造在语文教学中的地位和作用包括以下几个方面。

1. 重视培养学生的情感体验：语文教学不仅仅是识字、通文、明理这么简单，其重要的培养目标是——培养学生的情感感知。通过情感教育，学生能够理解和感悟文学作品中所表达的情感，从而提高自己的情感认知和情感表达能力。

2. 促进学生的全方面发展：情感教育和价值观的塑造能够充分体现学生全方面的发展。通过情感教育和价值观的塑造，培养他们的同理心和情感认知能力，促进学生的情感发展和人际关系的良好建立，从而促进自己的全面发展。

3. 使语文教学更具感染力：情感教育和价值观的塑造能够增强语文教学的感染力。在语文教学中，教师可以通过引导学生品味文学作品中所表达的思想感情，及其阐释的价值观，让学生更好地理解作品的内涵和意义，提高语文教学的效果。

4. 让学生更有社会责任感：语文教学不仅仅是识字、通文、明理，更重要的是让学生们更具社会责任感。通过情感教育和价值观的塑造，孩子们能够认识到自己在社会中的角色和责任，从而培养正确的价值观和社会责任感。

综上所述，教师的爱心与责任，以及陶行知教育思想在小学语文教学中的实践探索具有重要意义。可以培养学生的品德素质，提高学生的学习效果，促进教师的专业成长，塑造良好的学习环境。

"教学做合一"的小学语文阅读教学策略

南宁市云景路小学　韦　玲

　　《义务教育语文课程标准（2022年版）》定义阅读为搜集信息、发展思维和获取体验的活动，凸显了阅读在小学语文教学中的核心地位。在互联网时代，阅读材料来源广泛。陶行知提出的"教学做合一"教育理念为阅读教学提供了新思路，强调实践与知识相结合。教师应巧妙设计阅读教学，培养学生阅读习惯和能力，并注重实践在阅读教学中的作用，以推动小学语文阅读教学的创新。

一、小学语文阅读教学存在的问题

　　在深入探讨小学生阅读习惯、方法以及阅读材料等问题之前，我们首先要认识到小学语文阅读教学所面临的挑战。这些挑战不仅关乎学生的阅读习惯和能力，还涉及教学方法、材料选择以及"知行合一"的教学理念等多个方面。

（一）小学生缺乏自主阅读习惯和能力

他们通常依赖教师的引导，缺乏独立阅读的兴趣和方法。此外，阅读材料单一，主要来自课本，缺乏丰富性和趣味性，导致学生阅读兴趣不高。一旦遇到难题，他们容易失去探究的兴趣。

（二）阅读方法运用不当

尽管有些教师尝试创新教学方法，如主题阅读和整本书阅读，但目标不明确，过于功利化，忽视了学生的知识构建和兴趣培养。机械式的阅读教学方式，如"阅读—分析—总结"，虽然有助于掌握基本内容，但会降低学生的阅读兴趣。

（三）课内阅读与课外阅读的衔接不足

单靠课内阅读难以满足阅读量的要求，需要拓展课外阅读。然而，市场上的阅读材料质量参差不齐，家长选择盲目，难以实现有效阅读。课内阅读教学过于侧重字、词、句的讲解，忽视了对文章主旨和学生求知欲的培养。

（四）阅读教学中存在的问题

主要表现为：一是重视阅读素材的知识体验，但未将其融入学生的生活实践；二是学生阅读兴趣不高，敷衍了事，或者过于追求情感体验而忽视间接经验的获取。

二、基于陶行知"教学做合一"思想的小学语文阅读教学的实施路径

在新课标指导下，小学语文教学着重培养学生的语文学习能力。为实现这一目标，应从实践角度入手，使学生接触更多素材并掌握语文阅读实践，从实践中总结和梳理语文学习的规律。"知行合一"思想有助于使学生在学习过程中感受乐趣，提升语文学习能力。

（一）创设阅读情境，调动学生阅读兴趣

为减少"填鸭式"教学方法的运用，教师应创设情境来增强学生对语文阅

读素材的实践感知。

1.通过角色扮演等方式创设阅读情境，帮助学生快速融入阅读情境，这不仅能助力学生学习阅读内容，还能提升课堂教学质量和阅读教学趣味性。例如，在教学《巨人的花园》一课时，可让学生分别扮演巨人与小朋友，根据课文内容进行表演，使学生在具体的课堂实践中创设愉快的阅读学习氛围，提高学习效果。

2.组织阅读竞赛活动，如"成语接龙""诗歌朗诵"等，评选"阅读小达人"，督促学生形成自主阅读习惯，主动爱上阅读。

（二）以生活经验为牵引，增加学生语言积累

语文阅读能力提升需要积累。"知行合一"理念要求从现实出发，帮助学生体验生活、观察生活，从生活经验中提高其阅读能力。

1.结合生活经验巧设问题，引导学生进行阅读。在引导学生进行阅读时，教师可以通过结合学生的生活经验，巧妙地设计问题，以帮助学生更深入地理解文本内容。以教授古诗《过故人庄》为例，教师可以提出与学生生活经验紧密相连的问题，比如，询问他们是否曾到过农村或郊区，是否熟悉乡村的风光和景象。

这些问题不仅能引导学生进入乡村的宁静和美景中，更能让他们根据自己的生活经验，去想象和理解古诗中的意境和情感。通过这种方式，学生能更深入地领略古诗的韵味，进一步增强他们的语感和阅读理解能力。同时，这种教学方法也能有效地激发学生的学习兴趣和主动性，使他们更加热爱阅读，更加主动地参与到阅读学习的过程中来。

2.拓宽学生阅读视野。为了拓宽学生的阅读视野，教师可以引导他们细心地观察周围的环境，聆听大自然中的各种声音，深入品味生活的多彩多姿。通过用心观察和总结生活中的所见所闻，学生能够更深入地了解世界，拓宽知识领域，对阅读产生更浓厚的兴趣。以《花钟》这篇文章的阅读教学为例，教师可以指导学生观察身边的各种花卉，注意它们的开放时间和不同形态，然后鼓励他们用自己的语言进行生动的描述。通过将生活中的直接经验与阅读内容相结合，学生能够更透彻地理解文章内涵，有效拓宽阅读的视野，并提升语文阅读的能力。同时，这种教学方法也有助于培养学生的观察力、感悟力和语言表达能力，为他们的未来学习和人生奠定坚实的基础。

（三）创新运用思维导图法，小组合作深化"做"中阅读

在运用思维导图法的过程中，我们欣喜地看到学生们在实践操作能力上的显著提升，这也充分展现了他们独特的个体思维和创新精神。但阅读，本质上不仅仅是个人思维的展现，它更是一种深度社会交流与合作的体现。为了更好地延展"做"中阅读的内涵，我们决定融入小组合作"读—行"的阅读模式。在这一模式下，小组的成员们可以互相交流、碰撞思维，以思维导图为工具，将阅读与实际行动紧密结合，使他们不仅能够更深入地理解所读内容，更能将所学应用于实际生活中，真正做到学以致用。

1. 活用思维导图，提升学生实践操作能力

教师可以活用思维导图这一工具，以提升学生的实践操作能力。在学习某篇文章时，例如《冀中的地道战》，教师可以先要求学生独立绘制思维导图，让他们自由发挥创造力。学生在课堂上可以展开讨论，分享各自绘制思维导图的思路和想法，而教师则应在旁静观和倾听，尽量避免在学生讨论的过程中给予意见或建议。

例如，学生可以从地道的构造角度思考，找出这种设计背后的实际用途，并用思维导图将两者联系起来。他们可能会指出，"迷惑洞"的设计是为了迷惑敌人，"吊板"则是为了阻止敌人释放毒气。同样，学生还可以从群众的智慧这一角度出发，用思维导图来区分哪些设计是为了便利日常生活，哪些是为了对抗敌人。这两个不同视角的思维导图都能准确地揭示出地道的多元功能，都是值得肯定的解读。当学生们提出不同的看法和解读时，教师应该给予他们积极的肯定和赞扬，鼓励他们继续发挥创造力，提出更多独特的观点。通过这种方式，学生不仅能提升实践能力，更能培养独立思考的能力和创新的精神。

2. 推行小组合作"读—行"阅读方法

小组合作阅读是一种共享式阅读方式。小组成员围绕一个主题选择阅读素材，最后展示阅读成果。在此基础上，推行"读—行"阅读方法，即学生阅读相关书籍后，带着感悟与问题去实践，从生活中寻找与书中相似的情境或情节。例如，在《给地球爷爷的一封信》的阅读中，小组选定环境保护主题进行阅读，之后小组成员共同组织实践活动，如观察校园内的树木、水流、鸟类等，或前往植物园进行实地观察。通过"读—行"结合的方式，学生能够掌握有效的阅读方法，实现知识与实践的完美结合。

三、结语

　　小学语文阅读教学承载着培养学生阅读习惯、方法和兴趣的重任。面对当前阅读教学中存在的问题，我们应深入反思并寻求创新路径。陶行知先生的"教学做合一"思想为我们提供了宝贵的指导。从创设阅读情境、调动学生阅读兴趣，到以生活经验为牵引、增加学生语言积累，再到创新运用思维导图法、小组合作深化"做"中阅读，都是我们在实践中可以探索的方向。希望每一位教育者都能用心去理解学生，用心去教，让阅读成为他们成长路上的良师益友，让"教学做合一"在阅读中得以真正体现。

素养导向的小学"知行课程"实践研究

钦州市第九小学　洪美惠

一、研究背景

国家强调"要在发挥各学科独特育人功能基础上，充分发挥学科间综合育人功能，开展跨学科主题教育教学活动"。随之提出"探索基于学科的课程综合化教学"。为应对学生素养培育的时代诉求，义务教育新一轮课程改革全面强化课程的综合性与实践性取向。2022版义务教育课程方案和课程标准明确"加强横向学科有效配合"，"加强课程内容与学生经验、社会生活的联系，强化学科内知识整合，统筹设计综合课程和跨学科主题学习"。"新方案"颁布标志着新一轮基础教育课程改革的全面启动，本轮课程改革预示着我国义务教育进入一个崭新时代——核心素养时代。"新方案"在培养目标上要求在"增强综合素质上下功夫"，综合素质具有跨学科性，落实这一培养目标需要以课程综合化作为课程基本追求。

特别是近日，教育部印发《关于加强中小学地方课程和校本课程建设与管理的意见》(简称《意见》)。《意见》明确，加强中小学地方课程和校本课程建设与管理，要以习近平新时代中国特色社会主义思想为指导，坚持为党育人、为国育才，激发地方和学校课程建设活力，构建以国家课程为主体、地方课程和校本课程为重要拓展和有益补充的基础教育课程体系，增强课程适应性，实现课程全面育人、高质量育人。伴随着基础教育课程改革的深入发展，教育更加注重提升人的核心素养和综合能力、创新精神、合作能力、批判思维，以及在这个时代生存和发展所需要的其他关键能力和品质。在此背景下，小学课程教学向综合化发展推进尤为重要。

二、开展"语文+"教学实践活动

1998年2月至今，笔者带领团队围绕特定研究主题，对语文学科内素养点进行合理组合，如不同版本内容的整合、不同文体课文的整合、不同主题内容的整合等，形成要素联通的价值结构。成果持有人主持《基于学科整合的小学课程综合化的研究与实践》《小学语文开放性阅读教学研究》等课题研究，实践学校深挖"读""写"内涵，开展"名家故事荟萃""我是快乐小导游"等"读写+"主题课程，构建"语文+"主题教学操作样式。教学中关注学生的素养，融主题教育思想于实践中。笔者于1998年2月在《钦州日报》发表了《"文"与"道"可否水乳交融》，并在钦北区小学经验交流会上做了"浅谈语文教学中思想教育的渗透"的专题发言，实践学校大胆进行教学内容及方式的整合与变革，《飞夺泸定桥》板书设计获《小学语文教学》"我最满意的一份板书设计"二等奖，《浅谈语文阅读教学中如何培养学生的创新能力》被收入《中国教育研究论坛》，项目负责人执教现场课例获教育部首届语文教师素养大赛广西赛区一等奖，在钦州市各小学巡回讲学，体现素养导向的"语文+"的理念。

三、研究"学科+"主题融合活动

钦州市第九小学有机整合校本课程，在现有学科基础上，以省市级课题《中华优秀传统文化进校园的实践与研究——以二十四节气教育为例》《基于耕读融合的小学劳动教育校本课程的开发与实践》等为契机，寻找学科间关联点，通过学科整合、生活联通、活动统整、角色互换等开展"跨界整合"的校本课程研发实践活动。

主题课程设计序列性。开发德育课程、美育课程、耕读课程、二十四节气课程、毕业课程、课本剧表演等，切实减轻学生作业负担，促进学生核心素养全面发展。如一年级新生在9月开设"素养·养成"课程，内容有：我会倾听、我会写字、我会读书、我会表达、我讲卫生、我会整理、我懂礼貌、我爱上学等。学生经过3周学习后进行课堂展示，通过习惯养成、品德教育、艺术审美、劳动教育等跨学科学习，有效实践"五育融合"。

学科实践活动个性化。实践学校从儿童立场角度规划统筹，精心设计课后服务，研发"七彩"社团活动及兴趣课程100余个，涵盖思政教育、体育、艺术、科技、书法、信息技术等多个方面，做到了"一师一社团，一生一技艺"，社团课程将大思政教育、社团活动与课后服务三者深度融合，传承红色基因，实现"1+1+1>3"的教育效果。笔者执教的《台湾的蝴蝶谷》在广西信息技术与学科深度融合课例展示活动中获二等奖，《天游峰的扫路人》获部级优课奖励，实践学校100余人次获县区级以上赛课奖励。

我们通过"学科+"形成相关教学内容的有机整合，总结了数学、英语、艺术、科学等"学科+"操作样式，指向"学科整体育人"。在"学科+生活""学科+技术""学科+学科"中，学生得到更自主、更个性化的发展。

四、构建"知行"课程整合体系

学校以国家课程为基础，有机整合校本课程，以学校教育为基础，积极联通社会生活，将各学科课程整合为六大领域：阅读与表达、数学与科技、体育与健康、艺术与审美、劳动与实践、德育与综合。"知行"课程整合推行以全面实施国家课程为基础，通过课程校本化建设与特色培育，优化课程系统运行机制，推进教研训一体化，促进学校课程的内涵发展。"知行"课程倡导和谐民主、有趣有效的教学方式，让学生动起来，让课堂活起来。六大领域课程体系的构建，从五育并举走向五育融合，促进学生德智体美劳全面发展。

（一）"耕读课程"育人案例

"生活即教育"是陶行知生活教育理论的核心。陶行知指出："生活教育是生活所原有，生活所自营，生活所必需的教育。教育的根本意义是生活之变化。生活无时不变，即生活无时不含有教育的意义。"在素质教育背景下，小学教学应当立足于德智体美劳全面发展的理念，将相关教育元素融入各学科教学之中。劳动教育作为素质教育中各部分的集中体现，加之其实践与理论所融合的优势特性，在跨学科融合背景下，劳动教育的效果能够得到显著提升。

如"耕读课程"，"耕"重在实践，"读"重在明道，耕德与耕技有机融合。在课程内容上，通过"劳动+"，将劳动教育与其他学科进行整合。实践学校利用劳动实践基地，挖掘"农耕体验""劳动创造""自然课程""创意轮胎"等校本课程资源，以"耕""读"作为育人途径，开发实践耕读文化课（跨学科融合）、耕读活动课（农作物种植、家政服务、生活实践）、耕读技能课（手工制作），打通教育场域，学校、家庭、社会三位一体，确立劳动教育新样态，丰富劳动教育内涵。

劳动教育的关键是"劳动+教育"。在立春到来时，各学科围绕相关耕读主题，选择教学内容，细化教学目标，设计"劳动+"相融合的实践活动，从而达到课程的进一步统整。如学生通过视频直观了解如何种植豆子，接着体验种植的乐趣，小组内发放种植工具和豆子、纸面教具《种植牌》和成长记录表，学生完成任务后展示种植作品，课后用成长记录表把豆子的生长情况记录下来。学生习得"谷雨前后，种瓜点豆"的农事特点，通过"种豆子"实践活动，充分体验劳动的价值与意义，并能迁移、应用到学习、成长中。

此外，结合劳动教育任务，学科联结，开展"农耕体验"项目式学习。为了让孩子们体会种植、养殖的辛劳，感受生命的成长，学校开辟了劳动种植园实践基地。每年春天，学校开展以"生命+生活"为主题的"春播节"实践活动，活动由"种希望""观春芽""画春意""展春天"组成。学生通过播种南瓜、黄豆、绿豆、蒜头、向日葵等植物种子，观察种子生长的过程，做好观察记录表，了解植物的生长特点，学习到培育植物的生长规律知识。

劳动教育与学科教学融合，与生活相融合。学生"做中学""学中做""知行合一"，学创融通，促进学生德智体美劳的全面发展。

（二）"二十四节气"特色课程

综合了天文、气象及物候等多方面知识的"二十四节气"，与学生的学习生活密切相关，融入了绘本、朗诵、科学、健康、艺术等学科领域的知识。钦州市第九小学从儿童的视角出发，回归儿童本真，建构"二十四节气课程教学流程图"，学生明晰"节气由来—节气与自然—节气习俗—节气古诗词—主题实践"。通过校本特色课程，学生了解"二十四节气"的内涵，提升人文精神，促进学生多元化的发展。

如《春分》课例：二十四节气课程融绘本、诵读、艺术、劳动、科学等为一体，学生在听说读写中表达对大自然的美和对节气独特的理解，体会劳动人民的辛勤智慧，增强民族自豪感。在节气课程中，还开展春分礼、夏至礼、秋分礼、冬至礼。通过"节气课程+节气礼"活动，以说、唱、诵、画、演等多种方式，引导学生进一步认识"世界非物质文化遗产"二十四节气，感受中国传统节日的魅力。如"冬至礼"主题活动：介绍冬至由来—画九九消寒图—诵唱冬至诗词及谚语—母为女梳汉代发髻—包饺子（用饺子拼成"冬至快乐"字样以及党旗、国旗等图案），浓浓的中华优秀传统文化与厚植爱党爱国情怀相结合，传承优秀文化，坚定文化自信。

"知行课程"作为一种结合了理论与实践的教育模式，有着巨大的发展潜力。课程建设只有起点没有终点，在现有基础上，我们团队进一步深化和丰富课程内容，引入更多的传统文化元素、科学知识等。学校继续遵循学生多样化个性化的发展需求，把学生核心素养培养充分落实到课程建设每个环节，去丰富和完善课程体系、课程资源和课程制度，进一步彰显课程的教育力。

新时代、新使命、新征程，团队成员将牢牢把握立德树人的教育根本任务，坚持"知行合一、全面发展"的课程理念，为每个孩子创造公平而有质量的教育，办人民满意的教育！

"爱满天下"理念下的小学科学教学探析

钦州市第九小学　张翠珠

一、"爱满天下"理念在小学科学教学中的重要性

（一）理论意义

"爱满天下"教育理念是爱，重点是让教师在学习过程中以真诚的情感与学生沟通，营造和谐友爱的学习氛围。在教师获得学生的信任后，他们当然会主动与老师合作，以实现提高学习质量和效果的目标。因此，教师始终思考"爱满天下"教育哲学，以最真实的情感关系与学生交流，鼓励学习活动。

通过学习陶行知"爱满天下"教育理念，了解他的教育哲学，充满对世界的热爱；他的思想尊重生命、关爱生命，同样也可以为科学教学及生命教育提供实践研究的思路。

（二）实践意义

科学学习要求学生能主动探索并建构新知识。学生往往出现内驱力不足和没有学习内驱力，致使不爱学习、不爱惜生命、自我完善意志力薄弱等，更甚者沉迷于网络游戏并具有很多不良嗜好。因此，在小学阶段利用陶行知的"爱满天下"教育情怀，深入挖掘教育方法与技能，并因地制宜地使用理论帮助成长中的孩子形成正确的生命观价值观。

小学高年级科学存在一定的难度，学生之间的差距可能很明显。因此，教师在教学中应坚持"一视同仁"的原则，用爱教育学生，鼓励所有学生共同进步，让"爱满天下"理念得以成功实现，培养他们形成有想法、有能力、有理想、有责任感的健全人格，从而使其正确处理好自身与周围事物的关系。

二、基于陶行知"爱满天下"理念下的小学科学教学策略

（一）放下自身权威，建立小组长责任统筹机制

小学科学教学中，师生之间往往会出现缺乏有效沟通和互动的情况，导致教师不理解学生的表现，难以定准教学出发点。其实，小学生已经具有一定的思想意识，如果教师不愿意放下自身权威，这将不可避免使师生关系越来越生疏。"爱满天下"教育理念的一大核心理念是关爱学生，从学生的心理特点出发，教师要用平等和谐的态度与学生交流。同时建立四人一小组长责任统筹机制——帮助教师更全面地了解学生的现状及心理活动，统计并汇报学习困惑。教师从汇报结果处分析问题，并采取积极的科学处理方案，以此营造和谐的学习反馈及机制，增强教学效果。

以五年级下册"船的历史"为例，本单元需要在分析各种船的结构及材料的基础上，制作小船。课堂上，营造和谐积极的上课氛围，让学生多接触不同的船，感受不同的设计；课堂下，布置实践探究——走进制船厂，寻找不同的材料，通过观看、记录和对比，加深学生对本课知识的认知。同时，小组长收集学生成果，统筹实践中遇到的问题，并汇总给教师；第二天的课堂上，设置开放的汇报交流环节，以小组长的统计为单位，建立组员和组长共同补充的汇报交流活动，促进教师与学生的合作学习。这样，教师可以将枯燥的概念知识转变为"实践探究、汇报教学"。这无疑可以调动加深学生对知识的记忆和主动探究的成功喜悦，也可以增强学习效果。总之，教师要善于引导学生，通

过建立这种和谐主动的学习氛围，在有利于促进师生关系的同时，提高教学质量与效率，达到良好的促进作用；将学习与生活建立联系，加深知识的主动建构，促进自主的学习内驱力。

（二）建立生生合作，做贴心的小老师

"爱满天下"教育哲学的核心是爱，爱是每一位教师的工作源泉。只有以真诚的态度与学生沟通，学生才会愿意倾听教导，教学活动才会顺利进行。因此，教师必须积极关注学生在学习过程中的情绪，及时了解学生的内心想法。在感受到教师的关爱后，会激发出学生对教学的配合和自主学习积极性，学生便积极配合教师的工作，提高学习效率。总之，教师应学会关怀学生的情绪，以最自然、最真实的态度与学生交流互动，改善师生关系，提高教学质量。

每名学生都有不同的个性特征，有些学生天生会说话，有些学生却相对自卑，因此，教师应关注每个学生的心理状态和内心情绪，以便与他们进行心理交流。例如，在教学四年级下册"电路"单元时，教师要带领学生分析串联和并联的相同点和不同点，进一步列举生活中的例子来充分感知串联与并联的不同点。大多数学生会积极参与，展示自己的发现及思考，而不善言辞的同学就会处于观望的状态。所以，教师要关注相对内向的学生，建立生生合作机制，让不善于表达的同学表达给贴心小老师——自己的好朋友，鼓励他们组队共同开口表达自己的想法、认识。下课后，教师还要及时询问了解性格内向同学"是否学会了学习内容？""喜不喜欢与小老师的合作"。总之，教师要多关注，多创造生生、师生之间的合作交流，令他们感受到"教师的爱""同学的关心"，学习生活上能互帮互助和心声的交流，在这样的环境里，促进个人完整人格的建立。

（三）课堂上"七嘴八舌"说思路

科学是研究现实世界的科学语言。科学不仅是运算和推理的工具，还是表达和交流的语言。

在解决问题的教学过程中，不仅要关注学生是否能够解决问题，还要关注学生能否提出问题；要关注解决问题过程中的计算，还要关注解决问题过程中的科学表达。这就要注重引导学生通过小组合作或独立思考，发现和提出问题的过程，并上升到科学表达的过程。注重引导学生经历分析问题和解决问题的过程，让学生主动表达解决问题的过程，将隐性的思维过程转化成显性的语言

表达，让学生感悟科学学习中重事实、讲道理的科学研究精神，体会科学语言表达的简洁与精确，学会用科学的语言表达现实世界及思考过程。

（四）自主学习内驱力的主动建构

鼓励学生学习并建立信任。每个学生不同的科学基础、兴趣和其他现实可能会导致他们之间存在一定的差距。对于一些基础薄弱的学生来说，他们由于迟迟无法感受到成功的体验，所以便会对科学学科失去兴趣。因此，在教学过程中，教师应注重个性化教学的原则，尊重每个学生的差异，平等对待每个学生，不断激发他们的潜能。简而言之，教师在学习过程中始终牢记"爱满天下"的教育理念，让学生体验成功的信心。

（五）生活与学科的相互融合

科学源于生活而服务于生活。科学的学习要让学生利用现实生活中的情境分析问题、解决问题，形成解决问题的技能，这就需要科学与其生活的相互融合、互相促进，增进学习科学的趣味性。

例如，四年级下册"植物的生长变化"单元，学习本单元之后，学生能根据实际情况观察植物并学会种植植物，在教学中设置让学生自主种植植物并坚持写观察记录。以小组为单位，汇报总结，让学生主动参与在测量、统计和分析的过程中，充分建立种植及长时间观察记录的活动经验，并根据活动结果，为学校绿化后勤处提出相应的建议和意见。通过这一活动，能充分调动学生学习的积极性和参与度，在磨炼学生长时间科学实验的同时，也让学生感悟到自己能利用知识为学校建设添砖加瓦，提升学习自豪感。

（六）提升教师素质，提高教学效率

身为知识的传授者、学生的领航人，教师需要在平常的教学过程中为学生树立好榜样。科学具有一定的抽象性和复杂性，学习的过程中由于思考不到位，会有一定的挫败感，容易产生消极情绪。这就要求教师从自身做起，为学生树立不怕困难的榜样，引领学生走上正确的道路。学校要建设好师资队伍，提升师资水平，将教学目标落实，最终实现教学效率的提升。学校可以为教师组织一些专业的岗位培训和综合素养的学习活动，将教师的素质作为教育工作中的重点，提升教师解决问题的能力。

这就需要教师具有强硬的、扎实的专业基础知识。在日常学习生活中，教师要树立爱学习的榜样，同时也要钻研如何和学生沟通及学生心理学等方面的知识。扩展自己的知识领域，才能在平时的教学中，形成教育机制，规范合理的解决课堂、课下教学中突发的各种问题。

（七）用心灌溉，建立班级文化

"千教万教，教人求真，千学万学，学做真人。"陶行知先生的思想给我的启示是，环境对教育来源很重要，我们需要用爱来健康成长。学会爱学生，最重要的是，让他们感受到爱，孩子从环境中汲取的爱的养分，将融入他们的生命。因此，我非常重视班级环境文化的创设。

1. 温馨的物质环境

和孩子一起设计和装饰教室。我会选择适合孩子的科学家的名言写在黑板显眼的位置，定期更换，让他们感受到老师的爱好，还带一些绿色植物的种子和孩子们一起种植，带着孩子一起读同一本科幻书，交换对书中科学知识的理解。总之，在教室的每个角落，让孩子们充分感受到我们大家庭的温暖。

2. 温暖的心理环境

关心学生，尊重他们的个性和需求，让学生感受到被理解和支持。同时，鼓励学生之间相互信任，分享彼此的想法和感受；注重课堂互动，鼓励学生积极参与讨论和表达。通过有趣的教学方法和活动，激发学生的学习兴趣和积极性；定期开展心理健康教育活动，帮助学生了解自己的情绪和需求，学会调整心态，应对压力。对于有心理困扰的学生，及时给予关爱和支持，必要时寻求专业帮助。鼓励学生之间互相帮助，共同解决问题。

在班级中设立互助小组，让学生在困难时得到同伴的支持。组织各种团队活动，如集体游戏、合作学习等，让学生在合作中学会沟通、协调和承担责任。教育学生尊重不同文化背景的同学，鼓励他们分享自己的文化特色，增进彼此的了解和友谊。与家长保持良好的沟通，共同关注学生的成长和发展，让家长了解学校的心理教育工作，争取他们的支持和配合。

鼓励学生表达自己的想法和感受，尊重他们的个性和特点。通过写作、绘画、表演等方式，让学生展示自己的才华。

3. 有温度的班规制度

首先通过问卷调查、座谈会等方式收集学生的意见和建议，细心了解学生的年龄、性格、兴趣等特点；根据明确的班规的目标制定班规内容，并充分征求学生的意见，让学生参与讨论和修改，增强学生对班规的认同感和遵守意愿；将制定的班规向全班同学进行宣传和教育，让学生了解班规的内容和意义，增强学生的自觉遵守意识；以身作则，同时关注学生的行为表现，对于违反班规的学生要及时进行教育和纠正；定期检查班规的执行情况，对于不符合实际需求或效果不佳的班规进行调整和完善；及时给予激励和表扬，树立榜样，激发学生的积极性。

三、结束语

陶行知先生送给教师群体和教育事业的礼物，是我们需要努力追求和学习的目标。"爱满天下"不仅要求教师在日常教学过程中抱有一颗仁爱之心，同时，还要求教师具有一定的博爱精神，从根本上做到爱工作、爱学校、爱学生。认真贯彻和落实陶行知先生的教育理念和教育思想，这对于大多数教师来讲是一个全新的挑战。小学阶段的科学教师要改变传统的教学方式，真正地将"爱满天下"的教育理念融入科学课堂教学中来，善于利用各种机会倾听学生的心声，始终坚持以善待人。坚决不允许教师采用一些过激的语言对学生的心灵造成伤害，要与学生真诚沟通，在做到关爱学生的同时，不断提升自己的教育综合素养和教学成效。

陶行知教育理念在小学英语教学中的运用研究

钦州市第九小学　严玉倩

一、以"爱生"为根本，强化学生情感体验

　　陶行知"爱满天下"教育理念突出与强调了学生在学习中的情感体验，教师应以"爱生"为教育根本，围绕小学阶段学生发展特征及规律，构建符合学生最近发展区的教育模式。落实学生主体地位的同时，以"爱生"作为教育根本，秉承以学生为中心的课堂实施原理及理念，摒弃传统以教师为主导的授课模式，以此强化学生情感体验。教师将"爱生"作为课堂教育根本，将课堂学习主体交还给学生后，学生会自发将注意力集中于课堂教学中。改善英语课堂教学纪律与增强学生学习动能的同时，强化学生综合体验，有助于落实陶行知"爱满天下"教育理念的同时，促进学生综合素养全面提升。

　　陶行知"爱满天下"理论深刻体现了"没有爱就没

有教育"的逻辑关系，"爱"与"归属"作为学生学习体验、情感体验的重要驱动因素，基于陶行知"爱满天下"构建小学英语课堂教学，可帮助学生在特定情感维系下感受到自身受到重视，以此解决学生学习差异、不平等问题。教师基于陶行知"爱满天下"的小学英语授课环节中，应从学生最近发展区出发，对学生个体特征及学习差异进行入手，针对不同层次、不同特征的学生制定差异化教学策略，满足不同层次学生情感体验需求，改善传统"一刀切"的授课形式，注重加强学生课堂学习中的情感体验，以此落实陶行知"爱满天下"教育理念，助力小学英语课堂教学质量全方位提升。

二、以"乐学"为方法，提高学生学习动力

陶行知"爱满天下"与积极倡导"知行合一"的行为准则中都反映了陶行知表述的"千教万教教人求真，千学万学学做真人"理念。小学生作为个体发展的关键阶段，学生内心具有活动、好动、好奇心强及模仿力强的特点，传统以应试受主导的授课形态与陶行知"爱满天下"教育理念背道而驰，教师应积极革新自身教育理念及优化教学方式，以"乐学"为基点，释放学生学习活力及激发学生学习动力。对此，教师应切实围绕陶行知"爱满天下"教育理念，结合学生发展特点，通过做好课程教学规划与设计，提高英语教学活动趣味性、和谐性及体验，强化学生在英语课堂学习中的学习兴趣，营造良好教学氛围。具体如下。

（一）寓教于乐，感受情感

基于小学生英语学习行为表现及特征，将小学英语教学内容转化为游戏化、趣味化、实践化教学活动，充分抓住学生能动性特点，将英语课程教学内容与具体学情融合，活跃课堂氛围，调动学生参与英语学习的积极性，强化学生英语学习中的学习体验，进而加强学生对英语学科的喜爱之情。如：在"Unit 5 Daily Activities"一课中，为了强化学生情感体验及落实学生主体，教师可在教学过程中组织学生围绕日常活动进行游戏化教学，通过组织学生讨论日常生活中喜爱的游戏，进而组织学生开展游戏活动。如：针对此单元教学单词，教师可组织学生进行单词接龙，通过游戏化的方式强化学生情感体验，拉近教师与学生之间的关系，以此提高小学英语课堂教学质量。

（二）创设情境，释放情感

小学生思维对事物的认知仍处于"守恒"状态，对于事物的认知相对模糊，英语学科作为逻辑性、抽象性及功能性较强的综合性学科，如仅靠单一的理论知识灌输，势必会导致学生对教学内容产生抵触心理，不利于强化学生情感体验。对此，教师可通过创设情境的方式释放情感，引导学生在创设的虚拟、物理语境中感知教学内容，加强学生情感体验的同时，可以有效调动学生主观能动性及积极性。例如：在"Unit 7 Christmas"一课中，教师可通过组织学生根据西方国家的圣诞节布置特点对教室进行简单改造，通过营造良好圣诞节氛围，强化学生对西方国家圣诞节的认知与理解。在物理情境中对教学内容的单词、语句结构进行掌握，有利于强化学生情感体验的同时，提高整体课堂教学质量。同理，"Unit 8 The Spring Festival"一课，教师同样可围绕春节对教室进行改造，通过加强学生环境体验，提高学生对教学单元的认知与理解。

（三）实践活动，表达情感

基于陶行知"爱满天下"教育理念构建实践活动，引导学生在实践活动中表达自身情感，有助于拉近师生关系的同时，提高学生情感体验。例如："Unit 8 Summer Vacation"一课中，通过组织学生围绕自身"暑假计划"进行讲授，有助于调动学生主观能动性的同时，可以提高学生英语单词表达能力。再如：教师可通过创设剧本化教学，将教学内容通过剧本的方式呈现，引导学生通过小组合作的学习方式完成剧本表演，通过剧本讨论、分析、表演的基本流程，可以有效减轻学生学习压力，对于强化学生英语文化体验及潜移默化中拉近师生关系具有促进意义。

三、以"友谊"为基础，革新师生交往之道

陶行知"爱满天下"教育理念对于教师与学生的关系提出了明确要求，小学英语教师应重视与学生关系的发展，基于学生身心健康发展与英语综合学习的基础上，拉近与学生之间的关系，打破传统师生关系不对等的问题。古人云："感人心者，莫先乎情。"教师应将注重尊重学生作为课堂教学的根本，在课堂教学中应用"真诚""包容"的心态对待学生，维护学生自尊心，同时，教师应通过优化与学生课堂交流、互动的方式。受应试教育影响，我国小学英

语教师在授课环节中缺少对学生的关注与互动，导致学生在课堂学习中的参与积极性不高。教师应根据陶行知"爱满天下"教育理念，树立师生平等的观念，通过和谐的互动方式拉近与学生之间的关系，如运用赏识教育、激励教育等方法，树立学生学习自信心的同时，有利于创设和谐师生关系，引导学生在学习过程中切实感受到教师的"关爱"，加强学生对教师的信任与理解，继而学生对教师形成信赖感、归属感、安全感后，这一积极心理将会转化为学生学习的动力，让学生保持"积极""乐观"的心态学习。

综上所述，文章以基于陶行知"爱满天下"教育理念构建小学英语教学的研究进行讨论，新课程教育改革标准中明确指出，要强化学科育人的效应，促进学生综合发展。基于陶行知"爱满天下"教育理念构建小学英语教学，有利于教师革新自身教育理念及课堂授课模式的同时，有利于拉近师生关系及构建和谐课堂教学氛围，强化情感表达，促进学生积极参与课堂学习。

"爱满天下"理念在小学语文阅读教学中的融入研究

钦州市第九小学　李思枚

一、"爱满天下"理念在小学语文阅读教学中的融入意义

陶行知先生提出"生活化教育，让爱满天下"。顾名思义，它的核心是"爱"，要求学校及教育工作者应该在教学任务和教学过程中对学生实施爱的教育。语文是一门语言类基础学科，对孩子以后的学习影响深远，起着基础性作用。小学语文阅读教学中更应该践行"爱满天下"的教育理念，滋养学生幼小的心灵。阅读在语文教学中具有重要作用，所有教师都会鼓励学生阅读，通过读写等方式提高语文成绩，锻炼其阅读能力。阅读能够提升学生的理解能力，学生可以借此提高自身文学素养。教师可以在阅读教育之中加入写作锻炼，写作的基础便是阅读，学生只有在掌握一定文本素材后，才能运用语言文字表达自己。小学时期的学生年龄相对较

小，阅读量相对有限，经过大量阅读之后，学生便能感受文章的思想感情。

二、小学语文阅读教学现状

爱是无形的，看不到也摸不着，但爱的教学理念在小学语文实践中是可以看到的，有些学生自身受到有爱的家庭环境影响，会很容易理解小学语文教学中教师爱的传授和其他知识。但不乏有些学生由于学习环境和生活环境的负面影响，长期缺乏爱的关怀，因此，小学语文践行"爱满天下"理念的教学效果也容易受到学生自身因素影响。由于社会的快速发展，学生需要具备良好的思维品质才能适应社会发展。语文课堂是发展学生思维的重要场地，传统阅读可能会使学生思维品质无法提升，受到局限。强烈的自主化阅读会影响学生的思维，结合自身经验保留在浅层，没有任何方向的教学会限制学生认知能力的提升，无法向深层开发，不利于培养学生思考的习惯。

三、陶行知"爱满天下"理念在小学语文阅读教学中的融入策略

（一）创设教学情境

爱是世界上最美好的东西，爱是无私的，它能使人心中充满阳光。小学语文教材中有很多关于爱的文章，教师要结合文章内容和学生生活实际，选择合适的教学方法，创设生动、形象的情境，让学生身临其境地体会到爱。在语文教学中，阅读作为重要的教学环节，同时也是实施语文教学的重要环节。在如今的语文教学中，情境教学法被广泛地应用到日常教学中，这对于激起学生的阅读兴趣有着积极意义。而若想引导学生进行有效的阅读，则需要教师对阅读资源进行整合，增强学生阅读的针对性。因此，在阅读环节，教师则需要合理地创设教学情境，依据学生的兴趣，采用图片展示、诗歌朗诵、讲故事等方式来创设情境，然后教师为学生明确阅读要求，引导学生展开有效的阅读。由于小学生具有活跃的思维能力和较强的好奇心等特点，在小学语文教学活动中，激发学生阅读兴趣能有效提高其阅读效率，因此，教师可以改变传统的教学模式，调动学生学习兴趣。小学教育阶段，由于学生探知欲望强烈，对新事物的接收速度较快，但自制力不强、注意力集中时间短，教师在开展阅读教学课程时，应注重学生阅读兴趣的培养，将抽象、单一的文字表达转化为图片、视频

等更直观、生动的表现形式，让学生在深入了解语文知识点的同时，总结阅读经验，培养学生自主探究的意识。在小学语文阅读教学中，教师可以通过创设教学情境的方式，给学生营造一个生动、形象的课堂教学氛围。

比如，在《父爱之舟》教学时，教师可以为学生创设一个真实的场景："父亲带着我去逛庙会，庙会中有很多美食与点心，父亲舍不得买，只是领我去吃一碗豆腐脑，父亲自己却舍不得吃，并且在回家之后，父亲做一个纸糊的万花筒给我。"然后教师可向学生提出问题："为什么父亲让主人公吃，自己却不吃？是父亲不喜欢吃吗？父亲为什么回家为主人公做一个万花筒？"这种方式可使学生带着问题进入课堂学习。在这样的情境中，学生被深深地感动。接着让学生想象："如果你是主人公，你会怎么做呢？"从而激发学生的情感，使其在文章中感受到父亲沉默的爱。

（二）结合主题开展教学

主题学习具备一定的开放性。教师在选择主题内容的时候，需要坚持以教学目标为基本内容，在一定程度内合理发挥，保持主题与时俱进，能够契合当下社会现实。教师要注意学生对于语文基础知识的巩固，开展主题阅读需要学生具备最基础的语文知识素养，才能够实现学生的创新思维和深入分析的学习意识。在主题学习的讨论环节，教师需要鼓励学生能够充分自由地发挥，阐述个人观点以及对文字的理解，并鼓励学生相互讨论。另外，教师在制定主题的过程中，还需要考虑到学生的年龄、心理特点等个性化需求，确定主题能够符合学生的身心发展规律。为使学生的语文阅读能力得到有效的提升，教师首先应该明确阅读教学的目标，对语文教材中的内容进行研究，并结合学生的理解能力，充分地挖掘教材内容，制定明确的阅读目标，使学生更容易掌握阅读文章的技巧，从而达到阅读教学的目标。比如，在《地震中的父与子》教学时，教师可先让学生通读课文，让学生说出父亲的爱又是如何表现的，然后让学生进行思考，将文章中的父爱母爱与自己家长的爱进行对比，从而使学生深入感受父爱的深沉，从而使学生体验爱。这种方式不但可使学生加深对文章的理解，还可使学生认识到父亲给予的与众不同的爱，使其对家长产生更加深刻的爱意。

（三）提高学生兴趣

小学语文教师要结合实际，积极开展丰富多彩的活动，让学生在活动中感受到爱的温暖。阅读可以给学生带来更多的知识，写作可以帮助学生去提高自己的文字写作表达能力。学生的写作往往是建立在大量阅读的基础上，要在课外的阅读获得更多的储备知识，才能够在文章写作中去融入更多的素材内容。在语言表达上，也会通过应用更多的表达方式，让学生去表达自己的想法感情。

比如，在阅读《小蝌蚪找妈妈》时，教师可以开展户外教学。通过讲解这个经典故事来与同学们互动做小游戏，教师可以充当蝌蚪妈妈，几个孩子就是小蝌蚪，教师规定在某一片安全区域让参与学生找自己，其余学生要遵守规则，不能告密。在互动中有效拉近师生关系，以便实施爱的教育。

综上所述，在小学语文阅读教学中，教师要践行陶行知"爱满天下"理念，充分认识阅读教学的重要性，积极探索全新教学手段，使学生能够感受到阅读的魅力，更深层次地感受到作者表达的思想和情感，通过创建丰富多样的语文阅读教学模式，充分突出学生课堂学习的主体地位，以此提高学生阅读学习的积极性。

美育润泽童年，手工助力成长

钦州市第三十四小学　林亚红

美育是立德树人不可或缺的一部分，也是培育社会主义核心价值观、增强文化自信的重要载体。美育不仅能培养审美力、创造力和想象力，还能调节人的心理，培养阳光积极心态，一个人如果缺少美育，就会缺失灵性。长期以来，美育得不到足够重视，孩子的动手能力也普遍低下，在"双减"背景下，钦州市第三十四小学以陶行知教育思想为依托，进行美育改革，挖掘资源、研究课程改革、探究管理机制，优化活动形式，美术手工教育实践取得了一系列喜人的成果，从而推进艺术教育改革发展，促进学生和谐、全面成长，弘扬中华美德和优秀传统文化。

一、活动背景

党的二十大报告强调：全面贯彻党的教育方针，落实立德树人根本任务，培养德智体美劳全面发展的社会主义建设者和接班人。可见，美育是立德树人不可或缺的一部分，也是培育社会主义核心价值观、增强文化自信的重要载体。在许多研究中发现，美育不仅能培养审美力、创造力和想象力，还能调节人的心理，培养阳光积极心态，一个人如果缺少美育，就会缺失灵性。

现阶段，多种原因造成教育"内卷"，许多人"重智育轻素养、重个别轻全体、重比赛轻普及"，让美育得不到真正的重视。当前，"双减"政策的提出，让"德智体美劳"的教育不再成为口号，美育工作必须进行改革，学校一直以来以陶行知教育思想为依托，探索符合学校实际的"阳光教育"，在教育教学中不断"学陶、研陶、师陶"，以培养"尚礼乐学，阳光向上"，具有社会主义核心素养的阳光少年为目标。同时，把美育作为实施"学陶、研陶、师陶"的重要组成部，克服一切困难，挖掘美育资源、研究美育课程改革、探究美育管理机制，优化美育活动形式。其中，美术教育的改革取得了一系列喜人的成果，从而推进艺术教育改革发展，促进学生和谐、全面成长，弘扬中华美德和优秀传统文化。

二、活动的具体举措

（一）美术课程改革

美术课程是学校实施美育的主要途径，是九年义务教育的基础课程，在素质教育中具有不可替代的作用。《义务教育美术课程标准（2011年版）》提出：美术学习不仅仅是一种单纯的技能训练，而应视为一种文化学习，不是把美术看作技艺的传承，而是力图使学生体验和认识美术的文化内涵。

在小学阶段，美术教育的主要任务是激发学生的学习兴趣，培养学生基本的美术素养，在文化情境中认识美术，培养创新精神和解决问题的能力。行是知之始，陶行知的哲学思想认为"认识来源于实践，实践是认识的基础"，他还认为"在劳力上劳心，即主张手脑并用"。学校以此为理论支撑，进行美术课程改革，探究美术拓展课——手工课。在美术拓展课程内容设计上遵循三个原则：一是以学生年龄特点为原则；二是以文化传承为原则；三是以培养兴趣为原则。

1. 以学生年龄特点为原则拓展课程内容

陶行知先生认为，教师要具备"孩子的心灵"，这样才能走进孩子的天地，发现他们潜在的创造力。所以，我们的课程内容设计首先是走进"孩子的心灵"，考虑孩子的年龄特征。针对低年段学生的动手能力、想象力还很稚嫩等特点，开设了泥塑和涂鸦课，采用涂鸦和泥塑相结合的方式，引导他们大胆把所感所想的事物表现出来，主要是把他们的动手能力培养起来，让他们在美术活动中体验快乐，同时发展他们的感知力和形象思维能力。针对中年段学生的动手能力、想象力逐步增强的特点，开设了美术手工制作课，从简单的祝福卡开始到纸工，采用个人或集体合作的方式创作美术作品，引导学生积累视觉、触觉和审美经验，发展他们的美术实践能力和鉴赏能力。针对高年级学生的动手能力、想象力、创造力和审美能力已经大幅增强的特点，开设各类手工制作课程，比如纸类、绢类、陶艺类等课程，以描绘和立体造型的方法，记录和表现所见所思所想所闻，发展他们的美术构思与创作能力，培养他们的立体空间能力、想象力和创作能力。

2. 以文化传承为原则拓展课程领域

新课标的改革对美术课提出了新目标，要求在课程内容设置上要将民族传统文化融入儿童的学习生活中去。儿童美术教育要在民族文化的熏陶下进行，以他们的生活为基础，利用他们已有的经验，以文化为主线，增加对多元文化艺术的认同与理解，提高他们的视觉素养，培养他们热爱本土文化、尊重和接纳不同文化的胸襟与情怀。陶行知先生也认定教育来源于生活，主张教育要依靠生活，改造生活。因此，我们结合校园文化、本土文化、传统文化、中华文化等创设一系列的美育拓展课程。

（1）结合学校的"阳光教育——七色课程"创"阳光手工课"。主要内容有：写太阳——诗配画、制作太阳书签；画太阳——各种造型的太阳绘画；绣太阳——十字绣；制太阳——用泥塑捏太阳；贴太阳——用树叶、纸等材料贴太阳花等。通过形式多样的美术手工活动，弘扬积极向上的"阳光文化"。

（2）结合传统节日和纪念日创"节日手工课"，如三八妇女节、母亲节、父亲节、六一儿童节、七一建党节、教师节、国庆节、元旦等节日和纪念日，制作"祝福卡"，粘贴在班级和校级的祝福墙上，以此传达对伙伴、父母、师长、祖国祝福和感恩。在元宵节制作花灯、在三月三做绣球和纸铜鼓、在端午节做彩蛋、在中秋节做创意月饼等，以此传承我国优秀传统文化。

（3）结合学校的地域特点开设坭兴陶课程。开设坭兴陶工作坊，定期开展实践活动和组织参观钦州坭兴陶基地，以此弘扬和传承本土优秀传统文化。

3. 以培养兴趣为原则创新课程形式

陶行知先生说过："兴趣是最好的老师，它能以最直接的方式教会我们知识与技能。"法国著名的教育家第斯多惠也曾一针见血地指出："我们认为教学的艺术不在于传授的本领，而在于激励、唤醒、鼓舞。"因此，美术教育强调注重孩子对美术活动的兴趣、体验等的主观感受，而不是刻意追求掌握美术知识技能，主要目的就力求在丰富多彩的活动中让他们自然而然地感受美、欣赏美、创造美，这样才达到美育的目的。所以，我们所设计的美术手工课，均以培养学生的兴趣为出发点，比如我们以一个爱国故事引导孩子们制作一个爱国主题系列手工课；以一个传说故事引导孩子们制作一个传统主题手工课；以一件身边的生活趣事引导孩子们开展以热爱生活为主题的手工课；等等，让更多的学生爱上手工课，乐于参加美术实践活动，并从中体验到真善美，同时获得更多快乐。

（二）优化管理机制

1. 高度重视，统筹规划。为让美术课程改革得以顺利推进，取得成效，学校成立艺术教育领导小组，建立学校美育管理机构。以校长为领导小组组长，德育副校长为副组长，中层领导、年级组长和学校艺术教育工作者为组员，为学校的艺术教育系统建设和美育发展指引方向并提供保障。在德育处专设艺体科教办公室，进行统筹规划、设计、实施和管理，建立健全决策、执行、考核、奖惩制度，把美育归入学校的工作计划，促进美育教育管理、课程设置和运行制度化、规范化和科学化。

2. 实现美育的"全员化和个性化"培养。为了真正做到普及教育和发展个性，我们的美术课程改革不仅在课程内容做改革，还在课堂教学的时间和场所上做了改革。除了按照国家基础课程标准安排每周一到两节的美术课之外，每天的课后服务均开设了美术手工课和陶艺课，满足和培养更多的美术爱好者，以此发展个性。

3. 拓展手工课程实践渠道和激励手段。根据陶行知先生的"教学做合一"理论，外面采取了以审美为核心，以兴趣爱好为动力，以做中学为原则，落实"德智体美劳"教育，创设了"德育实践六个一"，其中之一就是美术手工实践。作为学生的每个寒假和暑假的必修课，开学后每人必须上交至少一件德育实践中的手工作品，参加学校的展览、评比和表彰。此外，利用每学期的艺术节、科技节以及阳光小展台，展示学生的手绘校园水井盖、手工艺术作品、科幻画、变废为宝作品，并评比表彰，深受大家的喜欢和好评，大大激励了孩子们爱上手工艺术的活动。

（三）培养师资队伍

陶行知说：新教师不重在教，重在引导学生怎样去学。对于教育，要有信仰心、责任心、同理心，要有开辟精神和试验精神。新时代课程改革以及新课程标准对教师提出了更高的要求，而师资不足、专业限制、专业培训不足是我们遇到的最大难题，学校根据陶行知的新教师理念，结合学校实际，做出一系列补救措施。

1. 充分挖掘教师的美育教育潜能吸纳到美育队伍中来。比如，语文教师、音乐教师、道德与法治教师等已经成为兼职的美术骨干教师。

2. 铺设更多的教师培训路径。通过动员会、线上线下的培训学习，坚持"走出去，请进来"的方式，积极提高每个老师的美育素养，激发他们对美育工作的热爱，努力把语、数、英等教师培养成为全科教师，人人能挑起美育的担子。

3. 借助校外合作力量，引进相关专业教师。辅助我们把美育课程开展好，比如学校陶艺班长期聘请了非遗中心的老师到校指导，我们的老师从中也得到了学习与提高。

4. 建立学校美育课程网，加强教师梯队化培养。制定激励措施，从而实现可持续发展。

三、活动取得的成效

经过多年的努力探索与实践，我们的美术拓展课（手工课）取得了一系列的可喜成效。

（一）深受学生的喜爱，一大批学生的美育素养得到提升，获得了校内外各种比赛的奖项，促使学生阳光自信、快乐成长。

（二）教师美育业务水平和能力也得到了提升，四季都有师生们的美术作品展，学校校园文化因此也得到了很大提升。

（三）在马来西亚的师生到学校开展文化交流，我们展示了京剧面具手工画，深得外宾的喜欢，得到了很高的赞誉。

（四）在 2023 年钦州市政协组织校园文化调研组到钦州市第三十四小学调

研，对学校展示的"阳光教育"主题、"民族团结"主题、"童心向党"主题、"本土优秀文化"主题、"科技创新"主题的手工作品展表示充分肯定，并给予了很高的评价。

（五）区内外前来参观交流的兄弟学校对我们的手工实践课也表示很赞赏。

四、活动的探讨与提升

当前，我们的美育教育依然薄弱，我们的手工课也还有很大的进步空间，我们还没有高超技艺的专业美术手工老师，但我们的老师有爱、热情、有梦想、有情怀。充分考虑孩子们学习美术的兴趣和爱好，不断丰富他们的艺术感受和体验，不断挖掘他们的艺术天性和潜能，充分调动和激发他们参与美术活动的热情，就能唤醒他们对美的追求、对大自然的好奇、对家国的热爱、对世界的向往、对宇宙的探究，就能产生更多、更美好的想象力和创造力，就能让他们产生描绘各种蓝图的浓厚兴趣，从而让我们的美育达到最好的教育目的。

"做中学"在小学数学教学实践中的策略

钦州市第三十四小学　黄　琼

新课改背景下的小学数学教学中，践行陶行知"教学做合一"的思想与数学课程标准提倡的"动手实践、自主探索、合作交流"的学习方式相得益彰。教学活动的开展要以"做"为核心，融入学生的生活经验，到实践中去学，手脑并用，课内与课外有机结合起来，营造良好的学习氛围。发挥学生学习的主体作用，让"教"与"学"都在"做"的过程中完成，"做中教"与学生"做中学"有效结合，让学生在课前预习中学数学，创设情境导入生活化，引入生活激兴趣，在参与活动中学数学，在实践应用中学数学，在互帮互助中学数学，可以不断提高学生的学习能力，为学生的成长打下坚实基础。

一、"做中学"的内涵

小学生的年龄特点决定了他们的天性是爱玩。遵循学生的本心，让他们在"做"中积极主动地参与数学学习活动，能使他们获得较高的自我效能感，形成学习过程的良性循环，更有助于培养数学学科素养。"做中学"，是指在课堂教学中以任务引导学生开展动手操作活动，以合作学习探究学科的核心概念与模型，强调让学生动起来，亲身经历与体验发现问题、提出问题、解决问题的全过程。同时，辅以个性化的实践作业，将数学教学与现实生活紧密联系起来，让学生在真实的情境中通过项目化学习，用数学的方式解决生活中的真实问题，如装修、租车、理财等。

二、"做中学"的教学优势

"做中学"的教学思想与教学方法，具有培养问题意识、减轻课业负担、提高学习能力等教学优势。

（一）培养问题意识

在"做"中学数学，能让学生充分经历问题的被发现、提出、解决全过程，了解学习内容的来龙去脉及产生的必要性，将数学知识的学习系统化、结构化。

如在解决"校园绿地面积"问题时，可以让学生经历"校园绿地面积"的全过程。他们会发现测量、计算面积、估算、计算人均面积等问题，并在解决这些问题的过程中不断调整测量方案，利用以前学过的数学知识来解决现实问题。这样，既能培养问题意识，又能提高解决问题的能力。

（二）减轻课业负担

通过"做中学"可以有效减轻学生的课业负担。学生在各种活动中不是适应"机械训练"和"题海战术"，而是以真实的问题情境来替代反复做题训练，在"做"中理解所学知识的本质，掌握数学学科的核心概念。这样，就在"做"中实现了知识的内化，真正做到了学以致用。

（三）提高学习能力

"做中学"，不仅能够提升学生的自主学习能力与实践能力，同时还能促使他们对自我学习进行反思，培养合作、探究的精神，形成良好的学习品质。

如，在"绘制校园平面图"一课中，学生在绘制校园平面图时，会反思自己确定的比例尺是否合理。有的学生会发现，按照自己确定的比例尺画图，画较大的建筑物时比较合理，但在画校园内较小的建筑物时，画面显得不美观或是根本画不出来。这样，学生会调整比例尺，也会联想到在设计方案时，为什么要求画主要建筑物。这样的反思会促使学生进一步理解比例尺的相关知识。

三、"做中学"教学实践策略

（一）在课前预习中学数学

学起于思，思源于疑。学习的起点是学生在学习过程中有问题与疑惑。它不是由教师强加给学生的，而是由学生的认知结构决定的，是新旧认知结构的矛盾冲突自然形成的。每个学生的个性需求、生活体验不一样，有多少个学生就有多少种教材。只有生成的教材与学生个性特点和现实生活紧密结合时，让学生感受到学习是与自身密切相关的事情，才会有"做"的兴趣和信心。

在课前让学生进行预习，做好接受新知识的知识准备和心理准备，初步了解和认识新知识，在预习中发现疑问，找到重点、难点，这样就可以为课堂上接受知识铺上一条大道，同时也打开了学生接受新知识的思维。学生由于身心发展不一，认知起点也不同，学习过程中难免会出现偏差。因此，对于数学预习的方法需要教师加以引导，从低年级开始有意识地进行训练。

如，一年级"认识平面图形"时，就会课前布置学生与父母一起玩"图形"的游戏，找一找身边的平面图形，给它们分分类，并说一说这样分的理由；认识人民币时，与父母一起玩简单的"买卖东西"的游戏；在准备认识"百分数"前，让学生先去搜集一些生活中见到或听到的例子，在上新课之前五分钟开展"新闻发布会"，事"预则立，不预则废"，只有提前介入学习，做好理解和掌握新知识的前奏，打有备之战，培养自觉学习行为，这种方法比教师单纯地讲解、学生机械地接受效果好得多。

学生有了一定的预习基础，就可以适当地进行方法上的指导。比如：通过课前阅读文本，学生可以粗略了解所学的内容知识；通过反复研读辨析，学生着重了解基本概念，对比易混概念，反复慎辨较难概念，并对关键语句做上记号；通过深入思考，弄清这部分内容与前面所学的内容有所联系，找出自己解决不了的问题；尝试练习，根据自己预习时的理解，解答课后练习题，以此检查一下自己预习的效果。在学习新知识之前，各小组汇报预习情况和讨论结果。教师根据学生汇报的情况，适当调整教学方案。不断坚持这种教学实践，学生课前预习的习惯就会逐渐形成。当学生在预习方面有点滴进步时，要及时鼓励，激发学生学习的情感，促使其主动地探求新知。

如，教学"三角形的面积"时，课前布置学生预习，参照书上方法，动手剪三组两个完全一样的三角形，拼成不同的平行四边形，同时思考问题："①平行四边形的面积公式是什么？②可以把三角形转化为我们学过的什么图形，从中发现两者之间的底、高、面积有何关系？③三角形面积该怎样计算？能写出公式吗？从中悟到了怎样的数学思想或方法？"课堂上，学生以小组为单位进行交流时，教师抛出有价值的问题，进一步引导学生思考："两个完全一样的三角形拼成了一个平行四边形，三角形的面积与平行四边形的面积有什么关系？"这样的课堂，教师教得轻松，学生学得愉快、有效。总之，教师要成为学生探索未知之路时前方的一盏明灯，而不能越俎代庖。

（二）创设情境导入生活化，引入生活激兴趣

从陶行知的生活教育理论看来，生活就是教育，就是教育的内容。现实生活是数学教学的丰富源泉，教师应该从生活中选取有用的部分继而进行教学。在教学中，低年级的孩子比较好动，注意力不能维持很久，所以怎样一上课就抓住孩子的兴趣，使孩子紧跟着教师的引导学习知识，所以，情境的创设是非常重要的，一个有趣的情境能使学生瞬间萌发起学习数学的欲望，调动学生学习的兴趣。所以，在教学过程中，教师应该尽量为孩子创设"我要学数学"的生活情境，让他们深刻感受到用数学解决问题的必要性，在课一开始就抓住孩子的好奇心，使他们主动、积极地投入学习中。当然，从学生的生活中引入情境更能引起孩子们的共鸣，他们会自然而然地跟着教师学习新知。

小学数学教材中的内容比较贴近孩子的生活实际，翻开书本，映入眼帘的是一幅幅生动形象、栩栩如生的图片；书本中的重难点大部分涉及我们的生活；巩固的练习也是解决生活中大大小小的问题，所以我们要根据教材悉心设计情境，用"生活化"收集整理的情境激发学生学习的积极性与欲望。

例如，在教学四年级上册"认识升"时，创设了小刚一家去超市的情境，介绍了各种物体的容量。通过这一贴近学生实际生活的情境引入，课前老师搜集了商店中几种商品的容量，让学生看图介绍，汇报完后教师提出这样的问题：商品上标的符号和我们以前学习的数量有什么不同？引发学生思考，在交流后由教师揭示本节课的主要内容。从学生平时生活中熟悉的物品容量引入本节课，使学生感受到数学其实与自己是"零距离"的，学生在课始就有接受知

识的准备，在课上能认真、主动地思考，探索问题，学习起来才亲切、有趣。

（三）在参与活动中学数学

数学教学是一个活动的过程，数学是"做"出来的，而不是教出来的。"儿童的智慧在他的手指尖上"，教与学都要以"做"为中心，陶行知先生的"教学做合一"思想反复强调"在劳力上劳心"，注意动手与动脑的有机结合，即为"做上学"，边动手、边思考、边总结。如，在学生学习平行四边形面积公式推导中，把一个平行四边形剪拼成一个长方形，找出长方形与平行四边形的长与底、宽与高、面积与面积的关系，从而推导平行四边形面积公式的过程，引导学生总结这种解决问题的转化方法和经验，后续用类似的方法推导出的三角形和梯形的面积公式。

通过动手，让学生参与课堂实践，思考就是帮助学生摸索有效的方法途径，总结就是引导学生去发现规律。通过动手、思考、总结这一系列"做"的过程，引导学生在观察、猜测、操作、验证等丰富的数学活动中掌握数学知识，真正领悟数学概念与数学知识发展的辩证过程，达到理解并掌握数学，最终运用数学，发展思维能力，为后续学习做准备。

（四）课外实践，巩固"做中学"教学成果

课外实践活动能够有效锻炼学生对知识的综合运用能力，教师基于"做中学"开展数学教学活动，要设计有效的课外实践活动，利用实践活动来巩固学生的学习成果，帮助学生消化和吸收课堂知识。

如在学习了折扣问题后去调查打折问题；在操作类学习活动后，如学习了土地面积单位公顷，可以试试算学校的面积有多少公顷；在五年级学习解决问题的策略组合的知识后，让学生算算在学校运动会上每个年级要安排多少场篮球比赛，全校要安排多少场足球赛？在具体的生活情境中，用数学的方式来理解生活问题，运用数学知识来解决生活问题。这样，在解决问题的过程中落实了数学学科素养，真正做到了学以致用，培养了学生数学应用意识与实践能力。

综上所述，陶行知先生的"教学做合一"教育思想历久弥新，做是学的中心，也就是教的中心，在"做中学"，对今天的教育改革仍然有着深刻的启迪。小学数学是一门基础学科，教育质量的优劣直接关系着学生核心素养的培养，以及学生今后的全面发展。小学数学教师要深入学习陶行知教育思想，并在教学活动中积极实践，努力打造出充满生机的高效数学课堂。

基于生活教育理论下的少先队活动社会化策略

陵城小学 赵锦兰

陶行知先生是中国近代著名的教育家、思想家。他所提出的生活教育理论："生活即教育""社会即学校""教学做合一"。在百年后对于教育界仍具有重要的指导意义。在"双减"政策背景下，新时代少先队员的学习、生活发生了变化，其中最明显的是参与校外各类实践活动的机会随之增多。作为少先队工作者，关注少先队员幸福成长是应尽的责任和义务，而在实际的少先队活动中，仍存在着不足。本文提出了从陶行知生活教育理论："生活即教育""社会即学校""教学做合一"等审视少先队活动社会化的具体策略。通过少先队活动社会化，组织少年儿童在广阔的社会天地中砥砺品格、增长本领，推动学校新时代少先队工作社会化，不断探索实施"少先队幸福教育"的新途径，有效促进少先队员全面发展、幸福成长。

少先队工作是学校德育工作的沃土，丰富多彩的少先队活动能够为学生的成长提供广阔的空间。我国教育家陶行知主张"生活即教育",陶行知的生活教育理论对开展少先队活动,推创体验式德育模式,培养学生的创新精神与实践能力。推进素质教育有着重要的启示。少先队活动以儿童生活实践为基础,与陶行知生活教育理论内涵的联系紧密。我以陶行知生活教育理论为引领,浅谈当今少先队活动社会化现状及意义,提出少先队活动社会化具体策略。

一、生活教育论的概念及内涵

教育家陶行知先生针对帝国主义的"洋化教育"和封建主义的"传统教育",在杜威提出的"教育即生活"基础上提出了生活教育理论。陶先生提出:"生活教育是生活所原有、生活所需自营、生活所必需的教育。教育的根本意义是生活之变化。"生活教育理论是陶行知先生思想的精华,是其对自己教育生涯的总结和教育经验的淬炼。生活教育论主要分为三个方面:"生活即教育""社会即学校""教学做合一"。

(一)"生活即教育"

"生活即教育"主张生活对教育起决定性作用,是生活教育论的核心和本体论。教育的根本目的是更好地生活,使人们掌握生活的技能,解决生活中出现的问题,而生活也能反映出当下教育弊端,为教育发展提供一定方向。同时,每个学生都生存在不同的生活环境下,接受着不同环境的熏陶,因此学生的生活体验是各不相同的,带给学生的影响一定程度上也反映了教育对学生的作用。

(二)"社会即学校"

"社会即学校"是陶先生对生活教育领域范围的阐述。这一观点指出社会和学校互相影响,相辅相成。从一定意义上来说,学校就是社会的一个部分,学校教育也是为学生进入社会立足服务,学校教育应建立在社会经济基础和上层建筑之上,不能脱离社会生活,而社会的进步和发展也离不开学校教育,离不开学校培养的人才。这一观点也指出生活教育不单单包含学校生活,同时也涵盖了社会生活,教育对象既包括学生,也可以是社会上的人员。

（三）"教学做合一"

"教学做合一"的观点为教育的开展提供了具体的方法，即"教的方法根据学的方法，学的方法根据做的方法。事怎样做便怎样学，怎样学便怎样教，教与学都以做为中心"。这一方法论以学生为教育的主体，强调了实践的突出作用，打破了传统教学理念，贴合学习的实际需求，有利于提高教学的高效性和有效性。

二、少先队活动社会化的现状及意义

少先队工作社会化，就是少先队组织在共青团组织、教育行政部门的领导和带领下，积极动员社会力量，广泛整合社会资源，开辟少先队工作的社会渠道，促进全社会形成有利于少先队工作和少年儿童健康成长的环境，加强对少年儿童的培养与教育。目前，开展少先队活动的主阵地仍集中在学校，校外少先队活动相对开展较少，开展校外少先队活动该从哪些方面入手？有哪些可以利用的资源？该如何有效拓宽活动面？校外开展活动时能否保障队员的安全？构建少先队活动社会化必须依托校外实践基地，成立了镇（街道）、村（社区）、少年宫等校外少工委组织。

少先队工作社会化不是一项活动，而是一种工作方式，更是一种社会教育理念，生活教育的范围不局限于学校，而是在整个社会。少先队活动社会化是借助学校教育的形式，与家庭教育、社会教育结合起来的整体教育，是"行走中的课堂"，是"活"的教育，需要我们共同去认识少先队活动社会化的意义。所以少先队辅导员在开展校外实践活动时应将目光聚焦于学生实际生活，采用丰富多彩的实践活动，将学生生活中有可能会遇到的问题或积累的经验与课堂知识相融合，为少先队活动赋予生活意义，更高效地提升学生学习热情，真正为学生扣上人生第一粒扣子。

三、少先队活动社会化的策略

（一）依托社区资源，开展校外少先队活动

新芝社区少工委在社区推行"社区志愿服务队"，以促进少先队员健康茁壮成长，塑造正确价值观，变得更有责任心、更懂事、更阳光、更快乐。在

校内宣传和解读"社区志愿服务队"工作，鼓励全体队员积极参与"社区志愿服务"打卡活动。队员们利用假期走进社区，参与社区组织的"清洁小卫士""文明守护者""社区美容师"等社区公共事务和公益活动，共创社区治理新面貌，为建设美丽家园发挥积极作用。在活动中，队员们由学校走向社会实践，提升公共服务意识，以积极的心态不断激活成长内动力。这也正是陶行知先生的教育理念："社会即学校"使教育对象从"小众"变为"大众"的教育。

（二）聘请校外辅导员，打造"15分钟幸福圈"

"双减"政策实施后，中队加强校外辅导员队伍建设，聘请组织能力强、思想觉悟高、热心少先队工作的家长、义工协会会长和法治教官担任校外辅导员，发挥"小手牵大手"的作用，真正实现家、校、社共育，带领队员们走出校园，走进社会，挖掘社区和青少年教育实践基地资源，招募家长志愿者，积极开展校外少先队活动，全方位打造"15分钟少先队校外幸福活动圈"。

1. 体验溺水应急处置

溺水会对少先队员的健康成长构成严重威胁，我们中队的校外辅导员为了向队员们普及防溺水安全常识和自救及援救技能，提升防溺水安全意识，特别邀请北流市义工协会秘书长邹明广为队员们上了一节溺水应急处置体验课。在校外实践演练中，队员们认识到生命的宝贵，掌握了预防溺水、溺水自救和他人溺水援救的技巧，提升了溺水安全逃生和援救的能力。

2. 参观李明瑞、俞作豫烈士纪念馆

在校外辅导员的带领下，队员们利用节假日走进李明瑞、俞作豫纪念馆参观，开展红色主题研学活动，认真聆听工作人员讲解李明瑞、俞作豫烈士的生平事迹，一张张黑白老照片，一件件历史遗留下的物件，似乎让队员们看到了中华儿女勇敢地用血肉反抗帝国主义的铁蹄。感受到了革命烈士顽强拼搏的精神。这也正是陶行知先生的教育理念："社会即学校"使读书的教育变成"行动"的教育。

3. 学习英雄榜样

中队常态化开展学习英雄榜样活动，中队辅导员分小队带领队员们到北流市新华书店寻找你心中的英雄人物的书籍，进行主题阅读并宣讲英雄模范事迹。从榜样身上汲取精神力量，努力学习，增强本领，用实际行动为胸前红领巾增光添彩。这就是，"教育即生活，生活即教育"。

四、小结

要解放学生，首先要解放学生学习、生活的空间，让他们在自由的空间里接受阳光和雨露，这就是"生活教育"的真谛。通过参与富有教育性、充满挑战性和趣味性的校外少先队活动，队员们深刻体会到团结、协作、责任等品质对集体活动的重要性，发挥队员之间的合作、互助与激励作用，增强团队合作的意识，切实提升中队凝聚力。更可喜的是，队员们还将参与活动的积极性延伸至校内，学习热情也逐渐高涨起来，校内外的幸福指数都有了明显提升。校内外少先队活动互为补充、有机联动，充分发掘队员的潜能，培养责任意识，有效提升思想境界，锻炼实操能力，在广阔的社会大课堂中全面发展，健康成长，感受幸福、延续幸福、创造幸福。

其次要在新课改不断推进和实施，现代化教学技术不断发展和落实的当下，要想提高道德与法治教学效率，教师应立足实际，将陶行知生活教育理论运用到课程教学中去，根据学生的身心发展和社会生活经验制定切实可行的教学目标，创设充实有效的教学情境，运用生动有趣的教学语言，进行丰富多样的教学活动，并结合课外作业探索生活，激发学生的学习兴趣，促进学生的个性发展，培养学生的生活能力，为培养新时代社会主义接班人打下基础。

陶行知生活教育思想在德育工作中的实践运用

陵城小学　周　丽

伟大的著名教育家陶行知先生提出"生活即教育"的教育思想给了我们深刻的启迪。学习陶行知教育思想，有助于推动学校的德育工作改革，特别是在当前国家提出的要大力加强社会主义核心价值体系教育中起到了重要的指导作用。本文围绕学校如何运用陶行知教育思想在小学生学习生活中渗透社会主义核心价值观教育来展开阐述。

陵城小学是一所百年老校，有着深厚的文化底蕴和人文底蕴。学校比较注重德育工作。长期以来，学校以"打造一支爱岗敬业的教师队伍，培养一批勤思善学、积极乐观的学生，构建一所家长满意的学校"为目标，秉承"以德育促智育，以科研求发展，以管理促校风，以校本求特色"的办学理念，不断增强教书育人的使命感，尊重学生、爱护学生、保护学生；重视加强学生爱国主义、集体主义、社会主义的教育，不断拓宽德育工作的方法和途径，改革和深化德育工作，全面推进素质教育，促进学生全面发展，在德育方面取得了令人满意的成绩。陶行知教育思想对于今天如何贯彻国家对学校德育工作的要求具有极其现实的指导意义。学校运用陶行知教育思想在小学生学习生活中渗透社会主义核心价值观的教育取得了一定的成效。

一、小学生学习生活中渗透社会主义核心价值观的意义

《国家中长期教育改革和发展规划纲要》提出：坚持德育为先。把社会主义核心价值观融入国民教育全过程。加强马克思主义中国化最新成果教育，引导学生形成正确的世界观、人生观、价值观。学校要全面贯彻党和国家的教育方针，坚持把社会主义核心价值观融入学校的德育工作中。小学的德育工作应来源于生活，来源于社会，是小学生学习生活的感悟，直接影响着小学生的人生观和价值观。因此，运用陶行知教育思想在小学生学习生活中渗透社会主义核心价值观，能够更深层次地影响小学生的思想认识与行为方式，对于小学生涵养品质，修身律己，树立正确的世界观、人生观和价值观具有重要的现实意义。

二、小学生的学习生活中渗透社会主义核心价值观教育的途径与方法

生活教育理念是陶行知整个教育思想体系的主体部分。因此，我们在德育工作注重生活与德育相结合。在工作中我们发现，社会主义核心价值观的二十四字的教育内容比较抽象，与孩子现实生活有一定的距离，如何将相对比较空洞的观念和理论转化为孩子们实际需要的、乐意接受的、能够理解的东西是我们要面临解决的问题。为此，我们遵循陶行知"生活即教育"思想，根据小学生对社会主义核心价值观认识的现状，开展了一系列的教育活动，将社会主义核心价值观渗透到学生学习生活中，使学生对社会主义核心价值观理解得更深、更透、更广，激发学生"爱国之志，好学之心"，增强学生的民族自豪感和实现中华民族伟大复兴的责任感。运用陶行知教育思想在教育活动中渗透社会主义核心价值观教育主要从以下几个方面进行。

（一）让社会主义核心价值观体系教育渗透到课堂中

"我们教育儿童，就要根据儿童的需要的力量为转移"这是陶行知先生特

别强调的教育思想。在德育工作中，学校运用陶行知教育思想来指导德育工作，今年陵城小学课题组申报的玉林市教育科学"十三五"规划课题"在小学生学习生活中渗透社会主义核心价值观的实例研究"获得立项研究。学校按有关规定有序开展课题研究。在教学工作中，有意识地运用陶行知教育思想，引导教师把社会主义核心价值观教育融入教育教学活动中，让各学科教师根据各学科的特点、学生年龄的特点，各自形成渗透社会主义核心价值观的行之有效的方法。如：在语文学科，学习《董存瑞》一课，向学生渗透热爱祖国、珍惜幸福生活的思想教育；数学课上，"可能性"让学生体会自由、平等、公正、法治的社会优越性；体育课上，学习爱国敬业，奋力拼博的精神；科学课，提升环保意识；音乐课上，歌曲《一分钱》教育学生诚实做人，拾金不昧的优秀品质；等等。在学校管理、课堂教学及教师的言行中渗透基础道德教育，让社会主义核心价值观教育通过教师的教学内容、教育行为和态度走进课堂，培养学生爱国、敬业、诚信、友善等优秀品质。

（二）让社会主义核心价值观体系教育渗透到生活中

学校认真落实陶行知"生活教育"思想，把教育生活化，生活教育化。让学生从学习生活中感悟国家社会主义制度的优越性。在学习生活中感悟什么是国家的"富强、民主、文明、和谐"，什么是社会的"自由、平等、公正、法治"，什么是个人的"爱国、敬业、诚信、友善"。如：在春季期开学第一课时，让学生畅谈今年抗击新冠疫情的个人感受，让学生感受到国家对人民生命的重视，广大医护人员的"舍小家，护大家"爱国献身精神；在班级管理中，通过竞选班干投票活动，营造民主文化管理的氛围，让学生体会民主、平等的教育思想；在安排班级工作时，人人参与，培养学生责任心和敬业精神。在考试中，教育学生要做到不作弊，诚信做人；等等。把这社会主义核心价值观教育渗透在学生平时的学习生活中，正是与陶行知的"生活即教育"思想不谋而合。

（三）让社会主义核心价值观体系教育渗透到校园文化中

学校以陶行知有效教育思想为指导，让社会主义核心价值观体系教育渗透到校园文化中。在校园文化设计中着眼于总体布置的和谐统一，着眼于环境文化氛围对学生的感染，让学生在环境中"潜移默化、润物无声"。学校在课程文化、精神文化、物质文化、制度文化等的建设中，注重全面加强社会主义核心价值观渗透，如在校园内建设文化走廊、学生好人好事的照片墙、学生艺术文化展示墙等，办公室、教室布置了与社会主义核心价值观有关的标语，让墙壁说话，让环境育人。学校还充分利用周一升旗、学生国旗下讲话、广播、宣传栏、黑板报等文化传播载体，宣传"爱国""敬业""诚信""友善"等基本价值导向，营造了体现社会主义核心价值观内涵的校园文化氛围。

（四）让社会主义核心价值观体系教育渗透到学校活动中

"生活教育是生活所原有，生活所自营，生活所必需的教育。"从陶行知先生的这个观点，我们认识到要把社会主义核心价值观的思想融入日常教育生活中，就要让师生在实践中感知它、领悟它。因此，学校不断拓宽德育工作新思路，在学校的各项活动中，积极开展爱国主义教育、集体主义教育、安全教育、法治教育、行为习惯养成教育等，坚持把社会主义核心价值观融入形式多样、生动活泼的德育实践活动中去。如：学校开展的"传承红色基因，争做时代新人"主题教育活动。通过开展阅读红色读本、开展红色征文比赛、红色书画、讲红色故事、唱红色歌曲活动等把主题教育活动渗透于教育教学活动中。除此之外，在全校广泛开展爱护环境创建绿色美好家园活动，学校组织师生进行绿色环保宣传，开展"我为校园添新绿""弯弯腰行动"等活动。特别是在北流市"创建卫生城市和创建文明城市"的活动中，学校开展"小手牵大手活动"，让家长和学生一起为北流市"创卫创文活动"贡献自己的力量。他们有的一起走上街道打扫卫生；有的自觉抵制社会不文明的行为，做到不乱扔垃圾、不随意闯红灯、不说粗口话，做一个讲文明、讲卫生的好学生。另外，学校还经常开展"节约教育活动"，把日常教育内容融入开学典礼、"开学第一课"、"校规校纪教育"等各项活动中，通过大力宣传学习使广大学生树立勤俭节约意识，自觉肩负起"厉行节约、反对浪费"的社会责任，认识到只有劳动才能创造美好的生活和美好的未来，祖国是创造幸福生活和实现个人理想的依靠。在平时每周的班会课，学校有计划地安排每周班会的主题，开展丰富多彩的主题班队会。通过这些活动，增强了学生社会主义核心价值观的感悟与教育，帮助学生做到把教育内容吸收入眼、入耳、入脑、入心，学理论，见行动。

三、运用陶行知教育思想在德育工作中初见成效

陶行知先生的教育思想与实践为教育科学定位了德育目标，学校运用陶行知教育思想在小学生学习生活中渗透社会主义核心价值观教育初见成效。通过努力，陵城小学连续多年被评为玉林市德育、美育、电化教育、劳动教育及少先队先进工作单位。学生在各方面也取得了可喜的成绩，在各级各类的教育征文比赛、读书活动、绘画比赛、演讲比赛中屡创佳绩。学校在开展社会主义核心价值观教育活动中，做到了运用陶行知教育思想中的"知行合一"的统一，让学生在学习社会主义核心价值观教育的同时，付诸行动，让教育生活化，让生活教育化。

总而言之，深入学习研究陶行之教育思想并在学校教育中加强实践是全体教师提高自身素质的需要，是提高学校德育工作成效的需要。我们坚信，通过运用陶行知教育思想，我们一定能以自己的智慧，寻找和创造出多种教育途径和方式，让社会主义核心价值观融入德育实践活动中去，积极引导学生讲道德、遵道德、守道德，追求高尚的道德理想，为培养中国特色社会主义的合格的建设者和接班人做出我们应有的贡献。

陶行知教育思想在建立良好师生关系中的实践

容州镇厢西小学　吴美仙

一、陶行知教育理论概述

生活教育理论是陶行知一生教育实践的结晶，是在批判吸收中外教育理论的基础上提出来的理论体系，是其教育思想一以贯之的核心。"从定义上说，生活教育是给生活以教育，用生活来教育，为生活的向前向上的需要而教育。从生活与教育的关系上说：是生活决定教育。从效力上说：教育要通过生活才能发出力量而成为真正的教育。""生活即教育""社会即学校""教学做合一"是陶行知生活教育理论的三大基本原理。

（一）"生活即教育"

"生活即教育"是陶行知生活教育理论的核心。陶行知指出："生活教育是生活所原有，生活所自营，生活所必需的教育。教育的根本意义是生活之变化。生活无时不变，即生活无时不含有教育的意义。"既然生活教育是人类社会原来就有的，那么是生活便是教育，所谓"过什么生活便是受什么教育；过好的生活，便是受好的教育，过坏的生活，便是受坏的教育"。他还指出，"生活教育与生俱来，与生同去。出世便是破蒙，进棺材才算毕业"。可见，"生活即教育"的基本含义：第一，"生活即教育"是人类社会原来就有的，自有人类生活产生便有生活教育，生活教育随着人类生活的变化而变化；第二，"生活即教育"与人类社会现实中的种种生活是相应的，生活教育就是在生活中受教育，教育在种种生活中进行；第三，"生活即教育"是一种终身教育，与人生共始终。

（二）"社会即学校"

"社会即学校"是陶行知"生活教育"理论的另一个重要命题。陶行知认为自有人类以来，社会就是学校，如果从大众的立场上看社会是大众唯一的学校，生活是大众唯一的教育。统治阶级、士大夫为何不承认此，是因为他们有特殊的学校给他们的子弟受特殊的教育。陶行知反对这种特殊的不平等的教育，提出"社会即学校"，以此来推动大众的普及教育。陶行知提出"社会即学校"，在于要求扩大教育的对象、学习的内容，让更多的人受教育。他指出："我们主张'社会即学校'，是因为在学校即社会的主张下，学校里的东西太少，不如反过来主张'社会即学校'，教育的材料，教育的方法，教育的工具，教育的环境，都可以大大的增加，学生、先生可以多起来。"陶行知提出"社会即学校"的主张和"生活即教育"一样，也在于反对传统教育与生活、学校与社会相脱节、相隔离。他认为"学校即社会，就好像把一只活泼的小鸟从天空里捉来关在笼里一样。它要以一个小的学校去把社会所有的一切东西都吸收进来，所以容易弄假"。而且这种教育在"学校与社会中间造成了一道高墙"，把学校与社会生活隔开了。陶行知提出"社会即学校"是"要把笼中的小鸟放到天空中使它任意翱翔"，是要拆除学校与社会之间的高墙，把学校里的一切伸展到外面的世界。

（三）"教学做合一"

这是生活教育理论的教学论。"教学做合一"用陶行知的话说，是生活现象之说明，即教育现象之说明，在生活里，对事说是做，对己之长进说是学，对人之影响说是教，教学做只是一种生活之三方面，不是三个各不相谋的过程。"教学做是一件事，不是三件事。我们要在做上教，在做上学。"他用种田为例，指出种田这件事，要在田里做的，便须在田里学，在田里教。在陶行知看来，"教学做合一"是生活法，也是教育法，它的含义是教的方法根据学的方法，学的方法要根据做的方法，"事怎样做便怎样学，怎样学便怎样教。教而不做，不能算是教；学而不做，不能算是学。教与学都以做为中心"。由此，他特别强调要亲自在做的活动中获得知识。值得指出的是："教学做合一"的"做"与杜威"从做中学"的"做"是有区别的。首先，陶行知所说的"做"是指"劳力上劳心"，反对劳力与劳心脱节。其次，这个"做"亦是"行是知之始"的"行"。

二、如何建立良好的师生关系

教育过程中始终贯穿如何处理师生关系的问题。良好师生关系的建立、维系和发展既是教育的基本要求，又是教育教学活动取得成功的必要保证。不仅可以充分发挥教师的主导作用，调动学生的学习积极性和主动性，而且对学生的个性发展及良好人际关系的建立都起到积极的促进作用。因此，教育过程中应该积极建立良好的师生关系，充分发挥师生关系的功能。

（一）始终树立师生平等、民主的和谐氛围

创造最能发挥的条件是民主。实现教育民主化，教师必须树立民主平等的思想。这包括两个内容：一是教师和学生虽然在教育中的职责和任务不同，但地位是平等的；二是学生虽然在个性特点、学习成绩等诸多方面有所不同，但在教师眼里地位应该是平等的。这就意味着教师不以"权威"自居，不搞"一言堂"，与学生共同探讨真理、共同进步；这就意味着教师要"眼睛向下"、放下架子；这就意味着教师要有豁达的心胸、真诚的态度、炽热的情感；这就意味着教师不再把学生分为三六九等，一视同仁，公正地对待每一个学生，不因学生家庭的文化、经济、政治等背景以及学生自身智力、性格、情趣等方面的差异而有所不同。我们在日常的教育教学活动中，要积极营造教育民主的氛围。教师要改变居高临下的传统习惯，真心诚意地与学生平等交往与交流，"蹲下来和学生说话"，在和谐融洽的气氛中共同完成教学任务。为学生提供一个宽松、民主的学习环境。把课堂由教师的"讲堂"变成学生的"学堂"，让学生有更多的时间自主学习、自由讨论，在课堂上畅所欲言，最大限度地发挥学生的创造性思维。学生在这样的氛围中，学得轻松、学得快活、学得主动、

学得扎实。实践证明，教师尊重学生的民主权利，对学生既讲民主、又讲集中；既严格要求，又热心指导；既尊重学生的独立性、主体性及创新精神，又发挥教师的主导作用。

（二）教师要学会宽容，尊重学生人格

有人这样透视教师的宽容，很值得思考：教师对学生的内心深入的宽容，为学生提供充分表达自己的机会和空间，才能有针对性地开启顿悟，进行有效的教育，并培养他们判断是非的能力；教师对学生思维方式的宽容，可以激发学生的个性思想火花，培养创造精神；教师对学生特殊行为方式的宽容，是尊重个性发展特点，使学生在宽松自由的环境中展示自我，发展自我；教师对学生情感的宽容，是对学生人格的尊重。对教师而言，教师宽容地对待自己的学生，在非原则问题上以大局为重，获得退一步海阔天空的喜悦；教师宽容地对待自己的学生，意味着他的教育思想更加深刻，教育手段更加成熟；教师宽容地对待自己的学生时，就是科学地看待教育过程。

正如陶行知先生说的："你的教鞭下有瓦特，你的冷眼里有牛顿，你的讥笑里中有爱迪生。"尊重学生还要学会欣赏学生，特别是对那些学习基础差、纪律松散的学生更要努力发现他们身上的闪光点，并把这闪光点放大，让每个学生都有展示自己才华的机会，让每个学生都在成就感中获得自信。当你面对"恨铁不成钢"的学生时，当你面对家庭和社会的烦恼时，一定要冷静。如果我们把指责、批评、抱怨，换成启发、表扬、激励，会是另一种情境。

（三）重视情感教育，感化学生心灵

教师要得到学生的尊敬、信任和爱戴，使自己具有强大的教育感召力，仅有责任心、事业心是远远不够的，还要寻找多种方法，掌握一定的技巧，去赢得学生的心，使学生成为自己的知心朋友。这就需要教师用情感去教育学生，全身心地投入教育教学活动中去。陶行知先生曾说过："真教育是心心相印的活动。唯独从心里发出来的，才能打到心的深处。"情感性原则要求教师把感情投入课堂教学中。教师的情感不仅影响着自己教学思想和语言的表达，更为主要的是影响着学生的感知、思维、记忆、想象等认识活动以及学习动机、兴趣、态度等。情感性原则要求教师把学生视为朋友、亲人。以诚相待、以情相待、以友相待，为他们着想、替他们办实事。情感性原则要求教师热爱每一个学生。有人提出了一个理念："不听话的孩子也是可爱的。"我们还应该说：成

绩不好的学生也有可爱之处。即我们不能用学习成绩这一单一的评价体系去看待学生，而应当从不同的视角、多维度的评价体系去看待学生。这个原则的大前提就是热爱学生，只有热爱学生才能消除对学生的偏见，只有对学生付出真诚的师爱，才容易发现他们身上的"闪光点"。教师应在沟通师生情感方面多做文章。陶行知曾经说过："教育——这首先是关心备至地、深思熟虑地、小心翼翼地触及年轻的心灵。"在良好师生情感关系形成过程中，教师起着主导作用。情感关系的形成是建立在认知基础之上的，教师只有全面地了解认识学生，了解认识他们的思想、情感和个性，才能从本质上认识学生，只有这样才能对学生产生真正的爱，才能恰到好处地关心爱护学生，使学生感受到教师的关心，从而表现出学习等方面的积极性。

陶行知生活教育思想在幼儿园教育活动中的应用研究

靖西市第一幼儿园　钟海洁

陶行知先生是中国伟大的人民教育家，在中国教育史上具有非常重要的地位。陶行知先生所创立的生活教育理论以"生活即教育""社会即学校""教学做合一"为核心，陶行知先生所提倡的生活教育思想，至今仍对幼儿教育产生深远影响。陶行知先生主张教育应与生活密切结合，强调以儿童的日常生活经验为教育的出发点和归宿。在现代幼儿教育中，应用陶行知生活教育思想，对于幼儿的全面发展至关重要。本论文旨在深入探索陶行知的生活教育思想在当前幼儿园教育活动中的应用，分析其对儿童身心发展的潜在影响，并提出相应的应用策略。通过结合理论与实践，我们旨在展现生活教育在培养幼儿自主学习能力、创造性思维及社会适应能力方面的重要性，为当代幼儿教育提供新的视角和启示。

一、陶行知生活教育思想概述

陶行知先生是我国近现代伟大的人民教育家、思想家、社会活动家。他在教育理论和实践方面的成就，不仅对我国教育事业的发展产生了深远影响，而且对世界教育事业的发展也做出了重大贡献。生活教育是陶行知先生教育思想的核心内容，他认为生活教育是一切教育的基础，一切教育要从生活中来，到生活中去。"生活即教育""社会即学校""教学做合一"是他提出的关于生活教育理论的基本观点。在陶行知看来，生活教育就是要把书本知识和实际运用相结合，让学生在实践中学习；就是要从一切事物中找出和事物的共同之处，把生活作为一个整体来教；就是要改变整个社会的精神面貌和思维方式，培养学生的创新精神；就是要改变整个学校的教学方法、课程设置、教学内容和教学环境，培养学生的创新能力；就是要改变学校与社会、学习与工作相脱节的现象，让学校、社会、学生紧密联系起来，让学生的能力获得全面的发展。

二、陶行知生活教育思想在幼儿园教育活动中的应用原则

（一）以幼儿生活经验为中心

在陶行知生活教育思想下，教育活动需要围绕学生生活经验开展，基于学生的生活经验开展教学，实现生活与学习的有机结合。以幼儿生活经验为中心强调将教学内容与儿童的日常生活紧密结合，让幼儿通过亲身体验和实际操作来学习。在此原则下，幼儿的生活经验能够被充分利用，促进幼儿在游戏和日常活动中学习新知识和技能。例如，通过烹饪、园艺、手工艺等活动，孩子们不仅学习到实际技能，还能理解与之相关的科学、数学或文化概念。这种方法让学习变得更具意义和乐趣，有助于培养幼儿的综合能力和生活技能。

（二）全面发展原则

全面发展原则认为教育应致力于促进幼儿在身体、智力、情感、社交等多方面的均衡成长。教育的任务不仅仅是知识的传授，更重要的是促进儿童全面性格和能力的发展。在此原则下，幼儿教育活动应致力于幼儿智力、身体、情感、社交和美学等多个维度的均衡发展。课程设计应覆盖多个发展领域。例如，体育活动不仅增强体质，还可以通过团队运动培养合作精神和社交技能。

艺术和音乐活动则可以激发幼儿的创造力和审美能力，同时也有助于情感表达和情绪管理。通过这种全方位的教育方法，可以为孩子们提供一个支持其全面成长和发展的环境。

（三）强调学习过程而非结果原则

在陶行知的生活教育思想中，强调学习过程而非结果是核心理念之一。该原则认为，教育的目标不仅仅是知识的积累或成绩的取得，而在于学习过程中的体验、探索和思考。在此原则下，教师应更多关注孩子们在学习过程中的参与度、创造性思维的发展以及解决问题能力的培养。按照这一原则，教学不应局限于传统的讲授和记忆方式，而应采用更多互动式和探索式的学习方法。例如，通过游戏、项目式学习或户外探索活动，幼儿可以在实际操作和互动中学习，从而更加深入地理解和掌握知识。鼓励孩子们积极思考、自主学习，并在实践中应用所学知识。

三、陶行知生活教育思想在幼儿园教育活动中的应用策略

（一）面向生活开展教育，牢固树立生活教育思想

为了将陶行知的生活教育思想融入幼儿园的教育实践中，幼儿教师需要转变传统教学思维，面向生活开展教育活动，将日常生活中的活动和情境作为教育的关键组成部分，从而提高幼儿的认知能力和自理能力。例如，整理玩具、搭建积木、绘画等日常活动都成为教学的重要内容。通过让幼儿参与这些活动，鼓励幼儿在实践中学习和发展技能，确保每个幼儿都能通过亲身体验来提升自身的认知水平。同时，要牢固树立生活教育的理念，应以陶行知教育思想为指导，将典型的生活环境和社交互动场合作为教育的主要场所，运用各种与生活紧密相关的方法来开展教育活动。例如，在探索季节变化时，教师可以引导幼儿观察和记录周围环境的变化，如树叶的颜色变化、气温的变化等。这种教育方式不仅可以丰富幼儿的自然科学知识，而且还能提升教育活动的实效性，帮助幼儿在实践中总结经验、学习知识，提升幼儿的观察能力和实践能力。

（二）聚焦幼儿生活能力的提高，科学设计教育目标

在幼儿教育中，提高幼儿的生活能力是核心目标，需要教师深入应用陶行

知的生活教育思想，科学地设计具体且实用的教学内容。这要求教师在制定目标时充分考虑幼儿当前的生活背景，以激发幼儿参与日常生活实践的热情。例如，在设计与环境保护相关的教学活动时，教师可以设定目标为"让幼儿通过参与垃圾分类活动，理解环境保护的重要性并培养负责任的行为习惯"。为此，教师可以准备不同种类的垃圾（如纸张、塑料、有机废弃物等），并引导幼儿学习如何将垃圾分到正确的垃圾箱中。这个过程中，幼儿不仅可以学习到垃圾分类的知识，还能通过亲身实践体会到自己行动对环境的积极影响。同时，聚焦于提高幼儿生活能力的教育还包括培养幼儿的自我照顾能力和日常生活技能。例如，在日常活动中，教师可以引导幼儿学习基本的自我服务技能，如自己穿衣、系鞋带、整理个人物品等。通过这样的教学活动，幼儿不仅学会了基本的生活技能，还增强了独立性和自尊心。这样的活动既贴近幼儿的日常生活，又能促进教育目标的实现，有利于帮助幼儿形成良好的生活习惯。通过这种生活化的教学方法，让幼儿在实践中增长知识，并能积极地参与到生活中去。

（三）结合幼儿的生活经验，合理选择教育内容

在幼儿园教学中，充分结合幼儿的生活经验开展教学是提升教学效果的有效方法。教师应根据不同年龄段幼儿的生活经验和认知发展情况，精心选择教育内容，以提升教育的实效性。例如，在教授长度单位时，可以利用绘本《一寸虫》来引入"寸"的概念。这本绘本的主角是一只能用身体测量物体的小虫，如量鸟的尾巴长度等，通过这个故事，幼儿可以在有趣的情境中学习长度单位，同时激发他们对自然和科学的探索兴趣。

在选择教育内容时，紧密结合幼儿的日常生活体验，既可以提高幼儿的生活技能，也有利于促进他们认知能力的发展。比如，在教授文明用餐的课程时，可以围绕幼儿的实际用餐情境来设计内容：如排队取餐的礼仪、餐桌上的坐姿、使用餐具的正确方法、合理搭配饭菜、避免挑食和浪费等。通过这样的实践教学，可以改善幼儿在日常生活中的用餐习惯，同时也加强了他们对文明行为的理解和实践。此外，将日常生活技能融入教学内容，不仅限于用餐礼仪。例如，在教授幼儿关于时间管理和组织能力的课程时，可以通过实际的时间规划活动，如制作一天的日程安排或整理玩具和学习用品，来教授他们如何有效地管理时间和空间。这样的教学不仅使幼儿理解时间和空间的概念，还帮助他们在实际生活中应用这些技能，培养独立和自我管理能力。这种将教育内

容与生活实际紧密结合的方法，不仅能够提高教学效果，还能培养幼儿在生活中的自我管理能力和社会适应能力。

（四）善用生活化方式方法，提高幼儿的实践操作能力

陶行知的"教学做合一"理念是其生活教育思想的核心，这一理念对提升幼儿园教育活动效果至关重要。在这一理念指导下，教师应积极采用生活化的教学方法，将动手实践作为学习的主要方式，以此有效提升教育的效果。例如，在进行数学分类教学时，教师可以通过互动游戏和小组协作的形式，让幼儿亲手操作并分类各种物品。教师接下来引导幼儿根据物品的用途或特征来设定分类标准，这不仅能锻炼幼儿的动手能力，也能促进幼儿数学逻辑思维的发展，有效地提高教学活动的成效。此外，在语言教学中，可以通过讲故事、角色扮演等活动，让幼儿在实际情境中学习和使用新词汇。这种互动式学习不仅使语言学习更加生动有趣，而且帮助幼儿更好地理解和记忆新知识。在科学教育方面，教师可以利用日常物品和自然环境进行实验和观察活动，激发幼儿的好奇心和探索欲，同时培养他们的观察力和科学思维能力。通过这种方法，幼儿在实际操作中学习和思考，使得知识的掌握更加牢固，更好地融入幼儿的日常生活。

陶行知教育思想在幼儿一日活动中的有效运用

靖西市第一幼儿园　许永祥

一、陶行知思想的启示

（一）生活即教育

在人生的过程中，人们要学的东西很多，人生本身就是一部百科全书，因此，儿童早期教育要始终树立"人生即教育"的观念，而这正是陶行知的教育思想的最重要的一部分。陶行知认为，教育要与生活相结合，教育要包含在生活之中，不能脱离生活而单独生存，要根据生活的需要来进行教育，他强烈反对以书、文等形式来进行教育。"生活即教育"的理念给幼儿教育带来了很大的启发，孩子们在幼儿园中的每一天都是一种教育，其中包括了人际关系、用餐礼仪、文明行为规范、唱歌跳舞等内容，这些内容都是将教育与生活结合在一起的，这也将陶行知"生活即教育"的思想理念表现得淋漓尽致。在幼儿园的启蒙阶段，教育要以尊重学生的体验为原则，要以经验为依据，用"教学做合一"的方式来提升自己的知识技能，并养成良好的生活习惯，以及崇高的思想道德。

（二）落实"教学做合一"思想

在幼儿园的教育中，孩子们只是听懂了老师说的话，但由于他们的实际操作能力较弱，很多时候都不会执行，所以"教学做"之间难以达到统一。幼儿教育意识到了存在的问题，也在大力提倡"教学做合一"的思想，然而，真正能够运用到实践中的却不多，因此，新时代要将这种思想贯彻到幼儿教育中去。幼儿教育主要是培养孩子的兴趣、发展孩子的智力，孩子们通过自己的动手能力和参加各种各样的活动，来养成孩子们良好的生活习惯。但是，有些时候，老师们为了节约时间，就会把这一部分给忽略掉，甚至干脆把孩子们都给包了起来。儿童并不具有动手能力，且他们没有认真听讲，因此，在他们动手操作的过程中，教师要做好对他们的指导工作，切记不要对他们进行过多的干预，这样可以保护他们的创造性。

二、幼儿一日活动中融入陶行知思想的重要性

（一）突出幼儿主体地位

这一思想在幼儿教育活动中的应用，可以凸显出幼儿的主体地位。这是由于，在传统的幼儿教育活动中，以幼儿为中心的思想没有被有效地贯彻下去，而且还存在着比较严重的不足，这就造成了在幼儿教育的过程中，幼儿很难充分发挥自己的主观能动性和积极性，这将会对幼儿的思维发展和能力的提升造成负面影响。而陶行知的教育理念，就是要在幼儿教育的过程中，让孩子们积极地参与进来，在老师的授课过程中，孩子们要有自己的表达能力，在活动过程中，要有孩子们相互引导，这样才能让孩子们更好地、更自由地参加到各种各样的实践活动中去，从而让孩子们发挥出自己的主体作用，发挥老师的领导作用。

在幼儿教育活动中，教师是指导幼儿学习的，并不能将自己所获得的知识全部输送给幼儿。所以，这就需要教师在幼儿教育的过程中，要学会怎样来指导幼儿的学习，这种思想的运用，可以起到教师的主导作用，它肯定了教师在

幼儿教育中的重要地位，并明确了教师在幼儿教育中对幼儿发展的指导作用。

（二）调动幼儿学习兴趣

以"做"为中心，以"教""学"为纽带。唯有如此，三个方面的有机结合与可持续发展才能得以实现，"教学做合一"的思想可以充分地激发幼儿的学习兴趣，满足了目前的新的幼儿教育理念，可以充分地检讨目前在教育活动中存在的不足，这对于协调教学质量具有重要的意义。教师应该以教学内容为基础，以幼儿的学习兴趣为基础，对教育活动进行开发和应用，从而提高学生的学习兴趣，从而可以有效地提高他们的思维和感官等方面的发展能力。

三、幼儿一日活动中运用陶行知思想的策略

（一）激发幼儿学习热情，促进幼儿向学习的主体转变

幼儿学习的自主性主要体现在：幼儿自己选择活动的内容、形式、进程等，这些都是幼儿自己想出来、自己发起的，而不是教师事先设计好的。儿童只有在具有某种自主意识的情况下，他们才能真正成为他们自己的活动的主人。生命是教育，生命是学习的主体。儿童早期教育的主要载体是生活，生活是儿童早期教育的主要内容，游戏生活与日常生活是相互补充的。在儿童的生命中，游戏是儿童最喜爱的一种活动，它为儿童成为一个学习主体提供了一个很好的契机。例如，在游戏的过程中，让幼儿自主选择游戏项目，自主组织游戏活动，还可以引导幼儿自主设计游戏，在此过程中，逐渐培养学习的主体，他们会考虑游戏的有趣性、游戏原则等。在日常生活中，对儿童进行学习主体转变教育，应该分为三个步骤：第一个步骤就是要激发儿童对学习的兴趣；第二个步骤就是创造一种学习氛围；第三个步骤就是对儿童进行培养并形成自主学习能力。

（二）在生活中培养幼儿创新意识

陶行知先生倡导的是在生活中进行教学，对于早期教育来说，因为孩子们缺乏生活经验，因此，老师们应该用启发和引导的方法，让孩子们从生活中的例子中，自己去扩展、去探究，从而提高孩子们的创造力。比如：老师发现幼儿园里有个孩子圆圆正在学写"火"一字，因为该字的笔画比较复杂，圆圆把它写成了一朵花。然后老师又问："圆圆有没有看见母亲在做饭时生火？"圆圆

说："见到过。"老师说道："圆圆到这里来，我给你讲讲，你看看这个'火'字中间有一个'撇'和一个'捺'，是不是很像两个棍子在撑着？'火'字上有两个圆点，是不是和'火'一样？"老师在示范的同时，还可以让孩子去想象生活中的场景，这可以有效地提升孩子的学习效率。

（三）结合游戏因素，强化活动的游戏化体验

游戏可以给儿童带来欢乐，儿童的成长和教育同样需要通过游戏来进行。对于这种情况，最简单、最有效的办法就是让儿童直接参加到游戏中来，让他们自己选择区域，制定任务，成为游戏活动的主人。当然，课程的游戏化，也就是所谓的"一日活动皆课程"，游戏并不只是指一天的游戏活动，它还与人们的日常生活融合在一起。这就要求教师在教学中要不断地发挥自己的创造性。幼儿园的活动类型非常丰富，涵盖的领域也非常广泛，而且伴随着课程游戏化的发展，对幼儿的教育也变得更加多样化，不再仅限于课堂，而是将课程和游戏相结合，渗透到了幼儿一天中的每一个活动中。在游戏中、在生活中、在课程中，幼儿的技能、情感和价值观都与他们的认知和学习密切相关。二者相互包含，相互影响，同等重要。两者之间的关系是水平的，而且是对等的，偏向或忽略其中一方，都会造成不公平的结果，从而使孩子偏离他们发展需要的轨道。所以，多样化的教育就要求多样化的评估，只能根据"课程"这一教育教学目的来进行，这样才能更好地促进儿童全面发展。

（四）教师适时给幼儿提供指导

幼儿园时期的儿童具有丰富的想象力，他们的想法很简单，老师可以对他们进行适当的指导，使他们的思维更加灵活，在教学过程中，注重对儿童的创造性的开发，培养儿童的动手能力，让儿童可以尽情地发挥自己的想象力。陶行知提出了"教学做合一"，即"教"和"学""做"的统一。比如，在模拟车子放行的活动中，教师可以让幼儿回忆在生活中，车子在进入地下停车库或者进入商场的时候被拦截下来的情境，再让幼儿思考如何利用手中幼儿园提供的工具制作出车子和栏杆结构。接下来，就是引导孩子在安装的时候，帮助孩子完成组装。然后，让孩子们在真实的生活中，汽车经过栅栏，老师问道："汽车要怎样才能穿过栅栏？我们在架设栅栏时要注意些什么呢？"孩子们想不出答案，老师就说："在实际生活中，汽车是不是都有不同的大小，我们是不是需要设定围栏的高度，这样才能让汽车顺畅地通过，我们是不是也可以设定成电

动的。"孩子们开始考虑，该怎么去做，老师拿出了电动引擎，就完成了这一思考。这样的一路上的指导，帮助幼儿进行思考，能够确保幼儿在活动中的进展，顺利完成任务，提升幼儿的自信心。

总而言之，在新的时代背景下，在幼儿教育的实践中，老师们要对陶行知的教育思想有一个全面的认识，并在教学方式、教学观念和教学技能上进行创新，对孩子们进行正确的引导，让孩子们能够大胆地表达出自己的观点，从而提升孩子们的综合能力、创造力、思考能力、分析能力和理解力，从而提升孩子们的幼儿教育的品质。

陶行知"生活教育"理论在幼儿德育中的应用

靖西市第一幼儿园　江　欣

生活德育是当前道德教育领域中的一个研究热点，生活德育弥补了传统德育模式暴露的诸多弊端，注重发挥受教育者的主体性和主动性，也注重培养受教育者的道德习惯和道德行为，提高道德教育的质量和实效性。生活德育的发展和丰富离不开大量的一线教育实践活动。陶行知认为生活就是教育，好生活是好教育，坏生活是坏教育，主张"给生活以教育、用生活来教育、为生活而教育"。

传统德育理念和模式暴露出的诸多弊端，一个重要的原因是德育和生活实际相脱离。德育由于和生活相脱离，使得未成年群体的道德认知和道德行为相分离，容易形成"双重人格"，造成了德育实效性不高，也妨碍了德育学科自身的发展；生活由于和德育相脱离，缺少了道德的调节，不良的社会风气侵蚀着人们的德行发展。脱离生活的道德教育成为一种"无效劳动"。因此，德育离不开生活这一根基，生活也离不开道德的调节。长期以来，幼儿教育工作者坚持以德为重的原则，承担道德启蒙的任务，其指导思想可在陶行知的生活教育理论中得到观照，他强调，教育同实际生活相联系，反对死读书，注重培养儿童的创造性和独立工作能力。幼小的孩子在生活中养成好的习惯，形成健全的人格，为他们一生的生活奠定基础。在此背景下，生活德育理念兴起并迅速发展起来，为幼儿的道德教育带来了生机。

一、陶行知生活教育理论概述

伟大的人民教育家陶行知先生，是杜威的学生，深受杜威的实用主义教育思想的影响，并经过多年的教育实践后创立了"生活即教育""社会即学校""教学做合一"的生活教育理论。陶行知教育理念的实质就是教育必须与生活、社会实际联系在一起。他坚决反对教学过程只是单纯的认识过程，是死灌死背死考的，他强调"教学做合一"，学校教育教学要遵循科学规律，符合当时社会发展的需要，倡导这种与社会生活实际紧密相连的新教育。

陶行知生活教育理论的核心是"生活即教育"思想，强调的是生活的教育意义。他认为，教育应以生活为中心，生活即教育。生活教育是生活中本来就包括的、自身发展所需要的教育。丰富多彩的生活，蕴含着无限的教育意义。经历着什么样子的生活就会受到什么样子的教育；好的、善的生活，就是受到好的教育；糟糕的、坏的生活，就是受到坏的教育。"社会即学校"是陶行知生活教育理论的一个重要命题。陶行知反对传统教育与生活、学校与社会相隔离、相脱节。学校的一切都可以搬到大自然中去实现。"教学做合一"是进行生活教育的方法。"教学做是一件事，不是三件事。我们要在做上教，在做上学。"他列举了种田这件事，种田肯定是在田里做的，学种田就要在田里学，教种田也要在田里教。一件事情怎么做的就怎么去学，怎么去学的就怎么去教吧。光教不做不算是教，光学不做也不算是学，教和学都离不开做。

二、"生活教育"理论在幼儿德育教育中应用的优势

首先，生活化的德育强调教育的内容源自生活，生活中有着数不清的生动案例，正因为这些源自生活，幼儿才感兴趣，才更容易获得经验，也更容易激起幼儿情感的共鸣，对于幼儿也更加实用、适用。

其次，生活化的德育存在于幼儿的一日生活中，而不仅仅是存在于课堂，也不仅仅依靠正式的活动，它的形式多种多样，与时间同步。"生活即教育"，生活中有着数不尽的渗透着道德因素的事件，在各种各样的情境中，幼儿观察、体验、运用他们所学到的和感悟到的"道德"，幼儿有充分的机会和时间将道德行为内化为自己的行为准则。

最后，生活化的德育强调充分开发家庭和社会的教育资源，在生活化的德育中，家长不再是配角，而是主要的施育者之一。幼儿的生活大半是在家里，生活化的德育少不了家长的参与和配合及社会资源的开发，对于家长的培训和家园的沟通也提出了更高的要求。

三、幼儿道德教育生活化的完善策略和建议

（一）营造和谐的道德认知氛围

与幼儿共同建立统一的行为标准，形成统一的道德认识。可以提供正反事例，让幼儿辨析，然后制定班级的规则，规范幼儿的行为，再通过评选每日的礼仪之星，强化幼儿的文明行为。这也是幼儿主体性的表现，是幼儿"我要改变"而不是"要我改变"。当所有幼儿都认可了统一的道德标准并一起为之努力的时候，班级的道德氛围也就形成了，而和谐的班级氛围则包含着更多的道德情感在里面：宽容、包容、理解、鼓励、坚持、期望、赞赏。比如，在我们地区孩子们乘车，接触得最多的是方便车，我们摒弃了"出租车"等游戏，开设通往市区的方便车游戏，让孩子们体验"方便车"真方便这一特点。在游戏内容的选择上，我们注重请幼儿来参与设计，当我们本地新开一个超市后，孩子们觉得我们玩游戏时也可以加入这样一个大型超市，于是我们根据孩子们讨论得出的内容开设这一游戏，还模仿超市门口放上木马，因为这一游戏是孩子们日常经常接触的，所以玩的时候规则意识很强，不再需要教师经常嘱咐游戏规则。

（二）创设德育生活环境

"学校生活是社会生活的起点。远处着眼、近处着手，改造社会环境要从改造学校环境做起。"（陶行知语）幼儿园的每一处环境都对孩子的成长起着潜移默化的作用，我们努力让幼儿园的每一处环境都活起来，让每块墙壁都会"说话"。陶行知先生认为："要学生做的事，教职员躬亲共做；要学生学的

知识，教职员躬亲共学；要学生守的规矩，教职员躬亲共守。我们深信这种共学、共事、共修养的方法是真正的教育。一校之中，人与人的隔阂完全打通，才算是真正的精神交通，才算是真正的人格教育。"教师无小事，事事教育人。特别是在幼儿园，我们面对的是一群天真无邪的孩子，教师的一言一行、一点一滴都是孩子模仿的对象、学习的榜样。因此，在与孩子的相处中，我们不再是高高在上的传授者，幼儿也不是被动的接受者，而是一种朋友关系、对话关系。孩子们在和谐、温暖、纯洁的氛围中，经历、感受、体验，这也正是"生活德育"所倡导的：人在生活中也便在教育中，即"过程即目的"。这种教育是"无痕"的，但同时也渗透着教育者的智慧和爱心。

（三）"游戏活动"中进行德育教育

游戏作为幼儿的主导活动，是幼儿创造力发展的源泉。而创造力作为一种特殊的能力，其发展与游戏紧密相连。陶行知先生提倡创新教育时，曾提出六大解放：解放儿童的头脑、解放儿童的双手、解放儿童的眼睛、解放儿童的嘴巴、解放儿童的空间、解放儿童的时间。游戏是幼儿在园的主要活动，在游戏中孩子的身心都得到了解放，孩子的创造力也在其中得到充分的发挥。角色游戏是孩子们最喜欢、最投入的游戏活动，也是我们生活德育所关注的主要活动形式。

在一次"菜场"的游戏中，我们发现地面上有许多游戏时掉下的材料，为此，我们进行讨论，孩子们结合自己的生活，发现平时街上有许多城管队员负责监督马路上的卫生工作，他们将这一角色引入游戏中，解决在游戏中发生的许多问题。我们总是引导孩子们多注意生活中发生的事，运用生活经验来解决游戏中发生的问题，孩子们解决问题的能力得到了一定的提高。

幼儿园德育应以情感教育和培养良好行为习惯为主，注重潜移默化的影响，并贯穿于幼儿生活及各项活动之中。常规教育是幼儿德育中的重要内容，也是使幼儿学会适应集体生活、形成良好行为习惯的重要手段。我通过对幼儿一日生活中的各个环节的观察、引导，使幼儿逐渐积累良好的德育经验，养成良好的行为习惯。道德教育服务于生活，帮助幼儿更好地与人交往，幼儿具备了道德的认知和情感后创造条件让幼儿将所学付诸实践，即产生道德行为，从而达到知、情、意、行的统一与平衡。幼儿园通过实践道德行为可以检验幼儿所学，深化幼儿对于道德的理解。只有通过反复的"练习"，幼儿才会把道德行为内化为自己的行为准则。

陶行知生活教育理论在小班环境创设中的运用

靖西市第一幼儿园　莫晓漫

《幼儿园工作规程》明确指出："创设与教育相适应的良好环境，为幼儿提供活动和表现能力的机会和条件。"《课程指南》中又提出："应创设适合幼儿发展的支持性的环境。环境的创设和材料的提供，既要适合幼儿的现有水平，又要富有一定的挑战性，让每个幼儿在与环境、材料的有效互动中，大胆地探索、充分地表达，获得各种有益的经验。"由于小班幼儿的年龄特征决定了他们对环境的认识还是感性的、具体的、形象的，常常需要把环境的创设与生活经验相联系，与游戏情境相结合。人民教育家陶行知先生的"生活教育"理念，为幼儿园的工作提供了理论的指导。为幼儿提供一种生活化、情境化的环境，让他们尽快喜欢幼儿园生活，使其通过与环境的互动获得更多发展，并且为幼儿提供一个平等、自由、宽松的心理环境，能进一步促进幼儿感知力、观察力、想象力、思维能力、口语表达力、动手操作力及个性的和谐发展。

一、创设生活化的环境，让幼儿在家庭式氛围中快乐成长

生活化是幼儿园环境创设的源泉。小班幼儿的发展特点和学习能力决定了幼儿园的环境创设必须是与幼儿的生活相关联的。生活化是幼儿园环境创设的现实背景，幼儿年龄越小，教育与生活的关系也越密切。小班幼儿刚刚离开关心呵护的父母情感特别脆弱，容易产生情感缺乏感。创设一种家庭式的氛围就尤为重要了，使幼儿感到亲切、自然，充满人情味，能使幼儿适应生活、获得经验、得到发展。我国教育家陶行知就十分提倡生活教育，特别注重教育的生活化，从生活经验中选取环境创设的内容，让幼儿感受家庭式的氛围。

（一）主题环境创设让幼儿体验家的温暖

"娃娃家"因为和幼儿的家庭生活最贴近，通常是小班孩子们比较喜欢的区角。如在开展小班"娃娃家"的主题活动时，我们设计了"亲亲一家人"，在美工区摆设了班上宝宝和爸爸妈妈的合影，温馨又亲切，并引导幼儿利用不同的材料做镜框；在投放"娃娃家"材料时请家长为幼儿提供宝宝小时候的衣服、袜子、鞋子、梳子、发卡和布娃娃等物品，让孩子随时体验做爸爸妈妈为宝宝穿衣服鞋袜、梳妆打扮的乐趣。在此操作过程中幼儿不但得到学习穿衣戴帽的机会，也锻炼了手部小肌肉群。在生活区里为幼儿提供了相当丰富的娃娃家餐具、灶具、各类玩具蔬菜等，让宝宝体验过家家烧饭饭的乐趣。在一系列有联系的主题环境中，幼儿的家庭生活经验得以拓展和整合。幼儿在一个可供选择的、富有情趣的环境中容易激发探索的兴趣，从而在与环境的互动中生成新的活动，幼儿在相互有联系的主题背景环境中，整合地运用和获得相关经验的迁移。又如在角色游戏中，娃娃家的"爸爸""妈妈"们都忙得不亦乐乎，有的去商店买菜、有的去上班、有的照顾宝宝。乐乐买来了鱼正准备放在锅子里烧，小思问："你的鱼洗过了吗？""还没有呢！我到水池那去洗洗。""不行，你得用刀把它的鳞片刮掉了"……在生活中，幼儿通过观察积累了一定的生活经验，在游戏这种特定的环境中分享个体的经验，尝试新的方法，获得新的感受，幼儿的生活经验得到了一定的迁移，这样不仅可以进一步激发幼儿学习的动机，也可以为幼儿提供相互学习的平台。

（二）不断调整环境创设投放的材料，注重幼儿生活经验迁移

开学初我们按照以往的经验，在娃娃家提供了锅碗瓢盆和各类玩具蔬菜、水果等，孩子们果然很喜欢，他们高兴地做饭炒菜。但是，这些操作材料并没有吸引幼儿太长时间，很快他们就不玩了。我很诧异："孩子们不是最喜欢做饭吗？为什么又不感兴趣了呢？"于是我问幼儿："你们的妈妈在家都做些什么事？"孩子们七嘴八舌地说："做饭、陪我玩、洗衣服、喂鸡……"仔细分析，我想：结合孩子的生活经验应该在娃娃家投放更丰富的材料才能满足幼儿活动的需要。于是，我在娃娃家拉上一条绳子，把以前在益智区玩"八只脚的将军"投放的小夹子转投放到娃娃家，孩子们"洗完衣服"后就会用夹子把衣服夹到衣架上晒衣服。又例如在娃娃家这一主题活动中，其主要目标是：了解家庭的主要成员，激发幼儿爱家庭、爱父母的情感，能用多种方法表达自己的情感。可见在这一主题中，主要是激发幼儿亲家庭、亲父母的情感，因此我在区域活动中应尽可能地为幼儿创设一种轻松的家庭氛围，不断调整环境创设投放的材料，贴近幼儿的生活经验，满足幼儿的情感交流。为了达到这样的效果，我在区域活动中设计了扮家家、喂小动物吃饭、宝宝吃饼干、绕毛线等游戏，并提供了丰富的、形象而多彩的材料，孩子们最喜欢玩扮家家和喂食的游戏，乐此不疲，以至在这个主题结束后，仍然会要求我再让他们玩这些区域。我把生活区的小手帕、各种豆类、量杯等，美工区幼儿的手工作品生日蛋糕、各种串珠、胶泥等转移投放到娃娃家，经过这么调整，孩子们更爱去娃娃家了，还经常玩出许多意想不到的游戏，比如给宝宝过生日、用玩具筐洗菜控水、用胶泥做汤圆……我们随时观察着孩子对生活的模仿，随时调整丰富对应的材料，以此支持孩子对生活的探索和学习。

二、创设情境化的主题环境，让幼儿在愉悦的游戏中自由玩耍

陶行知一生坚决批判和反对旧传统中封闭的、僵化的教育，倡导开放型的、与生活紧密结合的新型教育。布鲁纳也曾经说过："任何教学形式都没有情景教学来得直观、深刻。"的确，情境化的教学方式对低龄幼儿尤为重要。因为具有一定情境的游戏，不但趣味性强，而且能让孩子迅速进入境界、进入角色，既给他们以可感性，加深记忆，同时又可提升幼儿兴趣。因此，我们的环境创设还必须体现情境化，情境化的主题环境创设是由幼儿年龄特征所决定

的，小班幼儿好奇、好动，其认识活动主要是依据感觉、动作和表象进行的，易受外界干扰。我们的情境创设充分体现了互动性，尽量地根据幼儿的年龄特点、兴趣爱好及身心发展的需要来创设他们的活动环境。小班幼儿阶段孩子的活动是不能脱离情境的，他们需要在成人的不断提示和启发下才能开展游戏，创设活动情境可以更好地帮助幼儿想象，让幼儿在愉悦的游戏中自由玩耍。

（一）主题环境与区域环境的有机整合

创设主题墙，重视环境为主题教育活动内容服务，激发幼儿主动地与环境互动，从而达到环境激发幼儿探索学习的欲望。主题活动是一种整合性的活动，具有开放性、综合性、整体性的特点，往往一个主题的内容可以涉及生活、认知、音乐、美术、语言、健康、游戏等多个方面，是一个有机的网络化的结构。而区域游戏环境的创设正是实现主题教育目标的重要途径。材料是支撑幼儿游戏的基础，根据主题活动的目标有计划、有目的、有选择地投放游戏材料。

小班孩子对新材料的兴趣往往只能维持短短的一两周时间，在同一区域活动中，需要不断增添新的活动材料，才有利幼儿的探索、发现与提高，使幼儿的游戏内容更趋丰富，促进幼儿游戏主题纵向、横向发展。比如在"在路上"主题活动的区域：汽车城中，我先为孩子们提供了许多玩具汽车，在孩子们熟悉了解了各种车的名称和开动方法后，我又在区域中添加了用纸盒制作的公路模型，在公路上设置了一些红绿灯的标志，使游戏情境化。几天之后，孩子们的兴趣稍有减退时，我又投放了一些木头积木和一些塑料积木，在公路的周围搭起了楼房、桥梁和一些树木，说要造个购物中心。孩子们一听，又有了兴趣。这样层层递进，使孩子们对这个主题活动始终保持着浓厚的兴趣。

（二）在情境化的主题环境中游戏

教师有目的、有计划地为幼儿创造一个整洁、优美、实用、适宜，具有较强教育价值的情境化主题环境，幼儿游戏过程中与其产生有效互动，使环境成为幼儿展示自己的舞台，达到以美辅德、以美育诚，促进幼儿健康成长。在"过新年"的主题活动中，我为孩子创设了美美服装设计室、美容美发中心、快乐小天地等环境，并且在各活动区域里为孩子提供情境游戏的材料，将一些生活化的内容渗透在孩子的游戏情节里，当孩子在熟悉这些操作材料后，孩子的游戏情节和语言、动手等能力在游戏中得到了充分的发挥。有一天，梁颖小朋友在美美服装设计室里换上了她自己设计的新衣服，我在一旁观察发现孩子自己会穿脱衣服，当美丽的新年衣服穿上后，她开心地来到了快乐小天地里给同伴们表演了她准备好的歌曲。孩子在情境化的游戏环境中不仅动手能力得到了提高，而且通过表演孩子的自信心也得到了提高。过了一会儿，黄杰和李丽小朋友一起来到美容美发中心里说："快过年了，我们给宝宝做一个美美的发型吧？""好啊，我们先给宝宝洗头……"孩子的游戏语言在有生活化的情境中展开了，在娃娃家里孩子们有的用橡皮泥做汤圆，有的在用小刀做年糕，当孩子们在过新年情境游戏中"吃"到自己制作的各种美食时，那种愉悦的心情我从孩子的笑容中充分地感受到了。

三、创设一种平等民主的师幼关系，为幼儿创设良好的心理环境，也是幼儿快乐成长的动力

《新纲要》要求：教师应成为幼儿学习活动的支持者、合作者、引导者。在区角活动中，幼儿需要教师的帮助和指导，因此在游戏活动中，教师要成为幼儿的好朋友、好伙伴，与他们平等相待，将教师是"传授者、维持者、调节者"的角色转换为幼儿活动中的"支持者、合作者、引导者"。教师应做幼儿的大朋友，以平等的合作者的身份参与幼儿的游戏。我们班的娃娃家就是一个角色游戏区域，参加游戏的幼儿都要担任一个角色，通过语言来完成角色与角色之间的交往。一次我以客人的身份进入娃娃家，我敲门，里面扮演妈妈的小朋友问到："谁呀？"我说："我是莫老师呀！你欢迎我进去吗？"她打开门笑着对我说："欢迎，请进。"但当我进去以后，家里的三位小朋友却都各忙各的，没有人来招待我。我便对扮演爸爸的幼儿说："你看，我坐在哪里合适呀？"他拉着我的手走到小椅子前说："莫老师，你来玩，我真高兴，你坐这儿吧！"给我安排好了座位后，他们好像又有些不知所措了，我又说："我有点渴了，有什么喝的东西吗？"这时扮演孩子的幼儿跑过来对我说："冰箱里有可乐，可好喝了，我请你喝！"在游戏中老师完全融入孩子们的世界里，和他们平等地交流，充分发展幼儿的交往能力。为幼儿提供一个平等、自由、宽松能鼓励幼儿积极探索与创造的心理环境，使幼儿主动、自信地在与环境互动中愉悦学习、快乐游戏！

《幼儿园教育指导纲要（试行）》指出："幼儿园应为幼儿提供健康、丰富的生活和活动环境，满足他们多方面发展的需要，使他们在快乐的童年生活中获

得有益于身心发展的经验。"因此，根据小班幼儿的年龄特征，我们将不断创设一个完善的生活化、情境化的教育环境，激发幼儿的热情，吸引幼儿主动与环境互动，使环境成为"会说话"的环境，并且为幼儿提供一个平等、自由、宽松的心理环境，让孩子在和谐、快乐的幼儿园生活中获得有益于身心发展的经验。

生活教育视域下幼儿角色游戏开展的策略研究

广西幼儿师范高等专科学校
　白秋珍　陈莉芸

　　《3—6岁儿童学习与发展指南》指出幼儿的学习方式和特点是"幼儿的学习是以直接经验为基础，在游戏和日常生活中进行的"。角色游戏是儿童游戏中最"引人注目"的一种游戏类型。教师在幼儿角色游戏中，如何支持幼儿学习，以促进幼儿的发展，是每位幼儿教师必须关注的一个问题。

一、生活教育理念在幼儿角色游戏中的价值

　　"生活即教育"是陶行知生活教育理念的核心内容。陶行知认为，真正的教育应该贴近学习者的生活，并引导学习者在生活中获得知识、经验以及技能。他主张在日常生活中让幼儿领悟真知，生活教育理念，将教学任务延伸至社会、日常生活中，引导幼儿在做中学，通过

为幼儿提供亲自实践、检验理论知识的平台,将其培养成理论知识与实践能力达标、能为社会发展做出贡献的独立的人。

角色游戏是学前儿童按照自己的意愿、以模仿和想象,借助真实或替代的材料,通过扮演角色,用语言、动作、表情等,创造性地再现周围社会生活的游戏,又称象征性游戏。角色游戏是社会生活的再现,幼儿可以在游戏中创造性地模仿现实生活。由此可见,"生活"在角色游戏中的核心地位,这与生活教育理念提倡的"生活即教育"是高度契合的。

二、生活教育视域下开展幼儿角色游戏的策略

(一)关注生活经验,发现问题

观察是发现问题的基础,教师应在生活中有计划地观察幼儿的游戏行为,了解幼儿的兴趣和经验,识别游戏水平,以确定班级幼儿角色游戏目标。在中班角色游戏"一起去露营"案例中,教师通过持续观察、解读幼儿的游戏行为,了解他们遇到的困难,发现发展敏感区,确定角色游戏目标。

在游戏中,幼儿一会儿变成怪兽、一会儿变成小鸟、一会儿变成一家人,这些游戏情节和露营主题没有必然的内在联系,游戏材料单一。幼儿的游戏材料从始至终只有"乌龟壳",他们没有寻找其他材料的意识和行为,游戏角色意识模糊。幼儿自己提出"露营"这一游戏主题,但在游戏过程中,他们扮演的角色变化太快,没有明显的职责分工,这表明幼儿对角色认识比较模糊。最后,游戏中有交流无合作。幼儿之间有交流,但更多的是随机交流,他们之间没有任何分工和合作。

(二)链接生活经验,确定主题

近两年,亲子露营迅速在城市里火了起来,新开设的露营基地如雨后春笋般遍地开花,各具特色。"去露营"成为后疫情期间新兴的休闲娱乐方式,也为幼儿积累了新的生活经验。在露营游戏中,教师与幼儿一起在教室里外走了一圈,发现在本班教室后面的户外草坪最适合露营,那里有花、有草、有小山坡,还有水龙头。于是"一起去露营"的角色游戏就这样开始了。

（三）提升生活经验，解决问题

1. 游戏前，适时引导

"一起去露营"准备阶段，主要由教师和幼儿讨论露营所需的物品，然后由家长协助一起准备游戏材料，收集来园的材料主要有帐篷、地垫、烧烤炉、炒锅和碗筷等。随着游戏的推进，教师开始引导幼儿选择角色、制作角色牌和自制食材等。幼儿从原先一边游戏、一边分工、一边去寻找需要的材料，变成在游戏前做好计划、选好角色明确职责、提前准备食材，让游戏更有目的性和计划性。

教师在游戏准备阶段，看到了幼儿们的积极主动和专注，感受到有商有量、相互协作的和谐氛围。在选择角色时，幼儿们有主见，自己会选择角色，当角色选择有冲突时，能有办法解决，例如，尽管大友不太情愿接受结果，但是在小云的提醒下，他选择了遵守规则，这个时候千千却主动选择让大友当爸爸，他来当警察。在做计划和准备食材的环节，幼儿们分工协作，每个人主动做不一样的食材，而且在制作时非常专注，知道在教室寻找合适的材料。

2. 游戏中，适时介入

幼儿在游戏中通常会经历"探索、熟悉和创新"三个阶段，教师需要持续观察每一个阶段幼儿遇到的问题、经验的获得，并通过语言的提示、扮演角色等方式介入，以促进幼儿的发展。比如在"我们去露营"中，幼儿第一次游戏时，当幼儿拿着所有的物品到达露营基地时，他们显得有点无所适从，不知道应该先做什么？教师拿出帐篷问："谁愿意和我一起支帐篷？"源源率先表示愿意，涵涵马上举手说："我来铺垫子吧！"小云、千千和其他小朋友也陆续把烤炉和其他物品拿出来摆放，各自"忙活"了起来。

在游戏推进中，幼儿不断给教师带来惊喜。首先，游戏情节越来越丰富，从刚开始只关注"煮"的环节，到逐渐增加准备烤串、美食分享、收拾和清洗碗筷、打扫基地等情节；材料也由高结构的积塑转变到低结构的不织布、彩胶纸等。幼儿模仿的行为也越来越"像"，如烧烤时，摆开烤串方便快熟、反复翻烤肉串、撒调料，还会用刷子慢慢刷蚝油和蜂蜜等；品尝美食时，每个人选择的食物、动作表情都不尽相同。有人大快朵颐、有人细嚼慢咽，幼儿们还用餐桌语言进行交流。吃完之后，涵涵还带头用手转着纸碟一个一个清洗。教师在游戏中更多以支持者和引导者的身份参与其中。

3. 游戏后，及时总结

幼儿在整个游戏中都能围绕着露营的主题在游戏着，以涵涵和源源为主导者的露营游戏从刚开始的无所适从，到渐入佳境，当发现材料不够时，会从周围找到替代材料继续游戏。其他幼儿虽然没有直接参与主要的"劳动"，但他们一直在旁边附和、当小助手。经过第一阶段短暂的探索，幼儿们慢慢掌握了露营的基本玩法。同时，在游戏中也出现了不少问题：如在地垫上炒菜、用防蚊水当调料、材料准备不足、游戏内容主要集中在炒菜和烤肉的情节、活动后收拾整理花的时间较多。

每次游戏结束以后，教师都会有10—20分钟的游戏分享环节，帮助幼儿梳理有价值的游戏经验。同时，教师一直在推进幼儿的反思性学习：首先，引导幼儿用语言把自己的游戏内容表述清楚，理清思路；其次，通过同伴互助，利用图片、视频等载体，鼓励幼儿共同寻找解决问题的多种方式，拓展思路；最后，利用追问引导幼儿深入思考，提高他们的反思意识和能力。

此外，幼儿的游戏经验具有连续性，教师与幼儿共同创设"我们的快乐露营"反思性主题墙面。游戏小结后，教师及时把幼儿中的亮点和问题呈现在墙面上，帮助他们小步递进地形成相对系统的经验链，幼儿在不断反思的过程中，促进经验的提升，幼儿还可以通过墙面直观地了解对游戏思考的过程。

儿童角色游戏本身是儿童对自身周围生活中的各种现象进行反映的一种活动，要有效指导儿童角色游戏，首先必须理解儿童的生活。"我们去露营"的角色游戏来源于后疫情这一特殊时期，新兴的休闲娱乐方式让幼儿有了新的生活经验，他们在户外自主游戏中用语言和行为表现了出来，教师敏锐地捕捉到"露营"这一话题有可能成为幼儿学习与成长的切入点，并与幼儿有了谈话、讨论、实施、反思、总结等一系列行动。教师在"我们去露营"的游戏进程中，看到了幼儿们有极强的模仿能力和丰富的想象力、创造力，还有很好的协商合作能力，并感受到了他们自我成长的力量。

基于陶行知的生活教育理念开展的幼儿角色游戏，将游戏与生活相结合，加强了幼儿与教师、幼儿与家长、幼儿与同伴之间的互动，可帮助幼儿在生活中提升生活经验，还可增加他们的知识储备，教师应不断探索如何把生活教育理念融入幼儿的游戏中，使其终身受益。

以陶行知教育思想为指导共促家园协同发展

广西幼儿师范高等专科学校　黄晓瑜

陶行知先生是我国杰出的教育家，他所提出的教育思想为我国的教育事业发展以及现代化教育模式产生了积极的作用，摒弃以往传统教育模式上的片面性和封闭性，开辟出新路径。思想中强调在于教人求真，要尊重幼儿的天性，解放幼儿的思想，致力为幼儿打造一片安定和谐的幸福乐园。幼儿的成长离不开家庭和幼儿园，良好和谐的家园共育对幼儿身心健康发展有着及其重要的影响，积极的家园共育关系对幼儿园长远发展存在重要意义。所以在现在教育模式中应强化教师和家长对陶行知教学思想的学习与使用，把陶行知思想融入现实幼儿日常接触的人事物中，使教育模式得以更有效的提高。以幼儿园为教育核心，探讨陶行知思想下的幼儿园与家庭教育合作的具体办法与方向，希望能够挖掘出家园间的更深层次的意义，以此共促家园协同发展。

一、探索背景

陶行知先生是我国著名的教育家，写了很多令后人启发的教育理论，也对我国教育界产生了重要的影响。他的"生活教育理论""生活即教育""社会即学校""教学做合一"的教育思想影响了一代又一代人。陶行知先生认为教育离不开生活，因为生活决定教育，教育离不开生活，只有把生活作为基础的教育才能真正发挥其力量，还有教育能促进生活。他曾试图通过教育改变生活，让教育提高孩子们的生活自理能力，促进幼儿的成长与发展，注重提高幼儿各方面能力提升。

幼儿的教育作为教育基石，幼儿的成长离不开幼儿园和家庭，和谐、对的家园关系有助于幼儿健康快乐地成长。随着教育改革的不断推进和深入发展，为了更好开展学前教育阶段教育教学工作，家园共育模式的实际应用已较为广泛，同时也取得与之相匹配的效果。教育部等十三部门联合印发《关于健全学校家庭社会协同育人机制的意见》中指出："到2035年，形成定位清晰、机制健全、联动紧密、科学高效的学校家庭社会协同育人机制。"此意见的颁布进一步指明幼儿园教育与家庭教育一致性的重要，进而对家园共育模式的落地提出了更精准的要求；教育部发布《幼儿园教育指导纲要（试行）》中明确提出"家庭是幼儿园重要的合作伙伴"，着重点出家园共育中家长的重要性。家园共育模式的探索和实践不单指学校还需结合幼儿所涉及的方面建立全面、落地、积极、主动的立场，从而促进孩子的全面发展。幼儿园教育与家庭教育不能分离，更不能脱节，从教育孩子的角度看，二者应该是一个整体。以此可见，陶行知思想与我国现阶段的教育现状而言还是有不谋而合之处的。

但在当前家园协同发展的教育方式方法良莠不齐，家庭与幼儿园现状如何？家园之间面临最大的困境是什么？处于什么样的发展阶段？我们如何做好家园共育工作呢？使幼儿在成长道路上少绕圈子，让家长亲身体会到家园共育带来的益处，从而更好地配合幼儿园工作，达到家园协同发展呢？接下来笔者将来结合日常教育教学工作谈谈感受与做法。

二、家园协同发展现状

通过日常班级工作的开展观察以及跟姐妹园老师、临班老师交谈、列会研讨中，本研究发现目前普遍存在部分教师和家长对家园共育观念未引起重视，家长对家园共育模式产生的积极作用认识较浅；教师捕捉家长心里的教师形象能力不足而导致信息读取不全；家长参与活动渠道局限、双向交流机会少；教师对家长资源利用率不高，亲师关系相互不信任、有所猜忌，导致开展某项活动呈现出差强人意的效果，严重的甚至会引发家园矛盾问题。

但在实际的幼儿园和家园建构效率和效果还是留有一定的发展空间，值得教师深入思考分析家园共育中教师专业发展、家长教育意识、幼儿自身等问题，引起家园不和谐的因素较多、原因复杂、涉及面广，对正在飞速发展幼儿一线教师的生活学习工作开展发出了新挑战。为此本研究尝试运用"陶行知思想"进行指导，以便更好地立足于既有的家园共育现状，采用有效创新的策略来提高和优化其教育效果，从而提高家园共建的良好行为。

三、基于陶行知思想下家园协同重要性

1. 有利于提高家园间的良好交流

教师和家长的沟通不仅是成人间的互动，更是家园共育的必需手段。家园共育首先就要为家长提供多种渠道的交流与平等对话的平台，在此期间多听彼此的心声，从而能快速拉近幼儿教师与幼儿家长之间的距离。不同的家长需要不同的沟通方式，沟通交流的时机和地点可以根据交谈的内容而定，如果是简单的日常交流可以选择某些不影响正常开展工作的边角料时间，利用门口、走廊、接送孩子时间进行，如果涉及孩子较为隐晦的内容可选择单独的房间、地点等或通信设备进行沟通；针对幼儿近段或长时间都出现某个突出问题时可以用较长时间进行问题的探讨和交流；在沟通交流上贯彻陶行知先生的"教学做合一"，即"在劳力上劳心"。陶行知先生认为，在传统教育下，劳力者与劳心者是割裂的，会造成"田呆子"（劳力者）和"书呆子"（劳心者）两个极端。为此纠偏，就必须"一方面，老师教家长（倾听教师）——教家长教师在日常针对幼儿开展的教育教学行为；另一方面，家长做老师的老师（倾听家长）——家长分享幼儿在家中的行为表现以及采取的教育措施"。当教师与家长相互分享生活与学习中的片段行为就已经发生"生活即教育"的教学理念，让大家在对话互动中产生共鸣，找到共同适合培养幼儿的正确方式。

2. 有利于提升幼儿自主服务能力的培养

陶行知先生认为，教育离不开生活，一是生活决定教育，即教育的内容可从日常生活中得来；二是教育促进生活，即教育内容在一定程度上可以改变生

活。因此，二者相辅相成，密不可分。在区域游戏中教师可以给幼儿投放各种材质、数量充足、难易层次不同的操作材料，如让幼儿在娃娃家游戏中学会打扫卫生、穿衣、叠换衣物、分发食物等基本生活技能，还可以让幼儿将在幼儿园里学到的生活技能运用到家庭生活实践中，主动尝试帮助爸爸妈妈洗衣服、洗碗、择菜等，将在游戏化方式中获得的技能运用到生活中去，从而收获成功的喜悦。还可以适当投入某些活动材料，如创设开心生活馆、劳动日等课程，让幼儿以游戏化的方式进行日常生活活动，通过多种途径方式进行模仿学习，通过动手操作实践提高自我服务能力，收获成长的喜悦。陶行知先生的教育思想坚持"教学做合一"，不管是教还是学，最终的落脚点是做，以"做贯穿始终"。如果把"做"比成锁，那"教""学"就是打开各种锁的钥匙，当幼儿拿着这把钥匙来到生活中去尝试打开各种锁的时候，幼儿园和家庭之间纽带就拧得更紧了。

3. 有助于提高家园责任意识，家长明确自身立场

幼儿园部分家长认为幼儿园本应是孩子学习生活的地方，教育教学的任务是教师的责任与家长无关系，将"家""园"分解为两个互不相等的存在。其实不然，父母是孩子的第一任老师，家庭也是幼儿最为熟悉的环境，对幼儿的教育发展起着不容忽视的力量，所以"家""园"是不可切分的，是孩子的第一主阵地。只有高质量、良好、和谐的家园共育模式才会为幼儿提供全面、系统的相关知识体系。家长作为幼儿发展的重要参与者，需有更强的家园合作意识，积极地配合和支持幼儿园、家长的各项有理要求。孩子在幼儿园的行为举止和家庭教育是分不开的，所以家长们心中有把尺子，在指导幼儿时可把更多的机会留给孩子。

总而言之，教育是一场持久战，家园共育在这场战役中担任不可或缺的后勤保卫作用。家园共育不仅涉及园方及教师，还与家长教育理念对家园共育的认识有很大的关系，不是单方面完成就可以的。我们通过研究找到三方面共建的联结，能更好地发现问题并做出相关回应，有利于达成良好的家园共育关系。家园共育关乎幼儿的成长、关乎国家的未来，我们大家都献出一份力，共建与祖国的教育。陶行知教育本质是在于教人求真，秉承教育离不开生活的教育理念，其二者相辅相成，密不可分。在日常实践活动中，教师应谨记家长是幼儿教育的合作伙伴，幼儿园的工作需要家长的信任与支持，想要促进幼儿园教育和家庭教育协同发展就要紧密依靠陶行知教育理论。其一，利用其指导思想作为"引路人"，确保在遇到任何问题时，能"换位思考，以"教学做合

一"提醒自己如何避免成为"田呆子"（劳力者）和"书呆子"（劳心者）两个极端。其二，教师要和每户家庭进行良好的沟通，有意识地询问及了解关注每位幼儿的心身发展状况和生理状态，不断地改进自身的教学教育计划，让幼儿在上学前中后都能处在和谐愉悦的教育环境氛围中，去真正地促进幼儿全面发展。其三，幼儿的成长是在生活的潜移默化中习得而来的，让我们与家长肩并肩，手牵手，用诚信对话，用心灵沟通。

"爱满天下"思想在学前教育的实践运用

南宁市江南区第一幼儿园　李智月

一、尊重且平等对待每一位孩子

陶行知先生一生都追求着"爱"，他爱儿童、爱少年、爱教育、爱科学、爱家人、爱祖国、爱所有的人。"爱满天下"教育思想强调对幼儿个性的尊重和发展。在幼儿教育过程中，教育者应该尊重每个幼儿的独特性格和特点，因材施教，不搞一刀切，不强求幼儿按照一个标准去学习和成长。这要求教育者通过细心观察和了解每个幼儿的兴趣爱好、性格特点等，为每个幼儿量身打造个性化的教育方案。只有充分尊重幼儿的个性，才能更好地引导他们的成长和发展。

作为一名幼儿教师，更应该学习陶行知先生"爱满天下"的精神，去爱每一位幼儿。《和教师的谈话》中说道："漂亮的孩子人人都爱，爱不漂亮的孩子才是教师真正的爱。"这句话正体现了陶行知先生"爱满天下"

的教育理念。在每个班级中都会有这"漂亮的孩子"与"不漂亮的孩子"。"漂亮的孩子"指的不仅仅是长得帅气、漂亮的，还有那些表现突出、听话懂事的孩子。而"不漂亮的孩子"则会分为两种：第一种是那些捣蛋闯祸、不愿意听老师话的孩子；第二种则是那些不爱说话、默默无闻的孩子。在这两种孩子中，往往老师关注的比较多的是"漂亮的孩子"，第一种孩子虽然获得教师更多的关注，但同时得到的批评也是同样多的，第二种孩子则容易被老师忽视。不管是哪一种孩子，他们都应该得到平等的对待。在面对第二种孩子时到底该如何做呢？是一味地责备吗？如果换一种方法，效果会不会更好呢？在以下的案例中我发现：当教师用爱去触摸他们，给予他们更多的尊重和理解时，这些调皮的孩子更容易去接受教育。

　　我们班有一位特别调皮的孩子叫凯凯，他喜欢用小手去碰其他小朋友，怎么说也不听，小朋友们都不喜欢和他做朋友，他上课时也一直心不在焉的，一会儿摸摸旁边小朋友的头发，一会儿踢踢前面小朋友的椅子，在小朋友们认真做操时，他还常常跑上前去拍打小朋友，非常让我们担心和头疼，但是在一次活动中我改变了对他的看法。在一次体育活动中，洋洋和东东拿着呼啦圈当小火车一样跑来跑去，一不小心洋洋摔倒了，她坐在地上哇哇大哭起来，我连忙走过去说："没事的，老师相信你很勇敢的，不哭了好吗？"就在这时，凯凯一个人跑进了教室，出来时拿了两张纸巾，说："别哭啦，我给你擦擦眼泪吧。"说着自己蹲下来轻轻地给洋洋擦眼泪，看着凯凯的表现，我非常地感慨，抱了抱他说："你真棒！"

　　"爱满天下"教育思想强调对幼儿的关爱。教育者应该以一颗爱心去对待每一个幼儿，这是教育者对幼儿最基本的情感表达，也是最根本的关注幼儿的方式。只有通过爱心的关怀，才能真正理解幼儿，与其建立良好的互动关系。同时，教育者应该始终保持对幼儿的爱心关怀，给予他们更多的关爱和关注，让他们在温馨和谐的环境中健康成长。每个孩子都是有差异的，片面地将孩子进行比较，是会发现孩子在某一些方面存在或多或少的差异，但这并不代表孩子的全部，我们要尊重幼儿发展的个体差异，并且根据他们的差异来寻找他们身上的闪光点，并给予他们不同的表现机会，让这些闪光点无限地变大。我们不仅仅要关注那些"漂亮的孩子"，还要看到"不漂亮的孩子"，用放大镜找到每个孩子的优点，因材施教，坚持平等对待每一位孩子，不放弃他们中的任何一个！

二、走近孩子，理解的爱

"爱满天下"教育思想强调对幼儿的关爱。教育者应该以一颗爱心去对待每一个幼儿，这是教育者对幼儿最基本的情感表达，也是最根本的关注幼儿的方式。只有通过爱心的关怀，才能真正理解幼儿，与其建立良好的互动关系。同时，教育者应该始终保持对幼儿的爱心关怀，给予他们更多的关爱和关注，让他们在温馨和谐的环境中健康成长。每个人都有自己的小秘密、小世界，孩子们也有，如果我们不能理解他们就容易给孩子带来伤害。班级中会有这样的孩子——调皮好动的孩子、喜欢告状的孩子、不爱交流的孩子……教师往往会花费很多精力在他们身上，久而久之会给他们贴上标签，对他们"另眼相看"。但是，这些孩子并不是一无是处，许多调皮好动的孩子可能是最贴心的，爱哭的孩子可能是最坚强的，内向不爱说话的孩子可能是最勇敢的。对于这些孩子我们要找到切入点，换一种方式进行教育，可能会有意想不到的效果。

每天早上都是丁丁和诺诺最早进班级，他们总爱拿着玩具乱跑，一个在前面跑，一个在后面追，我经常会很生气严肃地批评他们，告诉他们不可以，可是情况也没有好转。有一次他们又在教室里乱跑了，这次他们进行了比赛，看看是谁的玩具跑得最快，这时我想到，为什么不让他们比比谁先坐到位子上呢，于是我把他们都叫了过来说："这一次你们比比谁先坐到位子上，并且先离开自己座位的也会输哦。"他们听了后很快就跑回了自己的座位上玩玩具了，还互相监督起来："丁丁你起来了，你输啦！""我是要把椅子坐好，这个不算！"

我们的毛豆是个脾气比较倔的男孩子，有一天妈妈来接晚了，他准备去拿积木玩，一不小心积木撒了一地，我看到后请他将积木捡起来，可他却莫名发起脾气来，把篮子里剩下的积木也扔了出来，还用脚用力踩，没想到没站稳，自己摔了一跤，他哇哇大哭起来，我拿了纸巾走过去，蹲下将他扶了起来，摸摸他的头说："为什么要发脾气呀？积木被你扔得满地都是，它们也摔疼啦，以后不能再将玩具扔地上了好吗？"毛豆还是不停哭着，并且不停往我怀里钻，他说："我要妈妈来捡。"这下我知道了，原来是他看到别的孩子都被接走了，也想妈妈早点来接他。我问他："是不是想妈妈了所以才发脾气呀？"他哭着说："要妈妈来。"我笑着和他说："积木现在也躺在地上呢，它们本来在自己的篮子家里待得好好的，现在却被你扔到了地上，也回不了家了，我们去把它们先送回家好吗？"他呆呆地看着我，我摸摸他的头说："那我们来一次比赛吧，看我们谁先把积木送回家，如果你赢了我就给你一个大苹果，并且马上打电话给妈妈让她快点来接你好吗？"毛豆听了赶紧跳了起来，蹲下捡积木了，正当捡到一半时妈妈来了，他开心地跑到妈妈身边说："妈妈我送积木回家啦！"

在这些调皮孩子们的身上我们会发现，教师以引导者的身份能更容易让孩子发现自己的错误，而不是一味地指责、批评他们。教师应试着去理解他们，在平时多给他们一些关爱，不吝啬我们的语言、表情和鼓励，通过不同的方法让孩子们感受到老师的爱。这些调皮的孩子往往是在缺乏爱的环境中成长的，我们更应用满腔的热情去关心他们、亲近他们，增强彼此的信任。

三、学会共同的爱

爱不是一个人单向的，是多人共同的，教师在对孩子们进行爱的教育的同时，也应该让孩子们学会爱别人，学会与人交往。"爱满天下"教育思想强调师生情感的交流和互动。在教育过程中，教育者应该积极倾听幼儿的心声，关注他们的需求和感受。教育者和幼儿之间应该建立起亲近和谐的师生关系，促进师生之间的情感交流和互动。这要求教育者注重培养幼儿的情感体验和情感表达能力，建立良好的情感沟通机制，促进师生之间的良好互动。

每次在玩游戏的时候总会听到这样的声音："老师，他拿我东西""老师他踩到我了""对不起，我不是故意的""没关系"。孩子们学会了在犯错后道歉，但是道歉之后还会犯，他们认为说了对不起就会没事了，老师就不会批评他们了，觉得不管做错什么事情，只要说对不起就能解决，但这真的解决了吗？很显然并没有。但孩子做错事情时，除了要说对不起，还应该知道自己哪里错了，为什么错了，以后应该如何做，这些都需要老师的引导，让他们明白错误的所在，是真心悔改，而不是一味道歉。谁对谁错，谁是谁非？这一切的"裁决者"是教师、是成人，在拥有了巨大权力的同时，我们更应该切实履行自己的职责，还孩子一个真相，还孩子一个公道。

在孩子的世界中，经常会有摩擦，我们应该如何处理好这些突发状况呢？教师应该详细询问几位看到事情发生的孩子，了解事情发生的过程，而不是单单询问："你是故意的吗？快去和他道歉！"如果在没有了解事情的经过而草率地进行"判决"，只会造成一桩桩"冤案"，孩子的心灵会受到伤害，也会引起他们的不满，淡化了师生之间的感情，更会使孩子们失去自己化解矛盾、解决冲突的机会。在遇到矛盾时，教师应该给孩子一个自己解决矛盾的机会，让孩子自己去尝试解决、协商，让他们在实际生活中学会与人发生冲突时该如何解决。

"爱满天下"教育思想还强调教育者的自身修养和素质。在幼儿教育工作中，教育者应该具备高尚的师德和良好的职业素养，以身作则，成为幼儿的榜样和引导者。只有素质高、修养好的教育者，才能给幼儿带来真正的教育。在面对各种各样的孩子，教师要做的不是直接去帮孩子解决各种矛盾、问题，而是要根据不同的情况，让孩子不断地成长、一点一滴积累经验。

教师这个职业是单调的，教师的工作也是辛苦的，陶行知先生以"爱满天下"的博大胸怀，以"捧着一颗心来，不带走半根草去"的献身精神，把满腔爱心都给了每一位学生，陶行知先生"爱满天下"思想的每一个部分都是相辅相成的。"爱满天下"的教育思想在幼儿教育中有着重要的影响。它提醒教育者以爱为出发点，关注每一个幼儿的成长和发展，积极与幼儿进行情感交流和互动，从而帮助他们健康快乐地成长。同时，它也强调了教育者的自身素质和修养的重要性，只有具备高尚的师德和良好的职业素养，才能成为幼儿的榜样和引导者。在将"爱满天下"思想进行实践时，我们要平等地爱每个孩子、理解孩子的爱，只有教师心中充满爱，才能做到真正地爱孩子，才能融入孩子的生活中去。教书育人是爱的事业，我们要把爱的事业发扬光大！

陶行知教育思想对当代幼儿园教师专业发展的启示

南宁市江南区第一幼儿园　金玲玲

一、陶行知的教育思想的核心内容

（一）"生活即教育"

"生活即教育"是陶行知先生提出的一个重要教育思想，他认为生活本身就是最好的教育，强调教育与生活的紧密结合。陶行知认为，生活是教育的源泉，教育应该从生活中来，到生活中去。教育应该与生活紧密结合，注重培养学生的实践能力和创新精神。他主张教育应该回归生活，以生活为中心，在生活中进行教育，通过教育来改造生活。教育应与生活实践相结合：教育不能仅仅停留在课堂上，而应该与生活实践相结合，通过实践来加深对知识的理解和掌握。

（二）"社会即学校"

社会是教育的大课堂，教育应该面向社会，为社会服务。他提出了"社会即学校"的思想，鼓励学校与社会相结合，让学生在社会实践中学习和成长。他认为，社会是一个充满知识和智慧的宝库，学生可以通过参与社会实践，获得丰富的知识和经验。

（三）"教学做合一"

教学应该以实践为中心，教师应该引导学生在实践中学习和成长。他提出了"教学做合一"的思想，强调教学应该注重实践，让学生在实践中掌握知识和技能。他认为，只有通过实践，学生才能真正理解和掌握知识，才能培养出实践能力和创新精神。

（四）解放儿童的创造力

儿童是有创造力的，教育应该解放儿童的创造力，让儿童自由地思考和探索。他提出了"六大解放"的思想，即解放儿童的头脑、双手、眼睛、嘴巴、空间和时间，鼓励儿童自由地发展。他认为，只有解放儿童的创造力，才能培养出具有创新精神和创造能力的人才。

（五）全面发展的教育

陶行知认为，教育应该注重学生的全面发展，包括智力、体力、情感、道德等方面的发展。他提出了"生活教育"的思想，强调教育应该以生活为中心，培养学生的实践能力和创新精神。他认为，只有全面发展的教育，才能培养出全面发展的人才。

二、当代幼儿园教师专业发展的现状

幼儿园教师的专业发展是指幼儿园教师不断提高自己的教育教学能力和专业素养的过程。幼儿园教师的专业发展对于提高幼儿园教育质量、促进幼儿身心健康发展具有重要意义。目前，幼儿园教师专业发展的现状如下。

（一）教师学历层次提高：随着教育事业的不断发展，幼儿园教师的学历层次也在逐步提高。越来越多的幼儿园教师拥有大专及以上学历，其中本科和研究生学历的幼儿园教师比例也在逐年上升。

（二）教师专业素质提升：当代幼儿园教师普遍具备了较高的专业素质，包括教育教学能力、教育科研能力、教育实践能力等。同时，教师们也注重自身专业水平的提升,通过参加培训、研讨会、学术交流等活动不断提高自己的专业素养。

(三)教师待遇福利改善:随着国家对学前教育事业的高度重视和投入力度的加大,幼儿园教师的待遇福利也有了明显的改善。许多幼儿园为教师提供了较为完善的薪酬福利体系,包括五险一金、带薪休假、节日福利等。

(四)教师职业吸引力增强:随着社会对学前教育事业的关注度不断提高,幼儿园教师的职业吸引力也在逐渐增强。越来越多的优秀人才开始关注学前教育领域,并选择成为一名幼儿园教师。

(五)教师队伍稳定性提高:随着幼儿园教师待遇福利的改善和职业吸引力的增强,教师队伍的稳定性也在逐渐提高。越来越多的幼儿园教师选择长期从事幼教工作,并逐渐成为幼儿园教育的中坚力量。

需要注意的是,虽然当代幼儿园教师专业发展现状整体向好,但也存在一些问题。比如,不同地区、不同类型幼儿园教师的发展水平存在差异,教师的职后培训和发展机会还不够充分等。因此,需要进一步加强政策支持、完善培训体系、提高教师待遇等措施,以促进幼儿园教师专业发展的全面提升。

三、陶行知教育思想对当代幼儿园教师专业发展的启示

(一)强化教师培养体系

建立完善的幼儿园教师培养体系,提高教师职业门槛,加强对教师的专业知识和技能的培养。同时,注重对教师教育理念和教学方法的更新和提升,以适应时代的发展和社会的需求。

(二)强调实践和体验

将教育与生活实践相结合,引导幼儿在生活中学习、体验和成长。同时,关注幼儿个体差异和特点,根据幼儿的兴趣和需求进行因材施教,促进每个幼儿的全面发展。在幼儿园中,教师可以通过各种活动来实践陶行知的生活教育理念。例如,在幼儿园的园艺区,教师可以带领孩子们种植蔬菜和花卉,让孩子们亲身体验植物的生长过程,了解植物的需求和生长规律。在这个过程中,孩子们不仅学习了科学知识,还培养了他们的观察力、耐心和责任感。

另外,教师还可以组织孩子们参观当地的农场或农贸市场,让孩子们了解

食物的来源和生产过程。这样的活动不仅可以帮助孩子们认识不同的食物和农业生产方式，还可以培养他们的环保意识和养成健康饮食习惯。

在幼儿园的日常生活中，教师也可以引导孩子们学会自理，如自己穿衣、洗脸、刷牙等。通过这些活动，孩子们不仅学会了生活技能，还培养了他们的独立性和自信心。

（三）完善教师培训和发展体系

建立系统的幼儿园教师培训和发展体系，提供多样化的培训课程和实践活动，帮助教师提高专业素养和教育教学能力。同时，鼓励教师进行自主学习和研究，提升教师的创新意识和实践能力。

（四）加强与家庭和社区的合作

幼儿园应与家庭和社区紧密合作，共同为幼儿提供良好的成长环境和教育资源。通过与家长的沟通和合作，了解幼儿的生活环境和兴趣爱好，为幼儿提供更加贴近生活的教育和关爱。同时，与社区合作开展各种实践活动和文化交流活动，拓展幼儿的学习视野和社交圈子，促进幼儿的全面发展。

1. 家长参与课程：幼儿园可以邀请家长参与课程，例如请家长来园给孩子们讲故事、教孩子们做手工等。这样不仅可以增强家长与孩子之间的互动，还可以让孩子们更好地了解家庭和社会。

2. 社区活动：幼儿园可以与周边社区合作，组织孩子们参加社区活动，例如参观社区图书馆、博物馆、消防站等。这样可以让孩子们更好地了解社区和社会，增强他们的社会意识和责任感。

3. 亲子作业：幼儿园可以给孩子们布置一些与家庭生活相关的作业，例如让孩子们帮助家长做家务、记录家庭生活等。这样可以让孩子们更好地了解家庭生活，增强他们的家庭意识和责任感。

4. 家长会议：幼儿园可以定期召开家长会议，与家长沟通孩子的学习和生活情况，了解家长的需求和意见。这样可以加强家长与教师之间的合作，共同促进孩子的成长。

5. 亲子活动：幼儿园可以组织亲子活动，例如亲子运动会、亲子手工制作等。这样可以增强家长与孩子之间的互动，让孩子们感受到家庭的温暖和关爱。

（五）营造良好的教育环境

幼儿园应营造一个温馨、和谐、安全的教育环境，让每个幼儿感受到关爱和支持。同时，加强校园文化建设，培养幼儿的文化意识和跨文化交流能力，为幼儿的未来发展打下坚实的基础。

陶行知的教育思想强调以儿童为中心，注重培养儿童的自主性和创造性，这对当代幼儿园教师专业发展具有重要的启示意义。幼儿园教师应该尊重儿童的个性和需求，创造宽松自由的学习环境，鼓励儿童自主探索和发现。生活教育理念主张教育与生活相结合，这意味着幼儿园教师需要关注儿童的生活经验和实际需求，将教育内容与生活紧密联系起来，让儿童在生活中学习和成长。"教学做合一"思想强调实践和体验的重要性，这要求幼儿园教师在教学过程中注重实践活动的设计和组织，让儿童通过亲身参与和体验来学习和发展。陶行知的教师观强调教师的专业发展和自我提升，这提醒当代幼儿园教师要不断学习和更新知识，提高自己的教育教学能力，以适应时代的发展和儿童的需求。

总之，陶行知的教育思想对当代幼儿园教师专业发展提供了宝贵的启示。幼儿园教师应该以儿童为中心，关注生活教育，注重实践和体验，不断提升自己的专业素养，为儿童的成长和发展提供优质的教育服务。然而，由于研究条件和时间的限制，本研究还存在一定的局限性，需要在未来的研究中进一步完善和深入探讨。

陶行知教育思想视角下幼儿园劳动教育研究

南宁市江南区第一幼儿园 何 静

一、相关概念界定

（一）陶行知教育思想

陶行知的教育思想对中国教育产生了深远的影响。陶行知倡导的教育理念主张将教育与生活相结合，注重培养学生的实践能力和创造精神。他主张以儿童为中心的教育，强调儿童的自主学习和个性发展，提倡从儿童的兴趣、探索和体验中引发学习动力。陶行知的教育思想在幼儿园教育中具有重要的指导意义。

（二）幼儿园劳动教育

幼儿园劳动教育是指在幼儿园阶段，通过组织幼儿参与各种劳动活动，培养其实际动手能力、合作意识和社会责任感的教育活动。劳动教育是幼儿园的重要组成部分，旨在培养幼儿的实践能力、观察力、动手能力和创造力。通过劳动教育，幼儿能够从实际的劳动实践中获得知识和技能，增强对生活的理解与参与感。幼儿园劳动教育的目标主要有两个方面：首先，培养幼儿的实践能力和动手能力，使他们能够独立完成一些简单的劳动活动，如整理书桌、扫地等；其次，通过劳动教育，促进幼儿的全面发展，包括认知、情感、社会交往等各个方面。幼儿通过劳动教育可以感受到自己的成长和进步，培养积极向上的心态和自信心。幼儿园劳动教育的概念和目标符合陶行知教育思想中注重实践和创造的理念。通过劳动教育，幼儿能够在实践中获得知识和技能的探索，培养自主学习和创造能力。幼儿园劳动教育的实施需要充分发挥幼儿的主体性和积极性，为他们提供创造性、有挑战性的劳动机会，以促进他们的成长和发展。

二、幼儿园劳动教育在陶行知教育思想中的地位

（一）帮助幼儿进行实践探索和知识积累

幼儿园通过组织各种劳动活动，如扫地、擦桌子等，让幼儿亲身参与其中，通过实际的劳动实践，他们可以感受到物体的属性、形状和重量等，了解自然和社会规律。在实践中，幼儿不仅能够获得具体的经验和技能，还可以从中积累知识，促进认知能力的发展。

（二）培养幼儿的合作意识和社会责任感

在劳动活动中，幼儿需要与其他幼儿合作，共同完成任务。在合作中，幼儿能够学会倾听和尊重他人的意见，理解和包容不同的观点和行为方式。同时，还能够培养他们社会责任感，明白自己在集体中有责任和义务，学会关心和帮助他人，培养公民意识和社会道德观念。

（三）促进幼儿的身心健康和全面发展

通过劳动活动，幼儿可以积极参与体力劳动和手工制作，锻炼身体，培养动手能力，促进大脑和手眼协调能力的发展。同时，劳动活动还可以提供情感交流和创造性思维的机会，培养幼儿的想象力和创造力，促进感性认识和情感体验的发展。

三、幼儿园劳动教育对幼儿的影响

（一）促进幼儿的身体发展

在劳动活动中，幼儿需要进行各种体力劳动，如扫地、搬运较轻的物品等。这些劳动可以锻炼幼儿的身体，增强他们的体力和耐力。同时，体力劳动还可以培养幼儿的动手能力和协调能力，提高他们的手眼协调和运动技能。通过长期的劳动活动，幼儿可以拥有一个健康、强壮的身体。

（二）促进幼儿的认知发展

在劳动活动中，幼儿需要观察、分析和解决问题，从实践中获取知识和经验。他们可以通过劳动活动了解到生活中的各种事物，认识到不同物品的属性、形状、材质和功能等。同时，劳动活动还可以培养幼儿的观察力、思维力和逻辑推理能力，提高他们的认知水平和解决问题的能力。

（三）促进幼儿的情感和社会交往发展

在劳动活动中，幼儿需要与其他幼儿合作，共同完成任务。在合作中，幼儿可以学会倾听、尊重和理解他人的意见，培养良好的人际关系和合作意识。同时，劳动活动还可以培养幼儿的自信心和责任感，让他们学会关心和帮助他人，培养公民意识和社会责任感。

（四）促进幼儿的创造力和主动性发展

在劳动活动中，幼儿需要动手操作和解决问题，培养他们的实际动手能力和创造精神。通过实际的劳动实践，幼儿可以体验到自己的成长和进步，增强积极向上的心态和自信心。同时，劳动活动还可以提供培养创造性思维的机会，增强幼儿的想象力和创新能力，促进幼儿的艺术修养和审美能力的发展。

四、幼儿园劳动教育的实施方法与策略

（一）幼儿园劳动教育的实施方法

1. 注重情境创设

为了让幼儿更好地参与到劳动活动中，教师可以创设具有情境感的环境，

例如搭建一个小型种植区或菜园，让幼儿亲身参与种植、浇水、收割等活动。这样可以提高幼儿的主动性和参与度。

2. 鼓励自主选择

教师可以根据幼儿的兴趣和特长，给予他们一定的选择权，让他们在劳动活动中有所发挥和表现。例如，可以设置不同的劳动任务，让幼儿根据自己的意愿选择参与其中，这样可以增强幼儿的主动性和积极性。

3. 设置适当的奖励和激励机制

可以为幼儿设立个人或小组的劳动积分制度，根据幼儿的努力和贡献给予一定的奖励和鼓励，例如表扬、徽章等。这样可以激发幼儿的学习积极性，激发他们参与劳动活动的热情。

4. 合理安排劳动活动的时间和内容

教师要根据幼儿的年龄特点和生理需要，设置适度的劳动时间，避免过度劳累。同时，要选择符合幼儿发展特点的劳动内容，确保每个幼儿都能在劳动中得到一定的收获和成长。

（二）幼儿园劳动教育的对策

1. 注重教师的专业培训和指导

教师是幼儿园劳动教育的主要承担者，需要具备一定的专业知识和教育技能。因此，幼儿园应注重对教师的培养和培训，提升他们的教育水平和专业能力，使他们能够更好地开展幼儿劳动教育工作。

2. 加强与家长的沟通和合作

家长是幼儿的第一任教师，与家长密切合作可以更好地促进幼儿园劳动教育的实施。幼儿园可以通过家长会、家访等形式，与家长分享幼儿劳动教育的理念和方法，征求家长的意见和建议，在家庭中形成积极的劳动教育氛围。

3. 加强与社区和社会资源的合作

社区和社会资源丰富多样，可以为幼儿园劳动教育提供更多的实践机会和资源支持。幼儿园可以与附近的农场、农业种植基地等机构建立合作关系，组织幼儿参观或参与实际的劳动活动，使他们能够更深入地了解劳动的意义和价值。

五、陶行知教育思想在幼儿园劳动教育的应用案例

陶行知教育思想强调培养学生的实践能力和创造能力，在幼儿园劳动教育中的应用可以取得良好效果。以下是一个具体案例。

某幼儿园根据陶行知教育思想的要求，以幼儿园周边的自然环境为基础，开展了一次以"探索小小科学家"为主题的劳动教育活动。活动旨在通过幼儿在自然环境中的观察和探索，培养他们的观察力、想象力和动手能力。

在这次活动中，幼儿先进行了一次小小科学家的培训，学习了科学探索的基本方法和技巧。然后，幼儿们在教师的指导下，亲自动手进行了一系列实地观察和探索活动，例如观察昆虫的生长变化、观察植物的生命周期等。幼儿在活动中不仅学会了观察和记录，还培养了他们的动手能力和团队合作精神。

通过这次活动，幼儿园实现了对幼儿劳动教育的有效实施。幼儿们在自然环境中的观察和探索，不仅增长了知识，还培养了他们的实践能力和创造能力。同时，这次活动也使幼儿更加意识到劳动的重要性，并在其中体验到了快乐与成长。

以上案例表明，陶行知教育思想的应用可以有效促进幼儿园劳动教育的实施，培养幼儿的实践能力和创造能力，提升他们的自信心和团队合作能力。因此，在幼儿园劳动教育的实施中，可以借鉴和运用陶行知教育思想，以更好地培养幼儿的全面发展。

综上所述，幼儿园劳动教育在陶行知教育思想的指导下，通过实际的劳动实践，促进幼儿的实际动手能力和创造精神的发展，对幼儿的全面发展起着积极的促进作用。评价幼儿园劳动教育的效果可以从幼儿的参与度、动手能力、社会责任感、合作意识以及身心健康等方面进行。未来的发展应该进一步深化和创新劳动教育的内容和形式，加强对教师和家长的培训和指导，实现幼儿园劳动教育的全面发展和提高。

生活教育理论在幼儿园教学活动中的应用

南宁市江南区第一幼儿园　陈渊凤

一、幼儿生活教育中开展教学获得的意义

学前教育是社会教育的重要构成部分，主要以3—6岁的幼儿为主体对象，有利于幼儿的身心发展，为幼儿进入社会生活的适应能力提供重要的帮助。生活教育教学活动与幼儿身心发展十分契合，提倡通过实际提升个别幼儿的发展水平，和传统的教育存在着本质上的个别差异，对于幼儿全面发展十分重要。

发散激发幼儿的想象力，使得幼儿思维空间创新发展地构成。在幼儿园教育教学活动中，引导幼儿在实践生活中探索和感知，促进幼儿想象力的发展。幼儿园教师经常会用到角色扮演游戏的方式开展教育教学活动，虽然幼儿扮演的角色是假的，但是幼儿却能够用真实的动作与语言对角色对象进行一个模仿，在开展角色扮演游戏过程中更有效地锻炼了幼儿的想象力，促进了幼儿

空间思维创造的不断形成。

激发幼儿参与活动的兴趣。在幼儿园生活中开展教育教学活动，幼儿可以在集体环境中结交到更多的同伴，使幼儿在集体活动的带动下对参与活动的兴趣会更高，提高幼儿对活动的参与兴趣，幼儿能够在教育教学活动中提高和其他小朋友交流沟通的能力，感知到集体生活的乐趣，能够帮助于幼儿对社会性认知的提升。

也有利于幼儿独立解决问题能力的发展形成。根据"生活即教育"理念开展教育教学活动，教师需要将教育教学活动与生活实践有关联，建造一个轻松愉快的生活情境，激发幼儿对生活的兴趣探索，引导幼儿根据生活情境开展各项活动，有利于帮助幼儿独立解决问题能力的提升，能够获得有效提升教育的成效。

幼儿语言表达能力的提升。幼儿园开展生活教育教学活动，教师要充分发挥幼儿的主体地位，在活动中为幼儿创设兴趣性、探索性、使幼儿自由交流和体验的环境和材料，激发幼儿主动积极地与环境相互作用，来获得相应的知识经验。教师应该营造一种平等、宽松、自由的活动氛围，满足幼儿需要和意愿的同时，能够潜移默化发展幼儿的自主性。幼儿在活动中锻炼自身的表达能力，促进幼儿语言表达能力的发展。

二、幼儿教育教学活动方式的生活化

陶行知的生活教育理论认为，实现教育的生活化，要在日常生活中融入教育活动，实际的生活日常为教育教学的开展、教学活动的开展，幼儿教师要非常重视教育对幼儿生活的引导与探索认知，促进幼儿对生活实践的体验，在生活实践中发现问题，解决问题。例如，在幼儿"植物观察"的区域活动中，幼儿对植物角的一盆或几盆花卉植物进行长期的观察记录活动，能够按时地对花卉植物的生长高度进行观察测量，对植物的生长状态进行观察，做好对应的观察记录。这些有助于帮助幼儿养成良好的观察发现问题的习惯，提高幼儿的观察能力，幼儿也能了解从而再掌握一些观察方法和自然测量的基本技能，幼儿也能够体验了测量工具的实际有效的成果，促进了幼儿对生活实践的认知。

教师还可以把我们国家的节日氛围渗透到生活化教育中。节日氛围对幼儿来说是非常具有吸引力的，幼儿园也经常会举办各种各样的节日活动，其中包括传统节日元旦、端午、中秋、国庆。这些节日氛围不仅能够激起幼儿参与的积极性，大部分节日还具有非常浓厚的节日活动氛围，这样对幼儿的生活化教育教学是非常有帮助的。所以，教师可以利用不同节日的氛围让教育教学活动更加贴近幼儿的实际生活。例如，在国庆节时教师可以在幼儿的一日生活活动中播放关于国庆的歌曲，带领幼儿学习《我和我的祖国》《今天是你的生日》等一些和节日相应的歌曲，还可以开展爱国故事的讲故事比赛，幼儿在音乐和生活实际中激发幼儿的爱国情怀，组织相关的爱国主义教育教学活动。在中秋节活动时，教师可以利用一些与中秋节相关的童谣，比如《八月十五月儿圆》《月儿圆》等，童谣中对节日的描绘能让幼儿从中了解关于中秋节节日的习俗，还可以开展生活实践课做月饼等活动感受节日的氛围。幼儿的动手能力不仅得到了有效的提升，也能够在传统节日活动中感受到民族的自豪感。

幼儿园的一日生活活动是非常丰富有趣的，幼儿教师应认真观察和思考，幼儿的教育教学活动能够和幼儿园的一日生活流程联系起来，促进幼儿的教育教学活动中生活性的提高，在实际生活活动中，幼儿能够有一定的提出问题和解决问题的能力，在生活实践中领会知识、提高幼儿拓展思维能力。培养幼儿的生活观察力和发现问题的能力，在一定程度上提高了幼儿在实践中提出问题解决问题的能力，促进了幼儿空间思维能力的发展。

三、生活教育理论在幼儿教育中的应用策略

（一）构建集体教学活动，提高幼儿学习能力

集体教学是幼儿园教育活动中最为常见的一种教学方法，教师主要运用集体讲述或者传授的方式授课，帮助幼儿了解不同的知识，幼儿只需要认真听老师讲与观看即可。可见，集体教学活动主要是以教师为主导地位，幼儿处于从属的被动地位，这样的教学模式会一定范围内限制了幼儿的主动学习意识发展，与幼儿身心发展规律相悖。在"生活即教育"的教育理念中更加关注幼儿的学习感受与实践，注重幼儿在实践活动中亲身经历与感受，在学习知识技能的同时收获生活经验，使幼儿被动学习转变为主动探索学习。幼儿的教育教学需要重点突出幼儿园不同学科知识的特点，教学活动的设计可以根据幼儿已有的生活活动经验来设计，以此来促进幼儿教学活动的效果。比如，在开展数学活动时，可以为幼儿设计"我为餐具搭配"，引导幼儿尝试给餐具平均分配的方法。让幼儿运用已有经验点数的方式，对餐具数量进行记录，在活动过程

中，幼儿尝试运用点或者圈对结果进行记录，在记录过后与同伴分享点数的方法，促进幼儿互相学习。在活动过程中，教师不应限制于一种方式，可以让幼儿尝试多种方式，让幼儿来分享表达自己用的方式和得出的结果，教师只需要注意观察与倾听，为幼儿提供科学的建议与指导，帮助幼儿对活动进行总结。在数学活动中使幼儿能够积极地参与到其中，激发幼儿的探索欲望，在不断的尝试与总结过程中，幼儿学习到相应的知识经验。还可以运用幼儿日常生活中的物品构建相关的情境，减少幼儿与知识之间的距离，使幼儿更深度地理解和掌握数学知识，提升教育教学活动的效果。

（二）开展生活活动，增强幼儿生活技能

"生活即教育"的教育理念倡导幼儿在生活中感受与实践，最后在形成生活经验的同时掌握了生活技能。为此，教师应该将生活活动教育教学应用到幼儿的教育，将生活教育目标作为幼儿实践的重要途径。除了在教学活动中传授知识，还可以引导幼儿观察生活，了解基本的生活经验与本领，例如穿衣、吃饭、如厕、盥洗、睡觉等，培养幼儿形成基本的生活自主能力。在开展生活技能教育教学中，教师应基于安全的原则开展各项活动，在生活活动中有意识地渗透安全意识到各个活动中，引导幼儿积极参与不同的教育教学生活活动，在活动中收获真实的体验，让幼儿养成良好的生活自理习惯，掌握基本生活规律。教师应创新教育教学活动形式，生活教育教学活动中应把情境教学法运用到其中，为幼儿创建轻松愉快氛围的自主生活情境，引导幼儿在情境中形成一个讲卫生讲文明的良好生活习惯。例如，教师可为幼儿播放《我爱洗手》动画视频，并在幼儿观看后提问："小朋友们，动画中的小朋友怎么了？"这时，幼儿根据教师的提问对所看到的动画情境进行回想，并回答说道："小朋友不洗手，手上有很多的细菌从嘴巴跑到身体里面去了。"教师再次提问："那么你们有什么办法不让细菌跑到身体里面呢？"此时，幼儿就可以通过实际生活经验提出解决办法了。在幼儿讲述表达时，教师拿出事先准备好的教具——七步洗手图、洗手液和水，引导幼儿演示如何洗手。教师也可以将幼儿演示洗手的方法录制成视频，在活动或者家园共育中分别呈现，还可以让幼儿想一想还有没有其他的更好的洗手方法。情境演示，幼儿不仅了解了不同的洗手方法，还能够积累更多的生活经验。幼儿的生活技能培养，可以使幼儿形成良好的卫生习惯。

（三）构建生活活动社会实践，培养幼儿生活实践能力

社会实践是幼儿生活能力培养的有效途径之一。所以，幼儿生活活动教育中，教师应创建生活教育教学社会实践活动，促进幼儿对社会的认知。与此同时，教师需要为幼儿提供或创造一个接触自然环境的机会，创建对幼儿身心有益的教育教学活动环境，在实践活动中幼儿能够释放天性、锻炼自身的实践能力。社会实践活动的类型非常丰富，教师在组织实践活动中应该突出教育教学活动的原则。教师可以尝试设计科学实践的探索活动、亲近大自然的游戏体验、组织春游秋游的农场种植体验等社会实践活动，在大自然中探索与学习能够使幼儿发掘感受大自然的奥妙，激发幼儿创新思维，幼儿教育教学活动效果的提升，促进了幼儿身心的全面发展。

教师还可以在幼儿园中组织亲近自然、感受春天秋天、感受生活的主题活动，还可以利用家长开放日邀请家长一同参与。在活动开展之前，教师应该为幼儿提前准备好相应的道具，如一些儿童安全护具等，能够保证让社会实践活动的安全开展。

教师可以组织开展一些农场体验活动，在开展过程中，幼儿的安全注意事项教师与家长应该做相应的讲解，引导幼儿对安全意识的重视，使幼儿能够养成自我保护的安全意识，避免幼儿受伤，使幼儿对农场的植物进行仔细的观察。例如，教师和家长需要让幼儿知道在参与活动的过程中要有序，保持安全距离、不打闹、不推不挤、不追跑、不大声吵闹。在游玩过程中，还可以以家庭为单位开展活动，家长只需要按照教师的要求照看自家的孩子，不能破坏周围的环境与公物。教师可以让幼儿不定期集合，让他们尝试讲述在活动中自己的发现，促进幼儿掌握生活技能，教师可以在实践活动中为幼儿提出相关的任务，幼儿在家长的带领下探索与完成任务。比如，在观察中发现的、没有见过的植物要求幼儿运用绘画的方式记录下来，尝试记录都看到了哪些蔬菜与瓜果，引导幼儿有目的地了解植物，使幼儿更加用心有目的地观察，提升幼儿生活活动的体验。

还可以分组进行活动，引导幼儿观察马路、十字路口，向幼儿讲解交通规则，让幼儿对街道中的车辆与行人进行观察，使幼儿知道遵守交通规则的重要性。教师还可以带领幼儿对幼儿园周边的环境进行观察了解，对周边的建筑物进行了解，积累幼儿的生活经验。

在日常教育教学活动中组织开展关于垃圾分类主题教育教学活动，向幼儿

渗透环保的意识，培养幼儿保护环境的意识，提高幼儿参与实践活动的兴趣。教师还可以组织幼儿设计适合的区域标语，来提醒大家保护环境、爱护环境、不乱扔垃圾。在开展这样的活动中促进幼儿的社会责任感，让幼儿感受自身的行为与社会的关系，从而积极遵守社会秩序，保护社会环境。

综上所述，学前教育时期的发展是非常重要的，我们要保护幼儿的童真和好奇。所以在让幼儿接受教育的时候不能泯灭幼儿爱玩、好奇的心态，"生活即教育"作为幼儿生活教育教学活动的重要活动之一，能够有效激发幼儿主动参与活动，贴近幼儿的生活活动，使幼儿园的教育活动成为"生活"与"教育"的结合，能够促进教学任务的顺利完成，对教育目标具有积极的促进作用。因此，在幼儿园教师的眼中应越来越受到重视，要更多地发挥其独特的寓教于乐的功能，能促使每一个幼儿在原有的水平上得到进步，促进幼儿德、智、体、美各个方面的全面发展。

生活教育理论在幼儿园大班户外自主游戏中的应用

南宁市江南区第一幼儿园　刘石凤

一、陶行知教育思想在户外自主游戏中的应用价值

陶行知教育理论中的精髓为"生活教育理论"，其中包括了"生活即教育""社会即学校""教学做合一"。生活教育理论思想落实了素质教育理念的要求，将传统的以"智育"为中心转为"全面发展"，让幼儿在亲身经历、实际体验中获取全新的学习情感，在放手游戏与大胆创新中实现能力与思维的同步发展，将学习的自主权交还给幼儿。

"生活即教育""社会即学校"，前者是理论的核心内容，教育蕴含于五彩斑斓的生活之中，幼儿在生活中接触新事物、了解新事物时，也在生活中汲取、实践学习内容，获取直接的感性经验；"社会即学校"即在这个对幼儿来说只踏入了半只脚的社会也是一个新的学习环

境，这对幼儿有重要的影响。幼儿了解社会的过程中，会因受到社会关注与关爱，从而减少为外在环境所裹挟的危机感，产生信任感，发展健康的心理。将其理论寓于户外自主游戏之中，是让幼儿在情绪情感中产生热爱，在心态上能够积极主动地接受新知，探索未知。另一方面，陶行知提出的"教学做合一"，即在游戏中"教"幼儿相关的游戏内容：积极影响、与游戏相关联的经验与知识、游戏相关规则等，为幼儿创造学习空间。让教与学同时进行，再通过实际参与活动过程，让每个幼儿能发挥主观能动性，参与到户外自主游戏中去，体验户外自主的游戏魅力，抒发自己内心的真实感受，表达真实的情绪。

二、现阶段幼儿园户外自主游戏教学的现状分析

少数教师的教学理念较为传统，教师的教学观对幼儿户外自主游戏的开展有很大的影响。有的幼儿园教师设计户外自主游戏活动时注重游戏的效果，受传统教学理念的影响，忽视幼儿的主体地位及个体差异，影响了幼儿探究能力及解决问题能力的发展。不同幼儿所喜欢的游戏内容、游戏形式、游戏类型不同，如果一味以满足大部分幼儿的游戏需求而忽略了少部分幼儿的游戏向往心理，可能会导致该部分幼儿认为教师不重视自己的想法，进而产生失望的心理，影响幼儿与教师之间的交流。教师要更新教学理念，引导幼儿有效开展户外自主游戏，促进幼儿的全面发展。

忽视幼儿生活经验对户外自主游戏有效开展的作用。参加户外自主游戏活动对于幼儿的成长和发展有很大的作用，但一些教师忽视了幼儿的生活经验，强调去模仿已有的游戏案例，但是孩子的生活经验与认知结构都有较大的差异性，导致有的教师难以迅速理解幼儿的真实需求，而是根据事先设定好的游戏内容和规则组织幼儿参加户外自主游戏，影响了户外自主游戏的效果，不利于幼儿综合能力的发展。

游戏材料的投放缺少规划。幼儿园教师要使用科学、有效、符合幼儿年龄特点的游戏材料，引导幼儿在预先设定的情境中进行游戏，以丰富幼儿的游戏体验，使幼儿通过与游戏材料的互动，发现问题并能有效地解决问题，提高学习能力。在实际教学中，有的幼儿园教师在引导幼儿开展户外自主游戏的过程中，对游戏材料的投放缺少规划，没有从幼儿的发展需要及兴趣出发投放游戏材料，影响了游戏的有效性。开展户外自主游戏的目标之一是基于幼儿的经验，为幼儿创造探究机会与条件，满足幼儿的发展需要。在这一过程中，幼儿

的语言能力、思维能力、动手操作能力、组织协调能力及创新创造能力都能够得到发展。

三、陶行知教育理论应用于大班户外自主游戏活动中的教育启示

（一）贴近幼儿的生活经验，精心设计户外自主游戏

要提升户外自主游戏的质量，教师在游戏过程中要结合本班幼儿的发展阶段、明确游戏目标，发挥引导作用，为促进幼儿综合能力的发展做铺垫。"生活即教育"是陶行知教育思想中的重要构成部分，主要强调教育的生活化属性，幼儿园的教学活动应与幼儿的生活密切相关，要从儿童的生活出发，丰富和拓展幼儿的视野和经验。教师应从幼儿的年龄特征、生活经历入手，选择适合幼儿的户外自主游戏活动，或者精心设计户外自主游戏，同时丰富幼儿的生活体验。

如在大N班户外自主游戏"小车嘟嘟"中，教师通过调查、谈话、观察等形式，发现近期本班的幼儿交谈中总会出现"驾驶证"这一词语。于是教师对幼儿谈话中的关键经验进行分类、总结，了解幼儿的交通经验基础，引导幼儿开展了户外自主游戏"小车嘟嘟"。而孩子们由他们的兴趣于生活经验所驱动，在这一次的户外自主游戏中都能够主动、自主地与同伴进行商量游戏计划，共同制定"交通"规则，通过向实地调查、询问家长等获取一些关于考驾照的生活经验。

（二）创设生活化户外自主游戏环境

幼儿教育与现实生活紧密相连，要有一定的生活意蕴，设计大班户外自主游戏时，教师需要借鉴陶行知的教育思想，将生活化的内容融入思想教育之中，能够加强幼儿对生活的认知。以生活为圈，指导幼儿进行生活，让幼儿更仔细地观察日常生活，学会生活技巧，提高幼儿身体协调性和智力发展性，让幼儿在轻松愉悦的游戏中实现自我。例如，在大N班户外自主游戏"小车嘟嘟"中，让班级的幼儿都成为马路上的一员，合理划分角色、负责的职责。一方面可以模拟生活场景，让幼儿进行活动，模仿红绿灯中指挥交通的"交警"、加油站的加油工作者、负责培训的"驾校教练"、街边卖奶茶的"老板"等，通过表演的形式，让幼儿体会交警、加油工作者、驾校教练的辛苦和勤劳，感

受马路中有条不紊的场景。此外，有趣的"街边购物"和"出租车接送"游戏，让幼儿模拟售货员和顾客之间的交流，为幼儿准备制作的钞票，主要用扑克牌去代替，上面的数字代表着金额，让幼儿通过劳动换取成果，学习长辈生活方式，提高幼儿的生活意识，加深学习印象，能够对日常生活进行练习。

（三）丰富材料，实现"教学做合一"

"教学做合一"是陶行知思想中的重要组成部分，对大班幼儿户外自主游戏活动的开展起着积极的引导作用。材料是户外自主游戏开展的关键，也是影响户外自主游戏效果的重要因素。在开展户外自主游戏活动的过程中，教师可从材料入手，打破传统教师引导游戏的局限性，通过融入自然元素，让幼儿在活动中获得丰富的学习经验，从而实现"教学做合一"的目标。首先，教师要改变传统材料的投放策略，引导幼儿自主收集自然材料进行游戏。

例如，在大N班户外自主游戏"小车嘟嘟"中，教师带领幼儿走进户外，让幼儿自主收集干枯的树枝、散落的花瓣、飘落的树叶、不同颜色的石头、长短不一的木块、树上干枯的果实等材料，运用自然材料激活幼儿的创作热情，引导其大胆地对材料进行更新与改造，以此释放幼儿的创作思维，实现"教学做合一"的目标。幼儿自身的生活经验支撑着他们源源不断地创造激情，他们在"小车嘟嘟"的游戏过程中，利用自然环境中的树叶、石头、树枝等创作出了"美食店""艺术品店""景点"等，而这些创作同时也支撑着整个游戏有序而有趣地开展着。

这既能让幼儿感受自然材料的魅力，又能帮助幼儿提升创作能力。教师引导家长为幼儿收集材料。低结构性材料在生活中较为常见，如矿泉水瓶、快递箱、易拉罐、纸壳板、废旧布料等，这些材料具有极强的可塑性与包容性，可供幼儿随意加工与调整。教师要注重家庭教育的力量，引导家长收集相关材料及资源，丰富幼儿的户外自主游戏活动素材，为幼儿打造更具趣味性、探究性的学习环境，让幼儿在游戏中提高动手操作能力，促进幼儿身心健康发展，实现"教学做合一"的目标。最后，教师要根据幼儿的需求提供适宜的材料。在活动开始前，教师可询问幼儿对本次活动的想法、计划、需求，并结合幼儿的回答投放合适的游戏材料，从而保证户外自主游戏的质量。教师还可以让幼儿自主设计游戏活动。在幼儿说明了自己的想法或活动计划后，教师应同幼儿一起商定自主游戏的搭建模式与内容，共同确定游戏内容与游戏方式，让幼儿在自主学习与创设中调动学习积极性，通过游戏的计划与回顾和同伴的交往，在做中学，在学中做，实现"教学做合一"的目标。

四、结语

　　游戏是幼儿认识世界的一种快速、基础的方式。户外自主游戏活动能让幼儿们愉快、轻松地学习和建构知识体系，从生活经验出发，又收获更多的生活经验与知识经验。游戏中的幼儿自由、阳光，不再压抑，能通过选择不同的游戏宣泄自己的情绪，并通过户外自主游戏中的象征，弥补生活当中缺失的东西，使心理获得健康发展。户外自主游戏不但能让幼儿熟练掌握知识，还能提高幼儿的各种能力，帮助幼儿养成良好的行为习惯，建立和谐的同伴关系。陶行知先生的许多思想都非常重视游戏对幼儿健康发展的重要性，其中包括游戏对幼儿发展的影响与教师如何创设符合幼儿发展的游戏。这些思想让从事幼教行业的我们不断学习陶行知思想，在教学中结合陶行知思想开展符合幼儿特点、适宜幼儿发展的游戏，让幼儿在开放自主的游戏环境中，完成陶行知先生的"六大解放"，积极主动地参与游戏，对自己未知的领域积极探索，生成和构建自己的认知。

生活教育理论下推进幼儿家庭劳动教育的策略

南宁市江南区第一幼儿园　廖海岑

一、陶行知生活教育理论中的劳动教育思想

劳动教育思想是陶行知生活教育理念中重要内容之一，在促进幼儿全面发展方面发挥着不可或缺的作用。在探讨陶行知生活教育理论下的劳动教育时，一个重要的前提就是要了解陶行知生活教育理念中的劳动思想。陶行知的儿童劳动教育思想主要是针对目前幼儿各方面劳动能力、技巧方面的培训教育，而对劳动技能的培训和教育通常都会和现实生活有着紧密联系，所以，劳动教育又被称为"常能"教育，也就是和现实生活密切相关技能的培训与教育。

二、幼儿家庭劳动教育的内涵

幼儿家庭劳动教育是指成人根据幼儿的身心发展规

律，自觉地、有意识地通过言传身教等多种方法鼓励幼儿参与劳动，使幼儿在与环境互动过程中树立正确的劳动观念，养成热爱劳动、珍惜劳动成果、尊重劳动人民的情感，具备良好的劳动习惯和劳动品质。

三、家庭劳动教育的现状

已有研究表明，幼儿在家的劳动参与度较低，劳动形式缺乏多样性，且部分家长遏制了幼儿参与家庭劳动的意愿。从不同时期的家长劳动教育观念或幼儿家庭劳动现状的相关研究中可以看出，家庭劳动教育逐渐呈现出软化、边缘化的发展特点。进入知识经济时代以后，读书、受教育明显受到人们普遍重视，与此同时，劳动教育却被人们忽视。家庭教育，作为学校教育的补充，几乎将劳动从儿童的教育内容中排挤出去，使家庭劳动教育处于边缘化状态。重视幼儿家庭劳动教育是开展家庭劳动教育的前提和基础，调查发现，大多数家长忽视了幼儿家庭劳动教育，有近一半的家长很少让幼儿参加家庭劳动，甚至相当一部分家长从不让幼儿参加家庭劳动。

四、当前家庭劳动教育的影响因素

（一）家长思想观念的影响

首先是家中教育理念不统一。家长没有足够重视家庭劳动教育，家长以家庭劳动危险、幼儿年纪小而能力不足取消幼儿的劳动权利。其次是家长代劳代办，以及溺爱。家长在进行家庭劳动时往往追求效率，经常因为幼儿效率低而代劳代办，并且家中的老一辈对幼儿溺爱，往往不需要幼儿进行家庭劳动。最后是家长望子成龙，望女成凤思想。因为家长渴望幼儿长大后可以有所作为，所以会导致幼儿因为有很多的兴趣班以及作业而没有时间进行家庭劳动。

（二）家庭环境的影响

隔代抚养，家长溺爱。在职父母由于工作和经济双重压力，几乎不怎么有时间照顾孩子，因此孩子的教养任务更多是依赖家中长辈，或者保姆。然而，根据传统长辈都是习惯性包揽家庭劳动，不需要幼儿动手，这会导致幼儿对家庭劳动失去兴趣，无法形成热爱家庭劳动意识。

（三）社会环境的影响

首先是生活节奏加快。随着社会的飞速发展，父母和子女的生活节奏不能很好地协调，父母要花非常多的时间和精力去照顾和迁就幼儿的家庭劳动节奏。对高效率的生活节奏的追求会影响到家长对待子女家庭的态度。其次，家庭关系的社会化。随着社会经济的迅速发展，人们的生活水平逐渐提高，并逐渐提高了对父母的劳动要求。家庭作业的社会化也是导致家庭工作时间缩短的主要因素，家庭作业行业的兴起使得家庭成员可以有更多的可以分担家庭事务的时间。但在家庭社会化的过程中，家长的家庭责任意识会减弱，而子女的家庭意识也会减弱。

五、转变当前家庭劳动教育模式的策略

（一）家长思想观念方面

首先，家长须树立正确的劳动教育观。转变观念，重视劳动。如何有效地开展幼儿劳动教育，必须建立正确的劳动观念，正确认识劳动的价值，认识劳动与智育、德育同等重要。家长应从观念上转变重智轻劳的思想，认识到劳动对幼儿的良好品质、意志、健康等方面的积极影响。

其次，父母应树立劳动观念，加强劳动教育；父母要适时地把握好教育机会，让孩子在工作中不断地成长，同时要把家庭劳动作为一种日常工作，并对其进行教育和引导。

最后，父母还要学会一些知识、技能来帮助孩子的劳动。尊重幼儿劳动的权利，教授幼儿劳动技能与安全防护措施。父母不仅要具备一定的知识和技能，而且需要说服家中长辈统一家庭劳动教育的观点，其间要了解儿童的生长发育规律，让家中长辈可以根据幼儿的年龄来安排他们的家庭劳动。在孩子有强烈的求知欲的时候，可以帮助他们正确使用劳动工具，确保幼儿人身安全，让他们体会到家庭劳动所带来的快乐，以及成就感和让家中长辈意识到幼儿的能力、看到幼儿的进步并且不断鼓励幼儿，从而让幼儿对家庭劳动产生浓厚的兴趣。

（二）家庭影响因素方面

首先让孩子承担适当的劳动，为幼儿提供家庭劳动的机会，引导孩子充

分品味劳动的乐趣。敏感期是指某种特定能力或者行为发展的最好时期，在这一时期对个体形成这些能力和行为的过程稍加干预就能出现明显效果，同时环境会敏感地影响到该过程的形成。家里的长辈应该统一教育理念，可以根据《3—6岁儿童学习与发展指南》的要求引导幼儿参与符合幼儿年龄特点的家庭活动，遵循循序渐进的原则，依据幼儿的特点不断调整，提供给幼儿一些适当的劳动机会。家长积极引导幼儿，激发幼儿的劳动兴趣。父母要定期给孩子进行家庭劳动的机会，指导他们进行家庭劳动，让他们对家庭劳动这种劳动行为产生浓厚的兴趣，让他们做完家庭劳动之后有一种成就感。

（三）社会环境影响方面

创建劳动教育大环境，从小培养劳动行为习惯。家长可以在一定的时间里陪着孩子做家庭劳动，这样可以减少幼儿对家庭成员的依赖，增加亲子间的交流，从而达到促进家庭和谐的目的。家长要注意孩子的家庭劳动的过程，减少他们对父母以及其他家庭成员的依赖性，也要在他们的日常生活中起到一个模范作用，让他们通过观察和模仿来提高他们的工作水平。因此，在家中，家长要以身作则，为子女树立一个模范。在家里营造一个良好的工作氛围，让儿童意识到要负起自己的责任，珍惜他人的劳动成果。

六、生活教育理论下幼儿家庭劳动教育的实施策略

（一）树立正确的家庭劳动教育观

父母要从自己的思想上确立正确的家庭劳动观念，培养幼儿家庭劳动意识的第一步就是要树立正确的教育观，只有在父母的观念中树立正确的劳动观念，才能使孩子获得更好的劳动能力，从而达到锻炼身体、掌握和提高劳动能力的目的。俗话说"工欲善其事，必先利其器"。正所谓"天将降大任于斯人也，必先苦其心志，劳其筋骨，饿其体肤，空乏其身，行拂乱其所为，增益其所不能"。而且蒙特梭利教育系统也认为，运动训练可以有效地提高儿童的自我管理能力、责任感和良好的生活习惯。同时，也证明了在幼儿时期进行自力更生的劳动，不但可以促进他们的肌肉、骨骼的发育，还可以促进他们的四肢的灵活性，同时也可以通过动手和动脑的练习来获得知识和成功的经验，使他们变得更加的聪明和能干。

（二）统一教育理念

家长除了要改变自身的教育理念，还要统一家中所有人的教育理念，尽可能让幼儿接受到的教育是家中的长辈统一口径的。家中长辈在幼儿的教育这方面应该多进行交流，进行相互探讨，强化父母对孩子的教育，在教育幼儿这件事情上各司其职。要相信行动胜过语言，在与家中长辈出现教育分歧并且劝说无果时，可以尝试在幼儿身上进行亲自示范，让家中长辈看到效果，用效果说话。

（三）科学的教育方法

教育幼儿需要有科学的教育方式。在教育幼儿这件事上不是光靠一个人的努力就能做到的，这需要一个家庭的努力，学会根据幼儿的年龄发展特点给幼儿安排难度适中的家庭劳动。面对幼儿面对家庭劳动教育的困难的时候，家中的人应该统一口径去鼓励幼儿，积极引导幼儿进行家庭劳动，在幼儿遇到困难时给予更多的耐心，可以给幼儿示范。但是在万不得已之前不代替幼儿进行家庭劳动，让幼儿可以集中自己的注意力去完成家庭劳动，没有人劝幼儿退缩，那么靠幼儿自己的努力去完成任务，这样可以让幼儿在面对困难时有迎难而上的勇气，在完成家庭劳动时体验到成功的乐趣，最直观地感受到自己的劳动成果。

（四）做好防护措施

在幼儿进行家庭劳动之前，家长应该先给幼儿示范，让幼儿充分了解到正确保护自己的方式。幼儿在长大的过程中，他们需要承担一些力所能及的家庭劳动，学会保证自己生活的家庭劳动技巧，培养他们独立生活的能力，增强他们面对自己家的责任感，从而进一步养成他们热爱劳动的良好习惯。在给幼儿安排家庭劳动这方面除了鼓励幼儿积极参加之外，家庭劳动安全教育也占据重要地位，在这方面要引起足够的重视，尽量避免安全事故的发生。

（五）有效褒奖幼儿

在嘉奖幼儿这件事情上主要是以精神嘉奖为主，物质嘉奖为辅。精神嘉奖不是说单单告诉幼儿"你真棒"这类苍白无力的表扬，或者是竖起大拇指这类那么简单的表扬，在表扬幼儿这件事情上要让幼儿知道自己棒在哪里，自己有哪些做得好、值得被肯定的地方。正确的夸奖模式应该是告诉幼儿因为他做了什么事，加上发现了他身上什么优秀的品质，再加上期许，例如"妈妈在刚刚看到宝贝在帮助奶奶择菜，我发现宝贝的动手能力好棒，而且非常乐于助人，我的宝贝太能干了，奶奶肯定很想每天都有这么个能干的小帮手帮助她"。在表扬幼儿的时候应该具体地让他知道他做的事情的作用，为他提供情绪价值，从而强化幼儿的劳动意识以及养成良好的劳动习惯，让幼儿乐于为自己服务，为他人服务，乃至于为集体服务。

（六）丰富家庭劳动教育的途径

丰富家庭劳动教育我们可以从各类社会实践中开展幼儿的劳动教育，家长可以在各类实践劳动中积极引导幼儿参与到其中，并且以身作则，给幼儿亲身示范。家长可以带领孩子积极参加一些社区劳动服务，让幼儿知道劳动的价值，还可以在有针对性的家庭劳动教育的亲子活动中进行儿童的劳动教育，比如在家中开展"我们都是小能手"的自我服务的游戏，让幼儿在游戏中体验自我服务的快乐与用途。可以和幼儿园进行家园共育，家长可以和老师提议开展一些亲子活动，比如植树节的时候，可以亲子一起挖坑、种树、浇水，老师布置的任务也可以提高幼儿的积极性和兴趣，与此同时，家长也会成为幼儿的榜样。